谨以此书

献给河北大学一百周年校庆

顾　问：吕志毅

主　编：朱文富

编　委：赵林涛　黄增瑞　王二军

河北大学出版社

·保定·

河北大学的先生们

朱文富◎主编

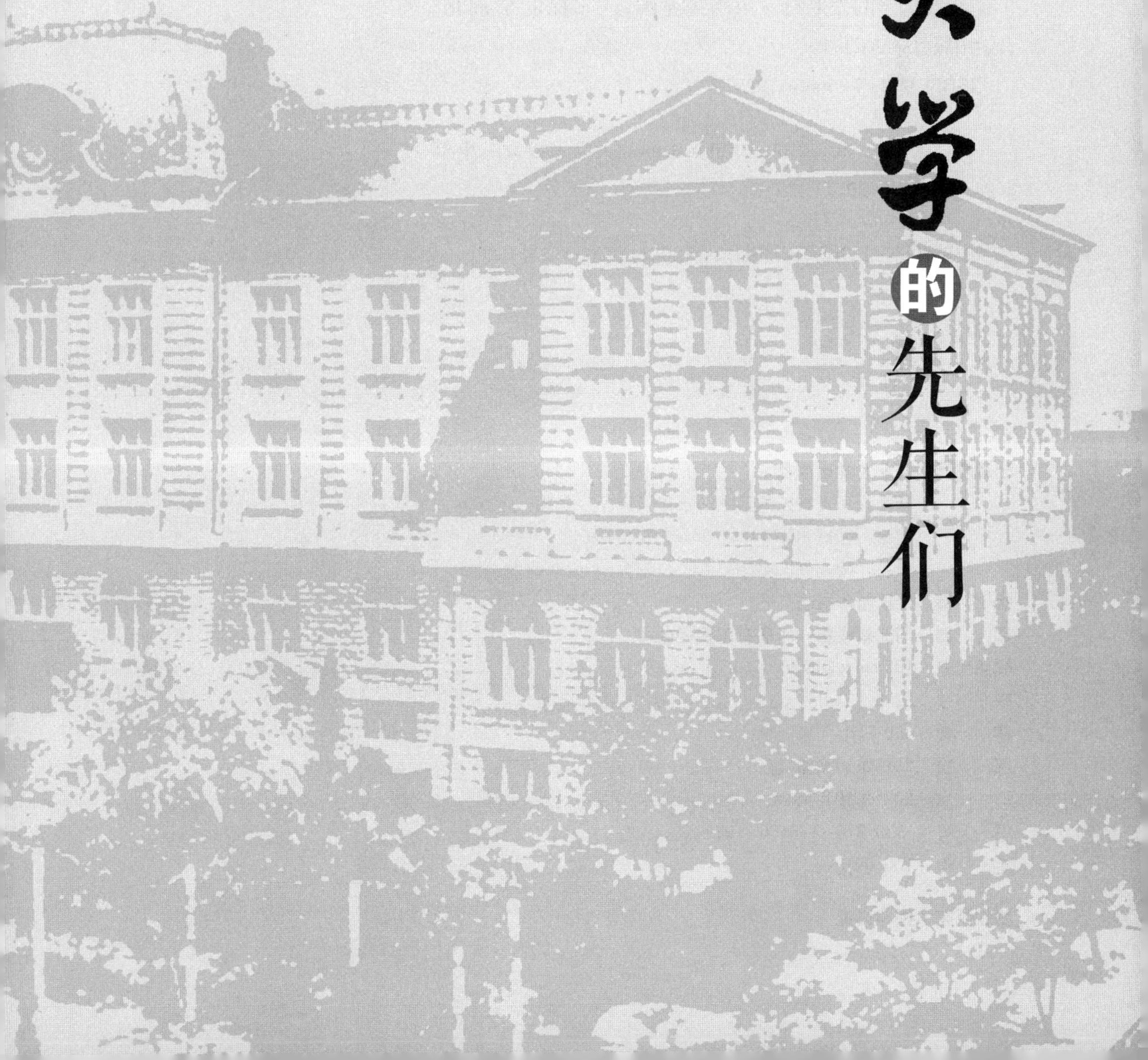

河北大学的先生们

HEBEI DAXUE DE XIANSHENG MEN

朱文富　主编

策划编辑：韩建民　邓一鸣
责任编辑：韩立霞　马　敏
装帧设计：傳新BOOKS DESIGN
责任校对：兰彩红
责任印制：常　凯

图书在版编目（CIP）数据

河北大学的先生们 / 朱文富主编．-- 保定 ：河北大学出版社，2021.10

ISBN 978-7-5666-1923-5

Ⅰ．①河…　Ⅱ．①朱…　Ⅲ．①河北大学－校友－生平事迹　Ⅳ．①K820.7

中国版本图书馆CIP数据核字(2021)第203513号

出版发行：河北大学出版社
地址：保定市莲池区七一东路2666号　邮编：071000
电话：0312-5073033　0312-5073029
邮箱：hbdxcbs818@163.com　网址：www.hbdxcbs.com
经　　销：全国新华书店
印　　制：河北新华第一印刷有限责任公司
幅面尺寸：185mm×245mm
印　　张：32.5
字　　数：480千字
版　　次：2021年10月第1版
印　　次：2021年10月第1次
书　　号：ISBN 978-7-5666-1923-5
定　　价：100.00元

序

大学者何？梅贻琦先生有言："所谓大学者，非谓有大楼之谓也，有大师之谓也。"

先生者何？曰："达者为先，师者之意。"先生是一种称谓，更是一种修为。宋代诗人范仲淹在《严先生祠堂记》中说："云山苍苍，江水泱泱，先生之风，山高水长！"先生是一种高度，更是一种品行。对大学而言，先生乃具有"独立之精神，自由之思想"的前辈学者，是学术之导师，更是学校之灵魂。

河北大学的先生者谁？沈理源、马沣、顾随、胡毅、滕大春、杨从仁、詹锳、孙执中、漆侠、傅承光、宋大祥、郭宝兰……数不胜数，不遑枚举。在河北大学的发展历程中，先生们宛若灯塔。他们筚路蓝缕，捧土培根；他们百折不挠，弦歌不辍；他们埋头苦干，锐意进取；他们守正出新，砥砺前行。他们弘扬了河北大学的优良传统，铸就出百年学府的独特风骨。

河北大学自1921年一路走来，天津工商大学、天津工商学院、津沽大学、天津师范学院、天津师范大学、河北大学接续而生。在百年发展历程中，河北大学一脉相承、绵延赓续，曾享有"煌煌北国望学府，巍巍工商独称尊"的美誉，开创了河北省高等教育的众多先河。

一百年栉风沐雨。河北大学初创于内忧外患、救亡图存的民族危难之际，成长于百折不挠、发愤图强的社会主义革命和建设时期，发展于解放思想、锐意进取的改革开放浪潮之中，奋进于矢志创新、追求卓越的中国特色社会主义新时代。虽数易校名，几经辗转，然学脉相承，其命维新，其志弥坚，始终与民族共命运，与时代同脉搏。

一百年春华秋实。河北大学自建校之初就秉持“育中华有为之青年，办德智并举之大学，促中国之现代化”的办学宗旨，铸就了历久弥新的“实事求是”的校训传统，塑造了“博学、求真、惟恒、创新”的校风精神，四十多万学子遍布八方，尽展芳华，服务祖国，奉献人民，彰显了百年学府的责任与担当。

一百年初心如磐。河北大学在人才培养、科学研究、社会服务、文化传承与创新、国际交流与合作等各个领域成绩斐然。新世纪以来，河北大学更是实现跨越式发展：2005年成为河北省第一所省部共建大学；2012年成为全省唯一进入“中西部提升综合实力工程”的大学；2016年，成为中西部“一省一校”国家重点建设大学，并进入河北省“双一流”建设一层次高校；2018年成功入选“部省合建”高校。

回顾百年历程，我们对未来更加充满信心；回望峥嵘岁月，我们更加感念创业立校的先生们。念兹在兹，无日或忘。

“青山遮不住，毕竟东流去。”时代在发展，社会在进步，我们的河北大学也变得越来越枝繁叶茂、生机勃勃。

“芳林新叶催陈叶，流水前波让后波。”前日之学子，可成今日之先生；今日之学子，亦可成明日之先生。先生在做先生之前也是后生，期待后生在接完棒之后成为先生。

欣逢百年华诞，相信河北大学会有越来越多的先生出现！

是为序！

编　者

2021年10月18日

星光与萌芽

——祝贺《河北大学的先生们》出版（代序）

东南方向，是食堂；西北方向，也是食堂。食堂的窗口里，是花花绿绿的青菜、白白胖胖的馒头、红红紫紫的炒肉，鲜嫩嫩、香喷喷。同学们拥挤着，像一群饥饿的小鸟，肚子咕咕地嘶叫着，眼睛忽忽地冒馋火。

南侧，是篮球场。球场西面，则是开水房。冬天的午后或晚上，同学们双手提着圆柱状的暖瓶，在飘飘渺渺的白雾中穿行，让人想起古代深山书院里学员们汲水的画面。

东北面，是图书馆。馆体虽不够高大，却扁平敦实，像一只镇静且安详的龟。门口，端坐着一位世界上算数最精准的老先生。那是一尊祖冲之雕像。祖氏深邃的目光，像祖宗一样深情地打量着所有的晚辈后学们。果然，绕过雕像进入图书馆的后学们，即使性情顽皮，也会刹时肃静起来。于是，所有的男生女生，都屏息敛声地坐在长桌前，低下头，把目光和思维深深地锥进书页间。

我的教室，就在西南方向的七号教学楼的三层，或北院大门内东侧第一栋楼的顶层。

我这样描写方位的座标点，是我的宿舍。

我的宿舍，位于南院男生宿舍楼二楼东头阴面。这栋楼里，栖居着最少两千多个青春男性的躯壳和跳跃的灵魂。男生宿舍楼的北侧，便是女生宿舍楼。秀发飘飘、裙裾翩翩的女生们进进出出、颦颦笑笑，那是不少男生灼热的眺望和亢奋的呼吼。

20世纪80年代末，我在河北大学中文系作家班读书。

全班三十人，大都是省内小有名气的青年作家，在各行业历练多年，只有我是一名没有社会经验的大学生，年龄最小，成绩最差。

那一年，我十九岁，一脸青涩，满心懵懂。虽然怀揣狂热的文学梦，虽然已经发表过几篇作品，但置身于一个更高舞台、更大集体，而自己又是其中的丑小鸭，心底本能地产生一种迷茫和自卑。

我每天读书、思考、写作，却又不得门道。心里乱糟糟，笔下的文字像一群蚂蚁，乱窜乱爬，毫无章法。又感觉头顶上有一群灰黑的乌鸦，在飞旋、在哀鸣。抑或，自己原本就是一颗深埋在泥土中的种子，见不到阳光，得不到养分，借不到力量。

班里有一位大姐，来自坝上地区，三十多岁，是两个孩童的母亲。她格外用功，常常在教室里读书到深夜。大姐慈祥又善良，显然是一个贤妻良母，但总是心情郁闷、叹息连连。原来，她痴爱文学，却又基础薄弱、灵性不足，比较别人便总是悲观，更兼夫妻感情不佳，又挂念孩子。同样心情郁闷的我，便时时与这位大姐相伴相随。

北院有教室，也有老乡，还有篮球场，我也常常在那里用餐、打球。

北院以理工科为主。但无论南院北院、文科理科，同学们总是自豪地炫耀着各自专业的先生们。他们都是本校的著名教授，也是国内同行业的权威，比如历史系漆侠先生、数学系杨从仁先生、化学系傅承光先生、生物系卢开运先生、教育系滕大春先生，等等。

这些人，像神，似星座，高悬在学校上空，熠熠闪光。同学们虽然没有见过或很少见到，却也映照着自己的渺小、激励着自我的奋勇、昭示着前行的方向。

我所在的中文系，星座们似乎更多一些——顾随先生、詹锳先生、裴学海先生、张弓先生、雷石榆先生、魏际昌先生等等。这些先生早已退休，有的已经仙逝，有的定居天津。

偶然一次机会，我听说魏际昌先生是胡适的关门弟子，且住在附近的教工楼里。惊诧之余，我血气冲顶，贸然敲门拜访。

彼时，魏先生已经年过八旬。中等体态、步履蹒跚，白白瘦瘦的脸上，布满慈爱的笑容，只是嗓音暗哑。他的书房里堆满线装书，虽然有些凌乱，却更彰显出鸿儒气象。先生目若暖阳，柔柔地看着我，鼓励我要先做好学问，玩味研究古典文学的笔意和文本。

1988年暑假结束了，大家俱已返校，唯独不见那位大姐。原来她因为压力过大，情绪郁结，引发心脏病，猝然去世。几天后，她的丈夫和儿子来到学校，注销手续，取回行李。我看着大姐遗像和两个儿子，心内有一种莫名的悲哀和崩溃。

这一年寒假，为了磨砺意志，我决定不回家，在学校过年。

除夕晚上，我独自住在冰凉的宿舍里，嚼着同样冰凉的馒头和咸菜，听着满城鞭炮，看着满天礼花，想起千里之外的父母，不禁泪流满目、号啕大哭。

春雨润青，夏日泼墨，秋草摇黄，冬雪飞白。虽然自卑，虽然失望，虽然痛苦，虽然沉重，但在不知不觉中，竟有许多收获呢。

每天研读、每天咀嚼，居然对古典文学产生了依恋，似乎揣摩到了古文的妙境。那种珠圆玉润、妙不可言的会心阅读，才是文学作品的最高境界啊。

我每天写日记，把随时随地的所思所想所感所悟，全部细腻地记载下来。每天写作数千字，每月写满一厚本。这种笨工夫，正是真功夫，意外地使我找到了文字的感觉，思维仿佛春蚕食桑，默默而肥，又宛如海水变盐，渐渐凝稠，而笔下的文字确乎轻灵起来、柔软起来、飞扬起来、芳香起来。

除了阅读写作，我最大的爱好就是打篮球。

过去认为，篮球只是一项简单的出汗运动。现在才知道，这也是一个深奥、丰盈的科学和艺术世界。每方只有几个人，战术和技术却变幻无穷。每一个细节，每一个动作，每一个节奏，都包藏着太多机会，隐匿着无尽变数。比如投篮之前，对方防守密不透风、几近窒息，但你若使用一个逼真的假动作，便会骗取对方猛然跃起，重心偏移，从而在你面前呈现一片宽敞的空间、一段漫长的时间。于是，你可以从容地投篮，“唰”地一下，轻松入网。此中快感，无以言表！

球场上，不仅体会快乐，更可以触动创作灵感。特别是赢球之后，头脑极度兴奋欢活，万里晴空，满目碧蓝，思维的火花，像闪电，哔哔吧吧，频频引爆。

这时候，我便赶紧掏出本子，记下来、记下来。

不知不觉中，我的个头长高了、胡须茂密了、四肢粗壮了。照照镜子，已经是一个完全的成人模样。

又一次，我去拜访魏先生。先生刚刚出版一本书《桐城古文学派小史》，正好是我最喜爱的古代散文流派的研究专著。他馈赠一本，又工工整整地在扉页上写下“春雷学弟存览”，并郑重地签名钤印。我的心底，蓦然有了一种特殊的轰鸣和撼动。

春天来了，万物苏醒，长出芽尖，长出绿。姹紫嫣红，俱是诗的模样。

的确，正是1989年的春天，我的作品开始陆陆续续地发表，并受到专家肯定。

也是此时，我接到相关部门通知，被推荐到北京大学作家班就读。

日子黑黑白白，季节青青黄黄，梦想阴阴晴晴，苦恼浓浓淡淡。伴随着身体健健壮壮的成长，信心也摇摇晃晃地站立起来。

黑暗、寂寞的泥土中，一枚坚壳、郁闷的种子，终于萌芽了。

不用说，为我和我们带来水分和营养的，是社会，是时代，更是母校。

当然，还有母校里先生们和老师们的热光——那些神秘的光、神圣的光、神明的光、文明的光啊。

李春雷

2021年10月13日

（作者系河北大学校友、著名作家）

目　录

中　文

历　史

教　育

经　济

外　语

工　科

数　学

物　理

化 学

生 物

电 子

河北大学的先生们

中　文

顾随先生

顾　随：
绛帐说诗遗泽长

◇徐　婴

河北省南部大平原上一个僻小的村庄——清河县坝营集，有一户父子两代都是前清秀才的顾姓人家。顾家有田产，在县城和乡下都开有商号。据旧县志记载，这是一户“乐善好施”的开明之家。

光绪二十二年正月十二日（1897年2月13日），顾家的长孙出世了。祖天祥公、父金墀公寄望他能追随、成就前辈人求学上进的宏愿，而为他取名“随”，辈分在“宝”字，他就是顾宝随。大学毕业后，他改名顾随，字羡季，取别号苦水，晚号驼庵。

顾宝随十周岁走出故乡，在外求学、做事。1932年金墀公辞世之后，顾随再没有回过老家。他承续了父祖两代的文化情怀，而不曾继承家族的任何产业。他的一生与书结缘，读书、教书、写书六字尽足概括他的一生。

一、求学之路

顾宝随接受“过庭之训”远早于能够“趋而过庭”之时，他在《稼轩词说·自序》中说：

自吾始能言，先君子即于枕上口授唐人五言四句，令哦之以代儿歌。至七岁，从师读书已年余矣。

他五岁时已在家塾里随从金墀公读书，读“四书五经”、唐宋八家文、唐宋诗以及先秦诸子中的寓言故事等，能熟练地背诵、准确地回讲；七岁开始练习写文言文；八岁时已能做出三五百字的通顺文章。

顾随在他的《稼轩词说·自序》里，曾追述童年时听讲杜诗而突有领悟的一段传奇经历：

一夕，理老杜《题诸葛武侯祠》诗，方曼声长吟“遗庙丹青落，空山草木长”，案上灯光摇摇颤动者久之，乃挺起而为穗。吾忽觉居室墙宇俱化去无有，而吾身乃在空山中草木莽苍里也。

儿时对古典诗歌这种超常的、时空穿越的艺术感受，似乎已预示了顾随此后的人生必将在中华诗国中度过。

金墀公不但长于诗赋，还爱读小说，也支持儿子读小说。家塾中收藏古代小说名著如《三国演义》《西游记》等，以至《好逑传》《粉妆楼》等二、三流小说，顾宝随在十岁前家塾的课业之余已经完全读过了。他晚年说：“到了我十五岁以后，竟发展到渴望自己成为一个小说家。”

顾随终生不忘慈父的教诲，他在五十岁时吟出了“庐墓已丘墟，椎心记过庭”的诗句。

1907年，顾宝随十周岁，离开家塾，考进清河县高等小学堂。在这里，他学到了他在家塾连听也没听说过的课程——外国历史和外国地理，打开了一个农村少年狭窄的眼界，进而开阔了心胸。

高小的“监督”（今指校长）思想比较“新”，他告诉小学生们：作为一个“国民”，就应当爱国。这在顾宝随这个少年人的心里埋下了爱国的种子。但是，顾宝随发现自己的理科功课愈来愈不行；文科方面，旧日家塾打好的底子显出优势。1911年初，《直隶教育官报》第六期刊发了清河县高等小学堂学生顾宝随毕业前的一篇五百余字的文言文——《方孝孺不为燕王草诏论》。这是一篇政论，虽仅五百余字，而其论列由远及近，几层转折，议论严谨而深刻，文笔精准而坚实。这是现今所见顾随最早发表的作品。

1911年初，顾宝随考进永年县的广平府中学堂，1915年初毕业。“科学的学习益见其不行。数、理、化三门，直是一窍不通”，但文科一类的功课成绩自谦为“不错”，其实简直是超群。1914年底与1915年初，上海商务印书馆编发的《中学生》（又名《学生杂志》）连续两期在《文苑》栏刊发了“永年县省立中学校学生顾宝随”的四首旧体诗——五绝《白菊》《时值秋日同学多种盆菊黄紫粉白灿烂如锦有一盆久不开戏赠以二十字》，五言古诗《二媪行》和长篇歌行《余读板桥〈孤儿行〉不知泪之何从也因仿其体为之》，崭露了少年顾宝随文学创作的才华与潜力。

顾宝随的中学时期也经历了第一次巨大的甚至对他一生的性格产生影响的心灵伤痛。晚年他回忆说：“（1912年的暑假）我母亲死去了。可以说完全是被继祖母折磨死的。这在我一向脆弱而敏感的心灵上，是一个禁受不起的打击。从此我便总是忧郁而伤感。”母亲的死对于顾宝随认识旧家庭的本质起到了关键的作用。他在大学毕业后的第二年，即曾着手撰写“家庭改造”方面的文章。尽管他的文章没能完稿，但他明确提出了只有“异性的爱”与“亲子的爱”才是组织家庭的基础。1926年，他的一篇以《母亲》为题的散文发表在《沉钟》第八期，全篇弥散着沉痛而又温婉的母子之爱，涵容着对母亲的悼念与怀思。这篇散文带着一丝美丽的浪漫与遐思，显然已是受了西洋文学的影响。

1914年冬，金墀公亲自送第一次出远门的爱子赴津，报考北洋大学预科。他顺利地通过了北洋大学的入学考试。1917年，依当时教育部的规定转入北京大学学法科经济门。1918年初，经本人申请、校长蔡元培批准，顾宝随由法科转入文科英文学门，于1920年夏毕业，获文学学士学位。

顾宝随在北洋大学读英语时，报名参加了上海中华编译社设立的函授部，作为文科第一届学员，在第二次月考中被评为“优等”。他的五言诗《夜坐忆玉妹》刊登在1917年3月16日上海中华编译社“社刊”第七版；4月21日，该社发行的《学生周刊》第二期发表了他的《随便谈谈》——格言式的散文短语八则，内容不出做人、处世、读书，其核心则是一个“静”字。

在北京大学，顾宝随经历了1919年五四运动的洗礼，接受了新文化、新思想，打下了一生学贯中西、融汇古今、博大精深的专业基础。在北京大学，他开始接触鲁迅先生的作品，从此终生以鲁迅为自己治学、创作乃至人生道路的导师。在北京大学，他拜识了几位名师，特别是使他终身受益的恩师沈尹默先生，还有周作人……他也结识了一些好友——杨晦、华钟彦、邓广铭、杨叶九……

在课业之余，顾宝随对中国传统戏曲产生了浓厚兴趣，时或去听戏（京剧或昆曲），在对传统戏曲的欣赏中，不断提高艺术鉴赏的品位与修养，这对他此后的戏曲研究以及杂剧创作无疑起到了潜移默化的作用。

1930年夏，顾随北大毕业整整十年，时已任职燕京大学，“以事入城”，重游旧日读书的美丽校园。刊于燕京大学1931班《校友年刊》的一段美文记录了这一事情：

时渐入夜，璧月在天。楼前夜合，池中白藻，相与馥郁。月光华香，若梦幻，若真实。楼舍矗立，若疏阔，若亲昵。池畔碧草上，有人仰卧。又有人散步低唱，或坐沙发上聚谈，与余昔时在校课余餐后情形无殊。……最后至图书馆前。数株老槐，枝叶愈密。独坐树下，月光穿叶，蓰落襟裾……故旧地重到，只如重温旧书，重逢故人……

一段美文流布着光华异彩，涵容的是深沉的母校情结。

二、执教齐鲁津沽

1920年夏，顾随从北京大学英文系毕业，9月，到山东省立青州中学教书，担任英文教员，后又兼任国文课。顾随好友冯至晚年在《怀念羡季》中说：“……他熟悉英语，又喜读鲁迅小说和周作人当时的散文，所以在课堂上古今中外旁征博引，很能开拓学生的眼界，受到学生们的欢迎。”1921年6月末，顾随离开青州中学，赴济南女中任教；1922年11月，青州中学新任校长力邀顾随再返学校主持教务并任课，济南校方与女学生们坚决不肯让老师离开，两方校长协商，让顾随兼任两校之职。顾随“仆仆青、济之间”数月，直到好友卢伯屏1923年3月到青州中学接手工作。

顾随初为人师，他已开始考虑提高学生的素质问题，认为青年学生应有效地利用课业余暇来丰富自己、提高自己。

顾随在青州虽只任教一年，但在这里，他收获了人生难得的友谊——结识了情逾兄长的卢伯屏，又经伯屏兄介绍，结识了同在北大就读的伯屏兄的弟弟季韶和同乡冯至，他们的友情绵延终生，“高山流水”不足以尽言其情。顾随与屏兄、季弟的书札往还自1921年初至1959年底近四十年，今存顾随书信共五百余通，大部分辑入十卷本《顾随全集》。

青州时期的课业之余，顾随拿起了文学创作之笔，写散文，写短篇小说，也写旧体诗。1934年所编订的《苦水诗存》以青州时期的两首五绝、一首七古为开卷。今还可见他遗存的最早的散文、短篇小说手稿五种，散文《月夜在青州西门上》，小说《夫妻的笑》《爱——疯人的慰藉》，以“梦想”为题的两篇散文均为青州时期所作。这些珍贵的遗稿代表了他最早期新文学创作的风致。

山东青州是顾随讲坛生涯的第一站，也是他文学创作的起始之地。

1921年6月29日，顾随来到省城济南，短期担任“在济南稍微有点名气的”《民治日报》的编辑、记者，恰逢报纸增发“半周刊”（文艺副刊），即由他来主持。

顾随到报社十天之后，美国著名教育家杜威到济南做离华前最后一次讲演。7月12日，山东省各界邀请杜威和他的夫人、女儿同游大明湖并在历下亭前合影。顾随以《民治日报》记者身份参加了这次活动，还兼有一些翻译的任务。一周之后，杜威的讲演以《讲演录》之名于《民治日报》上刊发，顾随又以编辑的身份负责这份稿件。一身而兼记者、翻译、编辑三职，他说这也算是自己的一件纪念事。这是他第一次也是唯一一次参加官方的外事活动。

《民治日报》次年3月被当局查封，顾随的编辑、记者工作亦中止。

1921年9月，秋季开学，顾随接受了济南女子职业学校中学部和山东省立第一女子中学的聘任，到校教国文和英文。他在济南生活、工作了三年。

1923年，顾随应校长之请拟订了一份女中建设“简纲”，提出了“注重美育”“注重个性教育”“注重英文”“决不取夹袋式之考试”等超前的主张。这些主张即使在今天也仍有一定的现实意义。

作为国文老师，顾随给学生讲解、介绍中外文学名作，把自己和友人的通信念给学生，还把自己的作品如《送L君赴日本调查教育序》等印发给学生做国文课教材。一篇《深夜·序》，是为指导学生写作而特写的范文，可以看作他的自画像、自评文。

顾随与学生相处得极为和谐，他与学生谈信仰、谈写作、探讨生命的价值……引导、评改学生们课外习作的诗词散文；他教过的不少学生因此爱上了文学，走上了文学道路，如在现代文学史上占有重要一席的女作家、翻译家沉樱（当时名陈瑛）。

顾随自十五岁时就产生了“渴望自己成为一个小说家”的愿望，现在所见到的他在泉城最早的一篇小说是《枯死的水仙》，最早发表的小说是1923年刊于《民治日报》的《反目》（署名聋聱）。被鲁迅先生收入《中国新文学大系·小说二集》的《失踪》，另有《立水淹》（刊于《民国日报·文艺周刊》），均写于济南。这时，他正向着自己渴望的“小说家”之目标努力。1924年，顾随发表的一组散文《蛇之草原》《头的照片》《街上》，带着浓重的恐怖色调与玄想意味，以假想的超现实的意象，影射着当时军阀混战、“干戈满地”“人吃人”的现实。他也有旧体诗的创作。美丽的泉城正式开启了作家顾随的创作之途。

顾随到济南后的第二年（1922）秋，因中耳炎而引发寒热症，几乎死去。病中他自拟挽联曰：

昔为书生，今为书死；
人患才短，我患才多。

重要的是上联，与其说是他对自己二十余年短暂生命历程的总结，毋宁说是他对自己人生的定位与生命的承诺——一生为书而生，为书而死。事实证明，他以自己的一生践行了这个诺言。

1924年6月下旬，顾随接受私立胶澳中学的聘请，在山环水抱的海滨城市青岛任教两年。教书之外，1926年他还短时间间断地兼任过《青岛时报》副刊和英文版的编辑。

在胶澳中学，顾随依旧担任英文和国文两门课程。尽管课事繁忙，顾随还是热心地参加学生们的课外学习活动。1924年底，青岛市举办学生“成绩展览会”，他帮助学生准备参展作品，一周之内阅、评、改学生作品一百余份。1925年7月，已经放了暑假，他帮学生排练“化妆讲演”，连返里的日期都推迟了。课余，他还常和学生们一起打桌球……

顾随十分喜爱青岛的山水。1923年在济南的一场大病之后，他自感身体太糟，必须运动休养。在青岛，他尽享大自然的赐予，首先爱上了海水浴。课后暇时，他还时常做远足游二三小时。

顾随在青岛仍然写小说，有《乡愁》《浮沉》《孔子的自白》《浮海》《海上斜阳》等，今只存《乡愁》《孔子的自白》两篇，但他创作的兴致却渐渐转向了词。顾随十五岁时才开始留意词，二十岁时方自己学着作词，到青岛之后正式地步入了词创作的成熟期、旺盛期。他在1927年编订的第一种词集《无病词》，所收词作即以1924年8月到青岛时的作品为起始，词集上、中两卷所收词均为青岛时期所作，是青岛美丽的大自然开启了他作为词人的创作生涯。

在青岛，顾随经常邀请好友来赏樱花、看大海，青岛时期是他一生中作为东道主与朋友们交游最多的一个时期。

1926年9月6日，顾随接到老师齐国樑的“手谕”，“以国文教习见嘱”。齐先生是顾随读广平府中学时的英文老师，时任天津女师校长。顾随很快办清了胶澳中学的离职手续，随即来到地处津沽的直隶第一女子师范学校，投入教学工作。在这里，他讲授国文课、英文课，后来又兼讲过伦理学、文字学、诗词以及西洋近代文艺译读等课程；1928、1929两年还曾短时间兼任过教务主任、国文主任。

那时的天津是军阀褚玉璞的天下，他下令国文课不许讲白话文，只许教“四书五经”，以禁锢青年学生的思想。顾随全然不顾训令，毅然反其道而行之。弟子王振华回忆说：“（老师）教了我们三年鲁迅作品，以及鲁迅所倡导的北欧、东欧及日本的文学作品……”他给学生们讲鲁迅的《伤逝》，同时介绍学生们读易卜生的《娜拉》，之后再讲鲁迅的《娜拉走后怎样》。他教导学生们，女孩子要自立，要走自己的路，把握自己的命运；“如想在社会上立足，就必须先求得在经济上的独立”。顾随教过的这些学生后来很多走上了革命道路，不少人在新中国担任过重要职务，更多的弟子像老师一样，一生耕耘于教坛。

顾随在女师工作三年，每周课时至少十九节，学生课下习作的份数也数量极多。顾随留习作作业，不只限于课堂上出题，还由学生们“在课外随便写，写了随便交，老师随时改”，好的文章被他推荐给校刊编辑，在校刊上发表。他批改这些习作，圈圈点点，有眉批，有总评，从内容到写作技巧都会提到。如此这般的工作，花去了大部分课余时间，但是职业之敬、爱生之情，使他于忙碌中也获取了快乐与欣慰。

1929年夏秋之际，顾随离开女师，但他的形象、他的影响留在了学校，留在了学生们的心里。著名剧作家、《八女投江》等作品的作者颜一烟（当时名颜毓芳）1930年考入女师时，慕老师之名，多次于回京探亲时去老师的家里拜见、求教，师生交往甚是密切。

在顾随的受业弟子中，情形如颜一烟者并不鲜见。这里有一段后话。书法家欧阳中石1949年入辅仁大学时，顾随老师已重病不能授课。待老师病体渐痊之后，欧阳中石多次“趋府受教”。2013年，十卷本《顾随全集》即将刊印，请欧阳先生题签。他交给出版社的题签是“顾随先生全集 欧阳中石敬题”十二个字。欧阳先生说，你们只选用其中“顾随全集”四字就是了，我是弟子，老师的全集我必须这样题。

在天津女师，顾随还在1927、1928两年连续印行了自己的两种词集——《无病词》《味辛词》。《无病词》八十一首，沿袭传统词作所抒“小我”之愁的情脉，又承续着历代爱国词作的情志，由“小我”扩及民族家国之

"大我"，担忧着国家民族的命运。《味辛词》一集，进一步根植于现实，深含着对国家民族的忧患与世事人生的求索。

《无病词》之下卷、《味辛词》全部以及此后《荒原词》中前三十三首，均是他身居津沽时所谱，"七十二沽间"的三年，顾随延续着济南、青岛时期词创作的热情，进入了创作的丰收期。不仅词，他的《废墟》《母亲》等作品刊于《沉钟》。创作之余，他开始练习译作，今可见日后发表的安特列夫的小说《大笑》《在车站上》等。

三、登上大学讲坛

1929年9月开学，顾随走上了古都名校燕京大学的讲坛，成为国文系的专任讲师。

顾随是怎样从一名中学教师走进古都名校燕京大学的？这与他填词有直接关系。印行两种词集完全出于顾随诗人的气质和兴趣，他绝没有想到，两种词集的问世促成他走进了高等学府。1927年夏末，《无病词》印刷竣事，顾随呈奉读北大时的恩师沈尹默先生座前，老师"欣忭无似"，立即回信，称赏弟子之词"自然清丽"，"读之令人辄生空谷足音之感"，并在燕大课堂上向学生们做了推介，赞为"佳作"；随即又托北大学生询问弟子的第二种词集何时出版。在老师的鼓励之下，次年夏《味辛词》印行。二词集刊行之后不久，《大公报·文学副刊》刊登了赵万里（署名"镜"）的短文与吴宓（署名"餘生"）整版篇幅的评论文章。此时，"苦水词人"之名已是"无人不知，无人不晓"，尹默先生也有了"拟邀"羡季"入平做事"的计划。老师之荐举，对于顾随的人生道路确是一个极为重要的关枢，使他在"苦水词人"的名号之外，又走上了教授、学者之路，且有了直接师从沈尹默、沈兼士、周作人等老师的机会。

1929年秋季开学，顾随担任的课程有诗选、词选、曲选、文学名篇选读及习作四门，每周讲课十节。1929年10月2日，他第一次在燕大的讲坛上讲古典诗词。在课堂上他"留神察看听讲诸人神色，除一二精神颓靡者外，多数尚能团结。且有半数聚精会神地做笔记”，“初上课有此成绩，殊属不恶”。课堂讲授不久即渐入佳境：10月31日讲《离骚》，“徐徐引起，如蚕吐丝，绵绵不尽，学生亦觉娓娓动听，真出人意料之外”。几周课下来，系主任马季明即不再怕有人“大闹其脾气”，撂挑子，因为有了顾羡季这个“预备兵”。

在教学上，北京大学为他铺就的英文功底给了他很大支撑。顾随在中国传统文学理论的基础上，努力汲取、借鉴西方的文学理论来讲授中国古典诗词，特别是小泉八云氏讲英国诗的三大本英文讲义。顾随的讲授渐渐得到听讲者的广泛欢迎，他很快成为一位“燕园名师”，滕茂椿、周汝昌、黄宗江、戚国淦、杨敏如等多位先生，都是他在燕大的学生。外系学生也慕名争相前来选修他的课，还有人凡遇到顾随先生讲课就搬着小凳来旁听，就连当时的英文系主任英人谢迪克也经常来听课。

周汝昌先生回忆说，“先生的教学……实质是一门艺术”，他“传道授业异于常师”，“能使聆者凝神动容，屏息忘世，随先生之声容笑貌而忽悲忽喜，忽思忽悟，难以言语状其出神入化之高致”。

燕园繁重的课业之余，顾随的生活也饶有意趣，今且略具两端。

一次，系主任马季明邀顾随陪老师周作人去家中便餐，以慰周启老丧女之痛，不意“疑古玄同先生”“闯然而入”，“打开话闸子。蓝青官话说得又急又快……”，席间不曾住口。离开系主任家，“路上玄同的话亦未曾间断”，且插科打诨……

一次，顾随下午课罢归来，见有挑担卖花者。以洋四毛购花与草各一盆，价稍昂，因“开口即将价还‘老’了，不好意思不买，以至多花两角钱；随后购‘华盛顿’香烟，开筒之后，得上海中国银行毛票一张，计两角。烟价三毛五，今以毛票抵之，得一毛五耳。买花多费两毛，吸烟即多得两毛。得失恰复相抵，命运之神安排得何其巧欤”？

两段故事，足见顾随乐于捕捉生活中幽默因素的天性。

初进燕园，顾随白天讲课、备课、评改习作，至晚间，则广泛阅读中英文书籍，且填词作文亦不曾中辍。因心力的过度消耗，1929年12月21日晚，他出现了咯血的症候。燕大寒假很短，顾随于病中独自在寓所度过假期。平时则课业如常、读书如常、写作如常。至1930年暑期返乡探亲，金墀公方得知爱子的身体状况，他老人家力主让儿媳带着孙女离开老家，陪护爱子到北平一起生活。

1930年底，顾随从老家迎来了妻女，先是暂住于燕大东门附近成府村吉祥胡同六号的小院落，不久卜宅北平城内东四四条一号的寓所，从此结束了十五六年漂泊在外的游子生活，有了属于自己理想的以“异性的爱”和“亲子之爱”为基础的小家。自从有了自己的家，顾随的咯血之症竟不治而愈，且终生未见复发。

顾随妻子姓徐，名荫庭，是顾随的“第二个伊”（他在信中以此四字向朋友们介绍自己的续妻。他的第一个妻子纪氏，1919年病故，育有二女——之秀、之英），山东临清城里徐家的大小姐，端庄娟秀的旧式女子，略识文字，明事达理。早在20世纪20年代中期，顾随在青岛执教时，谱有寄内词数首，突破了旧日“寄内”（包括悼亡）之作中丈夫离不开妻子生活照拂的狭窄境界，他向妻子求“助”的是心灵的慰藉，如《蝶恋花》（仆仆风尘）、《八声甘州》（嫩朝阳），深含的均是平等的、知己般的夫妻之情。1942年，一向健康的徐氏夫人突发重症，顾随为赋《剧怜为荫君作》五律一首，尾联出句“剧怜娇小女”五字流溢出无尽的怜爱之意。

1947年2月，顾随的弟子们以现今所谓“AA制”的方式为老师五旬晋一的生日举行贺寿餐会，准备在会场墙壁上用墨绿松枝编扎一个大“寿”字，顾随说，还是用“百寿”二字好，今年我们老夫妇二人的年龄加起来整是一百。可见顾随对妻子的尊重与厚爱。

在到北平后的三十年里，夫人徐氏日日照料着顾随的生活，全部家事没让丈夫操过一点心；抗战后期和1950年后顾随三年大病时期，她变卖娘家陪送的首饰，渡过生活的难关。顾随非常感激妻子为他所做的这一切。晚年，他多次说，我这一辈子做成的事，有一半是妻子给的，要是没有她，不用说做什么，恐怕人早就不行了！晚年到了天津，家里剩了老两口，顾随在课业与著述较为轻闲的空隙，陪妻子游公园、吃西餐、听戏；为了排解妻子离开女儿的寂寞，有一段时间，每天晚饭后给老妻读两段苏联小说。

顾随在去世前一年致书弟子周汝昌："明年夏是述堂与山妻结褵四十年纪念，又，不佞教龄亦整整四十年。马齿加长，事业无成，惟余夫妇白首齐眉，可自慰且慰诸友好耳。"

这一切，在一对旧式夫妻之间是多么难能可贵！

1931年，顾随的第三种词集、浪漫情怀与现世人生交织的《荒原词》问世；与好友卢季韶合译之三万言的小泉八云著作《英文诗中的恋爱观》亦于天津女师学院学报《朝华》刊布。他留下来的几篇散文手稿《汽车上，火车上，洋车上，与驴子背上》《春天的菜》《偶感致季韶》等，少了旧日的浪漫遐想，更为亲近地紧贴着自己的日常生活。

卜居东四四条一号院后，顾随有了为自己安排一间供研读写作之书斋的想法。这第一间书斋取名"萝月斋"。在萝月斋，他开始写作学术文章——短篇的曲论、文论，今得见者仅有《萝月斋论文杂著》（包括"盖棺论定""说风""酒与诗""张宗子《与包严介》书后"）等。不久，他将书斋移至院内更为安静宽阔的南房，这就是他的"夜漫漫斋"了。在夜漫漫斋里，顾随先是完成了供讲课用的"元明散曲选""元明清戏曲史"等讲义；《夜漫漫斋读曲记》等一系列十余篇论元曲的文章，发表于《益世报·读书周刊》等刊物。以"夜漫漫斋"冠名的著作尚有《夜漫漫斋读玉谿生诗》一稿，惜只存弟子手抄之残页。

1937年初，在燕大任教的陆侃如、冯沅君合著之《南戏拾遗》出版，燕京大学《文学年报》从国内外诸多来函讨论之文章中，选刊了有代表性的四篇，作者依次为青木正儿（日本人）、顾随、魏建功、赵景深，可见顾随的名字此时在曲学研究领域已同青木正儿等专家同列。

萝月斋和夜漫漫斋是顾随学术研究的起步之地。

由于对元曲的研究，顾随的创作兴趣也由作诗填词转向了治曲。至1936年，整整一个寒假，在夜漫漫斋，他一口气谱成了《再出家》《祝英台》《马郎妇》《飞将军》四出杂剧。杂剧谱成之后，立即印行为《苦水作剧》。恩师沈尹默特为剧集题签，签上特意写明"尹默为羡季题"，且更一题四帧，供弟子选用。剧集扉页，有另一位恩师沈兼士篆书题签，可见老师们对弟子此著是如何的看重。杂剧集的出版，奠定了顾随在中国剧曲创作史上的地位，也使他成为中国文学史上迄今为止最后一位杂剧创作名家。

在夜漫漫斋，顾随诗词创作的成果亦极为丰硕。他将1920年至1933年间的诗作精选出八十六首，编订为《苦水诗存》，不少诗作记述着诗人当年的生平行迹，更有许多诗作充满了忧国忧民、感时伤事的情怀。同时，他把1930年至1934年间的词作四十六首编订为自己的第四种词集《留春词》，与“诗存”一起印为合集。1936年1月，顾随编订了第五种词集——专和晚唐五代词人的《积木词》共一百六十四首（未印行，今仅存弟子叶嘉莹请人代为抄录的四十四首及自序一篇）。他和晚唐五代词人之作，是为了提高自己的创作修养，看似承袭前人，实是为了创新。

1932年，私立中法大学以教授职衔聘请顾随到校授课。七七事变后，中法大学南迁，1946年北返复课，顾随在中法大学前后共十年，讲授的课程有楚辞、历代诗、词选、曲选。1936、1937年学校的学术刊物《中法大学月刊》上还刊有顾随的元曲论文《元代四折以上之杂剧》、小说论文《鲁迅小说的诗意描写》。

在中法大学兼课的第二时段，1948年的一天下午，顾随为学生讲“汉诗”（中国古典诗歌），自觉所讲“颇堪自信”，深以“不能自写语录”为憾。其实，顾随不必遗憾，他的弟子叶嘉莹听课长达六年，有完整的听课笔记，记录下了他在课堂上的学识之见、风神情采。叶嘉莹几十年颠沛流离，笔记始终随身携带，保存完好。自20世纪80年代起，已据之整理出数十种“讲坛实录”出版，最具代表性的是北京大学出版社出版的《中国古典诗词感发》《中国古典文心》以及集大成的《传学》两巨册。

顾随自1934年开始接受北京大学的聘任，讲授词选、曲选，现今尚存有当年北京大学铅印的“元明散曲选”讲义一册，上面写有他为讲课用的批注和提示。戏曲理论家吴晓铃是他在北大任教时的弟子。1949年秋，顾随大病不能登堂，此时吴晓铃先生已是戏曲小说专家，辅仁大学的元曲课即由他代为讲授，他却绝不肯收这一份“钟点费”。1962年，吴晓铃先生于北京西单旧书肆购得一册有老师题“浣溪沙”词之《苦水作剧》，返寓后即于封二作题记：

此书余有一部，系二十年前羡季师所贻，今于西单复见此本，以前有师亲书所作词，因复收之。师逝已二载，展卷为之唏嘘！

吴晓铃

一九六二.三.

短短五十多字的“题记”，正是对老师最深情的忆念。

晓铃先生十分了解自己的老师，他曾讲述老师元曲研究的特点，同时扩及老师治学的独到之处——对古今中外文学及理论有精深研究；创作与研究紧密结合；考据为研究服务；对古今中外文学作品做比较研究；强调对文学作品的艺术剖析。

1937年，七七事变后，顾随坚拒受日伪津贴办学的伪北大的聘任，不再担任北京大学的课程。1939年，老师周作人任伪北大文学院院长。顾随与老师虽继续保持着个人间的交往，但“大节”绝无模棱，绝不肯接受到伪北大教书的邀聘。他再次走进北大，已是抗战胜利后的1947年。顾随先生接受学生的邀请，与冯至一起，到红楼参加纪念鲁迅的讲演会，还即席为学生们朗诵了《阿Q正传》的片段。

顾随在北京大学任课前后仅三四年，但他同样是那里的“名师”。著名哲学家柳存仁1940年撰写《北京大学的教授》一文，在历数中国文学系的教授时，将“顾随先生的戏曲”与几位任课的著名教授沈兼士、罗常培、魏建功、余嘉锡、胡适等的课程并列，随即发出了掷地有声的几句评赞：

（他们的课）如果不能够被认为是代表中国全国的最高权威，那么你应该可以告诉我谁是比他们更好的。

四、困居沦陷的北平

1937年初夏，顾家迁居到东四隆福寺街附近牛排子胡同三号一座老北京的四合院。迁居的第二天发生了卢沟桥事变，九一八之后，顾随曾购买了不少宣传抗战、记述抗日的书刊，此刻为了一家老小的安全，他不得不下狠心拣出来毁掉。入夜，顾随的三个年龄较长的女儿在里院中心挖了一个大土坑，把父亲拣出的书刊一本本地投进土坑里烧掉，烧书的火焰直蹿到一房多高。第二天一大早，里院中心出现了一座圆形花坛，上面栽种着不少草花，似乎昨天晚上什么事都没有发生过。从此，顾随的生活不再有夜漫漫斋的宁静，他的书斋从此以“习堇庵”为名。“习堇”二字表达了他对祖国历史文化的虔敬与忠诚。

七七事变后，顾随无力带着一家大小八口奔赴大后方，困居沦陷的北平，坚持只在当时还可称是一方“净土”的燕京大学和私立中法大学任课。授课之余，他日日深隐于习堇庵，三四个月的时间，先是在数年积学的基础上完成了专著《元明残剧八种（辑佚校勘）》，刊于《燕京学报》并印有单行本；又写作了别有寄托的和晚唐唯美派诗人韩偓之《和香奁集》四十三首。四十三首和诗虽全用韩偓诗题、原韵，直至题旨，但传达的却是与原作完全不同的思致与情意，坚贞的情志、幽婉的诗句，寄寓着对故国的怀思，深隐着对光明前景的希冀，美人香草，和诗无一不是寄慨遥深之作。

顾随先生摄于1941年

在习堇庵，顾随还创作了不少忧时念乱、思国伤己的诗作和词作。1941年，他将词作六十六首编订为第六种词集《霰集词》印行。

1941年11月，日寇加紧了对中国百姓的压制，凡出入西直门，必须持有贴着照片的“官方”发给的“出城证”，照片还必须是由“官方”拍照的。

顾随到燕京上课，必须出入西直门，他不得不去指定的地点拍照办证。中国人出入自己都市的城门，却要到日伪机关去办出城证，得到日伪机关的批准！照片上，顾随瘦削的脸上布满了对故国的忧思和对自身处境的无奈，透过镜片的目光里隐含着的是对敌人的愤怒与蔑视。照相时不许戴帽子，他只能用那条浅驼色旧毛围巾严实地包裹在不屈的颈项上，显示出与侵略者的坚决对立，保持着自己凛然不可侵犯的气节。这时顾随还不满四十五周岁，但他的两鬓已明显地布满白发，记录着满怀的忧患与沧桑。

出城证只用了几次，12月8日，太平洋战争爆发，次日燕京大学即被日寇封闭，全校师生被强令立即离校。直到次年6月，学生方被允许回校搬取个人行李物品。跟从顾随学诗、学书的经济系学生滕茂椿回校，见未名湖畔的旧日学生宿舍已是门窗破敝，书籍被褥已被洗劫一空，校园杂乱荒芜，满目凄凉。回城后，他向老师禀报一切，师生相对，唯有叹惋唏嘘。次日，顾随赋诗《莘园自西郊归来驾过荒斋，共话今昔，不胜感喟，因赋长句三章》，抒发着今昔之慨、家国之痛、光复之志。

1941年9月下旬，顾家迁入新宅地安门外碾儿胡同二十九号旁门。迁居的原因很简单——只是为了节省房租。此时，顾随的书斋由“习堇庵”改名“倦驼庵”。“倦驼”二字，深含的是国难时期艰苦支撑、苦捱岁月的意味。

燕京大学被日寇封闭，顾随是燕大专任教师，为防备日伪特务的搜查，倦驼庵里不得不又一次焚书。那是一个严寒的冬日，一日晚饭后，顾家院门、屋门紧闭，全家围在饭桌旁，将数十本《留春词》中的两页撕下，连丝线装订处残剩的毛纸边也一点点抽净，投进取暖用的火炉里烧掉。被撕掉的两页上印有两首激昂亢奋的抗日之曲，谱于1933年歌颂二十九军大刀队喜峰口“长城抗战”雪夜砍杀日本侵略军的《满江红》（夜雪飞花）和以“为老兵送人出关杀敌赋”为题的《踏莎行》。自此，顾家所藏《留春词》都是缺页的残本。

“留春”一集中的抗日之曲不止这两首，紧随其后的一首《西河》，标明“用清真韵”，其实用意就是表明乃依周邦彦著名的《西河·金陵怀古》谱写的一首怀古词。1933年初，日军已侵占山海关、热河以及冀东一带，燕赵之地已是危如累卵，笼罩在“萧索黄天”之下。这是一支借昔言今的忧国伤时之曲，只是由于用典，连“怀古”二字也未标明，才免掉了被焚之难。“留春”结集处，一首“题冯问田先生《紫箫声馆诗集》”的《青玉案》亦有伤东北河山沦丧之句。

当年在沦陷区北平，辅仁大学是教会主办，不接受日伪津贴，不受日本管辖、不挂日本国旗、不开日语课、没有日本教官，因之，这里聚集了许多爱国的知名教授，优秀的青年学子也纷纷考入辅仁大学。

顾随自1939年开始在辅仁大学任课，自1942年成为辅仁大学的专任教师，直到1949年秋大病离开讲坛。在辅仁大学，他前后执教十一年之久，很多著名的专家、学者、教授以及众多文史、艺术、教育工作者都是他在辅仁大学时期的学生。其中除“传法弟子”叶嘉莹外，还有郭预衡、史树青、刘在昭、阎振益、刘乃崇、朱家溍……表演艺术家于是之“偷听”辅仁大学的词曲课，自称“偷学者”；书法家欧阳中石趋府受教，自称“入室弟子”……任教十一年，他开设的课程门类很多，韵文自诗三百篇、楚辞、唐宋诗选、唐宋词选、曲选直到“人间词”及《人间词话》，古典散文则有《论语》、《中庸》、《昭明文选》、文论举要、文选习作等。

在辅仁大学，顾随的讲堂延续着20世纪30年代燕园课堂的盛况。半个世纪后，严谨的学者郭预衡仍做着深情的回忆：

先生当时不仅是一系的教师，而且是全校的大师。其备受欢迎的盛况，当时是绝无仅有的。……不仅传播知识，而是启发悟性。先生讲授的内容，多是自己的心得，并凝聚了自己的创作经验，运用多种譬喻，深入浅出地传达出来。先生讲课的语言，也有特点，既富哲理，又富情感……

在碾儿胡同的倦驼庵，顾随以他特有的方式——文学创作进行着战斗。他的《倦驼庵词稿》（十首）、《倦驼庵诗稿》（三十首）中的大部分作品创作于此时。“词稿”中的一阕《浣溪沙》，“诗稿”中的“观韩世昌演《思凡》”的“抚事感怀”之作，是其中最受瞩目的代表作，暗含着时代特征，隐喻了国家民族之大灾难。

此时，顾随的创作笔锋一下子转向近十年不曾涉足的杂剧、小说领域，完成了二折杂剧《馋秀才》与中篇小说《佟二》。

1941年10月，沈兼士先生主持的抗日刊物《辛巳文录》（初集）准备印行，顾随以一夕之功，将1933年练习剧作时谱写的两折曲词，补充情节，加楔子、宾白，谱成《馋秀才》杂剧刊于其上。杂剧主角是一个善烹调又馋嘴的秀才，他宁肯贫困潦倒，也不肯去伺候县太爷，这分明是借馋秀才之行止表达自己不肯腼颜事敌的民族气节。剧中一曲《醉太平》更是直接诉出了不能身赴国难的苦衷。杂剧这一古老的艺术形式于"非常时期"在顾随手里成为坚持操守、坚持抗战的特殊武器。

小说《佟二》在主人公佟二短短的一生中，浓缩进广阔的社会历史场景。佟二这个庄稼汉，先是经受了天灾，接着又遭受了各路军队混战对耕地的践踏，他终于活不下去，不得不携妻带子"下关东"。路上，一支军队打昏了他，抢了他的行李，杀害了他的妻儿。顾随在小说结尾重重地点上一笔——杀害佟二妻儿的是"挂了旗"的"鬼名军"（以"鬼"为名的军队），矛头直指在中国大地横行的打着"膏药旗"的鬼子兵，因而使小说具有了浓重的、特定的历史感与战斗性。中篇小说《佟二》刊于1942年春《辅仁文苑》。顾随以一支滴血的笔，通过农民佟二的一生，诉说了中国农民的苦难，控诉了日本侵略军的罪行，也张扬了中国人民不屈的斗志。

在碾儿胡同，顾家的经济状况愈来愈拮据。如此境况之下，碾儿胡同这独门独户的房子，顾随再也交不起房租了。1943年4月29日，顾家迁入什刹海北沿南官坊口二十号外院的北房，这里租金更低一些，离辅仁大学也更近。这里原是前清敦郡王府的祠堂，当时七家合住，顾家所住是前院的六间北房，原是王府人员候祭的"朝房"，高大宽敞，但也相当老旧。顾随的书斋在最东边的一间，仍用斋名"倦驼庵"。

家与学校距离近了，学生们有了更多课外与老师接触的机会，所以学生与老师的关系也随之更亲近了。

1943年夏，国文系1941级全班女生组织了一次聚会，只邀请顾随老师参加。聚会后，女生们陪护老师返回寓所，在阶前合影。现今叶嘉莹教授寓所悬挂的一幅三十寸巨照，便是这张照片。当时，她刚刚师从顾随老师学诗一年，她说："从来未曾聆听过像先生这样生动而深入的讲解，因此自上过先生之课以后，恍如一只被困在暗室之内的飞萤，蓦见门窗之开启，始脱然得睹明朗之天光，辨万物之形态……"

1943年夏，顾先生在南官坊口寓所院内

学生们不满足于课堂上获得之教益，还在课外举行了一次讲演会，敦请顾随先生做题为《禅与诗》的讲演。张恩芑《回忆顾随先生的一次讲演〈禅与诗〉》中写道："（1943年11月6日下午）容纳二百人的阶梯教室座无虚席，后来者伫立聆听直至终场……讲演内容深入浅出，生动活泼，给与会听众以极大的启迪。"郭预衡回忆：暑假里，男生们每隔数日，便邀老师到北海五龙亭饮茶小聚，师生畅谈心曲，学生更能聆听到老师对诗词、书法的见解，得到了课堂上难得的知识，也给困居沦陷区的老师生活、精神上以安慰。

1943年5月，史树青以家中旧藏沈尹默先生所书联语"秀句满江国；芳声腾海隅"呈顾随老师，请求鉴定与评论。顾随当即为弟子所藏珍联题七绝一首。这首"论书"绝句，是顾随对尹默先生书法造诣之评价。史树青认为，这是先生平日学书、作书之体会，也是先生论书、创作之自白。次年春，史树青在北平琉璃厂书肆觅得顾随旧日所书“临同州圣教序”，师生一同品赏临帖之后，顾随为之作跋文一篇。临帖及跋文已于1990年交由天津古籍书店出版部影印出版。

由于拜访老师的机会多了，学生们也就有了争相传看、传抄老师著作手稿的机会，因此保存了顾随的不少佚作。

北平沦陷后期，为了生计，顾随奔忙于几所大学执教，也不曾停下手中创作与著述的大笔。

1943年，第七种词集《濡露词》印行，收词二十二首，集后附《倦驼庵词稿》（十首），继续抒发着一怀坚贞的心志与抗战必胜的信念。1952年盛夏，顾随于弟子孙正刚的《濡露词》手抄本上亲手点订、自注并作“自识”。“自识”中说，集中“多凄苦之音”，“半生学词，天赋人力，生理世情，举可以于此消息之”，“之先之后，诸作弗如也”。

在杂剧创作上，顾随自1942年1月开始动笔谱写据《聊斋·连琐》故事敷衍而成的两本八折杂剧《游春记》，至1945年2月11日（农历除夕），方得大功告竣。《游春记》曲词谱写得串串珠玑，剧中增加了几个角色，丰富了戏剧情节，增强了戏剧冲突，增加了连琐复生后与杨于畏驰马登山观海一折，全剧的情感境界升华到对美好人生与精诚心志赞颂的高度。《游春记》巩固了顾随最后一位杂剧名家的地位，他创作的六种杂剧也获得了“中国戏曲史上空前绝后的成就”（叶嘉莹文题）之赞誉。

此时，顾随还重拾译作旧业，译出了克鲁泡特金的《论涅克拉索夫》。

1942年春，弟子滕茂椿向老师建议，自写旧日燕京讲堂所讲之辛词，顾随随即“遴选辛词廿首”，拟逐首说之，次年暑期“作辍廿余日，终于完卷”。之后“再取《东坡乐府》选而说之”，“进行弥速，凡旬有二日而卒业”。

顾随撰著两部“词说”之时，已精研佛经典籍与禅家语录数年，两“词说”即用极别致的佛经“语录体”写成。总观两部“词说”，可分“正文”与“序跋”两部分。“正文”共阐论稼轩、东坡词三十五首；近两万字的“序跋”乃是对词学理论的研析，或可视为“词学总论”。“总论”中，顾

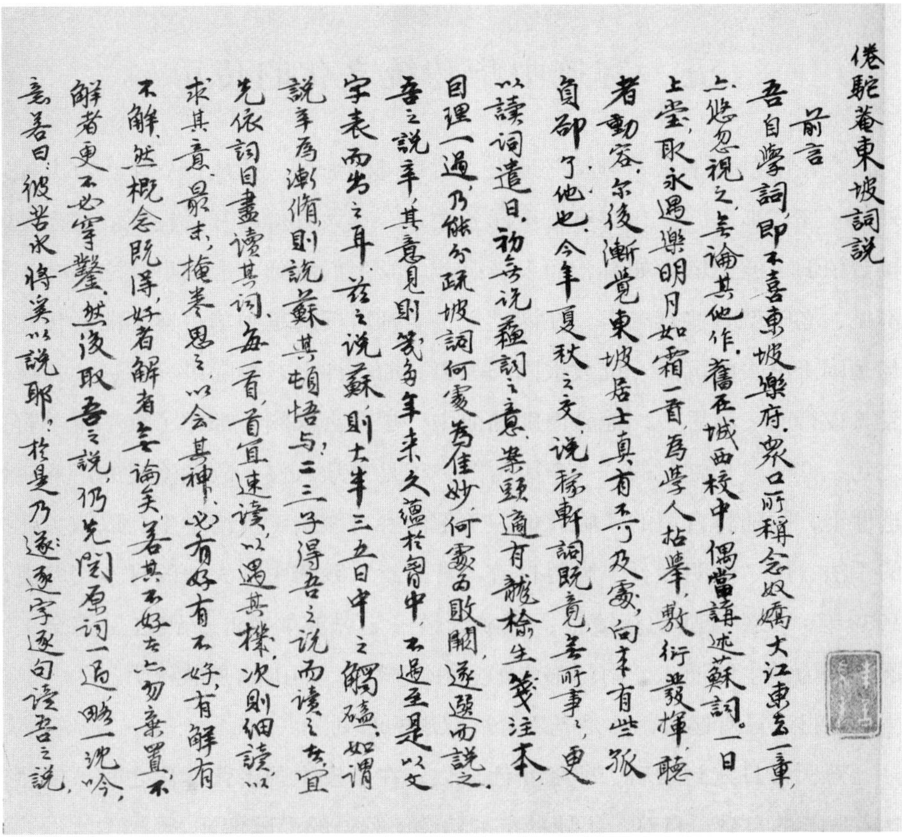

倦駝菴東坡詞說

前言

吾自學詞，即不喜東坡樂府。衆口所稱念奴嬌大江東去一章，亦忽視之，無論其他作。舊在城西校中，偶當講述蘇詞。一日上堂，取永遇樂明月如霜一首為學人拈舉，敷衍發揮，聽者動容，尔後漸覺東坡居士真有不可及處，向來有些孤負卻了他也。今年夏秋之交，說稼軒詞既竟，無所事事，更以讀詞遣日。初無說蘊藉之意，案頭適有龍榆生箋注本，因理一遍，乃能分疏坡詞何處為佳妙，何處不敢聞，遂選而說之。吾之說辛，其意見則蓄多年來久蘊於胸中，不過至是以文字表而出之耳。茲之說蘇，則大半三五日中之觸磕，如謂說辛為漸修，則說蘇其頓悟与？二三子得吾之說而讀之，於宜先依詞目盡讀其詞，每一首，首宜速讀，以遇其樸，次則細讀，以求其意，最末，掩卷思之，以会其神，必有好有不好，有解有不解，然概念既得，好者解者無論矣，若其不好去亦勿棄置，不解者更不必穿鑿，然後取吾之說，仍先閱原詞一過，然後一一說吟，意善曰：彼若求將奚以說耶？於是乃遂逐字逐句讀吾之說，

周汝昌手抄《苏辛词说》

随标举出“高致”一说，以“高致”为词创作的最高境界。“总论”中还论及历代的作家、作品；且对东坡、稼轩词章加以比较，提出了“健”“实”二字为二家词“分野”之独见。三十五首苏辛词之阐论，从作者的心性、感发，读者的领悟、体会诸方面，独抒己见，广征博引而不离其宗，往往是抓住一个话头，生发开去，统领全文的精髓。周汝昌先生1983年为老师两“词说”撰写了万言的“小引”，以为先生之《词说》，其意义与价值无论自高度、广度而言，抑或自深度、精度而论，远过于静安之《人间词话》。2015年北京出版社据《顾随全集》出版的《苏辛词说》单行本，被评为“2015年度中国好书”。

五、寄迹中华传统文化的传承

在沦陷的北平，“燕园”地处当时京郊的海淀，恰成挺立于古都九城之外的一座“孤岛”。1937年，至深冬之日，燕大方得以开学授课。校园花木楼台依旧，波光塔影如昔，而人事已非。学生们看到，七七事变之后才半年不见，老师就有些衰老了。在课堂上，老师讲授的是中华古典词曲，传达的却是国土沦丧的沉痛、抗敌报国的深衷。曲选课上，顾随讲马致远，特选散套《夜行船·秋思》，他高声朗诵曲中“想秦宫汉阙，都作了衰草牛羊野”之句，“气贯长虹”的“一声凄厉”，正是外敌入侵、故国沦丧的巨痛；词选课上，顾随将自填的《临江仙》（记向春宵融蜡）讲给学生，以双关比兴的手法，用“朱明烈日”影射打着“膏药旗”践踏中华大地的日本侵略者。1939年，长沙会战初获捷报，顾随为谱《定风波》（昨夕银缸一穗金）一阕，并为学生朗诵：“南国书来消息好。微笑。四山如画散秋阴。……”学生们记得“只有这时，才是先生舒展双眉的时刻”。

燕大被日寇封校后，顾随专任辅仁，在传授中国古代文化之时，依然传达着民族的自豪、自尊，不屈的抗敌信念，挚诚的爱国情怀。

词选课上，顾随讲自己1928年旧作《味辛词》中直斥日本侵略军制造“济南惨案”、屠杀中国军民的三首《八声甘州》。十多年前的旧作，此际讲来，别是一番锥心刺骨的沉痛，一字一句无不发人深省，耐人深思。

曲选课上，顾随讲自己的杂剧，讲的是练习剧作时自以为“各折殊少联络”之《飞将军》，为的是突出汉代名将李广“男儿一死寻常事，不扫胡尘誓不归”的抗敌意志，以及中华民族的英雄气概和必胜信心。学生们体会得出老师专讲《飞将军》一剧的苦心。

唐宋诗课堂上，顾随用英文举引了雪莱《西风颂》中“假如冬天来了，春天还会远吗”的诗意，改写成两句词：“耐他风雪耐他寒，纵寒也是春寒了。”年轻的叶嘉莹课下即以老师断句足成一阕《踏莎行》，她说，当时“正值北平为日军所占领之时，我想先生之所以在讲课时拈举出雪莱的

诗句，并将之改写为中文词句，其中自也暗含有与同学们互相慰勉之意”。（叶嘉莹《顾随诗文丛论·序言》）

1941年12月燕京被封校之后，私立中国大学校长何其巩特聘不肯接受日伪大学聘任的名教授前来任教。1942年春开始，顾随兼任中国大学的老师，先后讲授唐宋诗选、词选、曲选、文学批评等。

中国大学地处闹市，绝非燕园式的“孤岛”，但顾随仍时时用隐语、双关语来传达故国之思、救国之意。1942年暑假期间，顾随的好友、同事董鲁安潜出北平，投奔敌后抗日根据地。顾随得知消息后，为赋《净业湖边作》七律一首。秋季开学，元曲课上，顾随上堂，先拿起粉笔把这首诗写在黑板上，然后朗诵一遍，又深情地再诵最后一句——“有人夜半出函关”，接着说了一句，你们的董鲁安先生上山当和尚去了。学生们悟得出此言真意，“上山当和尚”是一个隐语，老师是在向弟子们传递着“最机密的革命信息”。

1943年春末，顾随的《花落后重游园中有作》五律有句“但有生机在，何曾春日迟”，将抗战必胜的信念与自己“忍死望恢复”的坚定情怀寓于大自然的一片生机之中。诗选课上，他把这首五律介绍给学生，并要求学生和作。

邓云乡在《文化古城旧事·羡季先生》一文中说：“在我所听过的众多的名教授讲课当中……顾随先生则无疑是绝对冠军，重要的是他的文艺见解和学养高，有高的境界。”

顾随上堂传法，古今中外，文史哲禅，诗内诗外，旁征博引，雅正而通俗，严肃而诙谐。“跑野马”是当年人们对他讲课的美誉。

仅以讲孔夫子论《诗》之“诗三百，一言以蔽之，曰思无邪”为例。他说，所谓“无邪”，“宋儒所言是出乎人情的，干巴巴的”；而程子解释“思无邪”最好，“说‘无邪’是‘正’，不如说是‘直’，未有直而不诚者，直也就是诚”。讲到这里，他插入了关于汉字形、音、义三者关系的知识——“直、真、诚，三字双声”，“真与直音形义俱相似”，接着引用《易传》中之“修辞立其诚”，言“以此讲‘思无邪’三字最切当。诚，虽不正，亦可感人”。底下“野马”“跑”得更远了：说到“强盗诗”的“诚”；说到“打油诗”的“诚”；说到释迦牟尼说法所言之“真语”“实语”“如语”“不诳语”“不异语”，都是“真”，且用英文解释“如语”；说到《尚书·尧典》中的“诗言志”，谓“志”即“诗意”。四层讲下来，方回到孔子所谓之“思无邪”，再从“诗法”与“世法”之不同展开论列。为阐明“诗法”“世法”之不同，他举了鲁迅先生批评下野军阀仿陶渊明隐逸诗的作品，以为“其诗绝不如‘月黑杀人地，风高放火天’二句也”。这样严肃的一例之后，他又幽默地举出自己在乡间所见小酒肆的对联：“进门来三杯醉也；起身去一路歪邪”，以为“此虽不佳而颇有诗意，盖纪实也”。

如此这般一路讲来，对“思无邪”三字还能有比这再透辟入理的解析吗？更何况其中包含着多少经典、多少作品、多少知识、多少见闻！“顾随式”的“跑野马”实为一般人难以企及的课堂讲授艺术，它基于渊博的学识、深湛的修养、闳阔的思趣以及开合有致的语言表述。

顾随认为，国文系的学生必须有文学创作的实践。他对弟子们的爱护扶植，除课堂讲授、课外活动之外，还表现在对学生的诗词曲文习作的评改上。综观“顾随式”习作评改的独到之处：其一是宏观的把控，高及于对弟子人生岁月的关切与指点；其二是微观的关照，直触到细如毫发的文字表述；其三是字句的修改，一字之易，一句之移，石化为金；其四是对不同的学生有针对性的引导；其五是关注从学程度不同的每一位弟子。

顾随之所以能达到如上境界，关键在于他从不以评改习作为必须履行的任务，而是以之为一个文化传承者的天职，同样表现了作为一个“人师”而非仅一个“经师”的品格。

弟子叶嘉莹一如珍存听课笔记一样，珍藏着老师为她评改的习作十五纸（包括诗词曲作五十七首），好句旁有圈点，有评赞；每首有总体的评点，也有字句的修改，还有对写作方法的指导——这真可看作是教师评改学生习作的范本。

周汝昌1979年著文称，老师“最不赞成学生‘随人脚跟’‘亦步亦趋’‘师云亦云’，无所发明，无所前进；最喜欢青年学生提出不同见解，常常引用禅宗的话头‘见过于师，方可承受’来鼓励学人”。早在1942年师生通信之初，顾随就向周汝昌说过：“……苦水遂不欲以一日之长自居矣。呵呵！禅宗古德曰：‘见与师齐，减师半德；见过于师，方可承受。’”1946年，顾随给传法弟子叶嘉莹的信中也曾说过：“不佞之望于足下者，在于不佞法外，别有开发，能自建树，成为南岳下之马祖；而不愿足下成为孔门之曾参也。”传达了弟子一定要超过老师的冀望。

在辅仁大学论语课堂上，顾随对禅宗见解做了更明畅深彻的阐释：“‘见与师齐，减师半德’……成就较师小了一半。……‘见过于师，方堪传授’，是为‘道’打算，不是为自己想。”进而，顾随有更通俗而生活化的解说：“不是老师教什么会什么，须是从师说外自己更有所得。”他甚至看得更远：“天地间无守成之事，学如逆水行舟，不进则退。不但宗教、文学如此，民族亦然……”

为了能超越老师，顾随指引弟子们“转益多师”，不仅强调向古人学习，同样强调向现代人学习。正是这些源于古典又极为先进的教育理念，成就了顾随作为“人师”的一生，使他的门下走出那么多在不同领域胜过老师的著名专家、学者、作家、教授。

六、抗战胜利后与古都黎明前

1945年8月15日，日本侵略者投降，顾随把胜利的兴奋、喜悦、快慰写进诗歌中：“一事还堪傲放翁。……先生亲见九州同。”“辉煌金碧前王殿，万众欢呼看受降。”

1945年秋季，国民政府在北平接见古都沦陷期间坚持操守的忠贞之士，顾随是被接见的爱国教授之一。

1946年4月17日，顾随迎来了“八九年来殆未尝有此意趣”的一次欢会——老师沈兼士先生北返任职，“邀看花东昌胡同寓中”，并“以默师所书”山谷诗“摄影片见赐”，师生赏字画、“玩佳花、饮美酒”。顾随赋七古二首《看花用山谷次子瞻韵》，“谢兼丈”且“将寄呈默师”。两首长篇七古是苦水诗中极具历史、文化、学术价值之作。

顾随在中法大学讲课时，三次举行学术讲座，大讲鲁迅。

1947年2月2日，中法大学北返复课刚刚三个多月，文史学会举行学术活动，先生以“小说家之鲁迅”为主题，做了一次充满“诗意”的讲演——《论鲁迅小说之“诗意的描写”》。讲演高度评价了鲁迅作为小说家的创作成就，同时阐明了自己小说创作的美学理念——小说中“诗的描写与表现是必要的”，要将“小说中人物的动力”和“人生的色彩”“一齐诗化了而加以诗的描写与表现”，“无论那生活与动作是丑恶的或美丽的”。而鲁迅小说之成功处亦在此。

顾随的另外两次讲演均已是在古都黎明前的时刻，但讲稿与讲授大纲均早已不存，仅见于日记中寥寥数笔的点滴记述。

1948年10月17日，顾随接到学校的邀请，出席中法鲁迅先生纪念会，做题为《我所看见的鲁迅先生》的讲演。顾随在日记中说自己对讲演“尚满意”，“听众亦受感动也”。

三个月后的1949年1月27日，顾随应学校之请，为寒假期间未得离校的学生做讲座。顾随以他一贯的敬业精神以及对鲁迅先生的钦敬“为讲鲁迅之作风二小时”。

三天之后，北平宣布和平解放。2月2日，人民解放军开进古城，顾随是以大讲鲁迅迎接古都的新生的。

1948年以后，顾家的经济状况愈发艰窘，顾随已经交不起每月的房租。1948年10月30日，顾家搬进了属于辅仁大学校产、地处恭王府花园对门的李广桥西街（今之柳荫街）八号。

辅仁大学国文系学生自告奋勇前来帮忙搬家，“凡零件小包即手提肩扛携至新寓”。顾随对此十分感动，记入日记。

新居是一座小四合院，顾家住里院北房五间、东房三间，居住面积显然小了许多，顾随不免感到“屋宇逼仄”，但“系校产，可以不忧催租”，“省却不少之扰攘”。院子的西南角有一小丛并不茂盛的绿竹，顾随遂将新寓书斋定名为“三两竿竹庵”。那正是古都北平黎明前最黑暗的时候，物价飞涨，官方勒索，败兵骚扰，在这种境况中，顾随仍能潜下心来，在书房里为《世间解》

撰著了《揣龠录》的最后两章，为辅仁大学学生寒假的讲习班撰写了两万余字的讲稿《韵文普说》。

自1946年起，我党即专门委派地下党员学生陈继揆、陈继昭兄妹二人先后与顾随老师直接联系，向老师介绍当前形势，还把进步书刊、文件送给老师，包括《晋察冀日报》和毛泽东的《论联合政府》。这给了顾随精神上有力的支撑。还有一次，在家里快揭不开锅的时候，装着一小笔款项的信封从顾随书房的门缝里塞了进来，那是学校里地下党员学生悄悄送来的，以解顾家生活之燃眉。

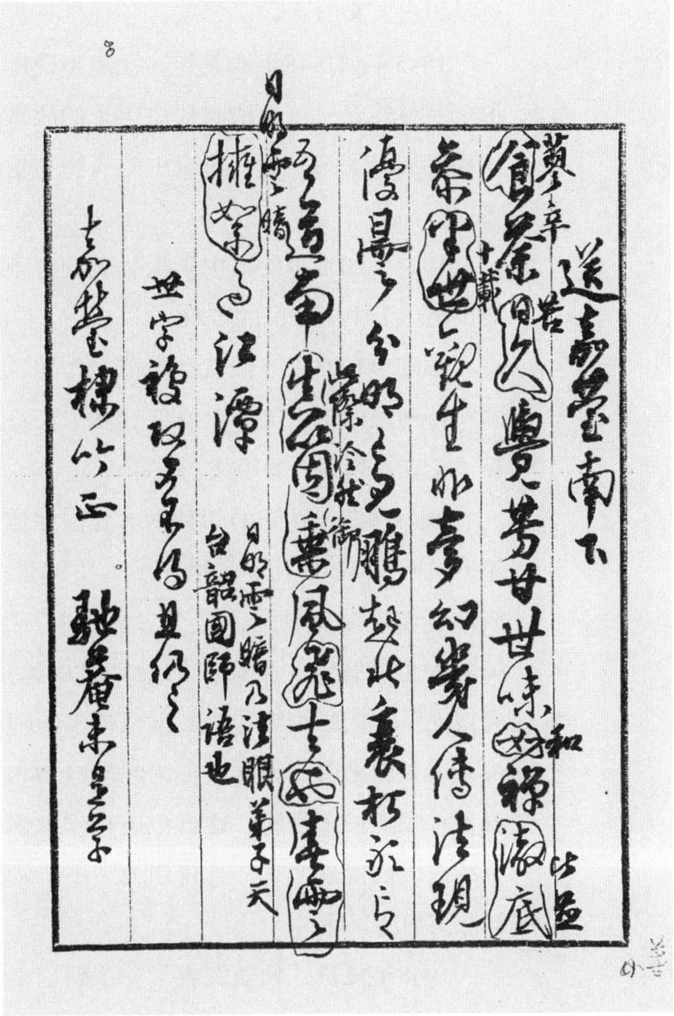

顾随《送嘉莹南下》诗稿

1945年8月至1949年初这一段时间里，顾随的韵文创作主要在诗，今辑得者已有百首之多。其中具史料价值者，除前文述及之欢庆胜利、兼丈邀看花诸作外，还有1947年“开岁五日”“分别呈寄各地师友”之七律四章，且有再和、三和；1947年“往访可昆君培伉俪”“纵谈入夜”“感念实多”之“短句四韵四章”；题《苦水诗存》与《苦水作剧》赠张中行之七绝、五律各一首；1947年春的《和陶公饮酒诗二十首》，咏史、咏怀、纪时、言志，具有十分丰厚、难以品尽的内蕴；特别是1948年春《送嘉莹南下》之七律述怀，更具历史人文内涵。

1945年到1948年的三年，顾随小说创作兴致勃然而兴，于是有了中篇小说《乡村传奇——晚清时代牛店子的故事》，发表于1947年初沈从文主编的《现代文录》第一辑，小说中的人物与生活都是顾随所主张的“诗的描写与表现”。

1947年10月号的《中学生》又刊有顾随的短篇小说《刘全福》，写出了徭役重压下中国农民的苦难。

顾随自1925年开始就翻译英文作品，这时，他把旧日据英译本转译的俄国安特列夫的《大笑》重修后刊发于《益世报·语林》，数日后又刊发了一篇《论安特列夫》的短文。

这一时期，顾随的两种学术著作在他的学者生涯中至为重要。一为1947年6月应《佛学月刊》《世间解》主编张中行之邀，逐月撰写、连续刊登的谈禅著作《揣籥录》，计十二章、七万字。顾随坦言，他之学禅，是从中汲取人生的智慧、生命的力量，是从禅家“勇猛精进”的人生态度，“割肉馁虎”“刳肠饲鹰”的救世精神、学师超师的传承理念以及禅学与文学的关系诸方面来研禅说禅。一为起笔自1949年1月5日至2月4日截稿的《韵文普说》。顾随一个月间，逐日记述写作过程，农历除夕亦不曾辍笔。惜此写作于特殊时代背景之下，且自诩为“中多发前人所未发”的学术著作，早已不知散落何所。

1948年夏日，顾随发表了一系列论小说的文章——《看〈小五义〉》一篇、《看〈说岳全传〉》一篇、《猪八戒论》三篇、《林冲论》两篇，刊发于《天津民国日报》《华北日报》等报刊。

七、生活在新中国（上）

北平和平解放以后，1949年2月19日下午3时，在北京饭店，党的领导人接见北平高校的爱国名教授，顾随是中法大学被邀请的五名教授之一。

随着解放军的入城，许多新书也走进了古老的北平。顾随任课之余读了大量新书，仅1949年2月23日至4月10日这些天里，据日记记述他读过的新书竟有二十四种之多，而且有的书读了两三遍。他还把读书所获的新鲜感受随手记在书页上，或写在日记里。

顾随在辅大国文系的教学工作也出现了一些新面貌。他与年轻教师郭预衡商定，嘱其组织学生成立鲁迅研究会。3月26日，他在课堂上为学生讲授毛泽东诗词三章。在刚刚解放的古城，在一所私立大学的国文系，建议学生组织鲁迅研究会，特别是在课堂上讲毛泽东诗词，这应该算得上是首例。

随着北平的解放，天主教会创办的辅仁大学也转为中国人自主管理。开学初，学校成立了中国教员会，顾随被选为执行委员，随即又被推举为中文系主任、附校委员会主任。至6月1日辅仁大学正式成立校务委员会，主持全校工作，顾随当选为校务委员。在系里，他谦称自己是“副末”登场，任课的各位教师才是“正末”；他请校外专家好友冯至来系讲演；对附校委员会的工作，他则是事无大小认真对待、处理；同时还要参加校、系的各种工作会议、活动……顾随凭着对事业的忠诚奋力地工作着。他太劳累了，加之半生艰辛、长年病痛，至8月份已不能工作。9月末，他住进医院。至年底病情更趋恶化，不得不住院抢救。直到1952年春夏之交，病体方稍见痊可。

为了促使脑力、体力的康复，医生建议顾随可以恢复临池的日课，但“力戒作诗”，以免耗神劳心。顾随认真遵从医嘱，每日临写碑帖（章草）两三次，每次不过半小时。由于对临池的喜爱以及旧日碑帖研究的功底，顾随校注了《邓文原章草真迹》，进而动手撰写书法专著《章草系说》。

盛夏之日，顾随见到昔日燕大弟子手录的《濡露词》稿本，于“中伏”酷暑之中，点定、自注并作后记。至9月中，由于《章草系说》中《章草急就篇斠字》一文的竣事，他终于忍不住已中止三年的诗词创作之笔，至10月17日，完成了一卷包括古近体诗二十八首与三千余言“附注文字”的《竹庵新稿》。研究章草的著作已不存，仅于1952年11月致友人卢季韶的信函中见及片段。《竹庵新稿》完整存留。

《竹庵新稿》既有对旧日学诗经历的回顾，又有对恩师及友人、弟子的感念与怀思，还有一组论“诚斋诗”的《脚痛篇》三首长篇七古。每首七古前有长篇诗序，后有长篇附记、按语，之后又附有补编的二绝句，共两千余言。扩及于诚斋其人其诗、生平考证、交游往来，更涉及恩师尹默先生对诚斋诗之研究，甚至联系到俄国作家爱伦堡、东汉学者马融，极具才力与眼光，形式之恢宏，内涵之深广，称得上是古今“论诗”所罕见。

《竹庵新稿》后附《竹庵词剩三首》，第一首《鹧鸪天》歌唱和平，第二首《浣溪沙》歌唱勋业，第三首《清平乐》以“俳体”记写自己病后生活。

《竹庵新稿》开启了顾随新中国时期的诗词创作。

至1952年秋季，顾随得到一份散页的小册子《实践论》，阅读之下，写下许多心得体会，且于封面郑重地题写了“吾言甚易知，甚易行。——老子”，下署“古贝糟堂氏读本之一”。12月初，他又在《人民文学》上读到了阮章竞的长诗《漳河水》，边读边评点，给予很高评价，也点出其中个别瑕疵。岁末，因弟子周汝昌之讯问又动笔撰著《说红答玉言问》。

自1952年末，顾随又开始大量读书。1953年初，他高兴地致函好友季韶：“我比来读书颇有小进益，于辩证唯物论尤多悟入……至于文学方面，则读了一部苏联文学史，甚有所得。……小说看得尤其多……”

自1953年开岁，顾随开始走出养病的书斋参加社会活动。

2月末，他应北京图书馆（今国家图书馆）之邀，在“爱国诗人杜甫讲演会”上与挚友冯至联袂登台，冯至做报告，顾随讲了如何朗诵杜诗并进行了朗诵。负责筹划与组织这次讲演会的冯宝琳先生在《北京辅仁大学校史》中回忆，“会场上座无虚席”，“两位主讲大师”“同是研究杜诗的专家”，“又是几十年过从甚密的挚友”，“彼此灵犀相通，配合默契……收到相得益彰极佳的效果”，盛会结束时，“两位大师携手谢幕三次……全场起立，响起经久不息的掌声”。

5月初，顾随兴致极高地回到阔别三十载、已迁入燕园的母校北京大学，参加校友返校活动。

这时，顾随开始考虑“暑后出山”的问题。他接受了弟子王振华的邀请，决定到天津师范学院（河北大学前身）任教。经高教部批准后，他离开北京师范大学（1952年，辅仁大学与北京师范大学合并）。出京前，他谱有一阕《木兰花慢》（故人书问我），幽默地写道："驾起青牛薄笨，迢迢又上征途。"表现的正是重返岗位、人生再少的振奋与欢欣。

八、生活在新中国（下）

1953年6月18日，顾随举家迁离了寓居二十余年的古都，到天津落户。

天津师范学院为顾随安排的住所是马场道校内第二宿舍小洋楼的一层，他写信告诉友人，"有暖气及卫生设备"，"书室、卧室、厨房、厕所各一。书室、卧室之大，一间可抵李广桥三至四间，高爽、干燥，颇合理想"。在当时的天津师院，有这样住房条件的教授，唯顾随一人。这套住房为他晚年的讲坛生活提供了一份重要的物质保障。

顾随居住校内，上下课也再无旧日路途往返之劳，生活上再无后顾之忧，休养身体之余，顾随将全部身心都倾注在讲坛之上。

1953年9月秋季开学，顾随为四年级开设"元明清戏曲选"（每周二至三节，包括作品选与戏曲发展小史）。他暑假里开始选注教材，注释部分工笔正楷写在竖行的稿纸上，讲稿正文则是以论文形式，字字句句清清楚楚地写出来，一并交付文印室刻印。"戏曲作品选"与"戏剧发展史"两种讲义今均不存，唯"中国戏曲发展小史"（两万字）完整存留。

1954年，顾随为二、三年级开出一门新课"佛典翻译文学"，这在当时的大学讲堂是个创举。他撰写讲稿，"每天写个千儿八百字"，用了一个月的时间，在五一劳动节期间完成了三万字的"汉三国晋南北朝时期"的《佛典翻译文学》。其中，引言、按语、结语属于论述，占了其中大半篇幅。1986年《佛典翻译文学》收入《顾随文集》以来，多家出版社将其与《揣籥录》一起，以《顾随说禅》之名出版，成为新时期颇受读者欢迎的论禅专著。

1955年春、秋两个学期，顾随开出的课程是唐宋诗和唐宋词，及今仅见

1954年8月，顾随先生在天津师范学院寓所书房

其中“说稼轩农村词”手稿一小段，以及当日弟子手抄的“晚唐诗”及“唐诗现实主义”两节。

1955年底，顾随又接受了一项新任务——讲授“中国古典文学批评”。他写了一份颇具规模的讲义（讲义完整存留），选注了上自曹丕、曹植，中有刘勰《文心雕龙》，下至钟嵘《诗品》的文论多篇，许多注释抽出来便是短篇的学术文章。选注之外，更有两万余言的篇幅是对中国古代文学理论的专论，如《论曹丕、曹植的文论三篇》《论艺术夸张》等。在课堂上，他的讲授并不拘于所写讲义的内容，在曹丕之前先讲了先秦孔子、孟子、荀子、《乐记》之论诗，又讲了两汉经学家之论诗、辞赋家之论赋、思想家之论文……这些内容，仅当年学生的听课笔记，即记录下了两万余言。这门课前前后后共讲了一个学年。

迈入1959年的门槛，顾随即开始了一项新的撰著——一生最后的一种讲义《毛主席诗词笺释》。他以一怀真诚的崇敬之心接受了讲授毛主席诗词的任务，以诗人的激情投入创作。自1959年“二月起笺释毛主席诗词二十一首，至十月乃写毕”。他是把毛泽东作为中国诗史上一位真正的诗人，从传统的对旧体诗词的艺术感受上阐释其作品，这在当时诸多毛泽东诗词讲析本中，称得上是别树一帜之作。“毛主席诗词”一课，顾随至少给三个年级讲过。第二次讲授时，他对第一稿做了一些修改，特别是前言，由两千余字拓展为六千字。

“佛典文学”“古代文论”“主席诗词”三种保存完整的讲稿是顾随先生晚年的学术著作，均已辑入全集，且有单行本发行。

顾随先生的课堂讲授，也并非全有讲义，有些是以提纲的形式写在单张稿纸上、白纸上，甚至纸烟盒内半透明的软纸上，讲过之后，或被有心的弟子索去，有的就随手弃置了。今所见顾随讲授中国古代农村诗词的详细提纲，就是写在纸烟盒内半透明纸上的。

在天津，顾随虽已是晚年，但他之登堂，不仅风采依旧、全身心投入，而且较旧时更为严肃、严谨、恪尽职守，课堂讲授依旧是“生公说法”般“天花乱坠”。

顾随讲“古代文论”一课时，常于上课铃响之前，在黑板一侧书写统领这一单元学习内容或指导学生为人为文的格言式的“课堂赠言”；有时也会在开讲之前，将自己的一首新作写于黑板一侧——这些推荐给学生的新作，不仅供学生们体会创作技巧，更与课堂讲授主题密切相关，成为课堂的有机组成部分，引导学生更深刻地理解讲授内容。这种现身说法的讲授方式，让学生们获得的是活泼泼的知识和感悟。

顾随一向注重文学作品的形象美及艺术表现力，如王双启在《时雨春风》中回忆顾随讲杜甫的《茅屋为秋风所破歌》时说，他“特别强调‘呜呼’以下的结尾几句，指出其中用‘wu’韵的字非常之多，连续之下，呜呜作响，最后用一个入声的‘足’字收住，恰似高山滚巨石，咕噜咕噜，滚到山脚，戛然而止。滚得凶猛，停得沉重”，“声音之中充分表现了诗人的强烈感情”——学生们感到，老师“真是把古人笔下的形象之美‘说’活了”。

顾随是京剧爱好者、鉴赏家，他有时也会以“戏”论文。李如鸾《顾随先生授课散记》中提到，一次，他说起了“空城计”这出戏中扮演诸葛亮的两位演员不同的表演。之后，他问同学们：“哪一种好呢？”他借助戏曲表演意在强调，文学作品中人物的塑造，作者必须走进人物的内心，体察人物的性格，才能准确生动地使笔下人物真正活起来。

1954年春，因流感流行，患病隔离的学生将近半数，顾随无法按计划讲新课，他见教室窗外有一丛竹子，于是就地取“竹”，开始讲竹子。王双启在《时雨春风》中说，“（他）先说‘竹’的读音，英语怎么读，俄语怎么读；再从文字学的角度谈汉字‘竹’的构成；然后说明竹的生长过程、习性、气质、神韵，以及其丰富的底蕴；说到形容竹的诸多语汇，并历数历代酷爱竹的文人雅士，以及咏竹的名句、佳作。设喻取譬，连类比附，旁征博引，谈笑风生”，做了一场简直称得上是关于“竹”的专题讲座。

顾随是禅学家，在讲堂上有时也会说到禅，而他所传达的是禅宗思想中富于积极进取精神的语录，如一向奉为人生传承圭臬的“见与师齐，减师半德；见过于师，方堪传授”，如鼓励自立自强的“一日不做，一日不食”，如规勉向上向前、近于民间俗语的“强爷胜祖，才是好儿孙”……这对于20世纪50年代的青年来说确是新鲜的。耿文辉在听课笔记中记道，老师还提示学生：“搞唐以后的文学史、思想史，应摸摸禅宗的底。”

顾随是名教授，但他没有一点“名教授”的架子。到津后的第一个五四青年节，他谱有一首节日感怀的《临江仙》，在为将毕业的一班学生上最后一节课时，将词抄在黑板上作为临别赠语：“春去不须生感慨，青年就是青春。万花如海复如云。一番相见了，更是一番新。”学生体会到其中“有鼓励，有爱抚”。

1956年秋季，顾随给三年级讲过杜诗后，为他们朗诵了老杜的“咏怀五百字”，他利用学生实习、自己没课的时间，自10月末至12月初，断断续续用了一个月撰写了《朗诵了杜甫〈自京赴奉先县咏怀五百字〉以后写给中文系三年级同学的一封公开信》，从抒情诗的特质讲到“五百字”的抒情，再到杜甫对屈原的继承与其独具的特点，最后讲到如何在理解作品的基础上进行朗诵，洋洋洒洒两万余言，极大地满足了学生们课堂听课之不足。

顾随还常应编辑之邀，为天津师范学院学生刊物《青年文艺》撰稿。这些诗、词、文稿件，全为学生刊物专门撰写，不曾再拿到报刊上公开发表；甚至直接将手书底稿赠予学生，而且还应学生之请，为刊物题写刊名。

课业之余，遇到学生向他求教，他也会朋友般地与学生聊上一会儿。他不仅为学生答疑解惑，每当学生遇到学习、生活中的问题，他还会尽力开解，指明方向。

做学生的良师益友，并非顾随的刻意追求，这是他自觉的职业操守，甚至可以说是他出自内心的职业爱好。

顾随晚年给弟子周汝昌的信——大量的论学书札，是他所留下的极可宝贵的学术珍品。他们的通信始自1942年初燕大被封闭；1953年顾随到津后，有了更多书写论学书札的可能。顾随致周汝昌书信复印件共一百五十余通，有的一连数日书写一通，有的一日之中书写两通；一函即长达数千字者更不在少数，函中论学的内容有关乎诗词创作的推敲，更有关乎文理、哲理的探讨；有对古今作家作品的研评，也有对书学书法的阐析；有些单篇论文如《跋知堂师〈往昔〉及〈杂诗〉后》《说辛词·赋水仙》等手稿，也曾随信直寄。尤其是1953年围绕着周氏《红楼梦新证》的出版，两三万字的书札，从《红楼梦》的文本、背景、人物及考证，直说到曹氏传记的写作……真可说是顾随的“红”学、“曹”学面面观。1955年春，顾随曾校、补、释关汉卿的杂剧四种——《玉镜台》《调风月》《单刀会》《西蜀梦》，且工程几近竣事。今仅可见当年寄予弟子以资共研的几个片段。周汝昌说，“先生书札中所涉诸般学问丰富精彩不可胜言……”，“这些‘书札论文’，所涉之层面至为深广，可说是先生为文治学的成熟期的一大迸发与结晶……”。

1960年1月22日大寒节气中，顾随写给周汝昌的信札中，还在畅论诗、词、曲三种韵文形式之长短，以及近体诗的创作技巧，且书近作诗词三首，不见丝毫生命衰飒之象。然而这封函札竟成为顾随论学书札的绝笔，也是及今所能见到的他留在世上的最后一段完整的文字。

1953年赴津至1960年春病重，前后七八年间，顾随的诗词创作与著述之笔并不曾中辍。1956年1月，他将到津三年的词作百余首编订为《闻角词》（未印行，全稿今不存），仅见《闻角词剩题记》核心部分之片段，其中提供了不少信息：一、“闻角”之名源于恩师沈尹默诗句“破晓闻清角”而又赋以新意——闻角而歌，“号召前进”；二、词作题材来源于读报，报纸是当时顾随获得社会、时代信息的重要渠道；三、他“自喜”词作“不为辛老夫子所囿”，“命意取材”，“自有树立”。

“闻角”之后的词作，时时冠以“述堂近稿”之名寄示弟子周汝昌。于今辑得《闻角词》与“述堂近稿”中词作达百首之多，为重大节日、庆典、会议、建设成就而献颂者不在少数，亦有读词所感、读书所感，又可见述说日常生活及心怀的小令。

1954年春，因“连日大风不能出户”，顾随于“坐风”之中谱《临江仙》（岂止飞花舞絮），为绿化造林改善环境而歌。1955年底，顾随病中“日日理稼轩词”，有感而题《木兰花慢》（义旗南指处）一阕，以稼轩词句涵盖稼轩一生，更由稼轩描写农村的词句尽书对当时农业大丰收的欢畅。1956年9月间，纪念鲁迅先生逝世二十周年，顾随赋出了力重千钧的两首长调——《木兰花慢》（去来三十载）、《沁园春》（大好神州），数日后又有《贺新凉》（多少凄凉意），三首词是他晚年词作中极具学术价值的作品。1957年农历新年，有《风入松》（长街灯火敛余光），是瑞雪丰年的贺岁祈福之作。1959年，有“咏唐柳”为题的《连理枝》，以西藏民间传说引出民族团结的重大主题。首首词作都是老词人发自内心的盛世欢歌。

《闻角词》与“述堂近稿”，顾随在词之语言运用上的通俗化、口语化方面做了极大的努力，他的词明白晓畅，力求这种高雅的韵文形式能为广大人民群众所接受。

这一时段，顾随也时有诗歌、散文见于报端，同样是紧跟时代脚步的作品。

1955年初，顾随被推举为天津市政协第一届委员会委员。1955年底，天

1957年，顾随先生为诗歌爱好者讲解诗歌朗诵

津市酝酿成立作家协会，顾随参加了筹备会、成立会、理事会等一系列会议。此后他担任作协刊物《新港》月刊的编委，为不少文学青年修改文稿、指导写作，也时有诗词散文“泊位”于这片新辟的港湾。

1957年6月，农历端午节，天津市文艺界举行诗人节联谊活动，顾随选出有代表性的词作六首在会上朗诵。1958年2月，天津市划归河北省，顾随被选举为省人大代表。1958年春他到省会保定去开人代会，带去了一份议案“关于野生植物的利用”。

作为学者、教授，顾随曾多次到校外做学术报告。临终前一年，他还为南开大学中文系校看了《明清传奇选注释》一稿。在校内，他更是多次为学生们举行学术讲座，讲鲁迅、讲曹操、讲杜甫、讲关汉卿……还蛮有兴致地

顾随先生（中）与天津师范学院同事在书房内进行教研活动

参加学生们的诗歌朗诵会。1960年1月6日下午，他为天津师范大学中文系师生做学术报告，这是他一生最后一次学术活动。

在天津师院第二宿舍这座小楼里，顾随有一间约四十平方米、阳光充足的书房。宿舍楼前有一架藤萝，“墙外的马路上有一棵特别高大的槐树”，它枝叶浓绿，“越过了墙头，遮荫了墙内的隙地，一直伸展到窗前”。他并没有像过去那样为这间书斋命名，只在刚刚入住时，在书房门框上贴了一张名片大小的卡片，上面用毛笔书写了“顾随书房”四个字。在这间书房里，顾随读书、备讲、创作、著述；若有学生或友人造访，大家可以围桌而谈；同事们为照顾他，初到津时古典文学教研组的教研活动也常常在这里进行。

这一间书房还曾兼有“讲堂”之用。1959年冬，顾随为几名系内的青年教师和外校的进修教师开“小灶”——当时名为“研究班”。“学生”们得以簇拥在老师身边，听老师为他们系统讲授《诗经》、“楚辞”、《史记》、曹操、陶渊明。这台“小灶”一直延续到次年春顾随大病不起方才结束。

在这间书房里，顾随最后读的书乃是一册1933年“辛社校印”的《稼轩长短句》。在书中，《水龙吟·登建康赏心亭》下片首韵后留有顾随四十三字的手记，后署“六〇，三，十二”——留在稼轩词上的这数行手迹竟成了他的绝笔。

1960年9月6日下午4时，顾随在书房的病榻上安然睡去。他一生读书、教书、写书，书斋是他最后的归所。

詹锳先生

詹 锳：
教坛精英 学者楷模

◇刘玉凯

一、非常年代的詹锳先生

从上大学时候起，詹锳先生给我的印象就是不大好接近。我这样说的意思不是他有架子，其实他没架子。算来，我第一次见到他时，他已经整整五十岁了，算是一位老先生。他面庞方正，皮肤细白，中等身材，看上去较胖，短短的银发，见人总是微笑着。他是“沉默是金”的那种不爱说话的人。在某个是非多的年代，慎言是避祸的最佳办法，话说多了，就惹事。

了解詹先生可以看《詹锳先生八十华诞纪念文集》中的《自传》《詹锳先生年谱》以及《世纪学人自述》（第五卷）中的《詹锳自述》，都资料翔实，能够帮助我们了解詹先生的人生经历。

“文革”中，詹先生确实被批斗过，可能是一些高年级学生们搞的。那时叫“群众运动”，实际上是无政府主义的胡来。我记得学校的“革委会”成立以后，他没有挨过批斗。可能因为他不是党员，历史简单清楚，全是从学校到学校的经历。至于到邢台煤矿、遵化、玉田等地接受工农兵再教育，其实当时就是“教育革命”的实践，是学生和老师一起下去，并不是对付老师的。

我记得很清楚的是，1969年有个战备疏散，当时有关方面认为很快就会同苏联打仗，一夜之间就决定将天津学校本部的人全部疏散到邢台农村。后来，战争也并没有打起来，一部分老师就到了唐庄干校“劳动改造”，其他同学大部分回到了天津搞运动，只抽出1964级、1965级的一部分同学加上几位老师分别下沉到工人、农民中搞写作实践，算作“教育革命”小分队。几个小分队分别到了塘沽港航道局、邢台煤矿以及无极县、安次县、廊坊市等地。是不是有人到玉田、遵化，记不太清楚了。詹锳先生和一部分学生分到了邢台煤矿。他们虽然也下过矿井，却没有在井下劳动，主要是让大家给报纸写新闻报道。詹锳先生很谦虚，说不会写那些东西，要向大家学习。没有学生欺侮他，只是他年纪大了，在生活上很不适应，这是个事实。其实学生们也不会写通讯报道。那时的感觉是我们确实是脱离实际的，应该到工农兵中学习。应该说，一些老师到下边去并不是为了挨整，而是以“接受再教育 ”的名义参加活动。听说詹先生在那里被认为是“表现很好”的老师。

1970年河北大学迁到保定以后，詹先生单身来保定工作。我清楚地记得他住在学校门口一个二层楼（后来的招待所）的一层阳面第一个房子，别人是两人一室，他是单独一间，不知道是不是为了照顾他。他比韩文佑、高熙曾先生要住得好。

我毕业以后，被分到了现代文学教研室教学，跟詹先生不是一个教研室，但是也知道他出过几本书，是很有学问的老先生，很想找他请教如何治学，怎样研究问题，怎样进修提高自己，就找了一个由头敲他的门。他正在写什么，我来找他说话，他不但不烦，还很高兴，问我一些专业学习上的问题。我随口说读鲁迅杂文，知道《文艺与革命（并冬芬来信）》中的一句话：“但我以为当先求内容的充实和技巧的上达，不必忙于挂招牌。‘稻香村’‘陆稿荐’，已经不能打动人心了，‘皇太后鞋店’的顾客，我看见也并不比‘皇后鞋店’里的多。”问题是“陆稿荐”是什么？詹先生听了以后，很开心地笑着说：“就是点心铺子。”

他看出来我是故意找话茬，就没有进一步解释，就聊起来读书和写文章的事。他鼓励我系统读《鲁迅全集》，多看资料，做笔记，打好基础，学会使用工具书。其实我问的问题也并不是一句话能够回答的。后来我自己查明白了，才知道，“陆稿荐”固然就是“点心铺子”，但是原先是南京的一个熟肉店铺里的老板的人名。老板就叫陆藁荐。藁荐，其实是草帘子。这里边还个有趣的传说。有一年夏天，天气热，煮好的肉也卖不了多少，傍晚熟肉店关门板时，见一个讨饭的老人，腋下夹着一卷藁荐，想来店里躲风雨借宿。陆老板为人善良，就让他睡到了灶间。第二天开板前老人却已经不辞而别了，但是留下了藁荐。陆老板就很随意地把破草帘子给烧火煮肉了，这时才发现肉香飘了出来。街上的人闻到了从来没有过的香味，都吃惊地问陆老板是什么香味。于是这一锅肉很快地卖光了。从此这家肉店的生意好起来，卖的肉越来越多。陆老板好久才省悟过来：这不是仙人给我帮忙来了吗！故事有点荒诞不经，不过很有趣。如果是谢国捷先生，他会跟我说很多故事；詹先生不会讲幽默话，他也不会同我说笑话。

不过，我找话茬跟他说话，他并不反感，而且和颜悦色，给我留下了很好的印象。他同我说话时没有一句闲话，只说读书学习的事，一点也不离题。这应该就是詹先生的一贯“执着”的性格。

于是我还告诉他，我从《东方杂志》上看到了先生的文章，竟然有七篇之多，并且记下来：《曹植〈洛神赋〉本事说》（《东方杂志》，第39卷第16期第54页，1943年）、《〈玉台新咏〉三论》（《东方杂志》，第40卷第6期第52页，1944年）、《李诗辨伪》（《东方杂志》，第41卷第2期第51页，1945年）、《漫谈四声》（《东方杂志》，第41卷第12期第53页，1945年）、《论“裸体诗”》（日本小泉八云的英文本原作，詹锳译，《东方杂志》，第41卷第13期第54页，1945年）、《改良国文教学制度刍议》（《东方杂志》，第41卷第15期第 54页，1945年）、《乐调五音与字调五音》（《东方杂志》，第42卷第1期第78页，1946年）。

这是詹先生二十八岁到三十二岁时写的论文，涉及音韵学和建安文学、先秦诗歌、唐代文学、日本文学等。我告诉他，有一段时间，我喜欢到河北大学图书馆翻阅新中国成立前的报刊，发现我们学校有许多珍贵的旧刊物，如《语丝》《新潮》《新青年》《清华周刊》《西风》《论语》《学衡》《礼拜六》《紫罗兰》《夜莺》《诗》等，居然还有比较全的《东方杂志》，于是特别看看目录和重点文章。我告诉先生，我们学校的老师中，能够在《东方杂志》发表文章的，似乎只有詹先生和滕大春、唐文播、胡毅等几位先生。詹先生说认识胡毅教授，胡先生年龄大些，留学美国要早些。他没想到我会知道他当年发表的文章。他说，他手里都没有保存这些文章。

詹先生谨言慎行，回答学生问题一向很简单明了。李离先生说，有一次一个学生问詹先生杜牧的诗《清明》中的“路上行人欲断魂”是什么意思，什么叫“断魂”，詹先生只说了一个字：“跑。”我到现在也不明白，杜牧是写“跑”的心理，还是跑的样子。后来和一位研究古代文学的朋友聊起此事，那人说：还真可能是写跑的形象。是不是指为了躲雨没命地跑?

詹先生的一生专心于读书和研究问题，总是让自己过得很简单，上学就是好学生，工作就是好老师，搞研究认准一个课题一直做到底，做到极致，似乎有让别人无法再插手继续的用意。成功的人做事总是遵循一条行为定律：集中时间、集中精力做好一件事。鲁迅称这种精神为“执着”。他曾经形容过这种执着精神为“无论爱什么——饭，异性，国，民族，人类等等，——只有纠缠如毒蛇，执着如怨鬼，二六时中，没有已时者有望”。

《詹锳先生年谱》中说詹先生是“多次讲柳宗元的《封建论》。违心之论，幸未发表”。这恐怕不是事实，讲一篇古文有什么“违心”不“违心”。当时能够让詹先生出面讲课，应该看作是对他的特别高抬。这一待遇比萧涤非、周振甫还高。讲《封建论》，其实不是谁都有资格的。当年，毛主席说过他喜欢章士钊的《柳文指要》，为此还有一首七律诗《读〈封建论〉呈郭老》：“劝君少骂秦始皇，焚坑事业要商量。祖龙魂死秦犹在，孔学名高实秕糠。百代都行秦政法，《十批》不是好文章。熟读唐人《封建论》，莫从子厚返文王。”

关于这方面，詹先生只是如实地讲了柳宗元的文章意思，并没有涉及时政，这个课在当时给全系的师生讲过，我是听过的。当时，让有影响的学者讲《封建论》，是想强调遵“秦政法”，至于学者自己怎么讲，那也没有什么固定的标准。詹先生是说话谨慎的学者，并没有说什么“违心”的话。詹先生在《詹锳自述》中没有说到20世纪70年代初他的这一段特别经历，应该是想淡化它。其实让詹先生受益的这件事让他在“文革”后重新成了知名教授，说名满天下也不为过。

1971年，郭沫若的学术著作——《李白与杜甫》由人民文学出版社出版，也让詹先生大大地出了名。这本在“文革”之中写成的书，有那个时期的极端思想倾向。但是它打破了文化荒凉，给学术饥渴的年代送来了一部似乎可以阅读的书。当时媒体对郭老著作的宣传达到了家喻户晓的程度。因为没有标明印数，不知道发行多少册，第二年书再版了，估计至少在十万册以上。我们注意到，书前有三段主席语录，以标明是用的“马克思主义阶级论”的观点研究唐代诗人。我们且不研究这部书的观点是非，只说郭老在研究李白生平时引用过詹先生的考评文章结论，说詹先生的考证颇详。

但是，这件事却让詹先生的身份得到了肯定性的解放。虽然他自己并没有想借此翻身成名，但是在客观上詹先生回到了学术自由天地。

二、聆听詹锳先生讲《文心雕龙》

1978年，我参加学校的进修班，先生给我们讲《文心雕龙》，我才第一次聆听先生的讲课。他声音并不高，清澈透亮，每周一次，两个小时讲完一篇。

我过去虽然读过《文心雕龙》，但是没有好好研究，詹先生的课让我对刘勰的著作有了兴趣。他那时天天按时工作，只有下午5点取报纸邮件的时间才出来走走。他上课时从来也不误课，当时听课的人很多，有些是河北大学毕业的老学生，有些是闻风而来的文学爱好者。听课的人晚到与否他也不会在意，他似乎也看不见，只是自己专一投入地讲课。半年的课，他一句废话也没有，也不会一句话三重复，更不搞什么对话、提问、互动等艺人的杂耍。我是特别爱听他讲课的，也欣赏他讲课的态度和风格。因为先生通文学、历史学、心理学、教育学，他不但从文学理论的层面讲，也结合自己的对文学创作心理方面说清问题。这是先生的知识优势所在。

詹先生给我们进修的学生讲课时说过，他正在写一部《〈文心雕龙〉

义证》的书，还没有写完。他可以把写完的篇章讲给我们听。先生是研究《文心雕龙》的名家，而且早就有专著出版，有过研究著作的人讲课是最让人兴奋的。从后来的笔记查看，先生讲到的篇章十几篇，卷一选了两篇：《宗经》《辨骚》；卷六选了四篇：《神思》《体性》《风骨》《通变》；卷七选了三篇：《情采》《镕裁》《声律》；卷八选了两篇：《比兴》《隐秀》；卷九选了一篇：《时序》；卷十选了三篇：《物色》《知音》《序志》。从卷二到卷五的都没讲。

先生说研究《文心雕龙》必须认真读《序志》篇。那里面讲了全书的内容结构。卷一的第一至第五，是讲“文之枢纽”，以后的二十篇即从卷二到卷五，是“文体论”，詹先生称为“风格论”的主要部分。卷六至卷十，詹先生称之为“创作理论和批评理论”，其实，最后一卷应该称为“本体论”。先生主要讲的就是文之枢纽、创作理论和批评理论、本体论这三部分。这些内容对于我们搞文学研究的人更有实际意义。

詹先生讲课，时有考证的见解展示给我们。如他说：“《隐秀》中的句子‘秀句所以照文苑’，应该是‘隐篇所以照文苑，秀句所以侈翰林’。”这一主张，他已经写进了自己的“义证”中：“‘隐篇’二句是据曹批梅六次本，其他各本都把这两句话错简成一句‘秀句所以照文苑’，就使人难以索解。纪批：此‘秀句’乃泛称佳篇，非本题之秀字。这简直是望文生义，无法自圆其说。”他的讲解给我留下了很多难忘的印象。可以说，从此，我对《文心雕龙》的研究有了点兴趣。

学习《文心雕龙》直接的应用性意义也有，比如《文心雕龙》也能告诉我们如何搞研究，如何写论文，在《文心雕龙·论说》里有精确的意见：“论也者，弥纶群言，而研精一理者也。”作论文的人要综合各家不同的意见，经过专门研究，从而提出自己的看法来。这真是经典的阐述。至于论文的要求，刘勰也说过高标准：“原夫论之为体，所以辨证然否。穷于有数，究于无形，钻坚求通，钩深取极；乃百虑之筌蹄，万事之权衡也。故其义贵圆通，辞忌枝碎，必使心与理合，弥缝莫见其隙；辞共心密，敌人不知所乘；斯其要也。是以论如析薪，贵能破理。斤利者，越理而横断；辞辨者，反义而取通；览文虽巧，而检迹知妄。唯君子能通天下之志，安可以曲论哉？”

书中讲，考察“论”这种文体，应该“钻坚求通，钩深取极”，深入钻研，以求通达，而不是浅尝辄止，敷衍了事。把是非辨别清楚，不仅对具体问题进行透彻的研讨，并深入追究抽象的道理；要把论述的难点攻破钻通，深入挖出理论的终极。论著是表达种种思考的工具，用以对万事万物加以衡量。所以，道理要讲得全面而通达，避免写得支离破碎；必须做到思想和道理统一，讲究学术的严密性。也说：“弥缝莫见其隙”，“敌人不知所乘”。把论点写得万无一失，要连一点漏洞也不给论敌留下。这就是写论文的基本要点。因此，写论文要做到“论如析薪，贵能破理”，像劈木柴一样，以正好破开木柴的纹理为贵。如果斧子太锐利，就会超出纹理把木柴砍断；巧于文辞的人，违反正理而勉强把道理说通，文辞上看起来虽然巧妙，但检查实际情形，就会发现是虚妄的。只有有才德的人，能用正当的道理来说服天下之人的心意，怎么可以讲歪道理呢？这也就是让我们通过论述解决关键性的问题，而不能隔靴搔痒。古人这些精彩的论述，切中要害，发人深省。长期以来，我们怠慢自己的文学理论，不知道我们的哲人之思，这是很遗憾的。

进修班结束后，我回到系里开始上课。学校的教学秩序也越来越稳定。詹先生从1980年开始招收硕士研究生，每一届是四名，后来又招博士研究生。同在一起听詹先生课的老师们各自回到自己的教学岗位。我没有选择古代文学教研室，一时有点遗憾。但是，也没有因此而改变业务方向。因为我知道自己应该在现代文学专业里做点工作，不能只想自己的兴趣。这是当时的真实思想。我如果能够重新选择业务方向，肯定会搞古代文学，在这种情绪之下，我购置了一些古代文学方面的书，也经常阅读古代的诗词、文学理论。《文心雕龙》对于我来说，简直就是个历史之谜。如先生所说，它是古代文学理论的奇迹。先生的讲述，引经据典，辨误考证，讲得有理有据，而且能够纠正前人在理解上的错误意见，也对范文澜、王利器的校勘失误加以纠正和补校。先生治学最大的特点就在于重视证据，从来不说空话。我那时对有些篇章是能够背诵的，其他也能够熟读。我离开进修班后，就很少见到先生了，但是我知道他真的是“满负荷”地工作着，也特别关心学生的生活和学习。福瑞先生曾说到过，跟随詹先生读学位，是一种享受，先生不但关心学生的学业，也在生活上帮助他们。先生甚至拿出自己工资的一部分资助学生的生活。但是，他对自己的研究生要求特别严格。

我感觉到，詹先生人生最后的二十年是他最开心的时光。他不但招研究生，也接受了几个大的科研项目，都成功完成了。这是他一生当中一直希望的无干扰、无是非，有节律、有成果的理想教学生活。可惜这样的时间太短了。

从那个特别年代过来的人，多数人业务底子不厚，总是特别慨叹时代让自己的最好的年华丧失了，于是天天慨叹、月月慨叹，又丧失了追回的机会。詹先生到底是从旧时代过来的，业务上有根底，知道自己什么时间应该做什么。他没有慨叹，也没有怨天尤人。他选择了集中精力追回失去时光的策略，他成功了。

三、詹锳先生的学者经历

詹锳先生在《詹锳自述》中说，他1916年5月出生在山东省聊城县城内一个商人家庭。名字詹锳，别号“振文”，都是家里人给他起的，“振文”这个字，他后来没有用过。

詹先生受过严格的“旧学教育”。从小在私塾里读过《百家姓》《三字经》《千字文》《弟子规》，后来也学过“四书”、《诗经》、《左传》，再读《唐宋八大家古文》《古文释义》以及策、论、议，甚至八股文。从十岁起，开始学作文言文，他说自己“很笨”。李离先生说过：詹先生的聪明处就是从来都不说自己聪明，他对自己的评价一向是低调的。先生的《詹锳自述》中就有这样的文字：“整个童年时代都埋在书房里，不会打球，不会做操，也没有什么游戏和娱乐活动。”“我从小就是一个彻头彻尾的书呆子。出国以前，我除去念书写文章以外，什么也不会。这样一个十足的中国书生，到美国去是很不能适应的。首先是吃不惯西餐，我不得不学着自己做中国饭菜。其次是不会跳舞，不会游水，这在美国大学生看来是不可思议的。善意的外国女生教我跳舞，而我在这方面是想象不到的低能，出了许多洋相。我花了不少功夫学游水，也只学会了个仰泳，蝶泳就学得很吃力了。”“我这一生所学的，像是一个杂货摊，封建主义的，资本主义的，都对我有深浅不同的影响，使我很难用马列主义的观点方法，把这些庞杂的东西统率起来。”

其实詹先生小时候是个聪明的好学生，他几年私塾后，没有上过小学就直接读了中学，在未来的几年他接受的是“新学”教育。他在高中时国文老师是王冶秋、李俊民、董秋芳、陈翔鹤等文学大家。1934年考入北京大学后，他先上的历史系，第二年转入中文系。从郑天挺先生学校勘学，从赵万里先生学史料目录学，从余嘉锡先生学目录学，从罗常培学语音学、中国音韵学，从胡适、罗庸、陈寅恪、钱穆、刘文典、朱自清、冯友兰、闻一多、朱光潜学古典文学、史学、哲学、外国文学。1937年，抗日战争全面爆发，詹先生到长沙临时大学，在南岳衡山分校继续学习。1938年春，长沙临时大学西迁云南，学校迁到了昆明，那时就成了西南联大。詹先生是在这样的学习环境下毕业的。

以上的事实告诉我们，詹先生接受过新旧两种教育，如此建立起来的知识体系应该是极为理想的。

詹先生跟我们这些学生讲过一句话：我的工作经验就是经常调换工作单位。他这样说，却没有说为什么。按詹先生的情况看，他工作的地方真是很多。

1938年从西南联大毕业后，詹先生到昆明的昆华女子师范学校任国文教员。1940年底，他到迁往贵州的浙江大学去任讲师，校长是著名科学家竺可桢先生。1943年夏天，他辞去浙江大学职务，到四川江津白沙的国立女子师范学院国文系任副教授。在女师学院，他开了多种专业课，主要有中国文学史、文学批评、中学国文教材教法研究，还有《诗经》《昭明文选》《文心雕龙》等专题课。1947年，他因为中文系派别的排挤，转任山东师范学院教授兼国文系主任。就这样，詹先生在九年内换了三个学校，遇到矛盾，不予面对，自己走自己的路，一路升职，从普通教员、副教授，迁升到教授职称，职务已经是系主任。他当时只有三十一岁，还很年轻，已经发表论文多篇。古人称“三十而立”，他真的做到了。

向更高的境界攀登，是詹先生的新选择。当他有了职业、职称、地位时，詹先生得到了一个出国留学的机会。他立即放弃工作，于1948年5月赴美国留学，先在洛杉矶的南加州大学学比较文学。第二学期起，他一方面在南加州大学亚洲学系教一班汉语，一方面改学教育心理学。依靠中学数学基础好，詹先生在教育统计学方面取得了优秀的成绩，改任教育统计学助教，给主讲教师改习题、看卷子，边工作，边学习，维持生活。1950年他取得教育心理学硕士学位，论文是《双目视力不平衡对阅读效率的影响》，秋季转入哥伦比亚大学师范学院心理学系攻读博士学位。在哥伦比亚大学师范学院取得心理学博士学位后，詹先生没等领到证书，就回祖国来了。五年的海外留学经历，让他的能力有了很大提高。

詹先生1953年回到祖国，原想利用自己在美国学的工业心理学、教育心理学以及计算机软件知识等来为社会主义祖国服务，可是抗美援朝停战协定刚刚签字，从美国回来的人是得不到信任的。进不了心理学研究所，国内也没有电子计算机研究的专业，半年后的1954年3月，他进入天津师范学院（河北大学前身）做了心理学副教授。他在教育系教了六年心理学课，并且编写了心理学教材。全书十四章，詹先生执笔十一章。也留下了一些可贵的论文成果：《巴甫洛夫心理学观点的历史探讨》《巴甫洛夫对心理活动和心理学的看法》《从心理学的对象看心理学的科学性质》。1957年，他写过一篇《中学生的阅读兴趣调查》，没发表。另外，还和其他同志合译了苏联鲁季克著的《心理学》，1959年由人民体育出版社出版。但是万万没想到的是，1958年康生亲自发动了对全国心理学的批判，他成了被批判的重点。

心理学研究的前途未可知。也因为詹先生出身于中文系，1957年和1958年先后在人民文学出版社出版了《李白诗论丛》和《李白诗文系年》，显示了他研究中国古代文学的能力。于是，1961年，詹先生由教育系调到中文系教古典文学，任河北大学中文系教授兼古典文学教研室主任，晚年在河北大学古籍研究所工作，任所长。

按理说，如果中国的教育能够正常发展，詹先生的专业无论是教育学、心理学，还是计算机软件，都是非常超前的学科。本打算学成之后报效新生的祖国，很遗憾的是却没有能够派上用场，是让人想不到的遗憾。

他没有能够引领中国的新学科发展，最后的选择可谓阴差阳错，在绝路逢生中披荆斩棘，执着向前，创造出硕果累累，事业辉煌。

詹先生很谦虚地说自己“这一生所学的，像是一个杂货摊”。但是他“不崇拜古人和洋人，也不迷信名人，常常想在科学研究中提出自己的看法，而这些看法往往杂糅古今中外，不限于一种学科”。读先生的著作会感受到他在多学科基础生成的开阔思路、渊博的知识和勇敢自信的精神。

我们特别应该注意到先生的《詹锳自述》中的一段“自评”：

我目前从事的是中国古典文学方面的“考据之学”。我对于“词章之学”的理解，也往往是通过考据来进行，总是“无征不信”。我觉得在当前研究古典文学，一方面要打破传统的“词章之学”那老一套，一方面也不要把古人的文学理论现代化，把古人美化成现代人，或者是用现代的标准对古人打棍子、抓辫子，那样都不是研究学问实事求是的态度。研究古典文学要抓对现实有指导意义的问题或项目，要运用马列主义的观点，现代化的科学方法，来对待古代作家和古代作品，还他们以历史上的本来面目。研究比较文学，也要从中外不同的历史背景，不同的思想传统和文学传统，来分析二者的区别性和某些类似性，以促进文艺方面的国际文化交流。如果说我写出来的东西，有一点半点可取之处，可能是运用现代化的科学方法来处理社会科学问题所造成的吧。

这些话是说给我们这些学生的，也是说给学术界的。

四、《〈文心雕龙〉义证》的示范意义

詹锳先生的《文心雕龙》研究是最有个人特色的成果。他努力研究，成果累累：1980年他在中华书局出版了《刘勰与〈文心雕龙〉》，1984

年出版了《〈文心雕龙〉的风格学》，1989年由上海古籍出版社出版了一百三十多万字的《〈文心雕龙〉义证》。这三本书奠定了他在这一领域的领导地位。我系统听过詹先生讲的《文心雕龙》课，再读他的著作就发现，好像这本书不但不难懂，而且文采特别好，随时都可以取一段，当诗来读，也有时抄一段写成书法作品，自己反复体味。《〈文心雕龙〉义证》这本书，已经变成我的案头书，是我的最好的朋友了。我经常这样想，自古以来，好的注疏、笺证类的书，是可以做工具书参考的。詹先生的书就可以。不信，可以试试。

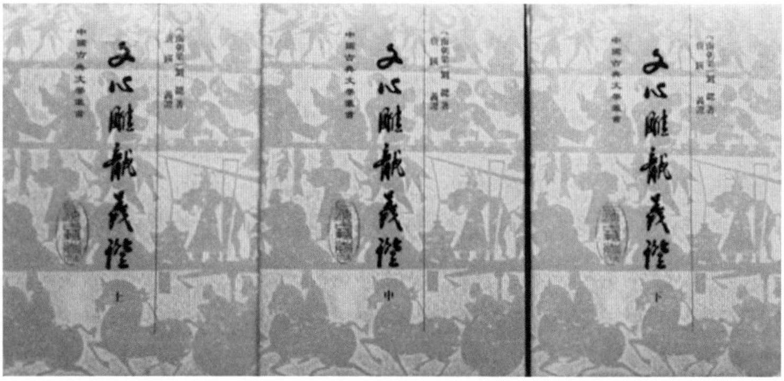
詹先生著作《〈文心雕龙〉义证》

我还因此链接起来，也喜欢读一本解释《文心雕龙》“史传篇”的书——《史传通说》，是美籍华人汪荣祖先生的名著。全书二十四章，每章中解释和评论“史传篇”里的一句话。我于是想，即使刘勰活着，他也不会想到，他的一篇短文会成为一本“中西史学之比较”的研究基础文献。《文心雕龙》的智慧含量有多大，据此可知。1990年前后，我用十三元五角购得此书，并且向许多人推荐，除了李离先生相信我的话，别人没有一个肯买、肯读。李先生不但买了这本书，还告诉我，他也特别喜欢读这样有学问的书。我还背诵里面的句子“戴籍难尽，亡佚殊多”“史文求其会通，史体乃尚总会”“读多闻广，识在其中”。我因此再连接起来，也喜欢了汪荣祖的其他著作，如《史学九章》《书窗梦笔》。

詹先生在《〈文心雕龙〉义证》的“序言”说：

我感到《文心雕龙》主要是一部讲写作的书，《序志》篇一开始就说得很清楚："夫文心者，言为文之用心也。"过去有人把《文心雕龙》当作论文章作法的书，也有人把《文心雕龙》当作讲修辞学的书，都有一定的道理。但这部书的特点是从文艺理论的角度来讲文章作法和修辞学，而作者的文艺理论又是从各体文章的写作和对各体文章代表作家作品的评论当中总结出来的。

这是教我们如何理解全书。

《文心雕龙》风格学研究是詹先生的创新性发明，应该是他研究《文心雕龙》的卓越贡献。先生《詹锳自述》中说："我认为《文心雕龙》一书最突出的贡献之一是它的风格理论。从调到中文系以来，我陆续写了这方面的论文多篇，有些于1979年、1980年先后在各杂志上发表。"后来其把已发表、将发表和未发表的这方面论文，编成一集，取名为《〈文心雕龙〉的风格学》，1984年由人民文学出版社出版。

"风格"一词，在《文心雕龙》中见于《夸饰》篇："虽诗书雅言，风格训世，事和宜广，文亦过矣。"先生认为，文体风格论属于风格的共性研究，这一研究具有重要的规范效力和指导意义。他首先对《体性》篇、《定势》篇、《风骨》篇、《隐秀》篇做了理论阐发。他说《风骨》和《隐秀》是两种不同的风格类型。

先生曾说过："从《明诗》以下的二十篇分论各体文章，包括文学作品和非文艺性的应用文及著作等，一般叫作'文体论'。这二十篇的结构，有很大的类似性。刘勰在《文心雕龙》的《序志》篇介绍这二十篇的纲领说：'若乃论文叙笔，则囿别区分，原始以表末，释名以章义，选文以定篇，敷理以举统。上篇以上，纲领明矣。'"以"风格论"概括这二十篇文章的性质，并不是没有漏洞，比如《史传》《诸子》两篇就难以纳入。

詹先生也发现了这个矛盾，他说：

《史传》《诸子》，在《文心雕龙》中虽然列为专篇，实际上刘勰并没有把史传和诸子都列为文章之一体。他在《史传》篇中，除去说明史书的起源，并评论历代史家的短长以外，最后一部分专门讨论写史书的体例，对于史传体散文的风格特点，根本没有涉及。可见他纯粹是从史学观点来论史传，而不是从文学或文章的观点来论文传体散文的。《诸子》一篇，除去评论诸子的学说以外，也论及诸子文章的风格特点。但是对于先秦两汉诸子的文章风格的描叙，都属于诸子的个人风格。至于诸子的文体，刘勰也看到应属于论说体的，因此《诸子》一篇就没有谈到文体风格。

这是很明智的阐述。因为《史传》是对史学文体的历史地位的全面论述。美籍华人汪荣祖先生醉心于史学，于中西史学会通，发明深意，阐释刘勰未申之义，有宏著《史传通说》注释刘氏之作，并且申明“中西史学之比较”，可以反证《史传》的文体价值。

对于纳入研究范围的各类文体，以文学风格论概括，还得加一个解释，那就是，对于非文学作品是不是也可以谈文学风格的问题。詹先生认为齐梁时期，还没能划清文学与非文学间的界限：

在《文心雕龙》文体论中所涉及的对象，不一定都是文学作品，甚至可以说多数都不是文学作品。既然在齐梁时代还不能划清文学和非文学的界限，这种现象，也就是无可避免的。然而无论是哪一体的文章，刘勰都要求它写得有内容，写得美，写得富于文学意味，事实上有些文章，虽然是为应用而作出来的，的确很富于文学意味……因此我们不能说，“铭箴”“诔碑”等等不是文学体裁的类名，这类文章的风格就不可能有艺术风格。在《文心雕龙》的文体风格论里，艺术风格和语言风格是很不容易划分的……我只是说他在文体论中，对于“敷理以举统”的部分的论述，也就是谈到“体”“要”或“大体”“大要”的时候，有很多话谈的是文体风格问题，其中有些部分，近似于艺术风格，而更多的部分近似于现代所谓“语言风格”。

这些卓越见解，可以供人思考。

五、《李白全集校注汇释集评》

詹先生特别欣赏“满负荷工作法”，他大概是从20世纪80年代的公共媒体上得知这个新词的，并加以提倡，一方面用来律己，另一方面也说给自己的学生。

所谓“满负荷工作法”原来是企业管理上的高效率工作方法，是以增强企业活力、提高经济效益为目的，以“人尽其力、物尽其用、时尽其效”为核心，以经济责任制为基础，在一定阶段内和特定条件下，使企业内部人、财、物等诸因素达到其应有（或标定）的性能，并适当进行组合，从而使企业整体效益达到最佳状态的管理方法。其中内容有九项：质量指标满负荷、经营工作满负荷、设备运转满负荷、物资使用满负荷、资金周转满负荷、能源利用满负荷、费用降低满负荷、人员工作量安排满负荷、八小时工作满负荷。

詹先生主编的《李白全集校注汇释集评》

詹先生用这个概念主要是出于人生的紧迫感。人年过花甲，应该有这种感觉。生命给自己的时间也许不多了，应该努力工作，将自己想做的事做好、做完。詹先生在最后的二十多年里，正是这样度过的。

詹先生一生中最重要的贡献就在于“李白研究”和“《文心雕龙》研究”。这两项研究几乎贯穿了先生的一生，也是他一生为之深入用功以达到的高峰。

唐以后，杜甫、李白的研究逐渐成为唐代诗研究的两个重点。但是评论者偏向肯定杜甫的现实主义诗歌，而轻视李白的意义。詹先生也写过研究杜甫的文章《从杜甫诗文中看他中年的思想发展过程》。詹先生说：“杜甫是一个政治诗人，他的诗反映了唐帝国由盛而衰的急剧转变，也反映了他在这急剧转变的时代中思想的发展；而且随着他思想发展的逐步提高，对于这一时代的反映也就更加深入。”这也是从思想意义上着手的。李白研究没有杜甫研究那么完备和深入，詹先生选择李白为重点是有其学术眼光的。他的研究即从文本考证做起。1996年出版的《李白全集校注汇释集评》是一项令人望而生畏的大工程。在中华民族的伟大诗人去世一千多年之后，才有人做了这一工作。詹先生不仅主持领导了一个研究团队集体攻关，矢志不渝，终于成书，而且产生了很大影响。

詹先生的李白研究起自20世纪40年代。他早在1941年在浙江大学做讲师时就写成了《李白诗文系年》书稿，又写成了《李白集版本叙录》《李白之生平及其诗》《李白家世考异》《李白〈蜀道难〉本事说》《李白〈菩萨蛮〉〈忆秦娥〉辨伪》等论文。他从美归来后，就出版了他的《李白诗文系年》和《李白诗论丛》。《系年》之作，通过大量的考证已经将李白三分之二的作品纳入年代，为学界的李白研究提供了可靠的依据。《论丛》收入八篇李白研究论文，还收入《李白游踪图》，将李白一生的漫游轨迹一目了然地展示出来。

此后詹先生几乎将自己的全力献给了《李白全集校注汇释集评》一书的编写。此书的难度在于，李白的注释，远不及杜甫的注本多，有“千家注杜”，却只有杨齐贤、萧士赟、胡震亨、王琦“四家注白”。

新中国成立以来，注白较有名的是瞿蜕园、朱金城编著，上海古籍出版社1980年版的《李白集校注》和1990年由安旗主编，薛天纬、阎琦、房日晰参加编写，巴蜀书社版的《李白全集编年注释》。

瞿、朱本《李白集校注》，以乾隆刊本王琦注本为底本，参以宋刊本《李太白文集》、宋本（宋杨齐贤集注）、萧本（元萧士赟删补）、缪本（缪曰芑刊本《李太白文集》）、胡本（《李诗通》）、咸本（《李翰林集》）以及唐宋时期重要的总集，进行校勘，并且以杨齐贤、萧士赟、胡震亨、王琦四家之注加以注释，其编年诗文达百分之八十五之多。

安本《李白全集编年注释》是第一种李白集编年本，它以乾隆刊本王琦注《李太白文集》为底本，校以北京图书馆藏宋刊本《李太白文集》，日本影印静嘉堂宋刊本《李太白文集》、明刊本宋杨齐贤注元萧士赟补注《分类补注李太白诗》等八种刻本，参以《敦煌唐诗写本残卷》《河岳英灵集》《又玄集》《才调集》《文苑英华》《唐文粹》《乐府诗集》《万首唐人绝句》等唐宋两代总集及选集，聚众择善。全书分上、中、下三册，共收现存李白诗文约一千题（首），其中伪诗、疑伪诗和伪文、疑伪文分别列入未编年诗和未编年文内。书中题下多有题解，作品后大致分注释、集说、按语三部分。

詹先生主持的《李白全集校注汇释集评》，以静嘉堂宋本为底本，以明正德影宋咸淳本、元刊萧本、何校陆本等十六种刊本和唐、宋、元、明各时期重要的总集及选本为参考进行校勘，并且附以注释、题解、串解，有学术性、专业性、严密性、通俗化的追求。历时十年，有八位学者参加了此项工作。此书得到了学术界的好评。

六、詹锳先生实至名归

老一代的学者对于自己得到的荣誉一般会持淡泊的态度，詹先生尤其这样。即使是实至名归的荣誉他也不会太在意。他从来不会对他人吹嘘自己的光辉学历和经历，也从来并不在意自己得了什么大奖，有什么特别的头衔，到了宠辱皆忘，真能做到视荣誉富贵如浮云，这种境界是一种文化修养。

詹先生的著作

但是时间和历史也真是很公平的，当那些追名逐利的小人物们一个个烟消云散之后，我们看到的就是实干家的清晰形象。

詹先生最后的辉煌应该是1978年到1998年这二十年。从1978年给我们的进修班上课，那时先生六十二岁，正是好年龄。他接了几个大的研究项目都用“满负荷工作法”完成，还发表了许多论文，带了许多研究生，这些硕士、博士，都成为学科的生力军。

詹先生的获奖：《〈文心雕龙〉的风格学》一书，1985年荣获河北省第一届社会科学研究优秀成果专著类一等奖；《语言文学与心理学论集》一书，荣获1992年河北省教委专著一等奖；《〈文心雕龙〉义证》一书，荣获1991年河北省第三届社会科学研究优秀成果著作类一等奖，1992年初荣获上海出版新书优秀著作一等奖，1992年3月又被国务院古籍整理规划出版小组评选为全国古籍整理优秀著作一等奖；《李白全集校注汇释集评》一书，荣获1997年第三届国家图书奖。

先生不但科研成果卓著，而且教学成绩也非常突出：1984年获河北省社科联新中国成立以来长期从事社会科学教研工作成绩显著证书；1989年获河北大学“研究生教学内容与方法改革”项目校级教学优秀成果奖，同年获河北省普通高校优秀教学成果一等奖；1991年被国家教委评为全国教育系统劳动模范，并授予人民教师奖章——这个称号听着好像微不足道，我们当老师的不都是为人民服务的教师吗？但是我们知道，这可能是从老舍们的“人民艺术家”称号套过来的，所以也非同小可。

詹先生的兼职有：1981年参加在武汉召开的中国古代文学理论学会，被选为理事；1981年被国务院任命为古籍规划出版小组成员；1983年参加《文心雕龙》学会，为常务理事，这是先生重新回到学术圈的标志。此后他多次参加全国的学会活动并且任职其中。

1985年詹先生被推荐为河北省政协委员，1986年被河北省政府任命为省语言文字工作委员会主任，1986年被国务院学位委员会评为博士生导师。1987年河北大学在天津成立古籍研究所，詹先生任所长，开始招收博士生。1987年李白研究会成立，詹先生被选为会长。1994年起，先生又在北京语言学院受聘兼职教授，招收博士生。他先后担任国务院古籍规划出版小组成员，中国唐代文学学会顾问，中国李白研究会会长、名誉会长，中国古代文学理论学会的第二届、第三届理事，文心雕龙研究会常务理事，河北省政协委员，河北省语言文字工作委员会主任等职。

詹先生的国外活动：1984年詹先生受邀请访美，2月到印第安纳大学演讲，4月先后在耶鲁大学和哈佛大学演讲，还应邀参观了威廉斯堡市，到华盛顿参观美国国会，到费城参观美国独立宫，到纽约参观华尔街股市，更让先生高兴的是访问了母校哥伦比亚大学及师范学院。8月回国途中又应圣地亚哥大学之请，在东方学系演讲。经洛杉矶返香港，在香港中文大学讲学至10月。历经八个月的访问讲学结束。访问让詹先生名声重震海外。

为了纪念詹先生诞辰八十周年、九十周年、一百周年，河北大学都召开过纪念会和学术讨论会。这说明大家没有忘记先生。写到这里，我想起詹锳先生的优秀弟子詹福瑞先生在总结詹锳先生的学术生涯和学术成就时，有过一段很中肯的阐释：

詹锳先生不仅治学严谨，而且是一个极有识见的专家。他一生治魏晋南北朝隋唐诗文，在唐代作家作品研究方面，他抓住了一个李白；而在魏晋南北朝文学研究方面，他抓住了《文心雕龙》。李白不仅是唐代著名诗人，也是整个中国古代诗人中最伟大的诗人，抓住了李白，就抓住了中国古代诗人的龙头。而《文心雕龙》一书，不仅在魏晋南北朝文学中占有极为重要的地位，即使在中国古代文学理论中，也堪称是空前绝后的著作。正是研究李白，不仅奠定了詹锳先生李白研究界的泰斗地位，也使他卓然成为中国古代文学研究的著名专家。而《文心雕龙》研究，不仅使他在魏晋南北朝文学研究方面占有一席之地，更重要的是使他又成为中国古代文学理论研究的著名专家。但是，在詹锳先生那个时代，李白生平事迹、诗文写作年代、诗文真伪等许多问题尚有大量的工作要做，所以，詹锳先生主要致力于这些基础性的工作。他的《李白诗文系年》写成于20世纪40年代，1958年由作家出版社出版。此书以年月为纲，考证李白诗文的创作年代，对李白三分之二以上作品进行了比较准确的系年，成为40年代以来李白研究的重大成果。时至今日，李白生平事迹中的一些重大问题，仍是李白研究中的热点问题。

裴学海先生

裴学海：《古书虚字集释》的无穷魅力

◇刘玉凯

裴学海（1899—1970），曾用名裴会川，河北滦县人，我国著名语言学家。幼年曾在私塾读书，十四岁时因家境贫寒而弃学务农。十七岁考取滦县师范学校，毕业后任小学教员，其间边教书边自修。1928年以同等学力资格考取清华国学研究院，受业于梁启超、陈寅恪和赵元任诸师。毕业后在天津教家馆，在此期间，写成《古书虚字集释》一书。1933年至天津省立一中任教。1954年调至天津师范学院，后改名天津师范大学、河北大学，任讲师。1959年晋升为副教授，为中文系古代汉语教研室主任。主要从事文字、训诂、声韵方面的研究。

一、语言学家的传奇故事

裴学海先生在人们的记忆中是有些传奇性的人物。不知道从什么时候，人们说裴学海就是“大智若愚”。刘新文的文章《语言学家裴学海》中写道：“裴先生大智若愚，外表长得呆头呆脑，不修边幅。实则踏实笃厚，生活俭朴，刻苦自学，17岁时考入滦县师范讲习所短训班，学习成绩优异突出。”可见，一个人被别人了解其实是很难的。人嘴两张皮，你如果有了成绩，长得好看，就说你聪明颖悟；长得不太出众，即使往好处夸，只能够说你“大智若愚”。我并不相信文中说的裴先生呆头呆脑。我觉得裴先生从小就是个聪明透顶的人。说他“大智若愚”大概是从他的相貌来说的。其实裴先生并不丑，只是他不洋气，不好打扮修饰，经常穿件对襟汗衫，脚蹬土布鞋，光头而不留长发，谈不上有什么“愚”。

我见到的裴先生也一直就是那个朴实的样子，不爱说话，只穿中式衣服，像个老农民的样子。他十四岁因家庭贫寒而辍学务农；十七岁时考入滦县师范讲习所短训班，学习成绩优异，表现突出；毕业后在本县任小学教员。

1925年其作为首批学员考入清华国学研究院，为梁任公亲传弟子。不过，裴先生因病于1927年未正式入学。1928年，他二十九岁时，入清华大学国学研究院。

据刘敬圻主编的《20世纪中国古典文学学科通志》第2卷记载，裴先生是三十名“正取生”之一：

1925年7月6日至8日，第一届招生考试。27日，发表录取新生名单，“正取”30名，“备取”2名：刘盼遂、吴其昌（子馨）、程憬（仰之）、徐中舒、余永梁（华栍）、杨鸿烈（宪武）、王庸（以中）、关文瑛、刘纪泽、周传儒（书昤）、杨筠如（德昭）、孔德（肖云）、方壮猷（欣庵）、蒋传官（柱筠）、王镜第（芙生）、高亨（晋生）、裴学海（会川）、李绳熙（念祖）、杜刚百、闻惕（惕生）、史椿龄（静池）、赵邦彦（良翰）、陈拔（晓岭）、王竞（啸苏）、冯德清（永轩）、李鸿樾（玉林）、姚名达（达人）、黄淬伯（涧松）、谢星朗（名霄）、余戴海（寰宇）、何士骥（乐夫）、汪吟龙（衣云）。

毕业后，裴先生曾在天津教家馆，任课之余，深入研究古汉语。1933年他到天津河北省立第一中学任教。1934年他出版了《古书虚字集释》。他研究古书虚字的时间大概是从清华大学国学研究院开始的。他能够入清华大学国学研究院是刻苦努力的必然结果。

清华大学国学研究院是怎样的一个学府？1925年，清华留美预备学校开始成立大学部，招收本科大学生，另外又增设了一个研究院，这样清华大学就有了三个部门：大学部、旧制留美预备部、国学研究院。吴宓为筹备处主任，校长曹云祥曾盛请胡适来清华担任研究院导师并主持研究院。胡适表示：“非一流学者，不配做研究院导师，我实在不敢当。你最好去请梁任公、王静安、章太炎三位大师，方能把研究院办好。”章太炎推辞不就，梁启超与王国维来清华。在吴宓、张彭春、丁文江、梁启超等人的积极推荐下，相继聘请了陈寅恪、赵元任与李济等学术名家。在研究院开学典礼上，吴宓阐述研究院开办旨趣三条：一、在新旧递嬗之际，对西方文化，宜有精深之研究，然后可以采择适当，融化无碍；二、对中国固有文化，须有通彻之了解；三、必须有高深学术机关，为大学毕业及学问已有根柢者进修之地。他还提出了国学研究应该树立两个目标：第一，整理全部材料，探求各种制度之沿革，溯其渊源，明其因果，以成历史的综合；第二，探讨其中所含义理，讲明中国先民道德哲理之观念，其对于人生及社会之态度，更取西洋之道德哲理等，以为比较，而有所阐发，以为中国今日民生群治之标准，而造成一中心之学说，以定国是。如能实现第一个目标，则中国之文明，可以昌明树立于世界；实现第二个目标，则中国对于全世界之迷乱纷争，或可有所贡献。

这样说来，裴学海先生正好符合他们的条件。他致力于古汉语文字的“整理全部材料”，探求虚字沿革，“溯其渊源，明其因果，以成历史的综合”。这一个研究方向的选择是明智的，也是深知学问深浅的，在裴先生之前，没有一学者会认为这件事足够做一辈子，也没有人认为研究古汉语虚字会成为一个大学者 。

说到传奇，不能不提裴先生“卖豆腐”的传说。

关于裴先生的传说里写道：日本侵略军进入华北以后，战火纷飞，物价飞涨，民不聊生，学校大多南迁。裴学海没有到日伪管理的学校任职，这是有气节方面考虑的。衣食无着，宁可回乡卖豆腐。还不如孔乙己靠抄书业务对口，那又能怎么样呢？据说他在卖豆腐时，也不忘研读古文。有时突然想起一个问题，就翻起古书，查核“既”字等虚词，深入探讨前人没发现或没有确解的词义。他一会儿埋头读书，一会儿两眼发直，呆呆地望着前方，连顾客喊“买豆腐”也听不见，有时气得人家一甩袖子就走了。他时常豆腐没卖完就回家了，家里人管他叫“呆子”。别人讥笑他：“裴学海，真格路。卖豆腐，看古书。豆腐没卖完，古书翻个够。不知古书与豆腐，哪个有利饱肚腹？”

日军要来“扫荡”，百姓们纷纷用车马驮着钱财布匹逃跑。裴学海一不要钱，二不要物，只是背着自己的书稿与古书逃走。这大概是事实，他既然进入了研究状态，大概是不会放下的。说他后来又回天津任教，上街时，坐电车、汽车也看书，常常忘乎所以、手舞足蹈；有时看得上了瘾，车到站了也不知道。售票员查票时，责备他为什么坐到终点，他便连连说：“如何是好，如何是好!”叫人哭笑不得。至于别人说他“你早就越教（书）越瘦（授），穷得卖豆腐，还不拿点钱物，换口吃喝，拿几本破书，有啥用处？”纯属善意的创作。

人们总是按照他们能够理解的方式创编历史，记忆历史。这些民间传说，全是中国艺术的写意手法，我们不必信其情节，只信那个情境就行了。钱锺书说：“夫稗史小说，野语街谈，即未可凭以考信人事，亦每足据以觇人情而征人心，又光未申之义也。”柯林武德在《历史哲学的性质和目的》中也说：“历史就其基本形式来说，就是知觉。知觉是最简单的历史思维的形式：它是对事实的最基本的确定。然而所有历史，不管多么高深多么复杂，都是一种由知觉做成的东西，是知觉中所早已包含的各种要素的发展，因而历史学家所了解的世界就是知觉中所形成的世界的充实而已。正如艺术是最强化了的想象。历史是最强化了的知觉。”

关于裴学海先生之死也有传说。

裴学海先生虽然是我上学时候的老师，却没有给我上过课。他的鼎鼎大名是因为他编过一本大书——《古书虚字集释》。这本书让他得名，也让他受罪了。“文革”中，他也因此而成了“反动学术权威”，受尽迫害后含冤而死。关于他的生平事迹，有许多故事，都未必真实。

此前有文章说：裴学海先生是著名语言学家，所著《古书虚字集释》影响甚大。1949年前，裴先生教中学。他生活极简朴，所挣工资攒起来，在老家滦县买地。所以到土改时，定为富农成分。五类分子中，裴先生至少占了两类——富农和“反动学术权威”，“文革”时的命运可想而知。日日戴高帽，挨批斗。家也被抄，半生心血著就的手稿《古书虚字集释》的姊妹篇被人掠走。裴先生被逼上绝路，跳楼自杀。而他的手稿，至今下落不明。

其实，裴先生并不是跳楼自杀的。裴先生的死，是因为当时在“工宣队”“军宣队”的领导下，不知道怎么搞定了裴先生是“地主”成分，于是就突然间给他戴上了“逃亡地主”的帽子。裴先生被推到大卡车上，什么准备都没有，一路被遣送到了家乡。1970年中共河北省委下了平反指示，让他重返河北大学任教。据说裴先生当时既兴奋又辛酸，又是笑又是哭，不幸患脑溢血身亡，享年七十一岁。

二、学生眼中的博学严师

据传说，裴学海先生来河北大学工作与郭沫若有关。《滦南人物》一书的词条这样说：

> 解放初期，郭沫若到天津讲学，讲学前问：“裴学海来了没有？他在天津只教中学，你们要是不用他，科学院请他去。”经郭老举荐，裴先生从天津六中调到津沽大学（河北大学前身）中文系。1954年他任天津师范大学（后更名河北大学）中文系讲师，1959年晋升为副教授，曾任河北大学中文系古汉语教研室主任。

裴学海先生在河北大学工作期间，有很多佳话，说他一是生活特别简朴，二是讲课特别精彩，三是对学生要求特别严格。他真是个博学而善教书育人的好老师。

他治学非常严谨，对古书的记忆令人惊叹。上课时，他把研究成果讲给学生听，讲古汉语，例句联翩而来，应接不及。据当过裴先生学生的顾之京先生跟我说，有一次课下，她向裴先生请教一个掌故，先生当时正在认真看书，眼皮也没抬起来，清楚地说了一句：“看词典二百六十三页子。”他不说“页”，而是说“页子”。顾先生对他的记忆力大为吃惊。

先生在教学上对学生的要求也非常严格。听过裴先生课的学生一面钦佩，一面也反映听不懂，不是语言不懂，是内容不懂，跟不上他的思维。下课后学生就先向助教请教，助教也只有摇头说：“先生看书背书太多了，我也不知道引自何书。”因为他了解的东西太多了，学生一下子来不及接受。先生很着急地批评：“你们心思不在这儿，光跳舞玩耍，大学生要靠自学，这么学真叫我寒心。”课下如果有学生到他家去，他不论别的，劈头就问最近读什么书，有何收获，并出题考问。当学生能有理有据地回答某一问题时，他就拿出苹果、鸭梨，又送烟又沏茶地热情招待；反之，他就讽刺挖苦：“快回家娶个漂亮媳妇吧！”这真是恨铁不成钢的老师。我在《散文百家》曾经读到他的学生杨振喜先生写的文章《记裴学海先生》，抄在下面为证：

待到上三年级时，轮上裴先生开课。他是古汉语专家，先从音韵学讲起。当时的我们，说起来汗颜，少年时未经国学启蒙，连“三、百、千”也不曾念过，学的是解放后的新编教材，使用的是注音字母，现在由他直接教授这“帮、滂、并、名、端、透、喻、定、泥、家、精、来”上古声母，中间相差一段不小的距离。所以，听课非常吃力，同学们说，像是在听“天书”，云山雾罩不知所云。我是古汉语课代表，应该反映大家的意见，就去找裴先生，说，这个古音韵实在不好背，问他该怎么办。先生一脸不高兴的样子，不耐烦地说，你去找程垂成吧。程先生，是他的一名助教，数学系毕业，因喜欢古汉语而留下做助教的。裴先生让找他，无非是说，这么简单的问题，还来打扰我。我对程先生说明了意思，他笑着说，裴老说了，只有死背，没有其他办法。当代人要学好上古音韵，许多古声韵都已消逝了，不死记硬背还能怎样。裴先生的态度，无可厚非，助教能解决的问题，是不能找教授的，师道本该如此。听说，他给助教讲课，就是开一张书单，从先秦读起，《尚书》《周易》《尔雅》《中庸》《礼记》《论语》《春秋左传》《大学》，“十三经”、诸子百家选，读完了，才开始讲课。同时，还要求将《说文解字》认真背过。也是这条经验：读死书，死读书，死记硬背。

下学期，他又为我们开了文选课，从“四书五经”，先秦诸子，到楚辞、汉赋，六朝文章，选几篇较难懂的文字讲讲。但在讲授上，与古典文学课的方法不一样，他是侧重文章的考证、辨疑，从字、词、句、篇上入手，刨根问底，寻找原初的本意来。应当说，这确是他的老本行，他最大的优势所在，讲起来驾轻就熟，游刃有余。我记得，每次他走上讲堂，几米长的一块黑板，显得不够使用，总是写得很满很满的，好像闸门一旦打开就不能关住，他肚子里的知识非要将大家“灌饱喂足”。譬如“其”字，前人总结有十二种用法，他偏认为，不止这些，还要考证、补充，最后，他能找出四十五种，而且，都有出处和例句。这样，在每节课中间，都要让同学再擦上一两次黑板。每堂课下来，他总是汗水涔涔，衣衫溻透。他的有些发胖的身躯，因长年久坐书案，腰背有些佝偻，走路也颠跛不稳。在学生看来，可能是他书念得过多、负担过重的缘故。每见这种情景，同学们也感心痛，有时也劝他：裴老，是不是歇一下再讲。他总是固执地回答：不用，不用。接着，又继续讲下去。也许他认为，知识就是需要这样认真地、一丝不苟地传授，耕耘不辍，多多益善。岂知，当时，我们与他的知识结构很不对称，纵是那样的“知识爆炸”，所得也不会太多，不会理解的。他幼年就已读完“十三经”，先秦两汉的东西全装进肚子里，化成了血脉，在全身流动，举手投足言谈举止，无不有古代文化的投影，因此，他给予我们的，哪怕只是点点滴滴，也足够受用一世。从他身上，从他的课堂讲授过程里，我们耳濡目染潜移默化地感受到我国传统文化的精微，可以说，这一点，也是我们这一代学子的巨大幸福和骄傲。他犹如一座高山，须仰视才见，即使在悬殊的知识对接中，也能体察到学海无涯的那一份广博。有一点，至今没有忘记，印象很深。在他的课上，先生从不使用现成教材，譬如，当时已有全国高校统编的古汉语教材。他虽无臧否，但并不去苟同，一直使用自己的讲义，坚守自己那一份“疆域”，有所守成和保留。这就是他的立场与态度。他或许觉得，应当将自己所拥有的知识，尽可能多地传给他的弟子，因为，这里积累了他数十年的心血与汗水。

杨先生是我的学兄，比我毕业早，他很幸运地听过裴先生的课。回忆文章写得真好。能够写得这么好，说明他是个极好的学生。他说他是裴先生古代汉语课的课代表。

20世纪60年代初，正是裴先生的教学和研究非常活跃的时期，他培养指导了程垂成、谢质彬二位助教，并在南开大学中文系教师进修班任客座教授。他们二人事后都有许多研究成果，都成了研究生导师。他们如今年近九十，仍然健在。裴先生的教学经验和知识水平得到传承，也得到了广大学生的认可。

裴先生被称为先秦、两汉古籍的一部“活字典”，对两汉以前的古籍了如指掌，对字词、典故，都可以随时说出字源、出处，各种版本、各家注释也能准确说出渊源。他讲《尚书·盘庚》时，在大师王国维的说法之外，还提出自己新的观点。裴先生治学的严谨，首先是由于他执着于学问。他一心扑在学问上，做学问敢于坚持真理，凡经过自己认真研究过的问题，不管反对者多有势力，如何辩争、攻击，他从不苟同；也不管政治压力多大，研究照常进行。1957年，有人写大字报，攻击他不看报纸，不问政治，走“白专”道路，他任凭风浪起，淡然一笑：“是有何畏!”意思是说“白专”没什么可怕的。对一个问题他总是反复钻研，有人说他“十三经”能倒背下来，那是说他特别熟悉，大概也没有必要全背下来。最为可贵的是他实事求是的精神，从来也不迷信前人，敢于挑战权威。他的《古书虚字集释》并不是有些人理解的仅仅是集大成之作，而是对中国古汉语虚字解释的集成、比较、辨析、正误、订讹，既要有自己的广阔视野，也得有渊博的古文化知识、古汉语知识，是一种披荆斩棘的工作。

其实，有人可能不知道，裴先生也在中文系开过文选课，讲的范围很广，从先秦经典，到诸子、楚辞、汉赋、六朝文章，都是选几篇较难懂的文字讲。他的讲授与文学课的观照不同，总是侧重文本考证、辨疑，从字、词、句、篇上入手，寻求词语的“本义”。这是纯粹的清华国学院风格。

这里我们不能不说到裴先生曾经写过的一篇长文章——《对高中文学课本注释的商榷》，后来作为“天津师范学院丛书”之一出版了一个小册子，于1957年5月出版发行，印数三千册，在中学语言教学中产生过重要的影响。文章是针对1956年至1958年试行汉语、文学分科教学教材高中文学课本第一册的，对于书中“不合语法、不合逻辑的地方”，“为实事求是起见，不容不加以商榷”，以解决教学上的一些困难。裴先生在《商榷》中，涉及八篇课文：

第一课：《诗经》六篇——《关雎》《氓》《黍离》《伐檀》《蒹葭》《无衣》。

第二课：《论语》之《颜渊季路侍》等九章。

第三课：《左传·晋公子重耳出亡》。

第四课：《孟子》之《庄暴见孟子》《孟子谓戴不胜曰》。

第五课：屈原之《国殇》《涉江》。

第六课：《战国策》之《触龙说赵太后》《冯谖客孟尝君》。

第七课：《信陵君列传》《荆轲传》。

第八课：汉乐府之《陌上桑》《羽林郎》《孔雀东南飞》。

此外，还附录对初中文学课本第三册第二课《廉颇蔺相如列传》译文的“析疑数则”。裴先生针对上述各课的注释或译文，列出可商榷意见二百条，长达八万余字。关于注释或译文存在十个方面的问题：不明确、不够妥当、近于附会、不正确、不合逻辑、未得作者语意、未得古人属辞之通例、不得其解而强为之辞、沿旧注之误、于古无征。这种严谨的治学水平和对教育事业认真负责的精神，不仅令人感动，也令人敬佩，因此很可能会得罪人、招惹是非。但是他从来也不怕这些。

裴学海先生在音韵方面也多有建树，从1934年至1937年陆续发表了《音韵考原》等四篇专论。另外，裴先生还写有中古音研究的论文、古汉语语法和古汉语教学等方面的论文多篇，这些文字对教育者和学者多有启发和裨益。 除以上力作外，裴先生比较重要的学术论文有：《王氏经传释词志疑》（《天津益世报》，1929年1月12日）、《尚书成语之研究》（《铃铛》，1934年第3期）、《音韵考原》（这是一长篇论文，1934年至1937年在《铃铛》杂志上分四期刊载）、《尚书·盘庚篇释义》（《天津国学月刊》，1937年第1卷第3、4期）、《古汉语两种否定句式举例》（与本系王荫浓先生合写，《语文学习》，1954年第3期）、《几个文言虚词的用法》（与本系王荫浓先生合写，《语文学习》，1955年第3期）、《隋时“支”“脂”“之”同音考》（《天津师范大学学报》，1959年第1期）、《古声纽“船”“禅”为一“从”“邪”非二考》（《河北大学学报》，1961年第1期）、《对于〈谈几个识别古文字义的方法〉的商榷》（《天津日报》，1962年8月15日）、《评高邮王氏四种》（《河北大学学报》，1962年第3期）、《〈古代汉语〉（王力）上册（第一分册）中语法、训诂问题的商榷》（与本系王荫浓、程垂成、谢质彬先生合写，《河北大学学报》，1963年第4期）。

三、先生的传世巨著《古书虚字集释》

最能代表裴学海先生勇敢开拓精神、严谨治学态度、精深研究水平、恒久敬业定力的是先生的《古书虚字集释》。该书1932年由商务印书馆出版，当时先生只有三十三岁，才从清华研究院毕业。裴先生在书中有自序申明：

夫周秦两汉之书，所以不可以今人之文法读之者，要由其虚字之用法，与今不尽同耳。其不尽同之处，在刘淇《助字辨略》，王念孙《读书杂志》，王引之《经传释词》《经义述闻》，俞樾《群经平议》《诸子平议》《古书疑义举例》，杨树达《词诠》《高等国文法》《古书疑义举例续补》诸书中，皆已详乎其言之，且均多精确之发明，堪为定谳者。然千虑一失，智者不免。

其所“失”的情况有九种之多：误解对文、误谓字衍、误谓形讹、误谓有省文、误以反语为正言、误以实字为语词、误以有意义之字为语声、误据彼书以改此书、误据以意改字。依以上情况先生说：“夫以兹四家之精于训诂，深于文法，而犹有此诸误，其他碌碌者，更何待言？”

商务印书馆1934年版《古书虚字集释》，书前有李实忱先生的序文（再版本删除了）：

裴君会川，宿儒也，时以不聆其教为憾，癸酉春，因旧雨吴君杰民绍介，晤会川于津埠馆次，谈经半日，滚滚可听，饶有匡鼎解颐之概，为之倾倒而不忘者累数十日，何感人之深也，先是玉提倡国学，与诸经学家，组设国学研究社，爰聘会川为厥社讲师，资以诱导后进。会川治经有素，又为音韵专家，著有《孟子正义补正》《学庸疑义订解》《尚书成语之研究》诸书皆已刊行于世，嘉惠士林，近著《古书虚字集释》一部，计十卷，都为廿余万言，玉乞而读之，知其引证详博，解释正确，凡于对文变文古音今音通假转变，莫不极深研几，期于毫无疑义，且于王怀祖《广雅疏证》《读书杂志》，王伯申《经传释词》《经义述闻》，俞荫甫《群经平议》《诸子平议》《古书疑义举例》诸书，多能补其阙，正其误，此书一出，洵为解经之津梁，读书之矩矱也。某日，会川以书将付梓，嘱缀数言以弁于首，玉虽拙于词翰，然以略知书中意旨，亦不敢以固陋辞，窃意刊发以后，不翼而飞，必为海内诸儒所脍炙焉，是为序。

民国二十二年癸酉冬至后五日津门李廷玉志

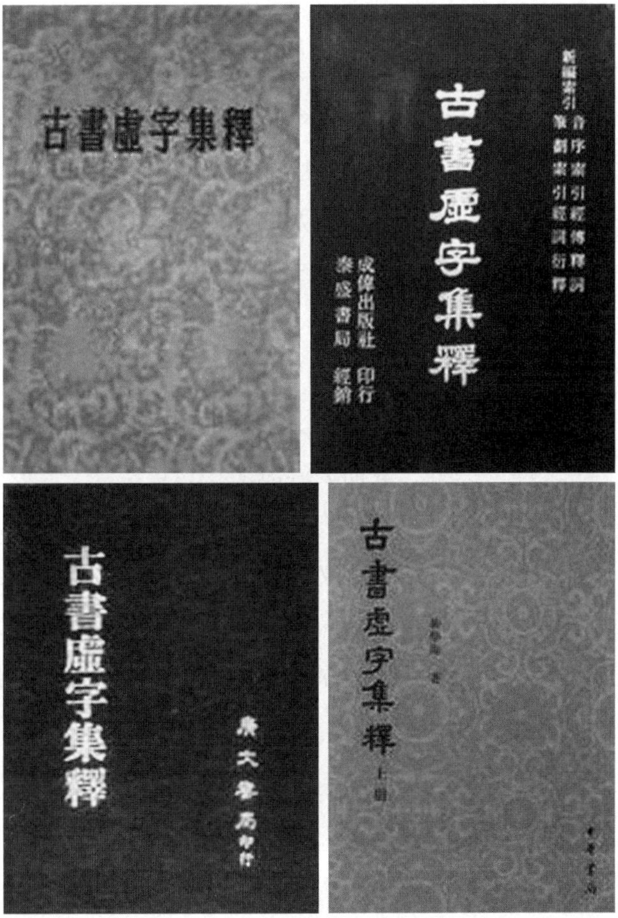

《古书虚字集释》的多种版本

李廷玉，即李实忱先生，因为想聘请裴先生为国学研究社讲师，因而相识，并为他的书作了这篇“序”。

裴先生所做的工作是：对照诸家意见，申述自己的新见解。集清代王先谦、王引之、梁启超、俞樾等人之大成，并有所发展。这本书汇集了刘琪《助字辩略》、王引之《经传释词》、俞樾《古书释义举例》及近人杨树达《词诠》、章炳麟《新方言》等书的成果，故名为“集释”，但它绝不是简单的汇集拼凑，而是如他自己所言“前修及时先未及者，补之；误解者，正之；是而未尽者，申证之”。这实际上是对前辈学者及当时先才研究虚词的总结，补充了疏漏，纠正了失误，多所申证创新。比如“既”字前人训为“业已”，裴又训为“太”，并引《荀子·子道篇》《说苑·杂言篇》《诗·皇矣》等书中例句加以论证，令人信服。再如“其”字，前人共讲十二种用法，裴讲出四十五种用法。但这本书也给人琐碎之感，也有缺误之处，故而裴学海从1954年就着手修改提高，终于在1965年完成后出版，使之锦上添花，在国内外学术界影响较大。日本和加拿大的汉语词典，在虚词的用法和词义解释上，不少地方参照了此书。这本书后附有《经传释词正误》《本书说解述要》《类书引古书多以意改说》等三篇论文，这是对《集释》的补充和深入阐述，其学术价值不亚于《集释》一书本身。

四、梁漱溟先生的一封推荐信

最后，不能不重点说说《古书虚字集释》一书出版的故事。

在偶然的机会，我发现了梁漱溟先生的一封信。应该是1932 年他写给赵景深先生的，从字迹辨论，绝对是真迹。

景深先生：

敝著《中国民族自救运动之最后觉悟》前承贵局惠订合同，约为今年夏初出版，未审已否制版，至为盼念。兹寄上内容单，乞惓入付广告股为幸。再，敝友裴学海先生为清华国学研究院高材，曩时王静安、梁任公先生所最推许，曾为《孟子正义补正》一书，任公先生称其能守清代朴学大师家法（此书在商务之国学论丛出版）。近年闭户又新成《古书虚字举例》（即《古书虚字集释》），约廿余万言，视前作又加精审，不知贵局肯为之出版否。裴君虽清苦，顾其意不在报酬。原稿今在弟手，如贵局有意商量，即当邮奉台阅也。

于此奉询，即颂著安。

梁漱溟顿首，三月十二日

梁先生的这封信，不见于他的文集，应该是一篇轶文。查赵景深先生的书里也没有说过他收到信和帮助裴先生出书的情节。想从裴先生的同学高亨、刘盼遂、吴其昌先生的文集中找些蛛丝马迹，也没有相关的纪实资料。我是在偶然间从裴先生的家乡人岳美中的文章发现的。该文章题为《一书一诗谈裴学海》。

梁漱溟比裴先生长六岁，原籍广西桂林，生于北京，现代著名思想家、哲学家、教育家。梁漱溟出身于“世代诗礼仕宦”家庭，系出元室梁王，故入籍河南开封。原名焕鼎，字寿铭。曾用笔名寿名、瘦民、漱溟，后以漱溟行世。青年时代又一度崇信康有为、梁启超的改良主义思想。辛亥革命时期，参加同盟会京津支

梁漱溟先生

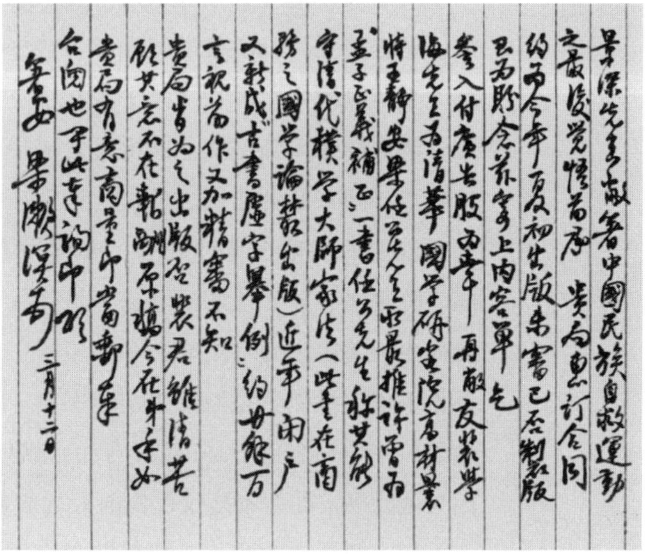

景深先生：敬启者，中国民族自救运动
之最后觉悟著序，贵局惠订合同，
约明今年夏初出版，未审已否制版，
五四纪念前可望上市否？至念。
参入付广告股西年。再，敬友裴学
海先生为清华国学研究院高材，曾
师事王静安、梁任公二先生，最推许，曾为
孟子正义补正一书，任公先生称其能
守清代朴学大师家法（此书在商
务之国学论丛出版），近年闲广
又新成古书虚字集释，约四十余万
言，视前作又加精审，不知
贵局肯为之出版否？裴君虽清苦，
顾其意不在报酬。原稿今在弟手，如
贵局有意商量，即当邮奉
台阅也。于此奉询，即颂
著安 梁漱溟顿首
三月十二日

梁漱溟先生写给赵景深先生的信

部，热衷于社会主义，1917年至1924年受蔡元培之聘任北京大学印度哲学讲师，后升为教授，发表《东西文化及其哲学》一书，阐发其“东方精神文明论”和新儒家思想，在学术界颇有影响。1924年，他辞去北大教职，到山东菏泽办高中，又创办了山东乡村建设研究院，发表《中国民族自救运动之最后觉悟》《乡村建设大意》《乡村建设理论》等著作，推行乡村建设运动。《中国民族自救运动之最后觉悟》初于1930年发表于《村治》第1至4期。此时梁先生正在联系出版之事，与事实相符。

一、梁启超、梁漱溟、裴学海的关系。梁启超与梁漱溟是什么关系，为什么梁漱溟会帮助裴学海出书，此中是有故事的。裴学海与自己的一个同乡、一位族侄裴占荣（雪峰）1927、1928年先后入清华国学院，裴雪峰随林宰平先生研究《易》学，毕业后曾随梁漱溟先生到山东从事乡村建设试验，后来参加过抗战，1943年逝世于山东菏泽。梁漱溟曾应梁启超之邀赴国学研究院做过演讲，因而二梁先生与裴学海及其族侄裴雪峰亦有师生之谊。后来裴雪峰先生女儿遵父命将遗著《周易汉象新证》通过同乡名医岳美中的关系转交给了中国社会科学院鉴定保存。

二、裴学海《孟子正义补正》初发表于1930年2月《国学论丛》。称敝友，是客气之辞，说裴学海先生为清华国学研究院高材，受到王静安、梁任公先生所最推许，曾为《孟子正义补正》一书，这也是事实。任公先生称其能守清代朴学大师家法，这也是老清华国学院的治学风格。所谓“朴学”是清乾嘉年间兴起的考据之学。此学重证据，轻义理，由于他们治学的方法，上承汉儒的训诂、考订之法，亦称为考据之学。清华的导师王国维、梁启超、陈寅恪、赵元任的治学途径虽然并不全用此术，但是他们都深通此法。裴先生的《古书虚字集释》和《孟子正义补正》，正是用了乾嘉学派之法。《古书虚字举例》是原书未定之书名。窃以为，裴先生对书名不太深究，即使是后来的书名也不是很好，我的意思应该是《古书虚字考证》也许更好。因为他的书实在并不是仅仅集前人的成果，而是收集、考证、重释。

三、梁漱溟先生也曾盛赞裴学海的学问和著作，称他为“清华国学研究院高材”，也说明，出版此著，并非为了赚取稿酬——“裴君虽清苦，顾其意不在报酬”，意在向赵景深先生推荐书稿，以乞出版。梁先生不但是裴先生的前辈长者，也是学界名流，能够慨然奖掖后辈，玉成裴先生的书出版，已成书界佳话。

四、梁漱溟通过赵景深联系出版事宜，这是很自然的。赵先生1902年生，比梁先生小九岁，但他长期从事编辑工作。1922年秋任新民意报社文学副刊编辑，并任文学团体绿波社社长，同焦菊隐、万曼等编《微波》《蚊纹》《绿波周报》等刊物。1925年到上海，任上海大学教授。1927年任开明书店编辑，并主编《文学周报》。1930年开始任北新书局总编辑。裴先生的书能够通过赵景深先生打通出版渠道，是顺理成章的。结果，这部书在大家的帮助下出版了。

近期发现，清华大学国学研究院2012年8月11日曾发表《启事》，将裴学海先生列入“前贤”名单。称：

本院几乎从复建之日起，即致力于《清华国学书系》之“院史工程”，亟欲缀集早期院友之研究成果，以逼真展示昔年历程之艰辛与辉煌。现据手头之不完备资料，暂定在本套《书系》中，分册出版文存五十一种，以整理下述前贤之著述：

梁启超、王国维、陈寅恪、赵元任、李济、吴宓、梁漱溟、钢和泰、马衡、林志钧、梁廷灿、赵万里、浦江清、杨时逢、蒋善国、王力、姜亮夫、高亨、徐中舒、陆侃如、刘盼遂、谢国桢、吴其昌、刘节、罗根泽、蓝文徵、姚名达、朱芳圃、王静如、戴家祥、周传儒、蒋天枢、王庸、冯永轩、徐景贤、卫聚贤、吴金鼎、杨筠如、冯国瑞、杨鸿烈、黄淬伯、裴学海、储皖峰、方壮猷、杜钢百、程憬、王耘庄、何士骥、朱右白。

我们期待着好消息出现，让裴先生得到安慰，也让另一个世界里的几位老前辈——梁启超、王国维、陈寅恪、赵元任、吴宓、梁漱溟、章太炎等可以有个安慰。当然还有他的家人和学生、朋友们。

张弓先生

张　弓：
现代汉语修辞学之父

◇刘玉凯

张弓（1899—1983），先生八十四岁病逝，在当时也算高龄了。我最后见到他的时间离现在也已经三十多年了。他在我的记忆中一直是一位德高望重的老先生。我尽自己的能力写一些他的故事，表达我的怀念之情。

张弓，笔名檠铭，江苏灌云人。1924年毕业于武昌师范大学国文历史部。新中国成立前曾任教于南开学校、南开大学、中国大学、中法大学、北京师范学院、北平临时大学等。1949年后，曾任河北师范大学的前身——河北师范学院、河北天津师范学院、河北北京师范学院中文系（文史系）教授，中国科学院河北省分院语文研究所研究员，河北大学中文系教授，晚年曾担任河北大学中文系主任、高等学校文字改革学会顾问、中国语言学会理事、河北省语文学会会长、河北省社科联副主席、中国修辞学会名誉会长，1980年任政协第五届全国委员会委员等。在一般的名人辞书中，都介绍张弓先生一生从事汉语教学和研究工作，是我国著名的现代汉语修辞学家，我国现代汉语修辞学的奠基人之一。其实，他也是一位文学家，却没有人说到。

一、张弓先生的《现代汉语修辞学》

我们上大学一年级那年，张弓先生已经六十六岁，是当时系里边年龄最长的老教授。我早就知道张弓先生的名字，因为他出版过一本《现代汉语修

张先生的著作《现代汉语修辞学》

辞学》，是大学教材。20世纪60年代，一个学者能够著书立说是非常了不起的一件事，写的书能够作为大学教材，那更是了不起的事。记得那时，上讲台的老师主要以讲师和副教授为主，年轻的助教为教授辅导学生、答疑、写板书、擦黑板，也为老教授提水、拿书包，那是常事，不算低下。助教还被分到教授和副教授的名下，师父带徒弟一样指导他们，但是我们看着特别不习惯。到我入大学的时候，教授一再被贬低、被批判，那时的教授尊严几乎没有了。

张先生上课是从来不用年轻人为他服务的。我在上大学第一学期就听张弓先生的现代汉语修辞学课。名教授给我们上课，我们很欣喜，也很好奇，对他的讲课抱了很高的期待。他来上课时，我们见他穿着灰色的中山装，戴着一顶灰色的帽子，背有点驼，但是不厉害。他从来都站立讲课。当时知道他是名家，很恭敬地聆听他的讲解。可是他说话的嗓音竟是太小，而且沙哑，江苏口音很重，我实在听不懂。他讲了好半天“扯受”和“晒拆”，我也猜不出是什么意思，许多学生和我一样东张西望地表示听不懂。先生很耐心地在黑板上写了“词素”和“色彩”两个词，我们恍然大悟后哄然大笑。

很对不起先生的是，后来，我就逃课了，那是我一生当中第一次逃课。我私下里觉得现代汉语课对我们来说，是能够自学而弄懂的，用不着花一个学期让老师慢慢地“喂饭”。我的逃课并不是到外边玩，更不是睡觉，而是自己躲到资料室里看书，里面坐着的正是魏际昌先生。魏先生问我为什么不去听课，是什么课。我说实在听不懂，还不如自己读教材。他表示理解，却一句别的话也没说。我就这样逃课而自己读书。从此，我跟魏先生的关系就特别好。按规定，系资料室是不允许学生进入的，魏先生觉得我比较安静，在资料室看书，也不乱翻东西，还向他请教读书，听他讲孔子、孟子的故事，所以就允许我进资料室。其实，我一直喜欢研究语言，而且觉得我的现代汉语学习得是不错的，对得起我的老师。那时的修辞学是张先生教，现代汉语是吴先生教，从语音教起，教大家说普通话，用的是胡裕树的《现代汉语》，那一本教材在运动中丢失了。

1965年秋，我们曾经选举张先生当了一次市里的什么代表。到底是什么代表，现在也不清楚了，即便是当时也没想弄清楚。我觉得，一个教授就应该是教学和研究上的能手，什么社会职务并不重要。后来，选举成功，那个代表会召开也成功，全校来了个大庆祝，高年级的同学们竟然搞了个大动作，全体学生在院子里大游行，扭秧歌，我至今不知道那有什么必要。我们这些农村来的学生看着大笑，并不想参加那种热闹。记得那学期的课也没有考试，也可能我没注意自己考得怎么样。

张弓先生的著作有《中国修辞学》（两个版本：天津南开华英书局，1925年；中华书局，1962年）、《中国文学鉴赏》（北平文化学社，1932年）、《现代汉语》（全二册）（河北天津师范学院函授印行，1957年）、《现代汉语修辞学》（天津人民出版社，1963年）、《古汉语修辞学讲纲》（河北教师进修学院印行，1964年）。

张弓教授早在1925年就由天津南开华英书局印行了我国第一部修辞学专著《中国修辞学》。那时他才二十七岁。此后，他的研究历经坎坷，屡遭挫折，但始终没有停止对修辞学的探索和研究。1963年，先生的《现代汉语修辞学》由天津人民出版社正式出版发行，这部书的字数并不算多，总计近二十万字。学界这样评论：我国现代汉语修辞学发展史上，这是继陈望道的《修辞学发凡》之后的又一部重要著作。黎锦熙先生在为该书作的序中说：

张弓先生研究汉语修辞学几十年，我在几十年前就已读过他著的一本分析归纳修辞方式的书；他积累了多年的教学经验，参取了修辞学的先进理论，掌握了传统的现代作品中的资料和实例，现在写成这部《现代汉语修辞学》。

黎锦熙先生说："喜其成书，乐为之序。"封面是黄绮先生的题字。张先生的贡献在于创造性地提出了修辞是词句方面同义形式选择的见解，这一点以往没有被广泛认识，大家总以为修辞是写文章中正确使用语词的艺术。

我非常赞同这个意见。同时，我不同意福楼拜的说法："我们不论描写什么事物：要表现它，唯有一个名词，要赋予它运动，唯有一个动词，要得到它的性质，唯有一个形容词。我们必须继续不断地苦心思索，非发现这个唯一的名词、动词和形容词不可，仅仅发现与这些名词、动词或形容词相类似的词句是不行的，也不能因为思索困难，就用类似的词句敷衍了事。"福楼拜是莫泊桑的启蒙老师，他们二人都很伟大，但是福楼拜这种说法也是似是而非的，作家这样说话，虽然是有理由的，但是并不科学。他可以指导一个作者努力锻炼自己的语言，但是不能以此当作科学的语言理论。因为世界上并不存在一个描写人物、事物的语言库，以供人们像寻找机器零件一样装配文章。如果那样，文章都变成八股文了。人们研究古代诗词津津乐道地认为："春风又绿江南岸"，"绿"是最好的词；"僧敲月下门"，"敲"是最好的词。这就错了。修辞是许多同义、近义词语的灵活选择；不同的选择表达近似而不太相同的意思。这样说才更好。将这个理论再向前走一步，修辞学就与美学联系起来了。钱锺书先生对此有新的意见。

另外，张先生创造了一套修辞系统。他还从现代汉语实际出发，把古代汉语中"炼字、炼句"之说改变为"寻常词语艺术化"，从而创造性地研究"现代汉语修辞学"，这是我们研究现代汉语不能不直接面对的问题。五四以来，一直有人看不起白话文，总觉得古代的文言文抑扬顿挫、平仄铿锵，最讲艺术性；白话文似乎就成了白开水，没有什么味道，至今仍然有这样的认识。五四时期的一代文学家，努力倡导白话文，这是对汉语的一个革命。胡适先生努力提倡白话文，他出版了《尝试集》，偏偏反对旧文学的语言，有点故意写反面文章的意思。他说旧文学不讲文法，新文学"须讲求文法"。但是他没有在这方面做具体的研究。张弓先生对现代汉语的修辞研究是给白话文通向高雅量定了尺度和规则。这一项历史性的工作总得有人做。他终身地做了，不可小看。"寻常词语艺术化"，这个说法是发人深思的。

我们知道，语言、文字，都是记忆的符号，文章的美与不美、生动与枯燥的区别，就在于使用语言的人如何将一般词语艺术化。如鲁迅曾经称赞《水浒传》中写林冲雪夜上梁山——林教头风雪山神庙，第二次描写大风雪，仅用了几个字“那雪下得正紧”。“紧”这个词让作者给用活了，写了雪越下越大，越下越急、越猛。鲁迅的发现，很重要。

张先生在世时，曾经多次想自己动手修订这一本《现代汉语修辞学》，但是由于身体原因，终于没能够完成。为了这个遗愿，他的学生李济中先生组织了郭伏良、张莉、杨礼等，完成了修订工作，让这本书以新的面目与读者见面了。李济中先生在《再版后记》中写道：

先生晚年曾拟将此书修订再版。据先生生前所言，在修订此书时，除要更换一些例句外，拟将在全书的内容上作进一步的丰富和深化，体例上也要有所调整，以使得进一步完善。如拟对书中的语体内容作重点增补，对寻常词语艺术化问题作进一步阐述，对篇章修辞问题拟将考虑改变原来所持的意见，等等。但因忙于公务以及后来出于健康上的原因，先生亲自修订此书的计划一直未能实现。在我国现代修辞学繁荣、兴旺的这些年里，致力于修辞学研究的同志们殷切盼望此书能够及时再版。我们根据先生生前遗愿，并受先生之子女的重托，联系了再版事宜，得到了河北教育出版社、河北省修辞学会的大力支持。

这是功德无量的事情。

1993年8月，在纪念张弓教授的《现代汉语修辞学》出版发行三十周年之际，河北教育出版社再版了张弓的《现代汉语修辞学》，由河北大学中文系和河北教育出版社在北戴河联合召开了张弓《现代汉语修辞学》国际学术研讨会。出席这次会议的代表，除了国内的专家学者，还有德国、日本等国家的汉学专家，河北大学校长李志阐教授亲临研讨会指导，可见学界的重视。

李济中教授对大会的总结：

两天的大会发言，对张弓先生修辞学思想和理论的方方面面进行了具体、深入的研究和探讨。其中，有对张弓先生《现代汉语修辞学》一书作总体评价的，有从宏观上研讨这部专著的研究方法论的，有具体研讨语体、风格的，有进一步探索“寻常词语艺术化”的，有研究语言因素与修辞的关系的，有从微观角度探讨辞格问题的，还有一些论文和发言涉及张弓先生修辞学思想的其他方面。大家认为，张弓先生对语体的论述，为我国语体学的建立起到了奠基的作用；他对于“寻常词语艺术化”这一新鲜课题的阐述，为人们以后研究文学语言艺术、研究词语锤炼等提供了新的理论；他提出的词汇、句法“同义形式”，为以后修辞学界“同义形式选择”论的发展起到了启发和引导的作用；他对语言各因素与修辞的关系的论述以及对“语境”等的论述，使人们更加明确了修辞的实质和原则，并进而找到了研究修辞的重要途径；他在修辞学研究中运用的唯物辩证法，闪烁着智慧的光芒，对修辞学界也具有指导的意义。与会代表一致认为张弓先生是我国修辞学界的一代宗师，一致认为他的《现代汉语修辞学》是继陈望道《修辞学发凡》之后中国修辞学史上又一座里程碑。

二、《中国文学鉴赏》

为了编辑作家研究资料，有一个时期，我天天在图书馆里阅读民国时期的旧期刊。有一次，我在一本书里，发现了一个广告，介绍张弓先生出版的著作。因为“张弓”的重名较多，我很好奇地想弄清楚，这是不是就是我的老师张弓先生，于是询问了张弓先生。没想到的是，他没有正面回答，却反问了一句：“你怎么知道我出版过《中国文学鉴赏》这本书？”我很吃惊地回答：“真是您的书？您手头有这本书吗？”他说：“那是我很早时候由北平文化学社出版的书。新中国成立后没有再版过，手头也没有了。”于是我想办法到处找原书。

北平文化书社是五四时期影响比较大、坚持时间也比较长的出版机构，出过很多名家的书。同张先生的书同年在该社出版的书还有：李何林先生的

《小说概论》、贾逸君先生的《中华民国名人传》，还有收入熊佛西、梁实秋、朴园、西滢、顾颉刚、洪深、余上沅等名家的《戏剧论集》等书。周海波著《现代传媒视野中的中国现代文学》记载：“1918年，文化学社创办于北平，地址在和平门外南新华街北口，并设书店在平安胡同9号，是北平出书最多的五家学术团体之一，后来发展为专业的出版机构，出版数量仅略少于北大。经理是邵松如。出版品种广泛，以社科类为主，尤重哲学、历史、心理学、教育学、文学。”

这实在是一个大新闻。因为我们从来也没有听说过张先生除了《现代汉语修辞学》外还有别的书已经出版。更让我惊奇的是，先生的这本书是文学鉴赏方面的著作。我从此就努力寻找这本书，想知道书里到底讲了些什么。但是十分遗憾，一直到先生去世，我也没有见到这本书。如果我找了书送给先生，他会很高兴的，我也可以向他请教文学欣赏方面的问题了。

有了互联网以后，我终于找到了这本书。我更惊奇地发现，这本书的后面列出了先生即将出版的六种著作《文学原论》、《中国修辞学》（再版）、《文艺心理》、《中国文学鉴赏次卷》、《大学国文教育问题》，译《中国文学概论》（儿岛献吉郎著，附译者对本书之批评）。

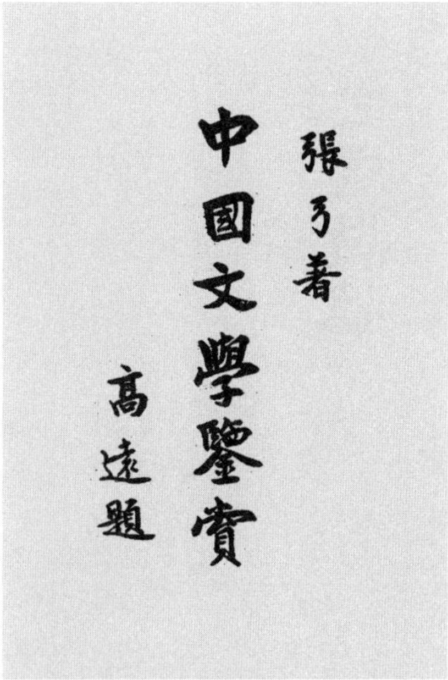

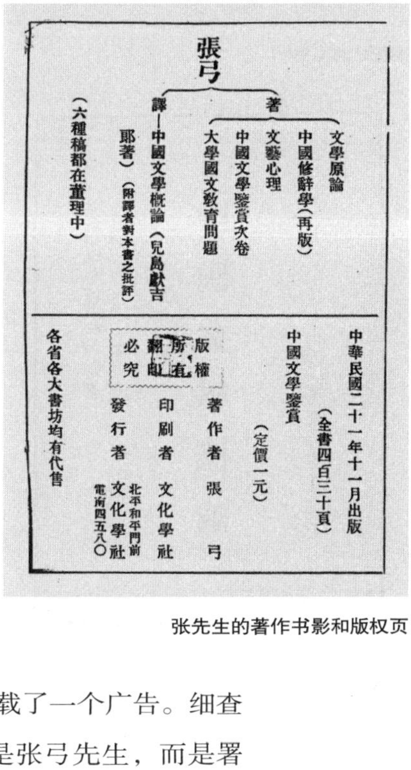

張弓
著
文學原論
中國修辭學（再版）
文藝心理
中國文學鑒賞次卷
大學國文教育問題
譯—中國文學概論（兒島獻吉郎著）（附譯者對本書之批評）
（六種稿都在董理中）

中華民國二十一年十一月出版
（全書四百二十頁）
中國文學鑒賞
（定價一元）
版權所有 翻印必究
著作者 張弓
印刷者 文化學社
發行者 文化學社 北平和平門前 電南四五八〇
各省各大書坊均有代售

张先生的著作书影和版权页

我认真地寻找过这几本书，发现都没有以“张弓”的名义出版过。我想可能就是先生出版《中国文学鉴赏》时，编辑给张先生当时的研究设想刊载了一个广告。细查了一下，坊间确实出版过一本《文学原论》，著者不是张弓先生，而是署孙芥编著，1937年由正中书局出版。这与先生的书没有关系。《中国修辞学》（再版本）、《文艺心理》、《中国文学鉴赏次卷》（《中国文学鉴赏》的续编）有预告而未出版，其实就是先生的讲课内容，从《中国文学鉴赏》上所列的参考书看，他已经在课堂上讲过，而且有讲义，只是有待整理成书出版而已。《大学国文教育问题》可能是他思考过的一个研究课题而没有完成。惜夫，惜夫！

至于张先生想译的那本儿岛献吉郎著的《中国文学概论》，在此时已经出版了，由胡行之译述，北新书局1930年5月初版，1931年1月再版。

经查证，“胡行之”并不是张弓先生的笔名，胡行之，实有其人，曾经编撰一部《外来语词典》，1936年由上海天马书店出版。

张弓先生的《中国文学鉴赏》是先生写于南开大学的讲义。先生在书的《例言》中说，这一本讲稿草创、修补于1930年，“为南开大学国文选科讲”；1931年再修补，“为南开大学一年级讲”；1932年复修正之“出书”。其“内容按时代顺序赏味各体作品”从中古到近代，可惜的是我们没有全部的讲义。从书的目录看，只有：

一、鉴赏绪论

二、鉴赏本论

1．三百篇鉴赏

2．楚辞鉴赏

3．汉诗鉴赏

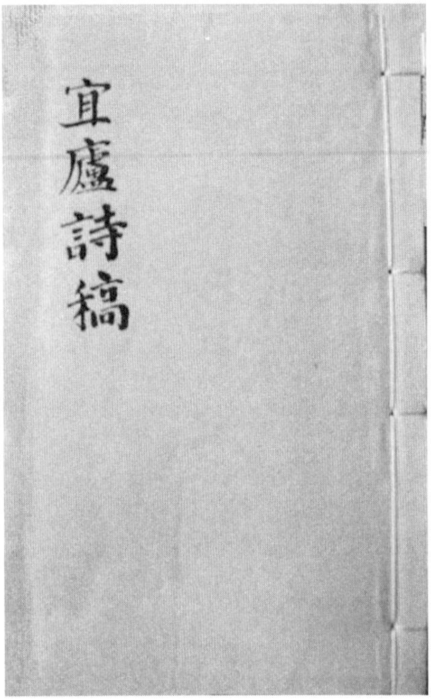

胡行之的藏书

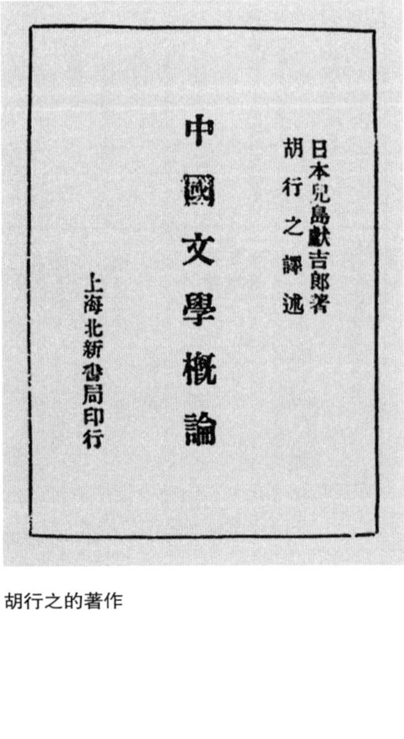

胡行之的著作

这一部书已经预告了“次卷”，如魏、六朝、唐、宋、元、明、清、近代部分，但不知道是何面目了，仅从现在的规模看，这是一部反映先生教学内容的深刻而博厚的文学研究著作。读这本书，有几点让我受益：

一、文学鉴赏的目的。他说是“引导学人品赏中国文学，以栽培对于‘真我’‘本土’‘全人间’之忠爱精神”。张先生对文学的理解已经阐述得十分清楚，就是让学生、读者通过文学发现自我和本土乃至全人类的博爱精神；对人伦之爱，对于祖国、家乡、事业的爱，对于生命的爱。这才是文学存在的真正意义。这种说法让我们想到先生肯定读过弗洛伊德精神分析学方面的书。

二、鉴赏是文本细读的硬功夫，也正是我们读书人最缺乏而又不大好养成却应该努力培养的能力。时下的学者、学子不大懂，也不怎么在意文本细读，不关心文本说的是什么，就开始写大文章。这个主义，那个概念，新名词堆积如山，终于弄得人“不说还明白，越说越糊涂”了。这就是隔山打老虎，打不着至少吓一跳。最可怕的是把“吓一跳”当成了吓死，于是自命武松。比如对于《诗经》首章《关雎》人们说是“恋爱诗”“新婚诗”，太笼统含混。到底是什么？先生认为，解作“求爱”才对。在解读《离骚》时，先生显然运用了西方新批评的方法，将文本的内涵分解为十二意象：

1. 屈子绝对的彻底的“爱本土”的精神；
2. 屈子的狂病（乡愁、洁癖）消息；
3. 屈子“爱”与“战”的伟力，屈子的“自爱”，屈子的“孤芳自赏”；
4. 屈子的“哀”（主和、犹疑之哀）、“怨”（大怨）；
5. 屈子的“柔情”“坚志”；
6. 屈子的“怀古幽情”“惜时真意”；
7. 屈子的“决死”与“孤往”的精神，“从容”风度；
8. 楚民族的“巫风”与屈子的“宗教情味”；
9. 本篇里构成楚土香的几种元素——楚语、楚声、楚物、楚地；

10．本篇中一点“剧味”与“剧形”；

11．本篇“自叙传”的体裁；

12. 本篇“抒情”“神话美”“象征的手法”。

我觉得，先生是用了西方新批评的方法对长诗做了分析。长期以来，学界分析作品的方法往往从诗人的“个人传记情景”入手来挖掘作品内涵，以作者研究来代替文本研究，忽视了语言文本细读的“事实”。文本可能被遮蔽，造成深层艺术和创作心理结构的丢失。新批评细读法，将目光坚定不移地集中在文本，对文本进行语义结构和层次结构的细读分析。新批评将文本“文学性”看作是文本的一种“语义结构”，着重探讨文学作品“语义结构”的构成特征，打开“语义结构”的非常复杂的语义关系，认识“语境”。这种方法让人耳目一新。

三、张先生治学汇通中西。解读文学的思路原来是如此广博。张弓先生重视文学修辞，但是他并不执于此点，而是面对文学作品论鉴赏。先生的古文献基础非常丰厚，各种文献典籍信手拈来，引证恰到好处。特别是他对西学也有很深的研究，简直无所不通。比如，在这本书的一开始，就引用了一段语录：“真正的文学批评，是批评者灵魂的记录。”这是很精辟的意见。我们经常说的是文学批评就是解经、释经，弄懂原文，不大注意批评也是一种有自我性、有科学性的文学研究工作。甚至有人说写批评文章就是“啃死人骨头”。据我所知，张先生的语录可能来自印象派批评的理论。因为法朗士曾经坦白地指出：“批评家应该声明‘先生们，关于莎士比亚，关于拉辛，我所讲的就是我自己。’”这是20世纪30年代后比较流行的文学批评方法之一。李健吾先生对于这种批评方法做过阐释：它对文学批评本质的认识可概括为“灵魂在杰作中的冒险”。批评家立足于自己的经验和人性与作品亲切拥抱的过程，其中有感性印象，也有深刻的综合与归纳，并最终对作品做出一种富有人性气息的综合体悟。李健吾在《读〈边城〉》一文中，特别强调文学批评的科学性：“所谓灵魂的冒险者是，他不仅仅在经验，而且要综合自己所有的观察与体会，来鉴定一部作品和作者隐秘的关系。”“他永久在搜集材料，永久在证明或修正自己的解释。”并且始终认为“一个批评家，与其说是法庭的审判，不如说是一个科学的分析者。科学的，我是说公正的，分析者，我是说要独具只眼，一直剔爬到作者和作品的灵魂的深处”。可见张弓先生研究文学的新尝试。

王圣思回忆父亲王辛笛时说：

父亲对文学的兴趣越来越大，南开不仅是他接受新文学启蒙的摇篮，也是他初露文才的起点。他先在作文上冒尖，几位语文老师对他多有鼓励，尤其是张弓先生，被父亲视为自己最早的文艺启蒙老师，他认真批阅父亲的作文，对写得好的地方嘉许有加，使父亲自信心大增。南开中学分男生部和女生部，张弓老师喜欢把父亲的作文当堂读出来，还拿到女生班上朗读。张弓是日本留学生，喜欢厨川白村的著作，常在课后介绍辛笛看鲁迅翻译厨氏的《苦闷的象征》《出了象牙之塔》，还有本间久雄的《欧洲文艺思潮论》等，这对父亲文艺思想的形成颇有影响。

这些真实的回忆，再现了张先生的博通中西。

张先生的文学研究涉及西方的历史学、哲学、心理学、民俗学、解释学、语言学、美学、文化史。比如书中说，鉴赏文学，必得着文化史之辅导，才能真明悉作品之底蕴，才能真见作者之面目。如此重视文化史是现代文学研究的新视角、新方法。他又说，文学是开放在精神生活顶端的鲜花，也就是开放在其时代全生活、全文明之综合点之鲜花，没有“文明”，没有“生活”，何从有文学。而且这里说的生活，有时是我们看不到的。因为我们应该懂得，每一个社会中的人都住在时代里面。先生引用了歌德的话说，每个人是一国的公民，同时也是一时代的公民；又引用芮农的话说，一个人既反抗其时代与种族，也属于其时代与种族。从这些话中，我们就可以推论出：个人离不开时代，文学也含在文化史中。这就将文学与时代的关系讲得很透彻。再结合中国的文学作品，如研究楚辞，就得研究楚民族火耕水耨，信巫鬼，重祭祀，无积聚，有凭虚诡幻，超逸人世之思的生活，然后再读

《楚辞》，就会让我们生发“亲切感”“涌出‘深刻味’”。这个提醒是很重要的，这样的解读视角，是从根本上改变了中国传统的一种“死在句下”的方法，值得重视。

四、修辞方法是先生长期研究的方向。所以，他自然重视修辞在文本中的地位。他的特点在于，给修辞手法一个准确的定义界说。如在绪论中讲解譬喻修辞时，讲《古诗十九首》之“人生天地间，忽如远行客”是“以旅客喻人生之飘忽（人生之至味）”，这可以用譬喻的一个原则来说明：“用最人间的某一种的寻常现象来比喻人生根底的茫漠的至味。”说得特别好。他还引用了南唐李后主的《虞美人》中的“问君能有几多愁？恰似一江春水向东流”，说这是明喻。他引用了日本汉学家岛村抱月论譬喻的三点效果：“一、使人生‘恰合’之快感；二、使人生‘发见’（发见新关系）的快感；三、使人生‘扩大心的范围’之快感。”又说：“‘妙喻’构成之要件应有二：一、‘本体’‘喻体’必须真有‘恰合点’。刘勰所谓‘以切至为贵’；有‘恰合点’才能使赏者生‘恰合’的美感。二、‘本体’‘喻体’须原来是本质迥异，而现由作家在某一点上阐示出其‘类似’来，刘勰所谓‘物虽胡越，合则肝胆’。如此才能引起赏者‘新发现的快感’。”

我们纪念先生，不但应该感谢他的教导和启蒙，也应该将他的学术思想和学术成果传承下去，以便薪火相传，发扬光大。

三、晚年的张弓先生

我虽然经历了那个非常时期，但是没有见到过有人给张弓先生写大字报。在后来的运动中，他也跟别的老教师一起学习“两报一刊”什么的，他只是一位不爱参与事情也不爱随便发表意见的先生。到了运动后期，有个奇怪的规定：对于那些老教授，只要是认识了自己的错误就可以予以“解放”。当时的逻辑：给你“解放”，不是说明你没有问题。学校由“革委会”“军宣队”专门组织召开张弓先生落实政策大会，其实是全校开批判会，会开得很大。我没有参加会，在学校门口见到了张弓先生由她的女儿搀扶着离开了学校。后来听说她的女儿很严肃、很高声地“批判”了张先生的“资产阶级思想意识”。女儿的材料是：我爸爸资产阶级思想意识严重，人家贫下中农都吃不上苹果，而我们吃苹果时爸爸一定让我们削皮。这算不上什么批判，走走形式而已。我那时就想，有这样的好女儿真是张先生的幸福。总而言之，从此张弓先生就算“解放”了，天天按时上下班就行，没有人再管他了。

1970年以后，在动荡中，河北大学整体迁到保定，张先生和许多的老师都随校迁到了保定，那时的中文系已经开始招工农兵学员。原来中文系的全体老师都来到这里。那时中文系设在校本部外边一个小院子里，那是河北省委在保定时的一个哲学研究所旧址，是两层木板地的小楼，加上周围的小平房。楼上是系办公室和老师的宿舍，楼下住着的就是新招上来的工农兵学员。张先生就住在楼里一间比较大的宿舍里，和大家处的关系非常好。那时有老伴儿和女儿相陪，生活得还算可以。他们都年龄大了，也没有灶具，所以不自己做饭，是由老伴儿或者女儿买来做饭的材料，请院里烧锅炉的一位姓邢的老师傅做好饭送给他们。

有一次“军宣队”的领导为了教育我们这些大小知识分子不要忘本，中午搞了一次“吃忆苦饭”的活动，还生怕大家不吃偷偷扔掉，便要求大家一定在院子里蹲着吃，谁也不能拿走。那是又粗又干的玉米秕糠窝头，张先生怎么也咽不下去，才咬一口，就噎得喘不上气来，一下子倒在了地上，差一点送了命。

“文革”结束以后，中文系已经搬到学校的本部，张先生也住进了单元楼。张先生德高望重，以近八十岁的年纪，在还没有退休的情况下，担任了中文系的系主任，真不知道是谁的主意。那时我看他也不是个爱管事的人，也管不了什么事。我偶尔到他家里看望他，对他说说自己讲课、学习和工作的情况，他只是听，说个“很好”。他的老伴儿总是热情而话多，什么事都为他想得周到。那时，张先生总是鼓励我好好进修业务，将来搞好教学和研究。

雷石榆先生

雷石榆：人生难得这一回

◇刘玉凯

雷石榆先生（1911—1996）是一位抗战诗人，是一位学者。他原名社隐，曾用名雷公岭，笔名有雷破空、雷霆、石榆、式羽、纱雨、非我、莫非我、玉桑、舌夷、杜拉、牛车、马山、林未春等十几个。雷先生1911年5月28日生于广东省台山县一个华侨商人家庭，早年接近马克思主义，树立了革命思想。在中国左翼作家联盟东京分盟，主编过盟刊《东流》《诗歌》，并用日文进行诗歌创作。其日文诗集《沙漠之歌》出版后，受到日本文学界好评。1933年留学日本，1935年任东京《诗歌》主编。1936年回国后历任广州《中国诗坛》主编，第二战区敌前总司令部编译员，中华全国文艺界抗敌协会天津分会常务理事、总会第三届理事，江西《民治日报》副刊主编，台湾《国声报》副刊副主编，台湾大学副教授，香港南方学院副教授，中山学院教授，天津津沽大学教授。有著作《日本文学简史》《潮流诗派》《雷石榆诗文选》《雷石榆全集》等。

雷石榆先生是中国左翼作家联盟东京分盟的成员，可以由郭沫若、夏衍、茅盾和东京分盟的作家和诗友证明。中华人民共和国成立后，他主要是在大学里工作，是知名教授。在外国文学研究特别是日本文学研究方面，不仅是一流的专家，也是文学创作的参与者。多年来他培养的学生很多，可谓桃李满天下。他主编的教材《外国文学史教程》也正式出版过。

一、诗人雷石榆的文学贡献

雷先生1932年开始发表作品。1932年冬天，雷先生的父亲从南洋回乡，他便向父亲提出要东渡求学。开始父亲颇不满意地说：“日本人侵略中国，你为什么反倒向日本人学习？”他说：“日本侵略者与日本人民不同，到日本去学习深造也是为了更好地报效祖国。”父亲勉强同意。1933年他与李元春同行自香港转上海，再到日本，入中央大学经济科就读。当时，日本军国主义残酷地迫害日本共产党领导人和作家，小林多喜二遇害。中国的左翼进步学生因同情日本进步作家也遭到秘密监视，不断有人被驱逐出境。雷石榆不仅参加了中国左联东京分盟，还主编过分盟的刊物《东流》，并且同日本左翼作家并肩作战，用明信片诗的形式，用日文写诗词，宣传反对侵略战争，他成为日本《诗精神》同人中唯一的中国人。其他如远地辉武、秋田雨雀、中野重治、小熊秀雄在日本都是颇有影响的左翼作家。雷先生在后来写的《日本文学简史》中追述到日本军国主义发动甲午中日战争（1894—1895）和日俄战争（1904—1905）时期的时代背景：

两次所谓大胜，都带给日本人民巨大的牺牲和贫困，于是出现了反战文学。除前述的与谢野晶子大胆呼唤的《你不要死》的反战诗歌外，还有木下尚江的反战小说，松冈荒村的反战评论，幸德秋水、片山潜的反战散文，当时大大震动了日本社会，统治集团大为恼怒，进行镇压。

到了第一次特别是第二次世界大战时，日本的左翼反战文学产生了深远影响。这和日本共产党的建立有直接关系。日本无产阶级革命文学的产生、发展也正如中国无产阶级文学一样，是经历了血与火的考验，用生命和鲜血写下的历史。雷石榆先生是20世纪30年代日本无产阶级文艺运动的参加者，也因而受到过迫害。《诗精神》诗人群的创作活动，特别是小熊秀雄的创作成绩及其影响，使雷先生与小熊秀雄代表作的“往复明信片诗”到80年代在日本重新被发现时，轰动了日本诗坛。诗人木岛始认为：这些往复明信片诗和开工和内容是罕见的。他这样评价：“写成这些作品的重要性，我认为，只要考虑到以侵略中国为开端而扩大到亚洲各地区的那场侵略战争，就觉得这些诗篇几乎令人感到要重新改写昭和文学史。这一点是我想特记而强调的。”广岛大学教授、中国现代文学专家桧山久雄说：“《中日往复明信片诗集》不仅是不同国度的两个诗人的友情的交流结晶，而且可以成为中日文化交流史上值得纪念的里程碑。”

1935年3月，雷先生出版了日文诗集《沙漠之歌》，书中收入二十五首诗。5月，雷先生主编的《诗歌》创刊，但该刊不断受到日本警方干扰、威吓。1935年8月始，小熊秀雄与雷石榆用明信片形式写诗，往复不断。这些诗通过传递过程产生了一种特别的宣传效应，其中又有若干首载于左联东京分盟的《诗歌》和上海《立报》。其中的言辞十分激烈。终于，雷石榆因为此事被捕并被逐出日本。这期间，雷先生的诗集中在“反战”主题上，至今还清晰地留在日本的文学史上，成为中日联合反战最惹人注目的事件。雷石榆先生当年在日本友人的营救下平安回国踏上轮船时，日本朋友止不住高呼“雷君万岁！”。这声音使雷先生激动不已，

雷先生的部分作品

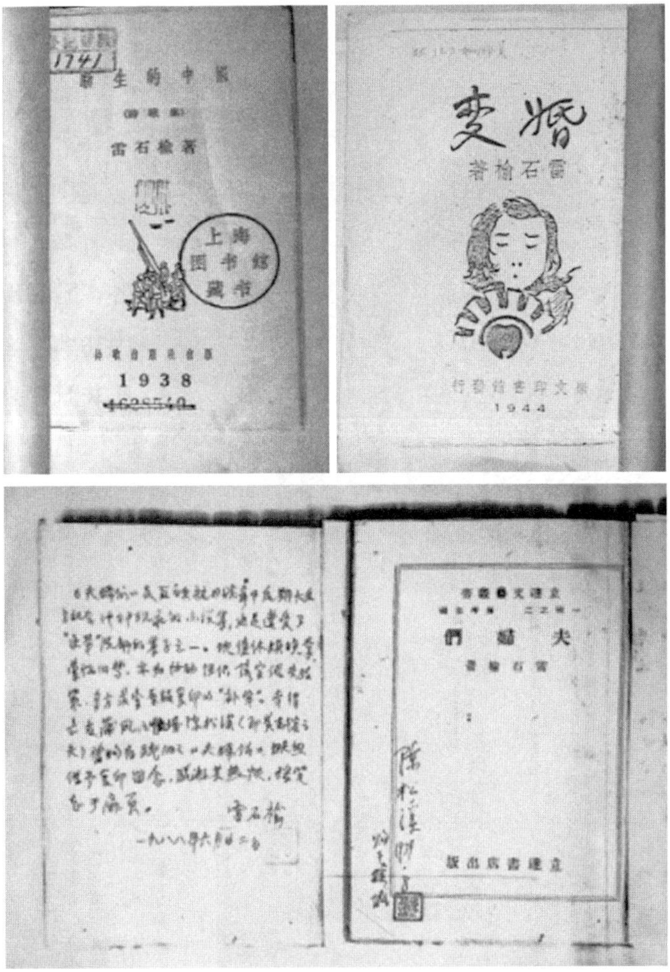

每次回想到这一幕，他都充满了自豪。由于这样的原因，雷先生重视《惨别》是有他自己特别的道理的。

1937年7月7日，抗日战争全面爆发后，他参加了中华全国文艺界抗敌协会，投身抗日救亡文化活动，主编刊物，身赴战区，发表了大量的文艺作品。此时，是雷石榆先生诗歌创作最活跃的时期。他著有小说、散文集《婚变》，中篇小说集《夫妇们》，写了许多鼓动抗战的诗歌，出版了诗集《国际纵队》《$1937^{7/7}$—$1938^{1/1}$）》《新生的中国》《小蛮牛》《八年诗选集》，论文集《文艺一般论》，等等。

雷先生在抗战时期的诗歌创作数量最多，质量也很高。有几件事他是经常同我说起的。

第一件事是他创作诗歌《华南，我们保卫你》的过程。1938年12月6日，雷先生写了这首诗，在这一天的广州广播电台亲自朗诵，并发表在当日的《救亡日报》上。后来，他把1937年7月7日至1938年1月1日之间写的诗编成一本诗集，书名就叫《华南，我们保卫你》。该书由茅盾题写书名。但到出版时为了醒目又改成了《$1937^{7/7}$—$1938^{1/1}$》这样一个很特别的书名。查1938年1月26日《救亡日报》有茅盾的重要文章《这时代的诗歌》：

雷先生创作的《国际纵队》

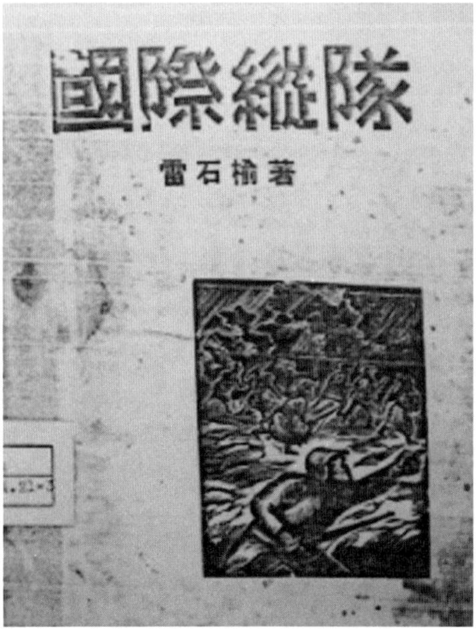

在广州，最近出现了不少的歌咏这大时代的诗歌。单举我所读过的，已有蒲风的《抗战三部曲》，林焕平的《新的太阳》，黄宁婴的《九月的太阳》，青鸟的《奴隶的歌》，雷石榆的《国际纵队》，零零的《时代进行曲》，温流的《最后的吼声》，克锋的《赴战壮歌》，都凡八种。而散见于各报定期刊尚未结集单行者，或已结集而未出版如雷石榆之近作《华南，我们保卫你》，尚不能计数。

茅盾的这篇文章已收入《茅盾全集》第二十一卷。雷先生说，那是他一口气写成的，用保卫华南的感情来写，因为1938年初华南尚未沦陷，保卫华南自然是大家共同的抗战心声。这本诗集写作的时间是1937年7月7日至1938年1月1日，其中只有《华南，我们保卫你》是1938年元旦后写成的，这是个例外。1月26日茅盾的文章说它“未出版”，事实上1月25日“已出版”，书虽标示出时间，但大家不能立刻见到，所以他才那么说的。这本书的封面上印有郁风为雷先生画的头像，神态逼真，雷先生很喜欢。

第二件事，雷先生常谈到1937年12月7日在广州欢迎郭沫若的盛况。郭沫若是1937年7月25日自日本“别妇抛雏”回国抗日的。郭老归国在当时是个重要新闻，被公认为一件大事情，一件有点神秘意义的大事情，所以人刚上岸，他在邮船上写的步鲁迅韵的七律诗便广泛地传开了，几家报纸争着刊登。郭老回国后先抵上海，后来短期到嘉兴、杭州，又回上海，年底达香港、广州。1937年7月雷先生告别了他主编的《福建民报》的副刊《艺术座》，到达广州主持创办《广州诗坛》（后改为《中国诗坛》），正赶上参加欢迎郭沫若的盛大集会。

大会是由救亡呼声社与青年群社组织，借省党部礼堂举行的。参加的人数超出预想人数的六倍以上，只好改在大操场举行，郭沫若在大会上做了演说。雷石榆当场作诗《欢迎郭沫若先生》，并跳到台上，向群众高声朗诵，赢得一片掌声。此后《救亡日报》发特稿报道了此事。但是郭沫若的“年谱”和“传”均未涉及此事，是为一个遗憾。雷先生的这首朗诵诗后来收入了《1937$^{7/7}$—1938$^{1/1}$》诗集。雷先生谈到此事时似乎又恢复了当年的青春，手舞足蹈。当1986年6月12日访日时，雷石榆回到阔别五十年的母校日本中央大学，在讲演会上讲了《〈诗精神〉为中心的中日文化交流》，并当场作汉诗《献给母校——日本中央大学》。雷先生1944年的诗《青春解》中写道：

即使是年老而有童心的人，
应用青春之力作人生的创造。

当残酷枷锁还套在民族的身上，
当我们还未追捉住
高度文化的微尘，
每个有灵魂的青年，
应该为大我生存献出他的生命！

这多年前的呼啸和呐喊声与他重访日本的高声朗诵汇到一起，发出一个老诗人反对侵略战争的最强音。

1937年，雷先生参加中华全国文艺界抗敌协会，投身抗日救亡文化活动，发表了大量的文艺作品。他当时想去延安但因道路难通，未成行。1939年，雷石榆先生到昆明，作为第三届文艺界抗敌协会理事，主持昆明分会工作，并主编分会会刊《西南文艺》。抗战时期，国共合作，他曾随爱国将领卫立煌从事文化宣传工作。

抗战胜利后，台湾光复，1946 年雷石榆先生应邀赴台任《国声报》主笔兼副主编。当时的"'厦大校友作家群'倡导并服膺于雷石榆的'新现实主义'文艺观，认为文艺工作者要敢于直面社会现实，发扬战斗精神和艺术创造力，创作出紧贴进步的时代脉搏、具有积极向上的社会意义的作品。值得注意的是，雷石榆在厦门《明日文艺》1947年第5期以雷霖为笔名所撰《编后记》中就曾强调：'我们要追求明天的辉煌远景，今日就非紧紧与现实搏斗不可，所以我们的取稿是重视显示内容，技巧是其次，重视作品社会价值，不计较作者写作上的地位。'这篇文章发表日期与《国声报》《南光》副刊创刊日期相差无几，而雷石榆在《文学的任务》（《南光》副刊《艺文周刊》第6号）中所表达的'文学不但反映现实，同时也指导现实'的观点，可谓是这种现实主义战斗精神与注重作品社会价值的文艺观的承续，亦可视为他在《台湾新生报》《桥》副刊台湾新文学论议中正式提出浪漫主义与现实主义相结合的'新现实主义'理论的先声"。

1947 年雷先生任台湾大学法学院副教授，以后到香港任南方学院副教授、中业学院教授。1952 年其应聘到天津，为津沽大学（河北大学前身）

教授，先后任中国现代文学教研室和外国文学教研室主任。数十年来雷石榆教授坚持在教学科研第一线，教书育人，桃李满天下，经他提携而成名成家者，颇不乏人，为中文系学科建设做出了重大贡献。

1986 年雷石榆教授应邀赴日本进行国际学术交流，为中日友好和文化交流谱写下新篇章，产生了深远的国际影响。其一生著作等身，成果丰硕。属于学术研究方面的主要有：专著《日本文学简史》（河北教育出版社，1992 年）、《文艺一般论》（厦门学习出版社，1946 年）、《写作方法初步》（香港初步书社，1952 年）；论文《评李煜词的基本问题》（《天津师院学报》，1957年第1期 ）、《关于贾宝玉的典型性格》（与胡人龙合写，《文学遗产》增刊，1957年第12期 ）、《新诗的格律问题》（《河北文学》，1961年第6至7 合刊）、《但丁和他同时代的抒情诗派》（《外国文学研究》，1979年第4期 ）、《诗歌审美判断的探索》（《河北学刊》，1982年第2期 ）、《略评川端康成及其创作道路》（《外国文学研究》，1983年第3期 ）、《 1930 年代以〈诗精神〉为中心的中日文化交流》（《国际东方学者会议纪要》，1986 年第 31 册，日本中央大学《中央评论》，1986 年 12 月第 178 号）、《关于汉诗与日本民族诗歌的关系》（《河北大学学报》，1987年第1期 ）、《试评石川啄木的创作思想及其艺术成就》（《河北师院学报》，1987年第1至2 期）、《试论小熊秀雄童话诗的特色》（《河北师院学报》，1989年第1期 ）、《绝代歌手与斗士——海涅》（《河北大学学报》，1991年第1至2 两期）。文学创作方面的作品有诗集七部、译诗两部、小说集三部。

二、诗人的感情生活

雷石榆先生承认，他一生的爱情经历有三次，第一次是与自传小说《惨别》里写到的那个女孩，就是书的封二上“锁在岛国的爱人岸七己二（Kc. Nami）”。他们认识的时候，雷先生才二十二岁，那应该叫青春的游戏，双方都没有好好地想想，就爱上了。也许，雷先生如果没有后来的被逐，他们不仅会爱得死去活来，也可能爱上一万年，亦未可知。雷先生风流倜傥，在

《惨别》中小姑娘的照片

异国他乡被一个欣赏者所崇拜、所追随，难免会有格外的激情发生。那是他的初恋，青涩的果子最美，但是不大好吃。

我认为雷先生真正爱的是第二个爱人，即台湾的爱人蔡瑞月——一位了不起的舞蹈家。1947年5月20日，雷石榆与蔡瑞月结婚并迁居台北，雷继续创作、教学。雷石榆被驱离台湾后，1949年12月蔡因受雷石榆问题的牵连入狱，历三年，1953年1月出狱，同年在台北市中山路成立“蔡瑞月舞蹈艺术研究社”，后改名“中华舞蹈艺术研究社”，同年荣任中华文艺协会舞蹈组副主任委员。1983年至1988年于澳大利亚悉尼及墨尔本教授舞蹈，并指导悉尼歌剧院的民族舞蹈演出。1989年至1997年于澳大利亚里斯本持续舞蹈研究及视觉艺术的研究与创作，1997年被澳洲昆士兰科技大学艺术学院推崇为台湾舞蹈先驱，并举办该校舞蹈系与左营高中舞蹈组联合致敬舞展，同时召开座谈会。1998年，她致力于重建舞蹈史料，协助日本国宝级舞蹈家石井绿、折田克子等人赴台进行口述访谈第二次世界大战期间中国台湾及日本舞蹈史。1999年10月由澳大利亚返台进行蔡瑞月文化基金会捐赠舞蹈史料文物活动。2000年1月开始重建经典舞作《新建设》《木偶上阵》等二十支舞蹈作品。2001年8月返台参与“第一道月光蔡瑞月”活动，并重建《新的洋伞》。她一生中曾于1994年获颁民族艺术薪传奖，2001年获颁“台湾人文成就奖”，2005年逝世后，有关部门颁发褒扬令。

雷石榆先生与蔡瑞月女士最初是在台北相认识的，两人于1947年结婚。1949年雷石榆以匪谍罪名被驱离至香港，与妻子有通信联系。蔡瑞月被囚禁绿岛三年出狱后，继续从事舞蹈教学、创作与演出，并在台北市开设舞蹈社教导年轻学子、儿童研习现代舞。自1950年1月后二人失去联系。蔡女士是从她大哥处得到雷的消息的，雷先生也知道了蔡瑞月被保释出狱。1953年雷先生到了河北大学的前身天津津沽大学任教。因为与蔡女士失联，雷先生1963年与中学历史老师张丽敏女士结婚。十年后，雷先生从台山故乡得知蔡瑞月母子的消息：儿子大鹏在澳大利亚，蔡瑞月还在台湾。雷石榆立即写信给留日同学、台山好友朱伯，喜不自胜。1973年3月5日接儿子大鹏第一封信，雷先生写了一首诗。3月8日，北京华侨问讯处告知，大鹏已经于1972年应聘加入澳大利亚阿德雷得市现代歌舞团。3月14日，雷先生给分别二十七载的儿子写了第一封信，并且附上一张照片，信中说："犹如身在奇梦之中，是个意外的惊喜，而回忆二十多年的往事，又不胜伤心！"但是，信被退回来了。直到1975年3月5日大鹏才得知父亲的消息，写来了第一封信，儿子也很激动："拭一拭眼睛自语：这不是一场梦吧！我不禁热泪盈眶，兴奋难眠。"1983年蔡瑞月与雷大鹏移居澳洲，蔡瑞月在布里斯班继续从事舞蹈创作。1987年雷先生以深深的怀念写了散文《海峡那边的儿子》刊《厦门文学》1989年第1期。1990年5月起，《新文学史料》第2期始发表雷先生的回忆录《我的回忆》，第3期连载。第4期发表先生的《重访扶桑半纪后》。这个消息传到了台湾，后来才有蔡瑞月偕同儿子雷大鹏夫妇及两个孙儿飞往保定。雷石榆与阔别四十年的台湾妻儿及全家聚会于河北大学。

雷先生与蔡瑞月

1994年，蔡瑞月与雷石榆在保定再度见面，是对于他们二人极重要的事情，彼此都很重视。但是张丽敏先生一直陪同会见蔡，她的好心可能是怕累着雷先生也未可知。听说张先生很礼貌地送给蔡女士和她的儿孙一些礼物，会谈中蔡女士很埋怨雷先生为什么一定要离开台湾。蔡女士表示同情雷先生的曲折孤独的经历，这也就是对他的怜爱之意，但雷先生没有听懂，说那是政治迫害，说他是被驱离的。雷先生当着张先生的面，没有把话接过来，只违心地说他在大陆这些年生活得很好。这又是向张先生传递的感谢之意，不这样说肯定是不行的。这样的会谈，真是让雷先生处于非常不自由的状态，左也不好，右也不是。也许是雷先生可能不愿意咀嚼那些苦果了。只是看着自己的儿子和两个孙子，喜欢得爱不释手，恋恋不舍。一想到他们走后，可能此生就再也见不到他们了，心情似为沉重。这样的会面严重地影响了雷先生的身心健康。

他们最让人欣赏之处是性格上的相合、事业上的默契。诗人遇到了舞蹈家，共同的话语当然非常多。从舞蹈家蔡瑞月终生不再嫁的守贞也可以看出对方是多么珍惜那一段感情生活。对方失去了爱情，一生将雷先生的骨肉一儿两孙养大成人，为了忠于相约的信念，蔡先生吃过很多苦，无法想象。雷石榆以匪谍罪名被驱离后，蔡瑞月也被逮捕囚禁三年。炼狱生活对于一个艺术家来说，是生命的折磨。但是，出狱后，她有三件事情没有忘记：其一，终身不再嫁，日日夜夜思念自己的爱人，一直在寻找雷先生；其二，将他们共同所有的儿子，以及后来的孙子养大成人，在适当的时候，交到雷先生的怀抱；其三，仍然没有放弃自己所爱的事业，因为那也是雷先生所爱的事业，而且也将这一事业传给了自己的后代。

张丽敏（1926—2015）是雷先生的第二任夫人。张老师原是河北大学中文系资料室的资料员。祖籍辽宁大连，生于重庆，1951年毕业于南开大学历史系，后来曾执教于天津女子中学，再后来调入河北大学中文系资料室工作多年。她与雷先生共同生活三十多年，度过了许多艰难岁月，是相依的伴侣，不但帮助雷先生整理生平资料、编辑雷先生的著作，也是他的生活秘书。

雷先生与张丽敏先生是事业上的合作者，也是很好的伴侣。应该这样说：张先生认为，雷石榆是她最理想的爱人，她集欣赏、崇拜、敬仰、同情于一体，以至于发展起来的爱都很真诚。张先生气质高雅，为人温厚，彬彬有礼，对雷先生忠贞不贰。她不但是雷先生的生活秘书，也是文字秘书，还是生命中的好帮手和新闻代言人。雷先生因为有了张先生，可以少做很多事，少说很多话。但是我猜测她并不能算雷先生的知心爱人。我跟雷先生说话时，从蔡瑞月的大陆之行也可以看出雷蔡会面的尴尬。总而言之，说句公平话：雷先生的后半生，如果没有张先生相伴，除非他回台湾与蔡瑞月团聚，他很可能活不到八十岁。而且即使蔡女士与他团聚了，后面的那些工作，如整理书稿、出回忆录、为他写传记、与外面的交往，这些事情不会得到蔡的理想帮助，因为她有自己的事业。也许，雷先生会说："我什么也不想要，就想要一个爱。"那可能是真实的雷石榆先生。

雷先生与夫人张丽敏

雷先生曾写过一首诗《假如我是一只海燕》，作于何时，不可考。相关可证的资料说，这首诗是1948年作于台北，但是，当时并没有发表。雷先生却一直对这首诗耿耿于怀，终于发表于1993年8月5日《厦门日报》第6版《海燕》副刊，很契合副刊的名称。四十五年后发表时，雷先生作了一个《前记》称："这首诗作于1947年1月，是配合舞蹈家蔡瑞月为台南大地震义演而写的。"张丽敏先生所编著《雷石榆人生之路》和《雷石榆诗文选》中认为"这是记忆上的错误，应勘误"，并且说明"l948年在台北，周青在中共地下党的授意下，约同雷石榆组织'乡音艺术团'（雷石榆为之命名）宣传爱乡、爱国思想。雷石榆创作舞剧诗《假如我是一只海燕》，由蔡瑞月编成现代舞曾表演过"。张先生并不是当事人，如何能够确定诗的写作时间？

我们可以确定的是：一、这首诗最早并不是舞剧诗，而是一首抒情诗；二、作品第一次披露是在1948 年的赈灾义演；三、内容是写爱情的。从以上推断，显然就是雷先生写给刚刚从日本归来的蔡瑞月的一首情诗。“爱恋海岛”，指的是从日本学成回到宝岛台湾，“发狂地飞旋歌唱”，歌颂舞蹈者美丽风姿；“永远不会害怕，也不会忧愁”，这是对舞者的爱抚和暖意。雷先生虽然从“爱国”的角度解释过这首诗，也只是附会一下。如果还原一下情境，应该是中山堂演出后，雷先生献给蔡的情诗，只需要一个读者，所以他不想发表出来。这里还有一个情节不能忽略，不是雷把诗改编成了诗剧，而是蔡瑞月珍爱过分，终于在一年后改编成舞剧的。这应该是他们二人的定情作品。

所以雷先生是故意披露：“这首诗作于1947年1月。”这是初识的时间，他怎么会记错呢?

三、我与雷石榆、张丽敏两位先生的交往

无论从年龄、学问、阅历来讲，我都不能把雷先生看作一般的“朋友”；他应该是我真正值得尊敬的老师。然而，先生始终愿意把我当成好朋友。这大概可以从1974年说起。我保存有先生送我和爱人的结婚礼品：两个日记本。他亲自送给我们说：“这两个本上的字有意义，一个是‘风华’，一个是‘风光’——风华正茂，无限风光，多好哇！”此时，河北大学已经搬到了保定，“文革”还有余波。风华虽有，未来的风光如何，谁能知道?他却十分乐观。我知道 “文革”中他受过不少苦，他住“牛棚”时间最长，表现被称为“不好”。因为他一来留学过日本，同日本人有朋友的交往；二来到过台湾，叫作有“港台关系”，这怎么能“交代”得清楚呢?他只是说自己是受过迫害的，曾经他是中国共产党领导的中国左翼作家联盟的成员，曾经被日本当局驱逐，又在台湾被地方当局驱离，可是，在那个年代，谁会听信他?

粉碎“四人帮”以后，雷先生精神焕发，他不仅在系里开专题课，而且做学术报告。记得他讲诗歌欣赏可谓身临诗境地表演，时而激动，时而大笑，前仰后合，极度开心。可是学生也不明白他为什么那么开心，却跟着笑

起来，笑他的笑态生动可爱。

后来才知道，先生喜欢海涅、拜伦、雪莱、济慈，常常口吟诗作手舞足蹈。他自己也常常写诗。他是著名的现代新诗人，早在20世纪30年代已是左联诗人，抗战时出版过不少诗集。我渴望读到雷先生的诗，新的、旧的都想读，但当时很难找，因为新中国成立后没有出版过他的诗集。后来抄家时被抄走的部分资料发还了他，其中就有诗集、文集，但零落不全。有关部门答应给他落实政策，以此算作赔偿他的损失，他说：“钱，我不想要，我要自己的书，因为再找到这些东西很难。”他只希望组织上帮助他搜集到佚失的著作，复印件也好。

后来，确实陆续找到一些，到他去世为止，据我所知，出版的书只差一本《在文化斗争的旗下》无影无踪。这是一本1932年由广东台城同文印书馆出版的书，收集了早年他宣传马克思主义文艺思想的一组文章。先生回忆说：“这本书恐怕难以找到了，那时我主编台城的《民国日报》副刊，因为连续发表这些宣传马克思主义的文章而引起了论争，我那时被围攻过三个月。现在想起来，就更怀念这本书。”此后，我特别留心收集雷先生的著作和散佚文章。

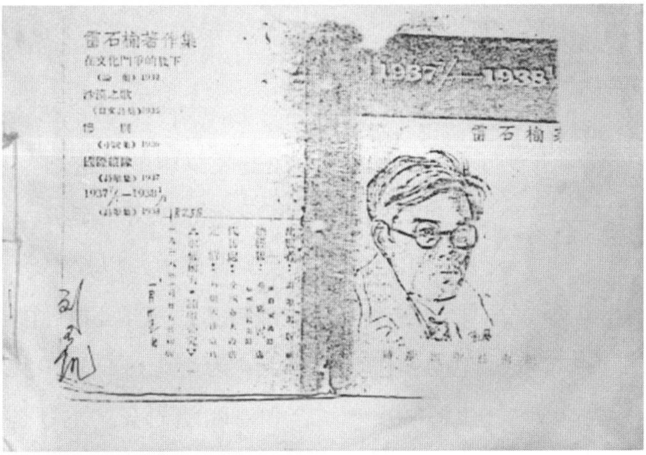

雷先生的著作《在文化斗争的旗下》

1984年至1986年，我同本系另外一位老师一同编《李健吾研究资料》，南北奔波，整天埋在旧杂志的尘土中。我们从民国时期的旧杂志中查到了李健吾先生的大量著作资料和生平资料，同时也发现了雷先生的一些文章和诗歌。比如《夜莺》上发表的《黄水之歌》《被强奸的土地》《我仍要歌唱》《虽然你脸上没有奴隶的烙印》《新世纪的父母》等诗，从《诗歌杂志》上也发现了他的《在诗歌的联合战线上》《国防诗歌应走的路线》等文章。还有雷先生主编的《西南文艺》上刊出的郭沫若《关于屈原》的一封信，收件人的名字用了××，我猜想是寄给雷先生的，“××先生”大概应该是“石榆先生”。经雷先生鉴定，正是。这封信中称赞了雷先生：“足下及其他友人以开展地方文化为鹄的，并以牺牲奋斗精神黾勉从事，不辞艰苦，钦佩无似。”郭信中提到雷先生在致郭的信中“抄示胡适否认屈原存在之论据”，今雷信原件已佚，但雷所抄的所谓“证据”，即胡适《读〈楚辞〉》中的内容。郭沫若的这封信未收入他的书信集，《郭沫若年谱》也未提到过。我发现，这本刊物的刊名《西南文艺》就是雷先生的手迹。

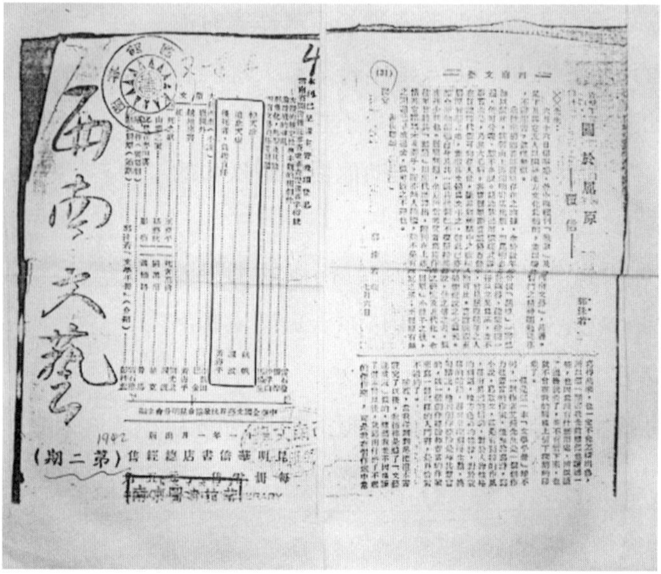

雷先生书写刊名的《西南文艺》

雷先生对这些久别的文章、诗歌、资料十分珍爱，后来还特意邮购了新影印出版的《夜莺》合订本，以作纪念。

雷先生是抗战诗人，我在讲授中国现代文学史课的时候，经常说到先生的创作。1987年，为纪念抗日战争胜利，我同系里的领导商量，想为雷先生搞一次座谈会和诗歌朗诵会，主题是“雷石榆先生同86级中文系学生纪念抗日战争座谈与诗歌朗诵会”。得到系里同意后，活动在1987年12月15日下午成功举行，至今仍然保存着录音资料。活动由我来主持。我先讲了雷先生的生平和抗战诗歌，然后雷先生也讲了话，最后就是学生朗诵我选出来的雷先生的诗。《故乡在烽火中》由袁军朗诵，《人生难得这一回》由郗向阳朗诵，《那么一天》由李历朗诵，《再一度生活在春天》由刘伟青朗诵。学生们很有激情地朗诵这些对于他们很陌生的作品，这是我和雷先生没想到的。雷先生和张先生对于这次活动特别重视，事先都准备好了录音。后来雷先生还不止一次倾听这段录音。我当时想，这个活动不仅为了能够让雷先生高兴，也是对我们的学生进行一次传统教育，让他们记住这些老诗人曾经为民族解放事业做出过特别的贡献，让他们记住那个峥嵘岁月，记住我们的抗战传统。

1988年5月，为了收集雷先生的著作，我陪同雷先生及张丽敏先生到过一次北京图书馆，在馆内目录卡中查资料。张先生将要查找的书目交给图书管理员。当时想找的主要是1936年时代出版社出版的《惨别》和1932出版的《在文化斗争的旗下》。我们十分欣喜地查到并复印了《惨别》，这是雷先生十分珍爱的自传体作品。《在文化斗争的旗下》未找到。

后来，我曾为雷先生的《惨别》请示过广东和江苏的出版社，求他们帮忙再版一下此书。因为我见到人民文学出版社与上海书店出版过民国时期的文学名著旧刊本。他们都很友好地来信说，再版书之事实在难办，怕不好发行。20世纪90年代初，我又同雷先生商量，请学校的出版社为雷先生出版一本诗集、一本论文集、一本研究资料。我还记得，雷先生为此还郑重地审阅了我为他编的论文集目录。他不同意收入过多的早年作品和一些文艺短论，愿意精选，出得有点质量。他的治学严谨不仅在教学中，在对待自己的文字上也是一样。

雷石榆先生的身体一直很好。他性格天真而浪漫，喜欢音乐、舞蹈、绘画，平常出门旅游，他总带上画夹，兴致一来便到外边写生，他的水彩简洁而有恬淡之美，他的水墨画也颇有生气。雷先生处世超然，与世无争，绝对远离争名夺利的任何较量。他为人忠厚、诚恳，为别人想得多，总不愿麻烦别人。我知道，直到他去世，他的工龄还是从抗战开始计算的。我说："这很不公平，左联作家应算'红军干部'，怎么能算'抗战干部'呢？应该找组织。"据张丽敏先生说：此事也找过，但十分麻烦，雷先生不愿再去费脑子，也就不再争取了。

他还是终日谈诗、写诗，小本子上写得满满的，偶尔也送出去发表。

但是，说实在的，我还是最欣赏他抗战时的诗，而且仍愿意他写白话自由体诗，不愿他写旧体诗。我不好说明，便努力称赞他偶作的白话诗好，他也未觉得旧诗有什么不可以作，自得其乐。至多三两个人读过他的小本子，这是太不划算的创作。我和系里几位老师常为他着急，希望他早一点写回忆录。有一次，在闲谈中，我认为雷先生的经历丰富，建议他写一本回忆录。如果他不写，以后别人就说不清楚了。雷先生说，写了也没地方发表，我说我可以帮助他想办法发表到《新文学史料》。我说："您要写回忆录，把在日本和抗战时的事写出来，留给后人，是很好的史料，现在《新文学史料》杂志常发表老作家的回忆，您可以争取在上面发表。"雷先生感到此事有难处：人家会给登吗？在我们大家的劝说下，他同意开始写回忆录。但是他又表示：要写就先写林基路。我说："林稷如？""不！是林基路，林为梁。"于是他写了长篇回忆《追思烈士林基路》，当文章发表后我才知道，这是早在1983年就已写成的稿子，1987年又做了修订才发表的。后来他又发表过《追念李何林同志》等文章。这时，他已开始写《我的回忆》。他写文章很快，用复写纸一次写出两份，一次成稿，基本不用改，写累了便休息一下。我在一个偶然间知道了此事，便建议送到刊物上发表出来，让雷先生的文章有个去处，也可以让很多老朋友知道一些往事。

为雷先生的回忆能顺利发表，1988年5月，我曾陪同雷先生夫妇专程到北京找到了《新文学史料》编辑部，记得当时住在北京师范大学。我们贸然找到黄汶同志时，他和蔼地接待了我们。我介绍了几句雷先生的情况之后，雷先生不知道自己应该说什么，大约也很不愿意为这事对人求什么，显得生怕给人添麻烦的样子。但是黄汶同志说得十分恳切：雷先生是我们的文学老前辈，我们发表先生的回忆录是理所当然的。我们的刊物是《新文学史料》，文学史料类，回忆录只要以文学活动为中心来写就行，革命活动可以写，但要以同文学革命有关系的为主。大意如此。我当时为此事的办成特别高兴。很快，雷先生完成了回忆，并且连续在刊物上发表。雷先生的谦虚待人、多为人想的诚挚之风，让我永远难忘。

受雷先生的激励，我打算动手编雷先生的研究资料。我用了1990年春节休假全部时间编出了《雷石榆研究资料》，包括《雷石榆小传》《生平创作年表》，还选了三首诗附于文后。资料编成之后，寄给了南京师范大学的《文教资料》，后来发表于1991年第三期。以这一资料为基础，我想编辑一本《雷石榆研究资料》，其内容体例完全纳入《现代文学研究资料》（乙种）之一。此事我同中国社会科学院的张大明先生请示过，他同意了编入上述那一套丛书。但是后来因为经费问题，没有成功，连我们那时编成的《李健吾研究资料》也搁浅在了中国戏剧出版社。

从1994年开始，雷先生的身体越来越不如从前，听张丽敏先生说，他常闹身体累，写着写着字便说累了，就得休息，甚至有时早晨起来了，要写字，忽然又说太累，写不下去，又躺下睡觉了。我想，八十三岁的人了，干那么多活儿，也够难为他了。好在老伴儿是得力助手，为他查找资料，帮助他复写稿件，照料生活，排除了许多困难。在写回忆录的日子里，雷先生一般是上午写稿，等他中午休息了，张先生便帮他看稿、替他准备资料。这年冬天，也许因为太累，雷先生病倒了。

晚年的雷先生在工作

记得只是发烧，不过是感冒引起，但不退烧，烧得人十分虚弱，输液几天也不见退。后来，他终于逐渐好转了。有一天，忽然见先生好起来了，我分外高兴。我说：春天得病容易恢复，又可以到小园里看桃花了。当他出院后，我还写了两首诗送先生：

一

雷公不老八十三，未泯童心步履翩。
诗赋曾抒家国恨，教泽还润杏桃园。
两逐已味秋荼苦，一聚幸逢春气还。
小恙区区从容愈，霞光飞彩照晴天。

二

雷公矫健是为何？度尽劫波壮气多。
情胜喷薄青春语，心童流淌生命河。
身轻不为浮名累，德厚当有著述多。
老伴阿春形相助，扶桑忆罢观《三国》。

诗中写雷先生从教六十载，桃李满天下。雷先生曾在日本被日警方驱逐，在台湾又被当局驱离，但是他终于能够在保定与分别二十多年的前妻、儿孙团聚，先生甚为高兴。大陆改革开放之时，在台湾的前妻蔡瑞月携儿雷大鹏和两个孙子来探望。夫人张丽敏，又名阿春。当时一边回忆访问日本的故事，一边看正在播出的电视连续剧《三国演义》。

我的诗写得并不好，当时的目的无非逗雷先生一笑。但雷先生看后却说："诗写得很好！可惜我脑力不足，不能和你的诗。这诗可以让丽敏送出去发表。"于是雷先生托张先生寄给了《厦门日报》，不久便真的发表出来了。

1996年冬，雷先生又住院了，这次是脑血栓，有脑出血现象，大家都很为他着急。但经过一段治疗、护理，他又奇迹般地恢复了。夏天时，我到他家看望曾提到，我想开始写雷先生的传记，有些问题想同雷先生谈谈，一次谈一点就行。张先生立刻加以阻拦说："现在不行，等他养好了病再说吧。"我同意，我说我也没有现在要劳累先生的意思。但后来雷先生便很少出门，后又住院，到了年底也不见有大的好转，但我觉得危险是不会有的。

我见他虽患脑出血，但身体并无偏瘫，应该不重，可是大夫却总说很危险。我们不大信——大夫总喜欢把病说得厉害点，我这样想。在我因足伤突然也住进了同一家医院时，也没想到先生几天后便永远地走了。

但是我对雷先生的资料研究始终没有停止。于是我连夜写了一篇追念雷先生的文章发给了《新文学史料》，题目是《太阳记得您，桃花记得您——追忆雷石榆先生》，后来跟李离先生、张丽敏先生的文章合为一组发表了。

这些年我主动帮助雷先生做过几件事，都不是组织上让我做的，我从来没有明确的任务负责雷先生的事。但是我做事总是想尽量做好就行了，做人不仅应该义气，也应该认真，不能那么轻率马虎。

我自认为我了解先生的一生业绩，也了解他的内心。我敬爱先生，并没有什么做作，也没有功利，更谈不上报恩。雷先生没有给我上过课，是我工作之后，只听过他给工农兵学员讲的诗歌欣赏。他是一位可爱的诗人和学者。我自己主观认为我比张先生更懂雷先生。

雷先生走后，雷先生的夫人努力地编书写书，是一种爱的力量在鼓舞她，这不是任何一个爱人能够做到的。她似乎为了自己灵魂的安妥和慰藉，也是为了证明：即使是雷先生的前妻不离开他，也不会帮助他做好这样了不起的大事。终于，《雷石榆人生之路》2002年出版了，十年后又出版了《雷石榆诗文选》。

张丽敏先生著《雷石榆人生之路》

张丽敏先生编著的《雷石榆诗文选》

魏际昌先生

魏际昌：
无愧于胡适先生的高足

◇刘玉凯

魏际昌（1908—1999），字紫铭、子明，号紫庵，祖籍河北抚宁，吉林永吉人。古代文学研究家。河北大学中文系教授、研究生导师，曾任河北省语文学会古代文学研究会会长。1929年吉林省立第一师范学校毕业后入吉林大学教育系文学组，两年后转北京大学中文系。在沈兼士教授的指导下，撰写了四本《说文释义》。1943年加入北强学社，被选为理事。次年在周作人教授指导下，写有《袁中郎评传》一文，获文科学士。随即入本校研究院中国文学部做研究生，胡适为导师。1937年毕业，获硕士学位，毕业论文题为《桐城古文学派小史》。曾一度在军事委员会青年战地服务班学习。至1943年，先后任第一战区民众运动指导员、湖南省教育厅社会教育督导员、省立第一民众教育馆馆长、省立第八中学校长、省教育厅督学。1944年后执教于广东省立文理学院、西北医学院、东北大学、长春大学、西北艺术学院和西北大学等校，任中文系教授。1952年调至天津师范学院（河北大学前身），后一直任教于河北大学。几十年来主要从事教学工作，曾编写大量讲义及专题报告。1952年加入中国国民党革命委员会，1954年入中国民主促进会。有著作多种。

一、魏先生对我的鼓励和教导

魏际昌先生是我上大学时认识得最早的老先生。魏先生当时在中文系的资料室工作，那时我并不知道他在反右中曾被错划，也不知道他为什么会在资料室工作。他那时还不到六十岁，身材高大，腰板挺直，说话声音洪亮，有节奏，一字一板地发声，坚毅而有力度。从风度看，总觉得他有行伍之气。我上学时候就是个书呆子，我那时认为在资料室工作的老师是最有学问的。今天我仍然认为，最有学问的人才有资格管理图书。

初入大学，见到魏先生总是坐在桌子旁边抄写着什么，觉得很神秘。他很少与来看书的老师们聊天。其实，我是知道资料室里是不让学生进入的，但是当我好奇地进门，借口说想找一本什么书，别处没有时，先生不但没有把我赶出去，还帮助我找。他突然问我："今天没课吗？怎么不去上课？"我说，现在是张弓先生的现代汉语修辞课，我听不懂老师的南方口音，想自己看书学习。他淡淡地说了句"那可不太好啊"之后，竟然没劝我回去听课。

从此我就经常到那里看书。我从来没见过那么多书，特别是在这里还可以看到已经过期的旧杂志。我一篇篇地查自己喜欢的作家和诗人的作品。比如我读了连载在《新港》杂志上的梁斌的小说《播火记》，读了我想买而买不起的清代王筠为指导儿童识字而编写的一本童蒙读物《文字蒙求》和许慎的《说文解字》，翻看了《古今图书集成》《佩文韵府》等书，并摘抄了严阵、闻捷的诗，还看了臧克家的诗和《学诗断想》等书，还发现，我从家里带来的一本线装本《花间集》原来很珍贵，我后悔已经把它给看烂了。我就这样一边看一边抄记些我认为有用的东西。

魏先生见我在认真地看书，也不跟我说话，等我出门一会儿回来，他叫着我的名字跟我说："你看书还很认真，知道做笔记。这样很好，日久天长收获就大了。"我很吃惊他怎么知道我的名字，想是他看了我的笔记本。他笑着"揭示"我的秘密："你喜欢写诗？看着看着，自己也写一首。"我不怕老师翻看学生的笔记，但是有点不好意思地说："那不是诗，只是随便写点感想的句子。"这事情过去了好多年，到了"文革"以后，我已经毕业留校工作了，先生仍然在资料室工作，他还记得我上学时候的那点逃课的事。我说："您那时没有把我赶出去，也没有批评我，算我幸运呢。"

毕业参加工作后，我才知道魏先生天天在资料室抄写的东西就是文献资料卡片。我特别佩服他那样数年如一日地认真工作。先生是中国古典文学的研究专家，对中国古典诗词和散文，特别是桐城派有过专门研究，也是一位文献学专家和诗人。他把资料室的全部书做成了卡片，装进卡片箱，这个工作既烦琐也劳累，但他仍然从容地做着。他不时向我介绍各种书，还允许我随便查阅书目卡，真是应有尽有。他做的卡片有两种：一种是目录卡片，另一种是资料摘抄。这为日后自己搞教学、带研究生、写文章、研究问题积累了很多有用的资料。我从先生那里请教如何做资料卡片，并开始学着做卡片。不过后来我就改用电脑记录资料了，更加方便了。

我忘记不了他那时说了一段让我极感动的话：“刘玉凯的人品好，好读书，我早就认识他了。在‘文革’中不但没斗过老先生，还特别尊重我们，能做到这点，那是很不容易的，很不容易的。”话似乎说得很动感情，好像是藏在心里一直想表扬我的话。他这些话好像不是对着我说的，因为在场的还有李离老师和别的老师。他说的话很让我心里一热。我说：“您比我父亲还年长，是长辈，我上学就是想跟老师学习读书搞学问。”他还说了不少鼓励我的话。这里不便多写，我记在心里就行了。从那开始，我就跟魏先生一点也不拘束了，总想跟他请教点什么东西。1988年的中秋节，我和老伴儿带上家乡的老酒去看望先生，正好先生的《桐城古文学派小史》由河北教育出版社

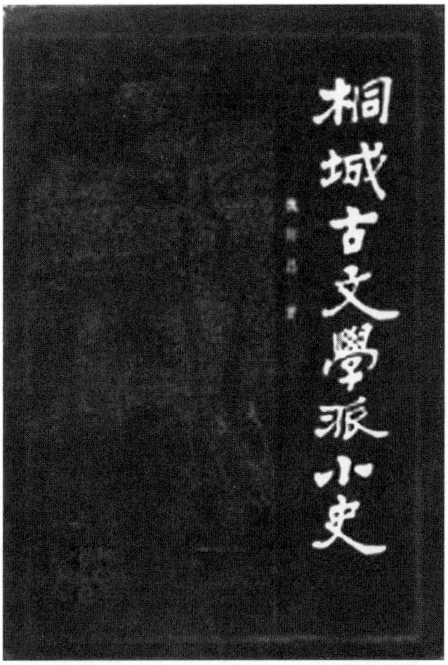

魏先生的著作

魏先生的字迹

正式出版，我得到了先生的赠书，特别高兴。这是先生的力作。

我同先生畅谈时间最长的一次，大约是1980年前后，我陪魏先生的一次出差讲学。系副主任李离先生找我，特别嘱咐让我陪同魏先生出差一次，陪他到廊坊师专讲一次课。记得他讲的是“论孟”，即《论语》《孟子》。李离先生说我去是最合适的人选，他说先生年纪大了，出门需要有人照顾。其实，魏先生的心态比我都年轻得多——他自己带了一个小收音机。我们一同乘坐火车，一边听着一边说话。我从来没有这样的习惯。要听音乐我就不说话，想说话我就不听音乐。我和魏先生一起聊了很多读书学习的事情。先生说，现在他们一代老人对老祖宗的东西还熟悉，能讲讲，以后没有人懂这些东西了，就没人能讲了，可是这些也需要有人继承。我说：“可惜我现在搞的是现代文学，如果可能也搞点古代文学研究。”我还说：“您放心，我们这一代人也会努力的。”我向他汇报了自己读过的古典文学书，说到一些散文和诗，他也说到了他跟随胡适先生读研究生的一些情节。他说胡先生是一位博学的学者，也很善于交际，是很活跃的社会活动家。他说胡先生是新派学者，但是，旧学的基础也非常好。所以先生就在胡适的指导下读研究生，做了论文研究桐城派的文学。胡先生提倡整理国故是有道理的。我说鲁迅先生反对胡适的做法，可能有他的用意，他的文章多有偏激，但是偏激之中也有特别的所指。在西方的文化引进初期，还没有得到我们的普遍接纳，很快地又让大家进研究室，弄故书，鲁迅先生是担心五四可能走过场。我又跟他说，我喜欢五四后的新诗，胡适的诗就写得很有趣。我不是讨好魏先生，我真的喜欢胡适的《尝试集》，他越写得通俗越有味道。我说我在廊坊给函授生讲过闻一多的诗。魏先生说：“闻一多这个人太霸道。”但是没有往下说。

我跟魏先生正说着话，魏先生突然间说：“玉凯，你看那边的女的是谁？”我说：“不认识。”随便的一个人，我怎么会认识？他说：“她是歌唱家郭兰英！我们去打个招呼。我在抗战时就认识她，打过交道。”我看清楚了，同一车厢里的那个人，长发，牛仔裤，在那里也不坐下来，跟同车的演员们聊天的，正是歌唱家郭兰英。我向她问好后，就听魏先生很亲切地同她聊了几句。郭兰英大概也没有想起魏先生是谁。

春天的风沙很大，我们到了廊坊，接我们的人总是不来，魏先生很着急，可是我们也没有电话，等了有一个小时才被接到学校。初春的天气还很冷，我很怕先生着凉，但是他到了住处，就打开收音机，听广播。晚上住下后，就有在廊坊师专工作的石海夫妇携一双子女来看他。魏先生说，他们不是一般的师生关系。我发现魏先生跟学生的关系简直像父子一样。能够达到那么亲密，说明他老师当得好。第二天，魏先生给学生做学术报告。先生一直站立着讲课，他引经据典，纵横驰骋。有时大家听不懂他说的是什么字，我就帮助先生做点解释。下来后，先生问我：讲的内容能够听明白吗？我说：能。因为我读过“四书”，我手边就有一部祖父读过的“四书”，先生表示很吃惊。魏先生讲的课对我理解问题很有帮助。魏先生那一段时间经常出门讲课，但他从来也不要讲课费。

最近查阅资料时发现了范泉先生编的《中国近代文学大系争鸣录》中有一条我与魏先生合署名的短文，如下：

《大系》各集选目，应力求多中选精。现在的《小说集》应注意选些优秀短篇，可以从不同角度见到当时的社会面貌。第27号1988年11月10日《大系》应着意反映时代的变革。

这肯定是魏先生寄给范泉先生的短文，内容正是我们在火车上谈到的问题。我是比较关心近代文学资料的，我跟魏先生说过如果选小说应该照顾到不同的内容，多选些短篇，不必节选那些人所共知的长篇。另外，希望精确地编辑和校对，这样大的资料整理项目是有文献价值的。这些意见，确实是我们共同讨论过的。魏先生可能写得很不少，限于书的要求只选取了一段。魏先生很尊重我的意见，给我写上了个名字，我根本就不知道。事实上证明，后来我们见到的大系成果并不尽如人意。虽然得了奖，也不证明它就是一套好书。

我正式工作以后，每年都到魏先生家里看他几次。他年龄大了，身体却很好，他有一根手杖，是用机关枪子弹壳焊接起来的， 这衬托了他坚硬的性格。但是他走路不困难，极少使用手杖，这个特别的手杖来历也是个谜了。他那时住的房子是当时最好的小三间，阳面一间就是他的书房，里面满满的全是书。他的房子有小小的楼道，没有客厅，阴面一间开辟成了客厅。魏先生喜欢收藏古物，很显眼的是正面挂了一副梁启超的对联墨宝。有人说那副对联并不是真迹；如果是真迹，先生也舍不得天天挂在那里吸尘。听别人说，魏先生有一些古物真品收藏，比如，他收藏有李鸿章朱批白文《史记》，可谓稀有物；除了藏书，他还有些藏画，如有明代陈白阳的《水墨芭蕉》，陈白阳是与徐青藤齐名的画家。听说，魏先生去世后，这些旧书旧物，让中国书店给了几万元钱就一车拉走了。魏夫人对此很平淡地说："这些书放哪都一样，没用。"不知道她说的话是什么意思，更不知道是真话还是假话。魏夫人是历史学教授，是研究书史的专家，怎么会不知道古书的价值呢！当我偶然间见到魏先生的书在网上被炒卖时，心里总不是滋味。先生一生花费大量功夫收集的书籍和文物就这样散失了吗？它的价值是几万元钱能够换得来的吗？先生只有一个儿子，在华北电力大学工作，不是搞文科的，大概也不懂他的那些书，唯一的孙女是学外语的，也不搞古典文学。

二、魏先生不凡的生平经历

魏际昌先生1908年3月24日生于吉林省永吉县，1929年吉林省立第一师范学校毕业。魏先生在《回忆二十年代在吉林的读书生活》中说道：

别看吉林僻在边外，受制于内外敌人（日俄帝国主义的侵略和地主资产阶级的垄断和剥削），比起辽宁（当时叫奉天）、黑龙江两省的文教来，却有过之而无不及，即从1926年北伐战争的前夕，欧、美、日本的资本主义教育思潮即开始流传进来，五四运动以后的爱国思想，和北京、上海的新文艺作品也不断地渗入，尽管那时我们还只是十七八岁的青年学生，却都受了感染，"即知即行"，反帝反封建的学生爱国运动（特别是关于抗日的）层出不穷，《新青年》《语丝》一类的进步刊物最受欢迎，因为这里早已有了地下党在活动了。

青年时期的魏先生受新思潮影响很深，他曾经是学生中间的社会活动家，他敬仰那些爱国志士，并且支持他们向旧政府的黑暗势力做斗争。比如有一次，私立毓文中学的马骏做了题目是《救救中国》的演讲，语言激烈。魏先生将演讲中的话写入作文本，被老师批评："这是煽动人起来捣乱的话，怎么也记下来给老师看，下次不可！"可见魏先生当年的思想很激进。

魏先生说：在吉林省立第一师范学校读书六年半，校长也换了五个，早起晚睡地读《古文观止》《东莱博议》，但是给他帮助最大的老师是高亨和傅贵云。

高亨，字晋生，原名仙翘，一师十四班毕业生，后入清华国学专修馆，是梁任公启超的高足，小学底子深，我国有数的笺注学家，《周易古经今注》《老子正诂》是其名著，历任东北大学、河南大学、北京大学中文系主任及教授。傅贵云，字仲霖，后改名傅鲁，绰号小傅，是吉林文教界的一员"福将"——督学、校长、大学讲师、教育厅科长，职务扶摇直上。他的业务比较新，文学概论、中国文学史等学科都是经他开蒙的。这些专业知识的学习对于魏先生是很重要的。

九一八事变后，魏先生进入1929年才成立的吉林大学教育系文学专业读书，这时他是工读生，一边做工，一边读书。所谓工读就是给预科的老师写石印讲义。他曾经给穆木天编选的日本名著写讲义。不到一年，因为字太蹩脚，不受同学欢迎，他就专看图书馆了。在图书馆主任胡体乾先生的照顾下，每周工作三个晚上，每月可得大洋七元，仍然不够学费。魏先生又求大哥帮助，将他推荐到总务处兼职写公文，日间在教育厅又当司书。这样他经济上的困难解决了，学习生活才能够维持下来。

当时日本侵华，占领东北，时局紧张。东北军阀张作霖已被日本人炸死在皇姑屯车站，张学良子承父业，成为东北保安总司令。九一八以后，东北军阀实行不抵抗政策，社会动荡，人心不安。

魏先生说：他在吉大时，国难当头，并不看重学业，经常参加一些抗日爱国的社会活动。学生们关心国家大事，成立学生联合会，奔走呼号，游行示威；创办进步刊物，宣传革命思想，在艰难中自己发行。他们喊出的口号是“天下兴亡，匹夫有责！”“还我河山！”“打倒卖国贼，睡狮猛醒！”等爱国内容。

在学习上他不愿意死记硬背地读教材，而是自己找书读。他喜欢读从外国翻译来的文学作品，如高尔基的《母亲》，老托尔斯泰的《战争与和平》《安娜·卡列琳娜》《复活》，爱伦堡的《烟袋》和鲍里斯·拉夫列尼约夫的小说《第四十一》，肖洛霍夫的《被开垦的处女地》《静静的顿河》，英国名著有狄更斯的《双城记》《大卫·科波菲尔》，辛克莱的《煤炭王》，以及法国作家莫泊桑的《项链》等。这显得不守规矩。魏先生是当时吉林大学学生联合会主席，学校也对他没有怎么样。

抗战时期，由于吉林大学被迫解散，魏先生转入北京大学中文系读书。1931年至1937年，魏先生是在北京大学度过的。投考北大，进了中文系，与胡适、钱玄同、周作人、刘文典诸先生经常接触，屡受教益，魏先生称之为“春风化雨”。这不仅因为有许多名师，而且北大是五四新文化运动的策源地，许多大师是提倡白话文的作家，魏先生耳濡目染，受到影响。校长蒋梦麟、新文学家周作人、曾留学法国的语言博士刘半农、古典文学家刘文典、历史学家马衡以及中文系主任、经学家马裕藻，还有徐志摩、闻一多、梁实秋、翁文灏、丁文江，都是名家。学生中也有著名的疑古派史学家顾颉刚、五四运动的强健者傅斯年、中国经济史专家陶希圣、古代音韵学人魏建功等，都不同凡响。魏先生得到了一个非常满意的学习环境。

据魏先生的文章《胡适之先生逸事》纪实，魏先生特别高兴的是，能够亲自聆听胡适先生的教诲：

白话文并非我胡某人发明创造的，不过是古已有之于今为烈罢了。从宋人话本（说书人用的）、道学家语录（如二程朱子的讲学）、元明的杂剧（剧中人的科白），尤其是明清的章回小说（《水浒》《西游记》《儒林外史》《红楼梦》），履霜坚冰至，其所由来渐，哪一种不是白话的渊源？我写的《白话文学史》就是证明这一进化的史实的。他接着说：“我并没有强迫哪一位非作白话文不可。但是，经验告诉我们，这是大势所趋、人心所向的事。”很显然胡先生这话是专从文体改革方向说的。语言是思想的外壳，它也不可能不反映着作者的思想感情。他所谓“须言之有物”，这“物”正是文章的内容。他自己就解释得好：“吾所谓物，约有二事；一、情感，二、思想。”又补充着说：“达意达得好，表情表得妙，便是文学。”……我个人也觉得把腾之于口的语言，和笔之于书的文字，统一起来方便得多，而且这不只是新文化运动的一个方面。

在北大毕业时，魏先生同胡适先生商量后，在周作人教授的指导下完成论文，因为这显然是在周作人影响之下形成的。他阅读《袁中郎全集》《白苏斋类集》《隐秀轩集》《怀麓堂集》《焚书》《徐文长文集》等，写出了论文《袁中郎评传》，获文科学士。论文写得很认真，而且选题中体现出了五四新文化精神。袁中郎，是“公安派”的中坚人物，是反对明代“七子”的代表人物。此前，还没有人认真研究过他，论文中特别论及袁中郎非常欣赏徐文长的《四声猿》，特别介绍袁中郎尊重李卓吾的“离经叛道”精神。这很有新意，而且论文后面附有袁中郎年谱，体现了他治学的严谨和一丝不苟。

1934年，魏先生曾加入北强学社，被选为该社的理事。他在《北强月刊》上署名魏紫铭发表论文，并产生了很大的影响。有：《明代公安文坛主将·袁中郎先生诗文论辑》（《北强月刊》，1934年第1卷第6期）、《尔雅学》（《北强月刊》，1935年第2卷第1期）、《先秦诸子论学拾零》（《北强月刊》，1935年第2卷第3期）、《明清小品诗文研究》（《北强月刊》，1935年第2卷第5期）。

1935年夏，魏先生在北京大学中国文学系本科毕业，从五十名报考同学中脱颖而出，考入了研究生，胡适为导师。同时考取的还有侯封祥、阎崇璩、李棪。北大的研究生，当时并无固定的学习场所，除了有时随本科学生班听课外，绝大多数时间是到校内外的图书馆内查阅资料。导师和研究生间的座谈，每学年也不过两三次，多半是在红楼二楼左侧南面的“国文学会”

室中进行。

研究生结业前，魏先生在胡适的指导下作《桐城古文学派小史》。胡先生说，他自己是有“考据癖”“历史癖”的，“诸位看待问题也不妨大胆一些，但不要早下结论，必须小心地寻找证据，让事实和材料说话，那成就便与人不同了。北大的研究生不多，教授们科学研究的担子很重，希望努力从事”。胡适曾这样对魏先生发问：“‘桐城谬种，选学妖孽’，大家都这样讲，你同意吗？既称为‘学派’而不曰‘文派’，便不单纯是文章上的事了。‘文章韩欧’以外，还有‘学行程朱’哪，密斯特魏，你应该把它彻底探讨一下。”并且后来又对魏先生说：“司马迁以人为纲据事系联的传记手法，很可以采取。具体到‘桐城派’，为什么不能弄清楚从方苞到林纾的师承情况，及其分播到各个地区的源流呢？”还说：“唐宋八家和桐城派的古文，其最大的优点是他们甘心做通顺清新的文章，不妄想做古董。不过有的时候，自命为卫道的圣人，竭力攻击汉学，反对新思潮，就未免不知分量了。”

这些指导都是很重要的研究思想，很好地保障了论文的质量。魏先生用了将近两年时间，写出了《桐城古文学派小史》，得到了导师的肯定，并获硕士学位。这篇论文许多年后得以出版，仍然是有独到见解的学术著作。

1937年魏先生顺利毕业，除了完成论文《桐城古文学派小史》之外，学习期间，在沈兼士教授指导下，撰写了四本《说文释义》文稿。

1937年七七事变以后，抗日战争全面爆发，魏先生从天津经山东到南京。在南京一度在民国军事委员会青年战地服务班学习。后曾任第一战区民众运动指导员，不久随训练班经由江西到湖北武汉。1938年武汉沦陷，转到湖南，担任湖南省教育厅第一民众教育馆馆长、湖南省教育厅社会教育督学。

何谓“民众教育”？20世纪以来，由于中国乡村“日趋崩溃”的情势激发了社会各界的各种“社会改造”思潮，民众教育便是在这种背景下，由南京国民政府借助行政力量自上而下掀起的颇具声势的“由教育改造以达社会改造”的教育运动。民众教育馆作为这场运动的综合机关，担负着推行国家政策、促进民众文化水平提高、倡导社会风气以及提升农村经济力、改善民众生活等重要职责。魏先生发表的论文《中国民众教育史刍议》追述了中国历史上的民众教育及其意义。1938年11月13日，长沙发生“文夕大火”。魏先生随民众教育馆人员由长沙迁到永顺，继续宣传抗日，饱受国破家亡、颠沛流离之苦。

1941年，魏先生曾任湖南省第八中学校长。这个中学1941年才在保靖建立，校址分设武圣宫和禹王宫。创办时仅有教师十七人，学生一百三十人，余超原、魏际昌、吴廷梅、严纪都、肖逢蔚、彭勇诺、龚泽铣等先后担任校长。

抗战胜利后，魏先生任吉林省教育厅主任秘书，不久到东北大学任教授。在他任主任秘书期间，工作是很认真的。据有关回忆，他是一位“忠诚拥护国民政府的青年”。1946年6月6日，新任国民党吉林省政府主席梁华盛带着省府秘书长吴至恭、教育厅厅长胡体乾、财政厅厅长姜守全来到长春，转赴吉林接收，正式成立省政府。当天晚上，长春工作人员在大和旅馆设宴欢迎，并请新六军军长兼长春警备司令廖耀湘作陪。席间请由日本人组成的东宝歌舞团演出歌舞助兴。会开始后，时任教育厅主任秘书的魏际昌起立发言，说：“接收东北未竣全功，战事仍在进行，我们应该上下一心，励精图治，争取东北人民的拥护。现在不是歌舞升平的时候……”魏发言时，全场肃静。可是，梁华盛却认为扫了他的面子，对坐在他右边的胡体乾说：“岂有此理！这个人不能用。”魏先生敢在那样的场合讲那样的话，可见其爱国之心和坚硬的性格。

大约1948年至1949年初，魏先生一度为傅作义将军做秘书，时间很短，相关的资料很少。

1949年以后，魏先生进入华北大学政治研究所学习，即后到西北大学、西北医学院、东北大学、长春大学、西北艺术学院等校任教授。1952年调至天津师范学院（河北大学前身），1970年随河北大学迁至保定，定居工作。

魏先生1952年加入中国国民党革命委员会，1954年入中国民主促进会，1993年实现自己的夙愿，加入中国共产党。先生为此赋诗一首，发表于2009年4月15日《河北大学校报》：

宇宙同体在，日月分天光。昆仑亘古峙，江河入海洋。

官商响人籁，大块焕文章。芝兰君子性，松柏寿而康。
信念终未渝，归宿果堂皇。矢志为人民，献身共产党。
悠悠兮仲尼，仁心宣教忙。荡荡乎太白，铿锵走四方。
冀州亦多士，高歌慨以慷。驰驱黄金台，桃李各芬芳。
顶礼贾衬君，授手做津梁。温良恭俭让，诗国共翱翔。

这里说的贾衬君，指介绍魏先生入党的校党委书记贾瑞增同志。

三、魏际昌先生的学术研究

魏先生出身北京大学中文专业，受过许多名家的指导，成果很多。由于政治原因，“文革”前，他一直没有出过书，甚至自己的学位论文也是毕业五十年后才出版。但是他留下了大量的手稿、讲义、教材，他一直珍藏着。魏先生的研究生方勇先生，毕业后留在学校做教师一段时间即调到华东师大工作。临行前向魏先生告别，跟他说：魏先生，您写了那么多著作，都很有学术价值，我一定帮助您出个全集。魏先生听了这句话，眼泪立刻流下来：我还能够出全集？这是真的？方勇说，一定。当时，魏先生就将自己保存的所有文稿资料交给了方勇先生。

经过十多年的努力收集、多方查找，大约有五百多万字的魏先生的文集，已经大致成形，不久将问世了。我在这里透露一下《紫庵文集》的主要内容。

《紫庵文集》第一卷是《紫庵诗草》《紫庵诗草续编》。我这才知道，先生一生写了那么多的诗。《紫庵诗草续编》各章：一、流亡篇；二、抗敌篇；三、文教篇；四、胜利篇；五、解放篇；六、劳动篇。记录的是先生人生经历的全过程，值得好好研究。其中还收入了先生的《杂文序跋》和著作两部——《郑公孙侨大传及其年谱》《李白评传》。

《紫庵文集》第二卷是先生诸子研究的六部著作：《先秦散文研究》《论孟研究》《论孟的文学艺术及其同异》《先秦诸子的名学问题》《诸子

散论》和《先秦两汉训诂学》。

《紫庵文集》第三卷是先生七部历代诗文研究著作：《史传散论》《西汉散文巨子合论》《中华诗词发展小史（唐前）》《汉魏六朝赋》《唐代边塞诗析论——也算“诗选”》《明清诗人与诗歌》《明清小说戏曲作品选注》。这里还收入了先生的学位论文《桐城古文学派小史》。

《紫庵文集》第四卷是魏先生的《古典文学散论》《杂忆》。

《紫庵文集》第五卷是《毛主席著作语文析论》《尺牍》，这是我们从来没见过的文稿。值得注意的是，编者这里也收入了魏先生夫人于月萍的两部书稿——《中国古代图书简史》《中国通史》，也是对于先生的怀念。

值得特别强调的是，魏先生十几年来坚持在教学科研第一线，努力工作，兢兢业业。他在任中国古代文学研究生导师时，讲授先秦散文研究课程，积极培养研究生，教书育人，桃李满天下。他的学生都已成为学术界的业务骨干，有的已成为国内知名专家，他为中文系建设做出了重大贡献。他一生从事中

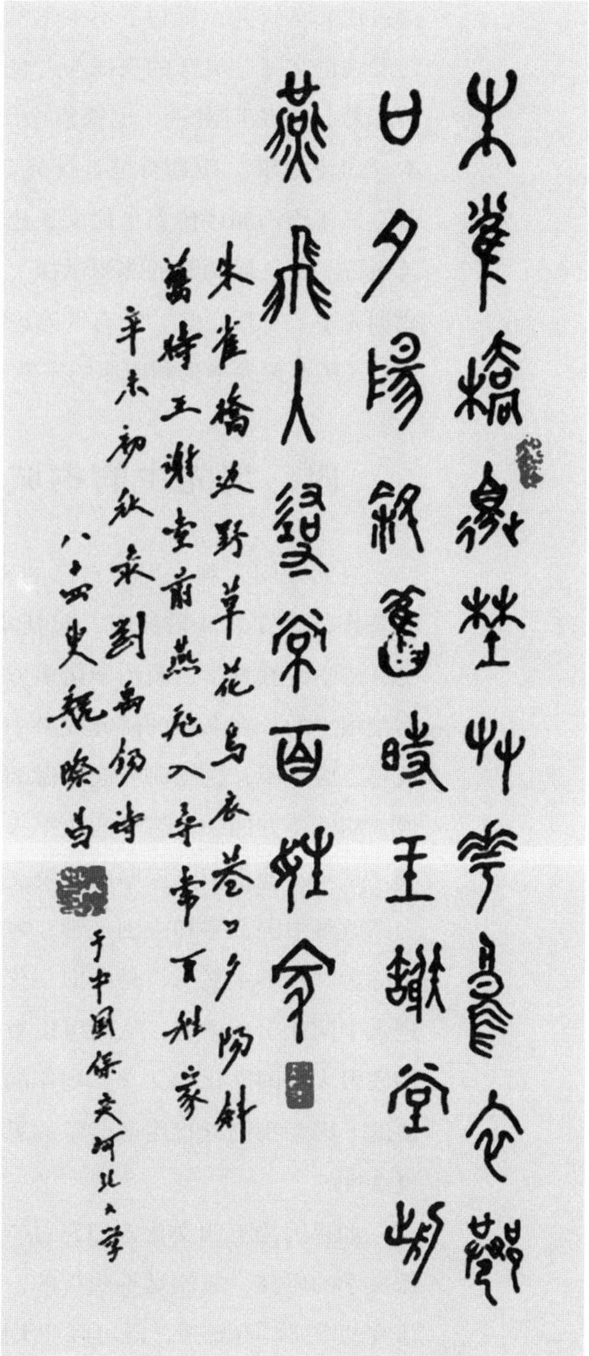

魏先生的书法作品

国古代文学研究，撰写了不少学术论著，主要有专著《桐城古文派小史》，还发表论文《“灵”的飞扬与“色”的绚丽——美在〈屈赋〉的我见》《晚明双慧，辉映荆南——也谈袁中郎与钟伯敬》《喜见傅山批点汲古阁崇正本〈唐诗纪事〉残卷有记》《元散曲散论》《从方苞姚鼐的言行看“桐城派”》《唐六如评传》《徐文长论》《屈赋再生，灵均遗爱在人》《〈诗〉〈佹诗〉荀、屈两赋的渊源试探》《为晚清的苦行主义者、山东乡村教育家武训先辈“平反”》，还有《略论钟、谭评选（古诗归）之艺术手法及其创见》《辨言蛮夷华夏和屈原的宗教及江汉文化》等。

四、魏先生的桐城派文学研究的学术价值

毫无疑问，魏先生对自己的研究成果是有足够自信的，考察先生一生的著作，可知其涉猎甚广，包括小学、经学、楚辞学、诸子学、历史散文史、诗学、教育学、政治学诸多方面。但是真正了解魏先生学术成就的人其实是很少的。在众多的研究成果中，他的桐城古文学派的研究是很有影响的成果，应该说，这项研究起于做胡适的研究生。不可否认，从历史的职任上说，胡适是五四一代新学的领军人物。他提出白话文学主张最早，也最有影响。其实，他也拥有深厚的传统文学基础修养，他深知中国字的繁难，因此力图改革中国文字和中国文学，才发起文学运动。他提出的文学“八事”，也称为“八不主义”，是向旧文化告别的设想。这样的提倡好处是给新思潮进入中国让出一条道，从而可以重新认识中国文化，重释中国文学，并不是彻底毁灭中国文化和文学。当年胡适先生的这一番用心，并不是人们都能理解的。因为我们喜欢用最简单的思维和判断来论述历史思潮，忽略了问题的复杂性。

如果因为五四文化人们骂过“桐城谬种”，就以此为定论，结束对桐城派文学的研究，显然是不明智的。一切运动都是一时激情的简单思维，科学研究却需要冷静思考，既可以“大胆假设”，也应该“小心求证”才对。

第一，如何考量桐城古文学派的“古”。

桐城古文学派给人的印象是守旧不变的文学流派。其实它们是那时候的革新派，是因为厌烦了“剽窃、摹拟”，才提倡复归古文传统的一种“复古主义”。

桐城派的建立，意在传统思想文献中“寻根”。中华民族传统文化有自己的根，这根就存在于一大卷六部经中。《周易》《老子》用的是符号语言。《尚书》记言，《春秋》记事，用的是官府语言。《毛诗》用了官与民都通行的带暗示性的艺术语言以配合乐舞。《论语》这部儒家经典影响最大，甚至连谜语、笑话中也不乏其辞，这就是民族的根。即使是狄德罗的《百科全书》中也记载过，在清朝，唐代末期的古文也很时兴，安徽桐城就开办了这样的一所正规学校，并且重新任命了校长。在这所学校，大家可以像9世纪的韩愈那样用简单而传统的方式交流。到了清末民初，北京大学教授国文一课，则开始以桐城古文派为主。

桐城派文章最反对“剽窃、摹拟”，认为“剽窃前言，句摹字拟，是为戒律之首”。其主张务去陈言、不蹈袭前人一言一句，保持自然，不竞为僻字涩句，端绪不宜繁多，陈义不当芜杂。曾国藩在《〈湖南文征〉序》中认为古文本无所谓义法，回归古文就是远离僵死的义法。他说：“窃闻古之文，初无所谓法也。《易》《书》《诗》《仪礼》《春秋》诸经，其体势声色曾无一字相袭。即周秦诸子，亦各自成体，持此衡彼，画然若金玉与卉木之不同类，是乌有所谓法者。后人本不能文，强取古人所造而摹拟之，于是有合有离，而法不法名焉。若其不俟摹拟，人心各具自然之文，约有二端：曰理，曰情。二者人人之所固有。就吾所知之理，而笔诸书而传诸世，称吾爱恶悲愉之情，而缀辞以达之，若剖肺肝而陈简策，斯皆自然之文，情性敦厚者，类能为之。而浅深工拙，则相去十百千万，而未始有极。”这些自然文章观，可以直接通向近代提倡“我手写我口”的诗界革命家黄遵宪的主张，也同胡适先生的“有什么话，就说什么话；话怎么说，就怎么写”的意见很接近。我们研究文学就应该给历史上的革新派一定的历史地位和言语空间，而不能盲目地否定他们。

第二，魏先生的著作有力地阐明：桐城派并不是保守的文学流派。

这里的“桐城古文学派”是怎样得名的呢？ 魏先生在书的首章即解释了桐城派形成的意义。

首先需要说明的是：它是一个学派，而不是单纯的文派。因为桐城的作者，不只讲求文章还要顾及学行，与以诗歌创作为主的“江西诗派”（北宋末年，以黄庭坚为首），以经学考证为主的“汉学家”（如东汉的马、郑，清初的顾、江、戴、段），以性理实践为主的“道学家”（宋代的濂、洛、关、闽，其重要代表程、朱），俱不相同。他们是从“言有物、言有序”，发展到义理（思想）、辞章（艺术）、考据（科学方法）三者并重的古文之学。

其次，说到桐城派的古文学派，不应该认定为守旧的一派，他们是文体改革的先锋，是追求文学改革的一派。魏先生在第二章揭示：

> 桐城派古文，可以说是文从字顺、通俗充实、准确有法、清新流畅的文体。它既总结了自唐、宋八家以来的经验，有所继承，又规抚了明代归有光的文风“疏淡简洁”。更重要的是他们为中国古代散文提出了创作上的方法论，也可以说是艺术内在的规律性；有物有则，抒发性灵，说自己的话，使人易懂，为情造文，完成它的宣传任务，越来越接近于语体文的境界了。“履霜坚冰至，其所由来渐”，谁都知道清末民初的“新文学运动”不是从天上掉下来的。换句话说，通俗清顺的古文已经给它垫了底儿啦，起码从散文发展的角度上看是这样的。

再次，应该历史地看待五四时期对桐城派的批判。应该肯定五四时期对新思潮的引进，同时也不能不对旧时期的文学有一个暂时的搁置。

清代形成了以安徽桐城人方苞、刘大櫆、姚鼐等为代表的散文流派“桐城派”。五四时期，钱玄同在《新青年》上发表的《致陈独秀函》中称“桐城巨子”和“选学名家”为“桐城谬种”“选学妖孽”，一时成为鼓动青年的口号。五四运动时期，提倡白话文，反对文言文，提倡新文学，反对旧文学，将这种阻碍新文学发展的旧文体和不良文风当作“谬种”“妖孽”来反对，而胡适在《建设的文学革命论》中只说“不作言之无物的文字”。1920年，蔡元培在《新青年》上刊出了《洪水与猛兽》，将新思潮比作洪水，将军阀比作猛兽，他说：“中国现在的状况，可算是洪水与猛兽。要是有人能把猛兽驯服了，来帮同疏导洪水，那中国就立刻太平了。”实际上蔡先生既不反对新思潮，也不愿意推波助澜，而是主张疏导，革命需要疏导，建设也需要研究。

五四以后，应该有一个经典重译的阶段，作为导师的胡适先生建议魏先生研究桐城派，并不是让他为五四翻案，也并不能说体现胡适的守旧和复古，而是他“多研究问题”思想的具体实施。魏先生在他的论文的“前言”中指出：指斥桐城派为“桐城谬种”的看法“必须予以纠正”。因为桐城派的“道”是程朱之后的儒家，他们的“文”是“韩欧之间的古文”。他们自立桐城派，实有民族抗争意识。因为女真入主中原之后，汉学学风日渐空疏。一批文化人力主汉文化，而抵制异族的侵入，形成一种士者的风气。明末清初，顾亭林、黄宗羲、王夫之等具有民族气节和改革社会意识的知识分子提倡实学，要以实际资料来研究改革社会，重振汉学。桐城派的前辈方以智，明亡以后，落发为僧，隐居梧州；戴东原的哲学思想也影响了戴名世。从源头上说：“顾炎武的精深博大，汉、宋兼综，讲学而不堕于空疏，考古并不流入破碎，他的诗文也豪迈经世，俶傥可观。再加上黄宗羲、王夫之等的综贯经史、旁推百家，而学行相顾、亮节高风，这个头可真开得好。名世、方苞，同在江南，楼台近水，岂有不濡染耳目先得皓月之理。”

最后，魏先生的著作肯定了桐城派文学的思想性和文学创新。

魏先生在著作首章论述戴名世，认为他的被“鞫实坐斩”，是因为他“大逆不道”。清人入主后，汉人与之貌合神离，统治者和怀柔政策无效后即用“文字狱”杀人。戴名世在文章上才气奔放，敛气于骨，凌厉雄杰，反对摹拟，文章风格，流利清新，短小精悍，何曾保守？他的文章，一点也不古奥。看他的散文，语言通俗流畅，清新优美，又何曾有半点“谬种”？如《游大龙湫记》中写：“大龙湫，为天下第一奇观。水自雁湖合诸溪涧，会成巨渊，渊深黑不可测。其侧有石槛，中作凹，水从凹中泻下，望之若悬布，随风作态，远近斜正，变幻不一。或如珠，或如毬，如骤雨，如云，如烟，如雾；或飘转而中断，或左右分散而落，或直下如注，或屈如蜿蜒。下为深潭，观者每立于潭外，相去数十步，水忽转舞向人，洒衣裙间，皆沾湿。忽大注如雷，忽为风所遏，盘溪横而不下。”

魏先生的书中写到方苞，提示他身世清寒，自幼苦读书，如《文集·与白玫玉书》中自述“少诵书史，窃慕古豪杰贤人”。与他交往的朋友，多为豪杰之士。后进秀才，以教书为业，一度在河北涿州教书三年，后得乡试第一。但试礼部又不第。到三十九岁才成进士第四名。因此，魏先生在书中称“桐城派的创始人方苞”，刚正不阿，“敢为戴名世之《潜虚征文要》作序，敢于揭发当时官吏之贪枉、监狱的黑暗，以及法律的严酷。此外，他还能够接近李塨、刘言洁、王昆绳等畸行之士，与之往返讨论学术，延揽刘大櫆、沈廷芳、刘兆符等为弟子，传授义法，光大桐城，有始有卒，不愧为豪杰、文宗”。

第二章论及方苞的文章，魏先生认为，“不管怎么说，方苞毕竟是一位古文大家，有为有守有物有序的桐城派创始人，这一点就是长于吹毛求疵的钱大昕也未能否认。因为我们只要打开《望溪文集》一看，便随时可以发现纯真古朴、发人深思的散文。特别是记言记事的传、序、志、铭，以及哀辞、墓表之类都是远学‘左国’，马、班‘史、汉’，近规韩、欧八家的。换句话说，就是饶有史法，载道言志之作”。

第三章说到刘大櫆，说他也是潦倒不得志之士，自康熙至乾隆数十年间应顺天府试，两中副榜，终不得举。因有“客子无人惜，衣衫常垢污。匏瓜无人食，终日系门闾”之叹，这就注定了他“纯朴真挚，吃透社会人情。而用笔自然，寓凄凉于素描之中，为情造文，画面历历。在桐城诸人中应居首席”。他并不是方苞的入门弟子，他是在大櫆成学以后到了京师受到方苞揄扬的。方苞《与双学使庆书》说：“刘生大櫆，不但精于时文，即诗古词，眼中罕见其匹。为人开爽，不为非义。”又说：“及门刘生大櫆者，天资超越，所为古文顾颇能去离弟世俗蹊径，而命实不犹。”他的为人也很孤傲，

“我行我素，君子忧道不忧贫，冷暖自知，他人何有于我哉。此种风范一立，遂为桐城作家定了学行的基调”。他文章很有气势，“洋洋洒洒，一泻千里”，“笔尖横扫，力有千钧”。大槐论诗从声音、节奏、音韵方面，能够将《礼记》《乐记》的理论融汇一体：“夫诗成于音，音成于声，声成于言，言成于志。志平则音和，志哀则音促，志敬则音凝，志佚则音荡，故圣人乐观焉。夫然后奏之以金石，吹之以管笙。宫以宫倡，徵以徵合，高下疾徐，莫不中节，屈申俯仰，杂而成文。”他强调诗的功用，也是有现实意义的诗论。他说“圣人制诗”是为了教化天下的。无论田野农夫、闺房妇女，还是乡曲孩童，都能够作“歌谣”以颂美讥失，于是，“刑罚之烦，赋敛之苛”皆可以“达隐、舒塞”，而“忿憾、无聊、不平”之气，也可以得到抒发、宣泄了。这样的诗学，一点也没有古奥怪诞的味道。

我们纪念魏先生，应该懂得他的研究成果。所以上面的简述虽然挂一漏万，也是应该述说的文字。

韩文佑先生

韩文佑：
云山苍苍　江水泱泱

◇刘玉凯

韩文佑（1907—1991），1907年生于北京通县（今通州），字刚羽，做过中学老师，后来到河北大学任教授和研究生导师。韩先生是我大学时代的老师，这样说不是广义的，而是说我实际上算他的入室弟子。我有很多的机会得到韩先生的单独辅导和教诲，是别的学生求之不得的。也许在那个特殊的年代，谁也想不到向老先生请教学问，社会上“读书无用论”很有市场的时候，我却傻傻地接近他，从他那里学到很多知识，也学习到了治学方法。我的父母亲经常教育我要尊敬老师，“师父师父，老师就是父辈”，我记住了。

一、博学多闻

我入大学那年韩先生已经五十八岁，那时系里的老师中虽然不数他最年长，但是也算老先生了。记得当时全系的教授只有三个人，他是副教授。那时没有轮到韩先生给我上课，但是我们都知道这位了不起的先生。他不仅教中文系的古典文学，讲先秦散文，讲《庄子》，讲唐诗，也讲现代文学。他读过很多现代作家的作品，对鲁迅尤其精通。他的外语也特别好。有人说他是一本“活字典”。说的人可能是想表达他的学问渊博，可是我却从来不喜欢别人给他起的这个外号，也从来不这样说。他的渊博可不是活字典能够概括的。我敬仰的是他既有学问，又能融会贯通——他是一位精明通透的哲

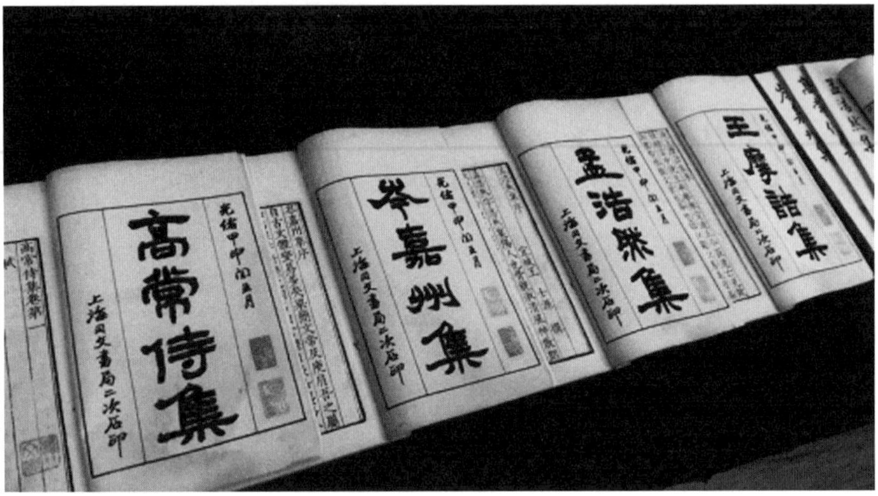

韩先生的部分藏书

人。

韩先生年轻时候样貌清秀，大眼睛双眼皮，文雅而有神，眉毛弯弯，满面红光，口角方正，看去和蔼可亲，又坚毅俊气。他是让人一见面就会觉得教授就应该有这样风采的先生。教授到底应该长什么样，其实我也不知道；那时想，就应该这样才是真的。他谈吐时声音从来不高，却非常清晰，口才极好，说得一口流利的普通话，但是他不属于那种口若悬河的先生，他声音不急不缓，什么事情都会微笑着、慢悠悠地说下去，让你正好能够跟上听，而且不觉得累。他说话无论是叙述问题，还是论辩观点，绝对没有一个字多余，也没有一处不足。平时这样说话，到了课堂也就这样讲课。他的生活语言的严谨和做学问的严谨是一致的。他从远处走过时，我们总是盯着看一会儿。那风度，真让人仰慕折服。

韩先生的生平很简单。张中行先生的《月旦集》有一篇悼念韩文佑先生的文章，写了许多细节，我也没资格复述，现摘于此：

他父母是通县人，母亲不缠脚，推测都是满族。父早去世。母亲信佛，慈善严正，“文化大革命”最狂热的时候病故，享年八十余，是文佑兄和我，由医院太平间接出，送往东郊火葬场的。文佑兄生于光绪三十三年（1907）丁未夏日，长于我一年有半。生于北京，语音还有通县的遗存，是他告诉我，有一次见到赵元任先生，他刚一张口，赵先生就说："你是通县人？"他字刚羽，这字像是与文佑之名没有意义关联，谁拟的，何所取义，我没有问他。但一直觉得，这个"刚"字很合适，可以说是字如其人。依都市人的习惯，他六七岁上小学，推想是在西城，因为住在白塔寺一带。小学毕业后考入端王府附近的北京师范学校，毕业后考入清华大学，学中文（？）。在清华，也许只念两年吧，因为与一王姓女士交好，如意忽然变为失意，他险些走尾生的路，抱梁柱而死，但终于没有面对旧迹的勇气，于是逃离。越远越好，记得有个相识在潮州，立即起程，去找。在潮州住了半年，心稍平静，北返，先到上海，衣食无着，流浪，然后到天津。赶上南开中学招考语文教师，走投无路，姑且试试，其时他的学问文章已经颇为可观，所以并未侥幸而就录取。衣食有了着落，其后不久随学校游泰山，得遇终生相伴的人品同样好的曹女士，之后结合，生活算是由不系之舟变为一路之客。这条路是，职业，面对学生，业余，面对书本，真可以说是，鞠躬尽瘁，死而后已。职业曾小有变动，由天津南开中学而（三十年代中期以后）北京几所中学，而（五十年代初）北京师范大学，而（五十年代中期）天津师范学院，后升格为河北大学（曾流放冀县，后定居保定）。

文章补充说明：韩先生1933年在清华大学二年级肄业，后来在京津两地教中学，先后在北京、天津两地工作，1945年在北京大学文学院兼任讲师，1950年在辅仁大学兼任讲师，1951年在中国人民大学兼课。1951年至1952年任北京师范大学中文系副教授，1952年到天津师范学院（河北大学前身）中文系，先后任副教授、教授和硕士生导师。那时也仍然在北京几处中学兼课。据《沈启无自述》记载："伪北大文学院成立，周作人做院长，我任中文系主任，英文系主任是徐祖正，日文系主任由北大秘书长钱稻孙兼任，历史系主任是吴祥麒，哲学系主任是温公颐。当时中文系教授有陈介白、赵荫棠、张弓、朱肇洛、郑骞，专任讲师有许世瑛、韩文佑、沈国华、齐佩瑢、华粹深、朱英诞、傅惜华等，助教是李景慈。”

其中涉及韩先生这一段历史是清楚的。韩先生后来离开北京大学，可能与当年北大的政策有关，北大对于在伪北大当过老师的人全部不再聘任。

韩先生（左）和最要好的朋友张中行先生

韩先生一生从事教学，博览群书，汇通中西，一丝不苟地读书、讲课，用自己的点点滴滴哺养了自己的千万学生，他的贡献有多大，我们应该认真地研究。

1933年，韩先生曾接受张伯苓先生之邀，在南开学校小学部兼初中总国文教员，每周工作二十二个小时，月薪六十元，管住宿。聆听过韩先生讲课的学生刘永康在《囚歌》中回忆起他的生动讲授，印象深刻：

到二年级时，换了位韩文佑老师，这是一位温文儒雅、潇洒倜傥的文人先生，他对大家的写作很着力，批改作文又仔细又点明要点，给学生们以后的下笔奠定了基础。他给大家讲法国文学家阿尔方司·都德的《最后的一课》，那是讲法、德之战，法国战败，被迫把边境上的阿尔萨斯、洛林两省割让给德国，所谓最后的一课就是被割让的一个省的小城镇，在一个小学校上最后一次法文课的情景。韩先生把那当亡国奴，连自己祖国的语言都被剥夺不能学习，那种受凌辱和心灵上的创伤的悲惨境地刻画得细致入微，同时也把被压迫者的誓不低头、宁为玉碎不为瓦全的精神同样表达出来。当描绘法文老师听到下课铃响了以后，在离开教室之前，对他多年教书的课堂、对他多年教过的学生们做最后一瞥的时候，似乎看到了先生的泪光闪闪，呜咽得说不出话来，只好用粉笔在黑板上写出两个大法文字——“再见!”此时此刻，书本中的课堂和眼下韩先生的课堂同样都是呜咽之声一片。这样的国文课，这样的国文老师，没有哪个读者不把热爱祖国、誓死保卫祖国铭记在心的。

有人建议他多写点文章，他总是说："已经有那么多的人出丑了，也就不用我再写了。"说写文章是一种遗憾的行为，也对。真能写出好文章的能有几人呢？韩先生的话里有尖刻的讽刺，可能伤人太多，但是先生写得少的原因并不是为这些。我能够理解，韩先生那样说，道出了一代学者的内伤和隐情。

有人说他发表的文章很少，算不上有成绩的教授，我却不那么看。教授写文章多，只要不滥，应该得到肯定。但是发表文章的多少，也有个客观情况。在拘于某些情况下，有的教授不写论文，或者论文较少，我们也应该能够理解。韩先生把自己的见解全放在了课堂上传授给学生，应该得到称赞。检索先生发表过的论文，我见过的有：

《读杨丙辰先生在百科学会讲演辞》（《大公报·文学副刊》，1932年第211期）、《读郁达夫的〈迟桂花〉》（《文艺时代》，1946年第10期）、《俄游述感及其著者张庆桐先生——第一位和托尔斯泰通信的中国人》（《新生报》，1946年4月16日、4月23日、4月30日）、《鲁迅先生的〈为了忘却的记念〉》（《语文教学》，1951年第3期）、《胡适怎样歪曲了中国古典文学》（《天津日报》，1955年4月12日，收入《胡适思想批判》第六辑）、《关于〈李逵负荆〉的几个问题》（《文学遗产》，1984年第2期，收入《元曲通融》下卷）、《关于朱鹤龄注本〈李义山诗集〉》（《河北大学学报》，1984年）、《朱轼〈昌谷集笺注〉评介》（《河北大学学报（哲学社会科学版）》，1986年第3期）等篇，都是有独创性的论文。我读过先生的《关于〈李逵负荆〉的几个问题》，那是读杂剧的各方专家们从来没有注意到的一个问题。他至少用了戏曲学、民俗学、现代文学等方面的知识学问。他受到周作人民俗学文章的启发，引入了古文化学中的"初夜权"概念，解开了假鲁智深"鲁智恩"抢走老王林"未曾许聘他人"的独生女儿满堂娇，给宋公明哥哥做压寨夫人的秘密。文章说："他们抢的是处女；抢走后三天如期送还（在现存元人杂剧里，这个情节是独一无二的）：就这两个主要之点来看，我以为这是使用影射手法，来控诉罪恶的‘初夜权’——元朝贵族统治阶级强加于汉人的一种独特的压迫与凌辱方式。”他没有说，这是古代民俗中的一种文化畸形现象。民俗学的现象很复杂，不是一切民俗都是人民愿意接受的。

二、侠骨柔肠

如果想了解韩先生叱咤风云的英姿，应该读一下韩先生学生时代写下的激扬文字。早在1931年韩先生在清华大学读书时就参加过一场关于徐志摩评价的论战，他写过一篇论文《读杨丙辰先生在百科学会讲演辞》。韩先生的文章源于徐志摩的空难，是为徐志摩正名的一篇利剑似的檄文，足显韩先生仗义执言的侠义风采。

时间是1931年11 月19日晨，徐志摩从南京免费搭乘一架“济南号”邮政班机飞赴北京。午后2时，飞机在济南上空遇到云雾，触碰开山（白马山），机碎人亡。徐志摩和驾驶员王贯一、副驾驶梁璧堂遇难。此时的徐志摩年仅三十五岁。他作为一位才华洋溢、潇洒风流的抒情诗人，写过《再别康桥》《望月》《云游》《落叶小唱》，却以这样悲惨的形式离开人间，因此激起了人们的许多议论。首先是在北京大学举行了隆重的追悼会，与此同时，京、津、沪一些报刊发表了一系列悼念文章。特别是《北平晨报·学园副刊》，连续多日发表纪念文章，并编成合集出版。吴宓主编的《大公报·文学副刊》也参与了此事。

发出的声音显得异样的是北大德文教授杨丙辰，他于1931年12月20日在百科学会做了题为《大诗人——天才——徐志摩——和他的朋友们》的讲演，该稿于1932年1月11日在《大公报》发表，猛烈地抨击了悼念徐志摩的人们。他认为徐志摩不能与世界第一等诗人比肩，朋友们称赞他过分了。他说：

“诗圣”底惨死，惹起他的一大群亲爱的朋友们一阵子大忙乱：追悼，演说，写文章，出专刊，一幕跟着一幕地揭开，真是多年以来北平见过的名人界里的一件盛举。演说虽然我未曾去特特地听了，但是文章却是我一篇一篇都拜读了的。文章做得真不少，真可谓洋洋大观；不过全体文章里头所说的话，归结起来，却总不出下列的一串：徐志摩——人品性格——漂亮可爱——真可爱——伟大的天才——空前的大诗人。这实在很有些像是他的惨死竟成了他的一件大幸事一般了，因为他是由它们这些文章里面，一转而成了神人——天人——上帝。

杨丙辰在文章中全面否定徐志摩，他说：

读了徐的诗集后，不能不怀疑到他的伟大的天才，空前大诗人的位置。徐诗的失误在于，他对新诗的见解根本就是错误的，过于追求腔调的铿锵和形式的完美。在他的诗集里，大部分透露着东拉西扯，以迁就字音，和东补西裁，以迁就形式的痕迹。再就是，他所有的才智，不见得符合伟大诗人的天才的条件，即富有创造性的幻想力，热烈真挚的情感，一点灵明的判断力。在这些上头，不仅不能和世界性的大诗人相比，就是和当时的一些年轻诗人徐伯訏、孙毓棠等人相比，也还逊色。因此可以说，徐志摩仅有大诗人的浮光，而无大诗人的实质。他一生“好玩”，态度浮动，不深刻，许多人都有同感；他的离婚，他的交朋友，他的写文章，他的做诗，都是“好玩”。他的那些朋友，只知捧他，崇拜他，加他以“诗圣”“诗哲”的徽号，而不知切实地纠正他的缺点，使他的才华不致旁趋。真可说，他对得起他的朋友们，而他的朋友们反倒是辜负他了。

关于吹冷风的杨丙辰其人，温源宁著《不够知己》中称他属于另类人物，书里曾有生动的描写：

他的相貌出奇。他的作风也出奇。如果但丁还活着，要重写他的《神曲》，就一定要给杨先生开辟一片新的境地；因为杨先生既不属于天国、炼狱、地狱，也不属于地狱边境……他又不够纯洁；对于天国，他有了过多的凡人气味；又完全没有受到神的眷顾而难以指望到炼狱里去获得救赎。杨先生是界外有界，属内无种。他自成一类。

总而言之，他是个特立独行的怪人。从他对徐志摩的非议上也能看出，此公确是个有独立见解、敢说敢当但并不负责的学者。

这些缺少尊重、一味贬低诗人的评论，让热爱徐志摩而正沉浸在悲痛中的朋友们难以接受，他们纷纷摩拳擦掌，准备上阵进行反驳，为徐诗人阐述正义，以寄托哀思。

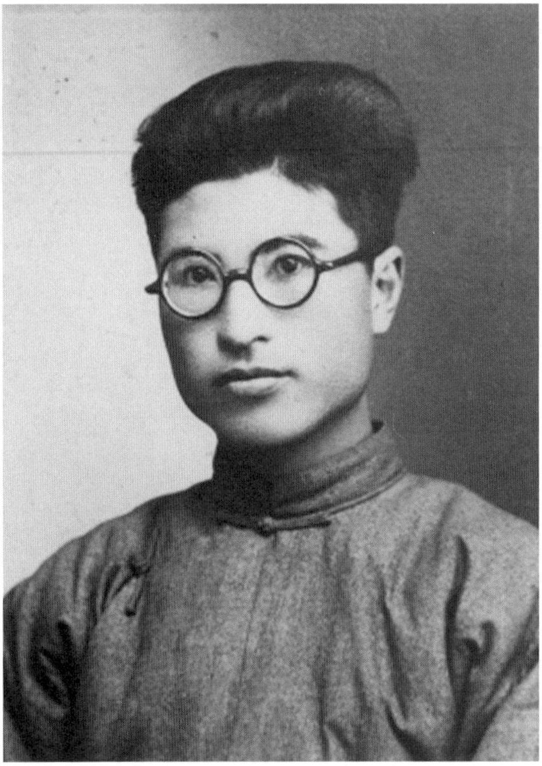
血气方刚的青年韩文佑

这时，第一个站出来发表檄文的是年轻的学生韩文佑。1932年1月25日《大公报·文学副刊》发表了《读杨丙辰先生在百科学会讲演辞》。据韩文佑先生的老师吴宓在《徐志摩与雪莱》一文中所述：

有一位韩文佑君，是清华我班上的学生，其人多情多感，看见杨君那篇文章之后，立刻跑到我的房中，泪落声嘶的，责问我忍心登出杨君之文。我赶忙安慰他，并请他快快去写一篇为志摩辩护的文章来。韩君的文章，还有二三位的文章，大都是赞美志摩的，在以下数期的文副中接连登出了。

吴宓先生说："我个人心中确是袒护志摩，然而编辑的天职，遇有好文章，必须以公平的态度急为刊登。"

据吴世昌说，《晨报》的编辑冰森先生最早约他写辩驳文字。吴世昌先生是徐志摩的表亲，当仁不让，1932年1月15日，很快写出题为《读杨丙辰〈大诗人——天才——徐志摩——和他的朋友们〉》数千字的长文章。编辑却没有立即发表，经过吴先生的催问，到了1月28日、29日，吴世昌的文章才连载刊出。冰森将吴先生的文章题目也给改为《论志摩》。

这里可以将当时的论争文章拉一个目录，供读者参考：

芳菲：《徐志摩羽化后之片片》，载1931年12月30日上海《晶报》。

杨丙辰：《大诗人——天才——徐志摩——和他的朋友们》，载1932年1月11日天津《大公报·文学副刊》。

方玮德：《再谈志摩》，载1932年1月11日天津《大公报·文学副刊》。

韩文佑：《读杨丙辰先生在百科学会讲演辞》，载1932年1月25日天津《大公报·文学副刊》。

吴宓：《答复玮德》，载1932年1月18日天津《大公报·文学副刊》。

郑寿麟：《徐志摩与德国之表现派》，载1932年 1 月25日天津《大公报·文学副刊》。

吴世昌：《论志摩》，载1932年1月28日、29日北平《晨报·学园》。

冰森：《关于〈论志摩〉》，载1932年1月28日北平《晨报·学园》。

杨丙辰：《好玩的解释》，载1932年2月《鞭策》第1卷第1期。

张露薇：《论诗人徐志摩》，载1932年2月22日天津《大公报·文学副刊》。

胡适：《志摩日记一页》，载1932年6月5日《独立评论》第3期。

沈从文：《论徐志摩的诗》，载1932年8月《现代学生》第2卷第2期。

汪辟疆：《我所认识的徐志摩》，载1932年9月1日《读书杂志》第2卷第9期。

李梨：《诗人徐志摩之死》，载1932年11月《红叶》第3期。

陈梦家：《纪念志摩》，载1932年11月1日《新月》第4卷第5期。

方玮德：《志摩怎样了》，载1932年14日天津《大公报·文学副刊》。

高植：《志摩与我》，载《小说月刊》1932年第1卷第2期。

茅盾：《徐志摩论》，载1933年2月《现代》第2卷第4期，收1936年4月上海生活书店版《作家论》。

阿英：《徐志摩的诗》，载1933年5月1日《南风》第8期。

阮无名（阿英）：《新月派的戏剧运动》，见1933年6月上海南强书局版《中国新文坛秘录》。

比较一下，韩先生的文章不仅仅发表得最早，也比吴世昌的文章精炼锐利。吴先生文章近六千字，而韩先生仅用两千六百字的文章，表达了自己的意见。他以一位青年学者的身份发声，以诗评家的口气向杨丙辰发起申斥。韩先生没有用笔名“韩刚”，有点敢于应战的姿态。韩先生主要是责备杨丙辰的无知和无情，集中攻其文章的轻慢之语“一生好玩”论。杨先生说徐志摩“一生‘好玩’，态度浮动，不深刻……他的离婚，他的交朋友，他的写文章，他的做诗，都是好玩”。韩先生说：“这与我所见到的徐先生恰恰相反，我不知杨先生何所见而云然。”韩先生用诗人的自述和朋友们的评论文章为证，说明徐志摩是严肃的诗人，“不苟且，不潦草”，“惨淡经营”，他不想成仙，只想安分地做人，而且自剖起来“永远在殚精竭虑的求它更能精工，更能美好”。怎么能说他是为了“好玩”？

韩先生又说，徐志摩一生作的诗并不多，算起来“一个月还派不到一首”，有时“一年只淘成一首”，这样的态度能算“好玩”吗？韩先生列举了《问谁》《难得》《盖上几张油纸》《翡冷翠的一夜》《偶然》《庐山石工歌》《我等候你》《拜献》《他眼里有你》《再别康桥》《杜鹃》《黄鹂》《山中》等诗篇，请杨先生指出徐的“好玩”之所在，只一句他也满意。论徐志摩的诗如此，散文也一样。仅举《追悼我的彼得》一篇，即问杨先生“忍心”吗？这里说的小彼得是他早夭的第二个儿子，极为伤痛地追悼自己的幼小的儿子，谁忍心说是为了“好玩”？

再从朋友们的情绪来说，“他惨死之后，多少他的朋友，他的读者，为他痛哭流涕，为他发出深沉永久的哀思，这岂是‘好玩’的人所可致？”

再说徐志摩的结婚、离婚，多被闲人们诟病，杨先生也说他“好玩”“轻薄的爱”。韩先生说：“他怎样严肃怎样苦辛的去追求爱？他说：‘我将于茫茫人海中访我唯一灵魂之伴侣；得之，我幸；不得，我命，如此而已。’”韩先生认为志摩的婚姻的不幸并不是什么“好玩”的事。徐志摩在诗中写：“他在为你消瘦，那一流涧水，在无能地盼望，盼望你飞回！”（《猛虎集献词》）又写：“痴！想磔碎一个生命的纤微，为要感动一个女人的心！”（《我等候你》）韩先生认为，这是何等的忠贞，何等的坚强与迫切！

文章最后，韩先生申斥了杨先生的无情：“如此的不厚道，如此的不公平，如此的厚诬死者，无论如何，我决不能为杨先生恕！”

韩先生的义正辞严，侠骨柔肠的性格，以及文采丰沛、凌厉刚正的气度，让我们拍案叫绝，肃然起敬。

三、非常年代

听知情的人说，在中国教育动荡不定的年代，韩先生和许多老先生一样，心情是不舒畅的。一段时间内，教育强调把教授赶下台，大学生自己动手实践，自己编教材，打破传统，没有框框，美其名曰“三结合”。老先生们原来的讲稿或著作，被当“白旗”拔掉，抛到一边。韩先生那时已经过了六十岁，也要下工厂、下乡，参加体力劳动，这对于身体不结实的韩先生是个不小的困难。但是他在跟我的接触中，从来不说过去那些不快的历史。如果有人提起来，他就说：那时候大家都一样。

在“文革”时期，他同样受到过许多磨难，有许多委屈。他曾挨过学生揪斗，还戴过高帽子。后来所有的老教师都成了改造对象，天下都一样。有一段时间在劳改队伍里干脏活，韩先生也曾跟一些老教师一同给学生宿舍打扫厕所。以他那样并不强壮的身体，天天做又脏又累的活儿，是难以想象的熬煎。

1968年春天的一日，我听见楼道里有人喊：“不好了，出事了！”出宿舍门，就见到韩先生从学生楼二层跌跌撞撞地下来，非常紧张，颤抖地说：

"快来人！老潘跳楼了。"他说的老潘是潘先生，那时的习惯彼此都只称呼老某。潘先生身高体胖，因为不能忍受这样被欺凌，从二层楼厕所窗户跳了下来，摔成了重伤，后来送到医院抢救，虽然没有死，却落下个高位截瘫，不能行走。韩先生那次受到了非常严重的惊吓。

由于这个打击很大，再加上韩先生一向谨言慎行，以后就更少说话了。但是据我了解，好像没有见过有人给韩先生写大字报，他是无争议的有学问的古典文学的好老师，即使在残酷的历史背景下，他也没有可议的材料，这是不容易的。

但是韩先生是一位性格耿直、有侠义风骨的先生，有一事可以证明。1967年，中文系党总支书记跳楼自杀，那时叫"畏罪自杀"，但是至今也不知道他有什么罪，其实是不堪受辱。书记去世后，他的家庭生活陷入非常困难的状况，韩文佑先生一直暗中资助他们。此时，许多人躲得远远的，不再接近书记家。而韩先生虽然自身难保，但是他能够帮助一个跳楼自杀者的家属，是既有正义感也有勇气的做法。当我写到此事时，历史已经证明了这一切，韩先生的侠义风骨让我感叹而敬仰。鲁迅在杂文《这个与那个》中说过："中国一向就少有失败的英雄，少有韧性的反抗，少有敢单身鏖战的武人，少有敢抚哭叛徒的吊客；见胜兆则纷纷聚集，见败兆则纷纷逃亡。"在人们都逃走的时候，我们看见了一位身形纤弱的韩先生能够站出来，证明正义没有死亡，人间还有温暖。往事如烟，红尘积厚，也掩盖不住韩先生的高尚人格和侠义风骨。

有一次开会时，我同顾之京先生说起此事，她不但肯定了我说的事实，还补充说："你可能不知道，我工作以后，韩先生一直是我的业务导师，他对我的关心无微不至。那年我们家被抄以后，母亲没有地方住，韩先生只简单地说了一句'到我家来住吧'，于是我的母亲（顾随夫人）就在韩先生家住了好长时间。此事感动得我难以控制。"这就是韩先生的人格。他处于被限制的时期，却丝毫不想自己的安危，只想帮人纾难解困。

我写此篇文章的目的现在可以再次申明：记住这些平凡的人，让我们献给他们应有的尊敬与爱；他们证明着人间的正义不会磨灭。

我大学毕业前的那年冬天，有幸同韩先生一同下乡战备疏散，其名义上是搞“教育革命”实践。我们曾经到过河北省临西县东留善固村实践一个多月。东留善固村是闻名全国的劳动模范吕玉兰的家乡。我是农民出身，对农村、农民都有好感，觉得在那里也确实学习了一些东西。吕玉兰是自己干出来的劳动模范。我们天天跟那里的农民一同劳动，算作接受贫下中农的再教育，也想写一写那里农民的好人好事，以此表示从实践中学习写作。

那时赵元平先生是小分队的总负责人，我也算是那个实践小组的负责人之一。到那里搞“教育革命”实践的老师还有高熙曾、王振昆、孟祥照三位先生，学生有十几个人。韩先生是最老的教师，跟大家一样天天劳动。那里的村干部很友善，并不强调让我们做多少活，也没有虐待我们这些知识分子的意思。我们也没有强迫老教师必须怎样，只说能做什么就做什么。记得那是冬天，白天里就是积肥劳动，把玉米秸秆铡碎，与垃圾、大粪混在一起，堆成像山一样的肥堆，等待春天发酵后运到地里，这倒是很环保的做法。每天晚上我们就搞访问，那时就叫访贫问苦，写这里贫下中农、劳动模范的先进事迹。韩先生那年六十三岁高龄，也参加写作。他是研究中国古典文学的专家，一下子变成了写好人好事的记者，真不知道怎么写，但是他努力写好。他不会用当时的套话，他写模范人物学习“老三篇”时有这样的句子：“想起了忠诚勇毅的张思德，银须飘洒的老愚公。”至于怎么写的白求恩，我给忘记了。总而言之，语言很典雅生动，但是那时的人们都觉得他的语言不合时宜。韩先生很不好意思地说：“我长期不接近贫下中农生活实际，写得不好。”于是此事还成了好典型，中文系的一个总结材料里还写过他的事迹，引用过上面的资料，说他思想改造得好，在“教育革命”中找到了自己的不足云云。真说不清那是夸他还是贬他。

我大学毕业以后，学校从天津正式迁校到了古城保定，中文系就暂时设在原河北省哲学研究所的一个小楼上。韩先生家仍然在天津，只身一人来到学校工作。学校的房子也紧张，韩先生先被安排到同我们青年教师共住在一个很大的、容十多个人的房间里，里面放的全是学生用过的双人床。正好我和韩先生睡的是一个上下层的床，我自然应该住在上层。房间夏天热得没法过，有的老师发明了用白纸将玻璃糊上，以求遮光防热，居然有效果；有的还自己做小电扇，也有点效果。到了冬天，白天看书冷得不能出手，晚上躺下无法入睡。我每天给大家生火炉，弄得满房间是烟，但屋子太大，火烧得再旺也不怎么管用。韩先生因为衣服比较暖和，可能不觉得那么冷，我穷得白天连一件像样的棉衣也没有，晚上也只有一条不厚的被子，夜里翻来覆去睡不着觉，弄得下层的韩先生也不得安生。他问我："你是不是很冷？"我说："是。"他叹了口气，把自己的皮上衣一甩就搭在我身上。我不好意思，又给他放下来，说："您年纪这么大了，别冻着，我没事。"他像个老父亲一样执意照顾我、关怀我，此事让我特别感动，终生难忘。

四、韩文佑先生与朱自清

《朱自清全集》（江苏教育出版社1998年版）第九卷"日记卷"第二百二十六页，记载了1933年5月24日星期三下午上课的情况："歌谣只来一人，诗来四人。韩文佑即歌谣班之一人，告予以其恋爱事迹大概，其人甚认真。"朱自清先生上课，来听课的人经常很少，据回忆文章说"文辞研究"只有两个人听过，即季镇淮、王瑶两位先生，而听"歌谣研究"的只有韩文佑先生一个人。但是他听课很认真，给老师留下了深刻印象。上课的时候看来也很随意，韩先生跟他讲了自己的爱情故事，那是韩先生失恋的时候。就在这一年的暑期，他便为爱情而肄业退学了。

我们初听说韩先生与朱自清先生是"儿女亲家"关系，那是很晚了。初听了有点好奇，似乎不敢相信，却是事实。1967年，韩先生聪明漂亮的女儿韩珊晨与朱自清的五公子朱思俞结婚。思俞1935年生于北平，是朱自清与陈竹隐所生的次子。他是从西安航空学院毕业后留校任教的，1978年才调到南开大学任教。我们那年听韩先生讲唐诗时，每周都到他家上课，韩珊晨也和我们一起听课。她性格活泼天真，有时也积极回答韩先生的问题。有趣的是，珊晨说错时，韩先生也不客气地直接说："你说得不大妥当。"于是把我们都给逗笑了。我们对韩先生敬仰至深，韩先生对我们也不苟言笑，我们都不敢打听他的家庭生活，也没有机会详细追问这是怎么回事。

曾经有一段时间我暂时放下了鲁迅研究，开始关注朱自清研究，缘于我知道韩先生同朱先生的亲家关系。1982年冬天的一个下午，我按照朋友的介绍拜访过陈竹隐在清华大学的家。我贸然地敲开门，迎出来了一位女士，我一看就推断出是朱自清的女儿。我说："您是容隽老师吧？"她很吃惊地说："是啊，您怎么知道，从哪儿来？"我说，我从韩先生那个河北大学来的，是韩先生的学生。我知道朱容隽是朱自清先生的四女，是陈竹隐先生所生的唯一女儿，1940年生于成都，北京师范学院毕业后任教。她听说韩先生，立刻把我让到了屋子里。我能够见到陈竹隐先生，很高兴，也很激动。我在那里恭谨请教半小时左右，说到了自己对朱自清先生和陈竹隐先生的敬仰，对朱先生的喜爱，对朱先生人格的钦佩，也说到了我是韩文佑先生的学生，曾经得到韩先生的教诲和单独辅导，学习过古典文学。她简单地问过韩先生的情况后就同我谈朱自清了。

朱自清与陈竹隐

朱思俞先生

朱先生的第一位夫人是武钟谦，与朱自清同生于1898年，1916年与朱先生结婚，1929年11月26日因肺病逝世于扬州家中，享年三十二岁，生有三子三女，即迈先、采芷、逖先（转儿）、闰生（闰儿）、效武（阿毛）、六儿。陈竹隐是1931年与朱先生相识的，六七月订婚，并在中南海度假，过了一段恋爱生活，8月4日结婚。陈竹隐是四川人，生于1903年5月，比朱先生小七岁，原籍广东，从高祖起迁居四川。初入四川省立第一师范学校，毕业后曾在青岛做过电话接线员。工作一年多之后就考入了北平艺术学院，成为齐白石、溥西园的弟子，工于书画，也兼学昆曲。我这才了解到她是一位艺术家。朱自清与她共同生活十八年，生子乔森、思俞和女儿容隽。1948年朱自清去世后，陈竹隐一边工作，一边抚养儿女，并参与《朱自清全集》的编撰。后来，她把朱自清生前的手稿、文章、实物全部捐献出来，只给每个孩子分得一封朱自清的信作为纪念。新中国成立后，陈竹隐女士一直在清华大学图书馆工作，曾任北京市第四、五、六届政协委员，北京市第六届妇联委员及清华大学工会副主席。陈竹隐于1990年6月29日离世，享年八十七岁。她一生相夫教子，却以她的大爱照料了一个完整的家庭，我对她非常敬佩。

当时见到她，很想聊聊他们的人生故事，但是陈先生热心谈朱自清的研究。她说非常支持我对朱先生的研究，给我说朱先生在北京大学读书的那些日子，被子很薄就用绳子把脚底下捆起来。我很吃惊地说："是吗？我上学那几年也是这样捆的。"朱自清工作之后，生活也特别清苦，所以身体不好。她向我介绍了朱金顺先生的《朱自清研究资料》，还说到台湾学者周锦先生的研究著作《朱自清研究》。陈先生说自己视力很不好，手拿高倍放大镜一字一字地照给我看全书的章节。我当时向陈先生表示，我会在研究朱自清先生上多做点工作，她表示了感谢的意思。

五、聆听韩先生讲龚自珍

韩文佑教授在我们中文系老一代人的眼中，是一位学问渊博、学贯中西的学者，我对此领教最多。我有幸两次做过韩先生的入室弟子。我的古典文学阅读基础和研究能力，同韩先生的教导实在是分不开的。

我第一次做韩先生的弟子，不是在大学课堂上的听课，而是有幸接受他的一对一辅导。

时间在1974年的秋季，当时还没有恢复高考制度，但是已经有从工农兵中选拔的学员来校学习。他们来到学校的任务似乎不是真正地读书学习，那时叫"上大学、管大学、改造大学教育"，简称为"上管改"。那时的"军宣队""工宣队"对所有老少老师，统称老这个老那个。我们中文系进行过一次以“法家文艺思想研究”为选题，“以研究带教学”的特别教学，在一个工农兵学员班里进行。那时老师也没有资格正式地对学生进行教学，而是由青年老师辅导、学生进行写作——其实也还是得由老师动手。任务是一个作家分到一个组。被选为法家的古人有荀况、韩非、王充、曹操、柳宗元、刘禹锡、李贺、王安石、李贽、王夫之、龚自珍等十一人，我分到了龚自珍。我一向喜欢啃硬骨头，认为龚自珍研究虽然有难度，但是有文章可做。我要写一篇论文，并且组织学生对龚自珍的诗文进行一次选注。

以我那时的阅读能力，读懂龚自珍是有困难的。孟祥照先生告诉我，可以请教韩文佑先生。当我找到先生，问能不能给我讲一讲如何阅读龚自珍时，没想到的是，韩先生很痛快地答应辅导我。其实，他能够给我讲一两次也就是求之不得的奢望了。他见我问的问题很多，也肯于细心地听他讲解，便一口答应可以每天下午给我辅导。我说，您的身体太劳累，这样行吗？他坚持说，他愿意辅导我。我真是高兴得不知道说什么好。

这时候，中文系已经搬到了学校本部南院。韩先生同高熙曾先生同住在十多平米的一间小平房宿舍。那是一间透风漏气、周围也很吵闹的简陋平房。那一排平房住着好几位老先生，黄绮、李文秀等也在那里住。房前面是低洼的地面，安着几个不能打球的破篮球架子，风一刮就“唧唧”地响。春天里没有花，到夏天荒草疯了似的长高，完全可以放牧牛羊；一下雨，门前成为水乡泽国，青蛙的叫声不绝于耳，蝗虫、蟋蟀能蹦到室内光顾。站在门口，似乎可以观景，可以养鱼，但是眼前一片汪洋，出门就得趟水。这算什么宿舍呢？

在这样的房子里，靠近北窗，我坐在他的对面，听他讲近代文学与龚自珍、林则徐、章太炎、梁启超、王国维。

韩先生讲龚自珍，并不关心他是不是法家，我也不在这方面生拉硬扯，我也不认为他就是个法家。龚的著作包括舆地、经学、诸子、佛学、文学几个大部分。《龚定庵全集》有王文儒《序》云：

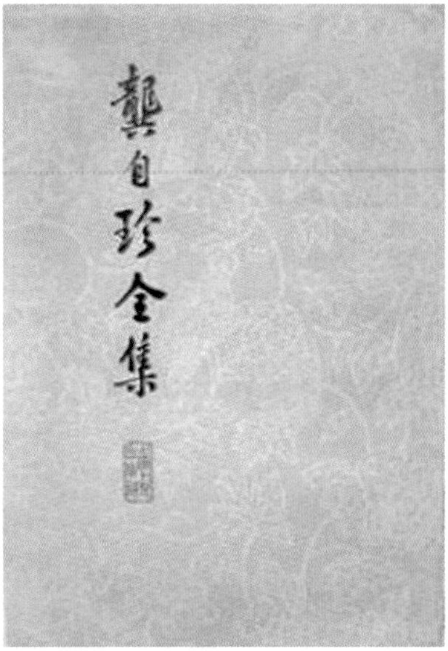
《龚自珍全集》书影

清至嘉、道，学凋文敝，索索无生气。定庵乃崛起于其间，经研《公羊春秋》，史熟西北舆地，文宗诸子，奥博纵横，变化不可方物。诗亦浸淫六朝，而出清刚隽上，自成家数。晚尤耽心禅悦，游目释藏，故所作多大彻大悟之言。沿及同、光，风尚所趋，尊为龚学。

看到这些我才知道那时已经有“龚学”之说。《龚定庵全集》的序中，最好的一篇是仁和曹籀的长序，称龚自珍是“嵚崎磊落之才”，是百年难得一见的才人，“前不见古人，后不见来者”。他用《明良论》和《尊隐》的句式，称：“其人其文，卓然大家，宜其上下五百年，而独有千古。呜呼！天之生才，不亦难乎！盖慎之又慎矣。”这些评介文字，我读后非常吃惊，也给了我读龚自珍的深厚兴趣。

先生给我讲的是研究龚自珍的政治思想和文艺思想相关的文章。他让我先得看看《龚定庵全集》书后附录龚的“同县后学吴昌绶”编的《定庵先生年谱》，了解生平事迹，也让我注意他的《己亥杂诗》，那也是他以诗体写成的生平录。他说可以主要读与文学有关的那些文章，但是别的方面的文章最好也读过，不然没法了解整个作家的思想和学术观点。

说到龚自珍的文艺思想，应该重视几篇文章：《长短言自叙》《写神思铭》《京师乐籍说》《述思古子议》《病梅馆记》，这几篇先生都给我一字字地串讲过。韩先生说，《长短言自叙》说的是文学的尊情观，人有情难锄，只好尊情、宥情。

情孰为尊？无住为尊，无寄为尊，无境而有境为尊，无指而有指为尊，无哀乐而有哀乐为尊。情孰为畅？畅于声音。声音如何？消瞀以终之。如之何其消瞀以终之？曰：先小咽之，乃小飞之，又大挫之，乃大飞之。始孤盘之，闷闷以柔之，空阔以纵游之，而极于哀。哀而极于瞀，则散矣毕矣。

这些话是龚自珍对自己的《长短言》而说的，其实他是借题发挥，他并没有《长短言》这个诗词集，借此对抗理学的“存天理、灭人欲”之说，顺便就说到了文学的本质方面。情既然不能灭，那就应该受到保护——“囿”即保护。龚自珍的《写神思铭》也说到心灵：“心灵之香，较温于兰蕙。神明之媚，绝婍乎裙裾。”将刘勰的《文心雕龙·神思》说得更形象了。

韩先生认为《京师乐籍说》是一篇极精彩的文章，批评的是历代统治者钳制知识分子的方法。文章批评功令文，说八股文是禁锢人才的。

言也者，不得已而有者也。如其胸臆本无所欲言，其才武又未能达于言，强之使言，茫茫然不知将为何等言；不得已，则又使之姑效他人之言；效他人之种种言，实不知其所以言。于是剽掠脱误，摹拟颠倒，如醉如寱以言，言毕矣，不知我为何等言。

几句话就说出了八股文违背了文章应该直抒胸臆之法，而变成了沽名钓誉之具。这样下去还会有什么好文章？我说：那么文章开始故意地说几个“闻之”也是影射八股文的陈陈相因的。先生说“说得正是”。联系到《病梅馆记》假借批评文人画士和鬻梅者，影射了社会政治对人才的禁锢：“有以文人画士孤癖之隐明告鬻梅者，斫其正，养其旁条，删其密，夭其稚枝，锄其直，遏其生气，以求重价，而江浙之梅皆病。文人画士之祸之烈至此哉！”晚清时期，有文字狱，把话说到这个程度已经够大胆了。《病梅馆记》最后说到社会对人才的摧残，也是自己对解放人才的理想：“誓疗之：纵之顺之，毁其盆，悉埋于地，解其棕缚；以五年为期，必复之全之。”这也是借解缚梅花，来说人才应该解放。韩先生很详细地给我讲了龚自珍的《杭大宗逸事状》，我觉得龚自珍先生的内心是压抑的。杭世骏因为上书谏议“朝廷用人宜泯满汉之见”，差一点被杀头，后被人以“狂生”的理由保出来后，却不明不白地突然间死了。韩先生猜测很可能是官方派人给杀死了。杭世骏是很有学问的人，可能是给害死的。

韩先生因此推断，龚自珍南归以后，突然间死于云阳书院，也很可能是让人给暗害了。先生告诉我，可以读一下龚自珍的《跋破戒草》，可见他一边作诗，一边说戒诗，觉得诗的力量实在是太小。他一生戒诗有两次，第一次在嘉庆二十五年（1820年）秋，他二十九岁时。这一年他第二次参加会试落第，以举人选为内阁中书，还未就职而南归，诗人的思想受到打击，加之对佛教萌发兴趣，在前一年的诗中写"梵史竣编增楮寿，花神宣敕赦词精"（《梦得"东海潮来月怒明"之句，醒，足成一诗》）的句子，是年写的《驿鼓三首》中有："书来恳款见君贤，我欲收狂渐向禅"的句子，看得出他有学佛逃禅的思想。逃禅以收"狂"，收"放心"，强力泯灭脑海中的幽情遐想，使得自己易于奔腾激动的心平静下来，排除纷沓的思绪，向禅悦中去求心灵的解悟和超脱。正是在这种思想的驱遣下，他有了第一次的戒诗。其《戒诗五章》之一说：

百脏发酸泪，夜涌如原泉。
此泪何所从？万一诗祟焉！
今誓空尔心，心灭泪亦灭。
有未灭者存，何用更留迹！

他一生不断地焚功令文，也不断地戒诗。《戒诗五章》中有"戒诗当有诗，如偈亦如喝"的诗句。《从春徂秋……十五首》中有"戒诗昔有诗，庚辰诗语繁。第一欲言者，古来难明言。姑将谲言之，未言声又吞。不求鬼神谅，矧向生人道"的诗句。他的诗写得不通俗，不大好懂，那就叫"清深"："欲为平易近人诗，下笔清深不自持。洗尽狂名消尽想，本无一字是吾师。"（《定庵集外未刻诗》）

韩先生说，文言文的难懂，在很多时候并不是因为词语难，而是思想距离我们有些远，如龚自珍的四篇《明良论》《古史钩沉论》《尊隐》《尊史》等。韩先生用了两个下午的时间给我讲这些文章，他讲得很快，我似懂非懂。回来后我又反复地读这些好文章，学习这些经典的文章，逐渐了解了龚自珍的民主思想、士的思想。西汉董仲舒在《春秋繁露》中说："《春秋》分十二世为三等，有见，有闻，有传闻；有见三世，有闻四世，有传闻五世。"到了东汉何休《公羊解诂》又以衰乱、升平、太平释"三世"。龚自珍说的"深于《春秋》者"就是指的今文经学派的董仲舒、何休。所以龚氏按公羊三世说，把社会分为"治世、乱世、衰世"，而认定晚清的中国已临衰世。其在《乙丙之际箸议第九》中说了衰世的特点："衰世者，文类治世，名类治世，声音笑貌类治世。黑白杂而五色可废也，似治世之太素；宫羽淆而五声可铄也，似治世之希声；道路荒而畔岸隳也，似治世之荡荡便便；人心混混而无口过也，似治世之不议。"再说衰世之无才人："左无才相，右无才史，阃无才将，庠序无才士，陇无才民，廛无才工，衢无才商，抑巷无才偷，市无才驵，薮泽无才盗：则非但鲜君子也，抑小人甚鲜。"

读这段文章，我越读越感受到韩先生之所以重视此文，是发现它有现实意义，至少是我与韩先生也有隔代而心灵相通的感觉。在那个史无前例的浩劫中，有多少人才被扼杀，有多少人的心灵被屠戮？跟从韩先生读书，让我大开眼界，思想的门被打开了，有周身通透之感。后来我在论述鲁迅思想的时候，就使用过龚自珍这些深刻的话。

有一次，我读了《乙丙之际箸议》的系列文章后，对韩先生说，定庵的文气真好，像诗一样美。先生立刻给我讲解了《尊隐》中的一段："日之将夕，悲风骤至，人思灯烛，惨惨目光，吸饮暮气，与梦为邻……不闻余言，但闻鼾声，夜之漫漫，鹖旦不鸣，则山中之民，有大音声者，天地为之钟鼓，神人为之波涛矣。"先生读完眯着眼说，这文章写得多好，多有气势！别人写不出。

说到文气，韩先生不只一次地强调让我好好地领会《己亥杂诗》中龚自珍评陶潜的一组诗：

陶潜酷似卧龙豪，万古浔阳松菊高。

莫信诗人竟平淡，二分梁甫一分骚。

陶潜诗喜说荆轲，想见停云发浩歌，
吟到恩仇心事涌，江湖侠骨恐无多。

陶潜磊落性情温，冥报因他一饭恩。
颇觉少陵诗吻薄，但言朝叩富儿门。

韩先生从诗中特别看中的是文艺思想。先生说，龚自珍一生写的诗应该比留下来的多得多，大部分散佚了。这三首诗的文学思想很独到。韩先生说，诗中能够看出陶渊明的人性光明磊落，有个人的人格。我因为看过《鲁迅全集》，能够理解这三首诗，我说，陶渊明好像是个平淡的隐士，这是表面，定庵说他有“二分”诸葛亮的用世立功的一面，也有“一分”不得用世的压抑和牢骚。陶公有侠气的一面，这是个发现。记得鲁迅先生评论陶渊明并不是整天“静穆”，也有“金刚怒目”的一面。如《读〈山海经〉》中有“刑天舞干戚，猛志固常在”，就是明显的例子。韩先生是鲁迅通，他立刻就说“是的”，并且说第三首指的是陶渊明《乞食》中的“感子漂母惠，愧我非韩才。衔戢知何谢，冥报以相贻”。我说是不是鲁迅也受到过龚自珍的影响，韩先生说很可能，但是鲁迅没说过。我喜欢读鲁迅的书，正好可以向韩先生请教问题。

韩先生教我阅读的方法，于是我便努力多多地浏览近代思想家和作家的作品。此后，我收集过魏源、曾国藩、阮元、林则徐、秋瑾、王国维、梁启超、黄遵宪、康有为、严复、林纾、陈衍、吴梅、刘师培、章太炎等人的作品，并把这些人的作品给学生讲授。这样我便更理解了龚自珍“但开风气不为先”的思想。

我的论文《论龚自珍的爱国主义诗歌》很快地写完了，还对龚的二十多篇诗文做了一套注释。我自己学习到了很多，我的学生也有提高。这一段故事我很少跟别人说起。在那个特殊的年代，并没有几个人把老先生的学问当回事，也没有几个人承认他们的学问。我想韩先生能够牺牲自己的很多休息时间辅导我，也是他发现我们师生间有心灵的交汇。他了解我不是个胡说八道、胡思乱想的后学。

后来我听说，韩先生曾经给人辅导过《鲁迅全集》，让我大吃一惊，后悔当时没有更多地向他请教鲁迅的相关问题。他对鲁迅的作品了如指掌，能够把古今文学打通，贯穿起来。张中行曾说过，像韩先生这样有丰厚的学养并能自由驾驭的学者是不多见的。韩先生是个真正的学者。

六、韩门立雪

1979年，我第二次成为韩先生的入室弟子。那时，我们学校为青年教师举办了一个古典文学进修班，韩先生给我们讲古代散文，讲唐诗。听课的有詹福瑞、韩成武、刘淑学、申德纪、石宝田等，也有天津的老学生陶德臻等，把一间不大的屋子坐得严严实实。

我们就住在天津马场道河北大学的东院原址楼里，为照顾韩先生，我们到他家里听课。韩先生过去在中文系讲过很多课，主要是历代散文、唐宋诗文，他后来做研究生导师给研究生指导过的论文多是唐宋这一段。我们知道，过去的大学里文学课是不分家的，韩先生哪一段也能讲，我觉得他讲现代文学也行。

韩先生那时住的仍然是“文革”前河北大学北后院西湖村西的筒子楼老房子。他每周四、周六上午给我们上课半天，先讲唐诗，后来讲了散文。我们几个青年人，不管刮风下雪，总是在早晨8点钟以前来到韩先生的家门外静静地等候。冬天里站在寒风中，脚下还真的有雪，我们戏称是“韩门立雪”。这样说并不是觉得辛苦，而是一种幸运和雅趣。

我们总是在7点55分的时候来敲先生的门。师母开门后，房间里面有韩先生和他的女儿韩珊晨、女婿朱思俞。我们一年的进修中，前半年听先生讲唐诗，他让我们准备的教本，是人民文学出版社的《唐诗选》上、下册。他也不全讲，而是自己随意选一些典型的篇目。他先让我们看注释，讲一下诗中的典故和词语，用主要的时间说作品的精彩之处何在，一边讲作品内容，一边也说一些作者的生平故事。韩先生对古书里的名句、典故随口道来，准确无误。我们问他怎么记得这么清楚。他说：“都是小时候背诵的，许多的书到了现在还能背诵下来。”此事对我们的触动很大，我虽然已经不是“小时候”了，但也决心坚持多多地背诵。

韩先生讲得比较细的是两种作品：一种是艺术上特别好、有故事可说、历来为人称道的，另一种是里面的文字比较难、需要做很多解释的。

韩先生讲杜甫，特别重视《北征》的长篇叙事和入声韵的使用。韩先生说：“诗中充分表达了诗人的沉郁顿挫的感情，曲折庄严。他恰当地用入仄声韵，而且一韵到底，很好地衬托出庄严之情。”韩先生让我们看钱先生的《旧文四篇》中的《通感》，并且对钱先生大加赞赏。韩先生讲课从来不说“我认为”，而总是介绍前人的说法、学界的观点，引导我们思索问题。

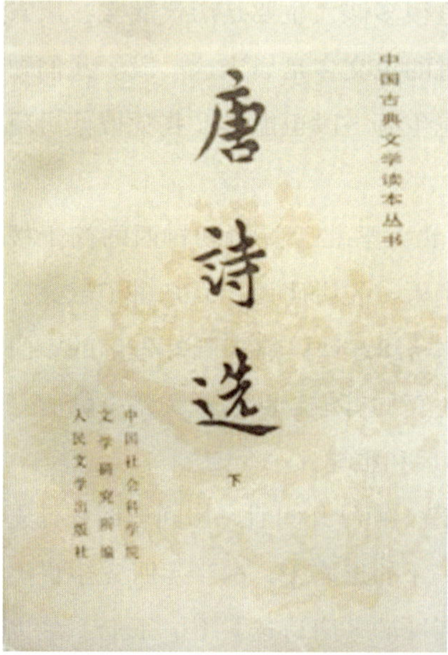

笔者当时使用的教材

说来很让人吃惊，韩先生比钱锺书长三岁，与钱先生竟然是同学。钱锺书是1933年于清华大学外国语文系毕业的，而韩先生也是这一年肄业于清华大学外国语文系。韩先生比钱先生低两个年级。韩先生了解钱锺书，那是很早的事。韩先生给我们上课的那个时候，《管锥编》还没有出版，所以钱锺书的有些观点可能也来自周振甫的一本极普及的书《诗词例话》。那是20世纪70年代学者们手里几乎人手一册的书——里面引用了很多钱锺书先生的成果。

1979年后半年，韩先生先给我们讲散文作品，用的是中国青年出版社的《历代文选》做教本。他先后讲过《滕王阁诗序》《师说》等散文。许多文章我们读过，但是那里面几乎全是名句，听先生的讲解会有新的收获，过去没有背诵过的，也还是想背诵下来。

韩先生讲了韩愈的《师说》。先生说，老师的任务是“传道授业解惑也”，老师是重要的，但是“惑也并非全是老师给解决的”。讲到“师道之不传也久矣！欲人之无惑也难矣！古之圣人，其出人也远矣，犹且从师而问焉；今之众人，其下圣人也亦远矣，而耻学于师。是故圣益圣，愚益愚。圣人之所以为圣，愚人之所以为愚，其皆出于此乎？”时，韩先生说，这些话都有偏见，韩愈只是专一地强调师之重要，他自己不会没有体验。韩愈的文章，婉转刻意，写得尖锐但不全面。这些话当时就发人深思，现在看看笔记上的话，更佩服先生的锐利思想。

韩先生讲了《〈张中丞传〉后叙》，他说这是表彰安史之乱中死守洛阳的名将张巡和许远的，是韩愈读了李翰的《张中丞传》后作的补充和辩冤。先生说，李翰的传中，没有记许远的事迹，也未记雷万春事，可是韩愈的文章也没有说到雷万春事，这里可能抄写有错误。文章最末一段揭露官场黑暗，与本文无大关系，但是有意义。

他还讲过《祭十二郎文》，这是韩愈祭侄子十二郎的祭文。韩愈幼年丧父，由哥哥嫂子抚养长大，十二郎是哥哥韩介的儿子。文章不用骈体文的形式，近于白话，叙述了一系列往事回忆，悲从中来，不可断绝。可以想见唐代的口语也是明白好懂的。作者以向着逝者诉说的口吻写成文字，哀家族之凋落，亦哀自身之未老先衰，哀死者未壮而早夭，文中疑天理、疑神明、疑生死之数，乃至疑后嗣之成立，极写内心辛酸悲恸，真是一篇好文章。韩先生还让我们了解这种祭文的写法有一定的规范，却也有不同的语式设计。

《柳子厚墓志铭》是碑铭体文章，表达了韩愈对柳宗元参加王叔文集团并不称赞，说是“不能自持”，就是把握不住自己。但是柳不媚权贵，刚正不阿；被贬后，很关心人民的疾苦，对朋友也很义气。文章对此有很公正的评价。

后来，韩先生略讲了柳宗元“自肆于山水间”而写的《小石潭记》，让我们注意，开头是写发现小潭的经过，引导我们走向小石潭。“水尤清冽”之后，虽然写的是水清，但是没有用一个“清”字。这就是文章之妙——以虚写实。韩先生还给我们讲过李清照的《金石录后序》，这也是我早就读过且特别喜欢的文章。我不仅喜欢文章，也喜欢李清照、赵明诚夫妇雅致的生活。另外，韩先生认为文章并不算短，但李清照文字之典雅和洗练是很让人佩服的。

每次课都是整整的半天，先生娓娓道来，我们如坐春风。中间休息一小会儿，先生还继续同我们聊天。早就有人说，先生的“题外话也是学问”。全部课上完，先生总是彬彬有礼地送我们出门，直到楼下。

我永远不能忘记的是先生给我们讲《严先生祠堂记》，这是范仲淹《岳阳楼记》外又一篇好文章，是记写“光武帝故人”严光的祠堂的。其中有四句歌词：“云山苍苍，江水泱泱，先生之风，山高水长!”韩先生特别喜欢，读过之后头向后仰着，连声说：“写得真好！”我当时就想，韩先生之风，也正是“云山苍苍，江水泱泱，先生之风，山高水长”，能够让我们永远记得。

韩先生1991年7月4日病逝，7月8日，我们向先生告别，天浓云密布，骤降大雨，天地同悲。追悼会后，雨立即停止。在送别韩先生的追悼会上，我向先生深深地行礼，心中是悲凉，是温暖，全有。我对先生的敬仰是由衷的，永久的。

韩先生的身体不算强健，到了他感觉特别衰老的那一两年，他就不断地默默地整理自己的书，并偷偷地写了遗嘱，锁在了自己的抽屉里。一个偶然的机会，他对自己的女儿说："我的遗嘱写好了，就锁在抽屉里，我走后，你再看。"珊晨很不愿意听，"爸爸，你怎么这样，您不是挺好的吗？"后来，她看到的父亲的遗嘱，并没有写财产的处理，他一生也没有积下多少财产，但是先生一生爱书，他的藏书十分珍贵。他在遗嘱中写了其中哪些旧书比较珍贵，哪些如何处理，告诉家人应该如何对待。

李离先生告诉我，韩先生去世时，有人称赞韩先生是"做人特别自觉"。李离先生译了一下：用天津话说就是"觉闷"。韩先生的女儿珊晨立刻不高兴地说："我爸爸那不叫'自觉'，那叫'自尊'。"知父者莫若女也。自尊，正是韩先生的做人特点，他从来都尊重别人，也尊重自己。

黄绮先生

黄　绮：
语言学家的学术与书法家的艺术

◇刘玉凯

黄先生1940年西南联大毕业照

黄绮先生于2005年12月23日病逝。他是我大学时的系副主任，是我的老师。他年轻时身体不是很健康，越到晚年却越显出生命活力。我曾预言他能轻而易举地活到一百岁。这样说是因为他特别重养生之道，从年轻时候他就说，自己身体不好，所以不让自己累着。

黄绮，号九一，安徽安庆人，1914年5月生，1940年毕业于西南联大中文系语言文字专业；1941年至1942年在清华大学文科研究所做助理，并为西南联大中文系助教；1942年至1945年在北京大学研究院文字专业学习；1943年至1944年曾在中法大学中文系兼任教学工作；1946年至1949年在安徽大学中文系任教；1951年至1981年在河北大学中文系任教，曾任系副主任兼语言教研室主任；1981年后在河北省社会科学院工作。

黄先生从来不急于求成，凡事慢慢来。他说话声音清晰，略有沙哑，从来不高声说话。他走路也从不赶程，太极拳天天坚持，风雨无阻。看他的气色也让人觉得他并不像个老人。有人说写字是一种养生之道，可能也有道理。他的突然病逝，让我有点意外，虽然我知道他病得很久了。

我们都把黄先生名中的“绮”读作“qí”，他曾多次给大家纠正，说那个字应该发“yī”音。黄先生研究古文字学，他说的应该不会错。我想，他的名字大概出于陶渊明《桃花源诗》“嬴氏乱天纪，贤者避其世。黄绮之商山，伊人亦云逝”。“黄绮”两字隐指两位隐士，即绮里季吴实、夏黄公崔广二人，他们是商山四皓中之二人。商山四皓是指秦末汉初博士东园公唐秉、角里先生周术、绮里季吴实、夏黄公崔广。他们因不满始皇暴政，避乱隐居商山。他们不慕高官，清白自守，为历代士庶所敬仰，出山时都八十有余，眉皓发白，故被称为“商山四皓”。商山四皓名气很大，后来的诗文中常常提到，如李白《东武吟》：“闲作东武吟，曲尽情未终。书此谢知己，吾寻黄绮翁。”

黄先生一生爱好广泛，而且许多方面很精通。不知道别人怎么评价，我个人认为他的学问第一，篆刻第二，书法第三，诗词第四，绘画第五。黄先生去世后，石家庄市建了一个纪念馆，以表对先生的崇敬之情。纪念馆很

黄先生坐像

好，但我总觉得先生的坐像不够理想——看上去满面愁容，似乎没有先生那种精神气。

一、黄绮先生的学问

黄绮先生一向注重保养身体，当然他也有保养的条件。我第一次见到他的时候，离现在五十多年了。他那时才五十岁，但是，已经是老先生、老领导了。他是以系副主任的身份给我们大学新生讲治学之道的。他走进教室时，大家被他的风度镇住了，一时很惊奇。他细高的身材，走路慢悠悠的，却很有节奏。他穿着考究，衣不沾尘，面容清峻，头发卷曲而乌黑，面孔严肃。他的眼神高傲，好像对一切都不屑一顾似的。但他并不凶，在适当的时候也会笑一下，露出他的高雅不俗。那时候他这样有身份的教授，出来上课都会有人陪着，给他提包、端水、擦桌子、搬椅子，还负责给他板书。于是我第一次领教了什么是教授。我没有觉得他可笑，倒照出了自己从乡下来的野小子的土头土脑。那时对先生的感觉，用现在的一个俗词说就是：真牛!

记得他讲的是“约—博—约”的治学理论，我们听得似懂非懂，但是很有新鲜感。他说：“学问之道就是始于约，继而博，再由博返约。”就是先要少而精，由精至于广博，在广博的基础上再集中于一方面深入研究，如此反复。这些话对于刚刚入学的大学生来说是有点深奥幽玄了，当时觉得有隔世之感。所以后来在“文革”中，有人贴他的大字报，说他思想守旧。还有幼稚逞能的高年级学生给他画了漫画，讽刺黄先生弹奏一张琴，琴弦上发出的正是“约—博—约”的曲调。

其实，他说的实在是对的。这是让我能够记忆终生的治学金玉良言。当我带自己的研究生时，讲了清代著名学者章学诚的《文史通义》，才发现，黄先生所讲正是他的理论：

学贵博而能约，未有不博而能约者也。以言陋儒荒俚，学一先生之言以自封域，不得谓专家也。然亦未有不约而能博者也。以言俗儒记诵，漫漶至于无极，妄求遍物，而不知尧、舜之知所不能也。博学强识，自可以待问耳。不知约守，而只为待问设焉，则无问者，儒将无学乎？且问者固将闻吾名而求吾实也，名有由立，非专门成学不可也，故未有不专而可成学者也……学必求其心得，业必贵于专精，类必要于扩充，道必抵于全量，性情喻于忧喜愤乐，理势达于穷变通久，博而不杂，约而不漏，庶几学术醇固，而于守先待后之道，如或将见之矣。

在那个蔑视学术的年代，黄先生还在执着于学问，津津乐道地谈学术、讲治学，那种“不合时宜”，正好说明了他的不失赤诚之心。

那时我们还特别查过黄先生在本校学报上发表的学术论文，诸如《关于上古汉语鼻音尾的问题——扬雄方言音辨问题之一》等多是论音韵学的，我们根本不懂，横着看，纵着看，也不知道是什么意思，觉得研究这些东西，实在是太深奥的学问，不知道自己将来能不能学到这些看来一点用处都没有，而且让人望而生畏的学问。后来听说他一直在搞《说文》研究，也找到了他的专著《说文部首讲解》。从20世纪70年代，他就预告自己将出版一部大书——《说文解字三索》，但是迟迟未见，有人怀疑他是不是真的能写出这部书。二十年后的1994年，《说文解字三索》一书终于出版了。这部共三卷、一百多万字的巨著，全部是请抄写工一个字一个字抄出来的，字体隽秀，令人十分惊奇。他多年致力于《说文》研究，终于将成果贡献给学界。这不仅表现出先生执着于学术研究的功力和顽韧精神，也顿时澄清了人们对他的种种怀疑。黄先生的治学历程可以让我们相信：一个学者致力于一项研究需要有义无反顾的精神，别人的议论和猜测大可不必在意：学者应该做的事情只有一件，那就是要以自己的努力证明自己的价值；只要自己有实力，早晚会让那些说闲话的人闭嘴。

黄绮先生常说自己是闻一多的助教，大家觉得他将此事挂在嘴边，有攀附名人之嫌。我也曾经有此看法。因为他极少说他是唐兰的研究生。唐兰没有闻一多的名气大，但是也是一位了不起的大学问家。

唐兰（1901—1979），著名学者、文学家、金石学家。1929年，唐兰在天津主办过《商报》的《文学周报》以及《将来月刊》，后来在北京大学、清华大学等校任教，1939年入西南联大任副教授、教授，黄绮先生就是在那时候做了他的研究生。新中国成立后，唐兰调入故宫博物院任研究员等职，后任副院长，1979年1月逝世。他从事教育和科研工作五十多年，在广泛的学术领域有独创性贡献，如古文字学、古代史、青铜器研究。他将文字学、历史学、考古学等诸多学科有机地联系起来进行研究，显示了他的博学和创造精神。他在音韵学、诗词、绘画、书法等方面也有很深造诣，其著作有《殷墟文字记》《古文字学导论》《天壤阁甲骨文存并考释》《中国文字学》等。黄先生从他那里学到了很多东西。

黄先生在河北大学的时间很长。他是中文系语言学硕士点最早的导师，为这个不大热门的专业培养了许多人才。他在四十余年的教学和研究中，涉及现代汉语和古代汉语的语音、文字、词汇、语法等诸方面，在音韵和文字研究方面尤见功力。他讲课、研究问题，均有自己独特的学术见解，不盲从，不迷信。现在这个硕士点上的大多老师都是他直接或者间接的学生。他治学严肃而认真，从来一丝不苟。他的学风影响了他的研究生，在这方面他的成绩是很大的。我没有研究这门学问，但是喜欢书法、绘画、篆刻，也是受他的影响。

检录黄先生的著作，属于文字学的论著有《部首讲解》《解语》《说文解字三索》，论文有《双音节词次序的颠倒及其意义的侧重》《上古汉语动词前后代表边音音节的“来组”字》《关于上古汉语鼻音尾的问题——〈扬雄方言音辨〉问题之一》《论声母分合——〈扬雄方言音辨〉问题之一》《论古韵分部及支、脂、之是否应分为三》《之鱼不分，鱼读入之》《论汉隶表音对形声的冲击》等二十余篇，书法著作有《黄绮·当代书法家精品集》《黄绮书法刻印集》《黄绮书法论文集》《书法题跋》，还有诗集《归国谣·无弦曲合集》等。

我把黄先生的书法排在他一生成就的第三位，不是看不起他的书法，而是要说明，他的书法源于他的学问。要明白他不是一个世俗意义或者流行文化意义上的会写毛笔字的人，他的书法的成功全是学问滋养而成的。

二、书法、篆刻、绘画

黄先生说，他从五岁开始练毛笔字，用一碗白水当墨，用棕毛绑在竹棍上当毛笔，在砖上写，练得很苦，但从小学到中学从未间断过，在大学教学期间也坚持不辍。在一首词中他写到了自己的师承：

学字从唐始，入晋自无难。忽然特喜汉魏，濡笔几多年。抛弃斯翁纤弱，沉醉两周六国，姿态重如山。殷契近兵史，取彼利刀尖。　好奇险，贪丑拙，不需妍。不择毛锥软硬，触纸间方圆。回到宋元涉猎，顿悟有清知变，大胆叛前贤。篆隶草行简，融我笔毫间。

他认为学书法还得从唐人学起，再学晋之二王，偶尔也临写汉魏碑帖。他既道出了自己的学书过程，也给后人指了一条书法进学之路。

黄先生总结的“观察、临摹、修养、顿悟、创新”是书法的五项准则。他又提出“守法、破法、立法”，坚持创新。他曾经说过书法靠悟。他说，比如，我自己在走路时忽然间看见墙上的泥点和墙的形状，就想到相似的书法笔画。他说得很对，古人曾说过从舞蹈、武术、云影、树影中得到启发而悟得书法的奥秘。伍尔芙夫人有过一篇文章《墙上一点痕迹》，说的是艺术的联想。这篇文章的中文本是叶公超先生翻译的，当年刊于《新月》四卷一号（1932年9月）上，那时黄先生还未到西南联大，但是说法那么一致，我疑心他是后来读到过的。文章中就说到从墙上的一点痕迹，勾起自己的一系列联想。叶公超先生为此评论道：“一个简单意识的印象可以引起无穷下意识的回想。这种幻影的回想未必有逻辑的连贯，每段也未必都完全，竟可以随到随止，转入与激动幻想的原物似乎毫无关系的途径。”这是真正懂得艺术真谛的话。书法家的成功固然在于苦练，但是感悟、领会比苦练更重要。我欣赏黄绮先生的长卷，他为悼念闻一多先生，用三年时间书写的《妙法莲华经》长卷，还有他的《长恨歌》《琵琶行》两幅长卷等作品都已经成为传世

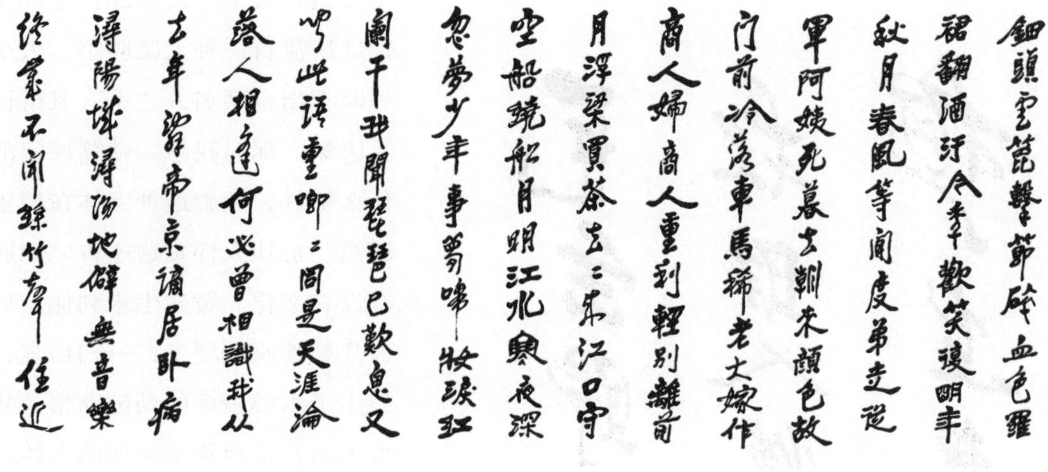

黄先生书法手卷《琵琶行》（局部）

佳作了。

说来也许有人不相信，我同黄先生有多年的交往，应该说有很好的师生加朋友的关系。他在河北大学工作的时候，总是将我视为学生和朋友，我无论何时都可以径直进入他的房子同他聊天，特别是他住平房的那些年。他看我来了，也不会把我当作客人。他在那里做他的事，用不着起身同我寒暄。我同他谈诗，谈书法，谈碑帖。我去他那里就是为了欣赏他写字的神情和姿态，我觉得这与顿悟书法关系极大。我甚至觉得没有看过书法家怎么当场用笔挥毫，怎么张弛有度地运动线条、处理点画、安排结构，就无法真正懂得书法的奥秘。

我有很多机会向他求字，我也相信他会答应给我写字，不论是多大的字。我竟然没有保存他一幅字。其原因很简单，我学他的方法，不想学他的字。这样说无论如何有些不够恭敬，也不合时宜。其实，不喜欢黄先生字的大有人在，这不会影响黄先生书法的名气。我知道，随着黄先生的影响大起来，原先对黄体不看好的人也改了口，从说是非到转而开始向他求字，称赞他的字如何如何前无古人后无来者，其实无非认为他的字很值钱而已。

曾经有一个时期，我写字很受黄先生的影响，都是从随处可见的黄先生题字学来的。当时保定小城里影响很大的几个自称书法家的人，字都很差，

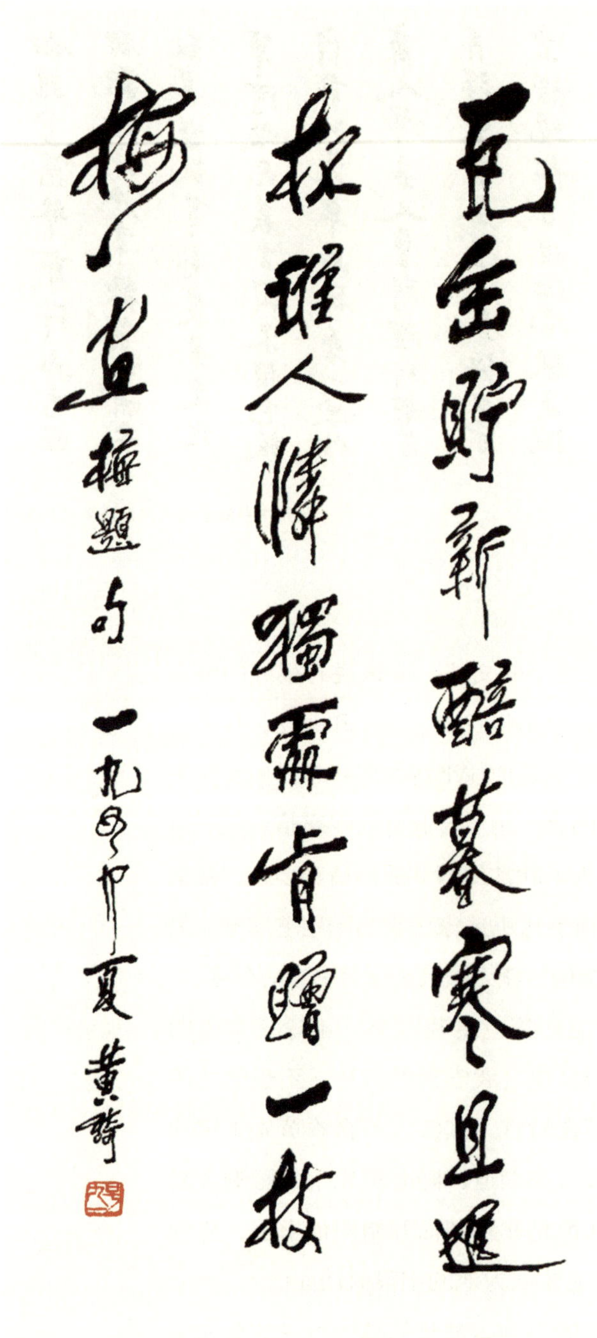

黄先生的书法作品

不入道者极多。比如20世纪70年代这里流行一种大肥胖字，大小牌匾都出自某名人之手，丑得让人厌烦。那时我想，就算保定的什么都好，凭着这种字体在城里泛滥，也让人怀疑这座古城到底有没有文化。黄先生来到保定后为几处牌匾的题字，一扫俗气，显出了出类拔萃的劲健高格。我也不由自主地临摹过他的书体，甚至写得有点像黄体了。我发现这件事后，深深地讨厌自己的没出息，所以就不愿意让这种影响继续下去了。

其实我并不是看不起黄先生，是因为我对书法有自己的偏好。我一贯认为，中国的艺术不是所有的东西都在不断进步，不断提高，有许多艺术发展到了高峰就难以超越了，即使有人能够超越，也只能属于个别现象，不会有普遍性。书法作为中华民族的一种艺术，最光辉的时代早已经过去了。就好像近体诗，我们无论如何也不会超过唐人。鲁迅在给杨霁云的一封信中说过："我以为一切好诗，到唐朝已被做完，此后倘非翻出如来掌心之

‘齐天大圣’大可不必再动手了。”我们今人的书法，是不能同古人相比的。中国的书法艺术鼎盛时代既然已经过去了，我们学习书法就只能学习古人，而不是今人。我不反对学校开设书法课，但那不是让学生向老师学习，而是引导学生向古代大师学习。黄先生有不止一个弟子执意学习他的风格，亦步亦趋，甚至可以乱真，我觉得很可笑。这也并非黄先生所愿意的结果。因为他说过“师我者死，似我者生”，这是说师承他的书法、不求创新者是死路一条。这是对的。可惜极少有人理解他这句话。

一个人的字，如果已经大致写到看得过去的程度时，成名不成名就决定于书法之外的事情了，那才是“功夫在书外”。我认为，书法家的成名有几种原因：一是要有充分的自信，就是自己以为好——你不肯说自己的好话，别人怎么会说呢；二是要有身份，书法的成名多是由别样的原因在起作用，地位高，字自然贵，如大官、作家、诗人、词人、画家，没见过一个乡间秀才能够成为书法家的；三是要有人炒作，我们现在能找到不少例子说明，某人字并不出色，而名气大得让人受不了。

对于黄绮先生的书法，研究的人不少。他的一个学生还专门出版了研究专著《黄绮书法论稿》，洋洋洒洒二十多万字。书的作者不是书法家，也并不想在这条道上出世，但是下了很大功夫研究书法艺术，真是勉为其难了。

我认为那本书写得极为认真，很多地方运用了美学和艺术辩证法分析黄先生的书法作品，是我没想到的。书中出于对自己老师的敬仰，写道：“20世纪中国书法界的最大成就是产生了黄绮的书法理论，它标志着中国书法以实用为主要目的的自为艺术时期的结束，和以欣赏为主要目的的自觉艺术时期的开始，标志着中国书法从此将作为形态完备的门类艺术而与其他艺术形式相并列。”黄先生见到这本书之后，特别有题字云：“××此著有卓见，但愧然不敢当。”这两句话怎么讲呢？我想，书中对他的作品面面俱到称赞，让一向很自负的黄先生都有点受不了。“卓见”是说不囿于世人说长道短，确实有自己的理论研究见解。“不敢当”是谦虚，也是委婉地批评那本书对黄先生的书法说过了头。将一切可以用于书法艺术的夸奖话几乎全堆放到黄先生的身上，此做法可以理解，但不提倡。试想如果著者再写一部论黄先生祖宗黄庭坚书法的著作，应该怎么说话呢？写评论著作尽情地称赞那是容易的，最难把握的是评价的尺度分寸。

黄先生做的许多事情，要是换了我就不会那么做。他申明自己是黄山谷的几十几代孙，我相信这也许是真的，但是，总觉得这是隔世的语言，是多余的交代。重门阀、讲承传、续宗谱，是中国书画家的习惯，今人很少这样表达。可是，现在如果有人反问你：艺术家为什么不可以续宗谱呢？这有什么不对吗？还真把我问住了，我还真是没法回答。

钱绍武先生是现代著名书法家、画家，也是雕刻家。他长期从事美术教育和美术理论工作，他的作品我很喜欢，他的评论我也信服。他曾经评价黄绮先生书法的高雅大度：

理法谨严、笔墨苍健、拙巧互用、章法丰富、书意强烈……熔古今于一炉，根老蕾新，古朴中见雅趣，读之如吃了橄榄，耐人寻味。几十年来，他对中国的古文字、篆刻、书法刻苦研究和实践，并通过创作、教学、出版、展览取得了令人瞩目的成就。

但是钱先生未说明，他的书法与篆刻之间的有机关系是什么。依我看，黄先生的书法最大特色在于充满金石味。他将篆书、楷书、行书、隶书等多种书体熔成一炉，显示了最可贵的硬而不瘦、力而不僵的强大生命活力。他的行书胜于楷书，篆隶书又胜于行书。如果他的行书不是写得过大，也是他的一绝。他的小行书刚劲有力，章法齐整，又变化多端，有刚毅之美，如《琵琶行》。我不喜欢他的大字，不管是“龙”“寿”“醒”“鹰”“鹅”“天行健”“酒催诗”“童心”等，觉得没有一幅是成功的作品。大字实在是难以写好的，黄先生也不例外。黄绮先生的字，有乃祖的雄放瑰奇，但无涪翁那种飘动和秀逸。山谷名作《诸上座贴》，是前无古人后无来者的奇迹。正所谓“龙搏虎跃，不可控御，宇宙伟观也”。

如果评价一个人的书法总要找到一个根基，比如说在金石气、书卷气之间，他属于什么风格呢？我说黄先生的根基是金石功夫。黄绮先生的书法之绝在摹金石，亦病在泥于金石。这特点真是争似闻一多先生了。我见过黄先生创作一幅钟鼎书法的过程。他用的是很浓的墨，绝对不晕染，有些干枯的感觉。他写得不快，字写完之后，在字的肩头、转弯处还数次添加补笔。我当时对此大为吃惊，没见过书法家写字还要补笔的——内行看得出来；补笔后，一挂起来，也会看出补笔处的痕迹。我知道，他在字的肩角处补几笔是为了强调字的挺拔和精神。现在存世的如大字“童心”、篆字“寿”，都有补笔。我想这种做法是来自篆刻的起草。我认为他的篆刻是比书法更为出色的创作。

黄先生在篆刻这方面简直如醉如痴。他生活中离不开那些漂亮光洁、五颜六色的大小石头，这些石头成箱成包，即使不加工也是奇珍异宝。多次搬家，他也没有损失过一块。这让我们立刻想到西南联大时期的闻一多先生，他曾因一时经济上紧张，以刻印挣小钱维持生计。他刻的印现在已经成为稀世珍品了。黄先生赶上了“文革”，篆刻这种艺术一时也不时髦了，但他也

黄先生的书画作品

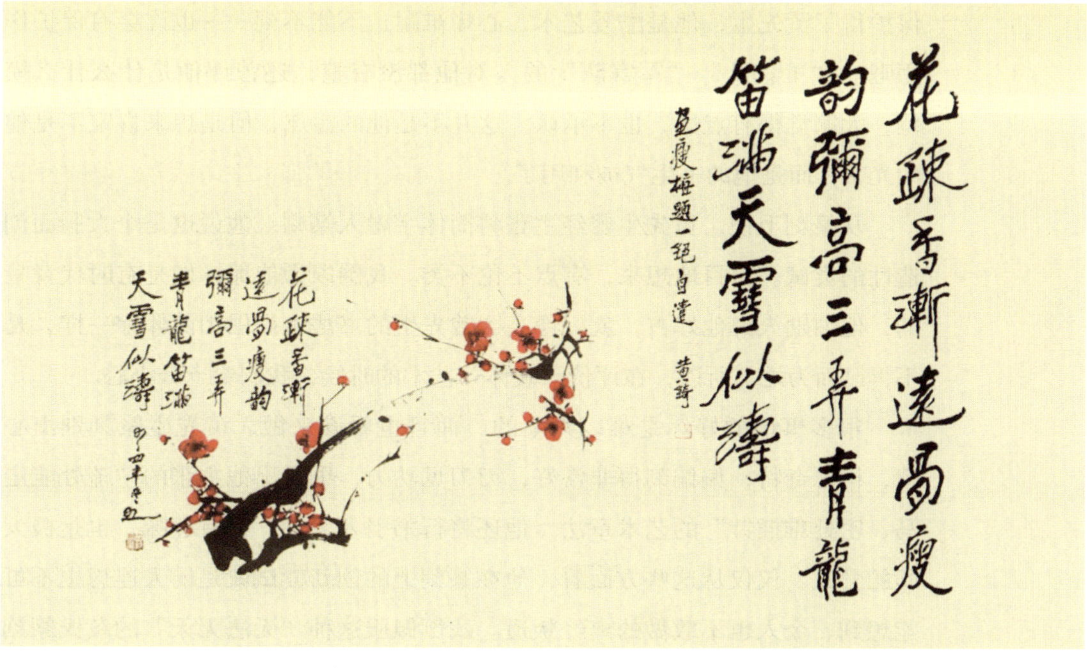

黄先生的篆刻作品

没有停止创作。他曾在“文革”时期做了一套篆刻，大小石印装了一箱子，那些篆刻作品，如“大批判”“大串连”“斗私批修”等，刻得真好!有人说：这是追时髦，以趋时而自保。依我看，在那个年代，区区篆刻也不可能保护得了黄先生，他是酷爱艺术，心痒难耐，不能不刻——也许会有保护作用吧。“工宣队”“军宣队”的人对他都没有整，还曾评他是什么什么模范，大家觉得有点怪，也不承认。这并不是他的污点，但是想来肯定不是他的光荣，而是他的书生气被利用了。

从篆刻上说，黄先生曾经主张将简体字融入篆刻，他说这是个大胆而创造性的尝试。盲目地想来，有点不伦不类。我倒以为他那样做是有时代背景的，他怕别人说他好古，就好像高熙曾先生的书法也提倡用简体字一样，是不得已而为之。所以，在评价“破体”艺术的时候，我们要十分小心。

很多事情的好坏是难以判断的，而且也看谁来做。黄先生篆刻别出心裁，构思奇特，偏偏刻得非常好，刀刀见功力，更看出他主张的“疏处能走马，密处难插针”的艺术章法。他还将行书引入篆刻，别有趣味，也是极大胆的尝试。仅仅从这些方面看，他在篆刻上的创新尝试就是前人连想也不可能想到、今人也不敢做的离经叛道。我倒佩服这种“无法无天”的黄氏篆刻法。我说黄先生“篆刻第一”的原因就在于此。这让我想到苏东坡的故事。有人责备苏轼作诗不守古法，他就写了论书的名诗《次韵子由论书》：

吾虽不善书，晓书莫如我。
苟能通其意，常谓不学可。
貌妍容有颦，璧美何妨椭。
端庄杂流丽，刚健含婀娜。
好之每自讥，不谓子亦颇。
书成辄弃去，谬被旁人裹。

黄先生的绘画作品

这些诗句，表明苏轼写诗出于自觉的追求。这并不是谁都可以说的话。因为一个艺术家一定要达到随心所欲的能力，才好这样狂放不羁。黄山谷还是能够理解苏轼所说：“士大夫多讥东坡用笔不合古法，彼盖不知古法从何出尔……或云东坡作‘戈’多成病笔，又腕著而笔卧，故左秀而右枯。此又见其管中窥豹，不识大体。殊不知西施捧心而颦，虽其病处，乃自成妍。”鲁迅在《苦闷的象征·引言》中说过：“非有天马行空似的大精神，即无大艺术的产生。” 黄绮先生的篆刻中有乃祖书法的狂放精神，他的书法却是狂放得不够。

中国人用毛笔写字，书家多会

信手弄笔绘画，黄先生也一样。这方面我们也许知道得比较少。其实黄先生的画是很有个性的，也是特别有功力的，你能从中发现黄先生的傲骨。可惜我只见过他画梅花、松。忽然想起，20世纪70年代，中文系里办过一个小刊物，许桂良先生主编，曾请黄先生为封底左上角画一幅小梅花。他很愿意画，稍加思索之后，援笔立就，来得实在是生动劲健。他用黑色墨笔画成，刊物制成了一块铅版，套印成了一幅似篆刻效果的小图，风格极像他的字，也像他的篆刻。画幅小，但显得有强大的生命力，可见画并不在大小。当然，他画的那幅巨幅梅花国画是他最欣赏的作品。这棵老梅的枝干粗大，让人疑心有千年树龄，然而繁花满树，密密麻麻，姿态纷呈，又显得那么年轻。我第一次看到画的感觉是：黄先生一定能够长寿。但是我没见到过他画别的花鸟鱼虫，好像黄先生并不想在更多的方面占用自己的精力。

黄先生的绘画作品

三、黄绮先生的诗

我知道黄绮先生写诗是很早的事，但是说来也是个悲剧。真正读到他的诗，是被“红卫兵”抄成的大字报。我没有批判过黄先生，大学高年级的同学自视觉悟高，路线斗争性强，已经开始给这些诗上纲上线的时候，我们低年级的学生却在欣赏。记得一张大字报揭露的是他反党、反社会主义的傲骨，说他的诗句“白首拜青山”反动之至，理由是“盼望蒋介石反攻大陆”，青山，就是台湾。这样的上纲上线在当时铺天盖地，俯拾皆是。真是“欲加之罪，何患无辞”了。记得当时我抄了全部上墙的诗词，并没有写过他的大字报，后来在两派打仗时被当作“黑材料”给抢走了。

后来，我读过他的诗集《归国谣·无弦曲合集》，从中知道他的诗教很早，而且他很幸运地接近过经典。书的那篇序言写得特别好，既有故事，也有感情。先生写道：

五岁时开始学平仄四声和对对子，读《千家诗》《唐诗三百首》。不知是什么原因，也没有人告诉我哪些好，好在什么地方，而自己就喜欢“蜂蝶纷纷过墙去，却疑春色在邻家”“儿童相见不相识，笑问客从何处来”的一类句子，很快上口能背诵。清明节，父辈常带我去山谷祠（在安庆山谷祠街）祭祖，焚香烧纸，户尊族长对我说：“山谷公七岁能诗，你也应该学作诗。”我记住了这句话。稍长，去我的住在乡下的外婆家，坐民船（民间用的木船），经过大龙山（山较出名），我不自觉地脱口唱出“欸乃（船夫摇橹声）一声见大龙”的句子。我的二伯父说：“有‘采菊东篱下，悠然见南山’的韵味。”

作为黄庭坚的后代，黄先生在潜意识里会受其影响。他私塾里读过《千家诗》，在读大学时先后选了陈寅恪先生的课“白香山研究”、刘文典先生的课“温李研究”、朱自清先生的课“宋诗研究”。在西南联大时，他也听

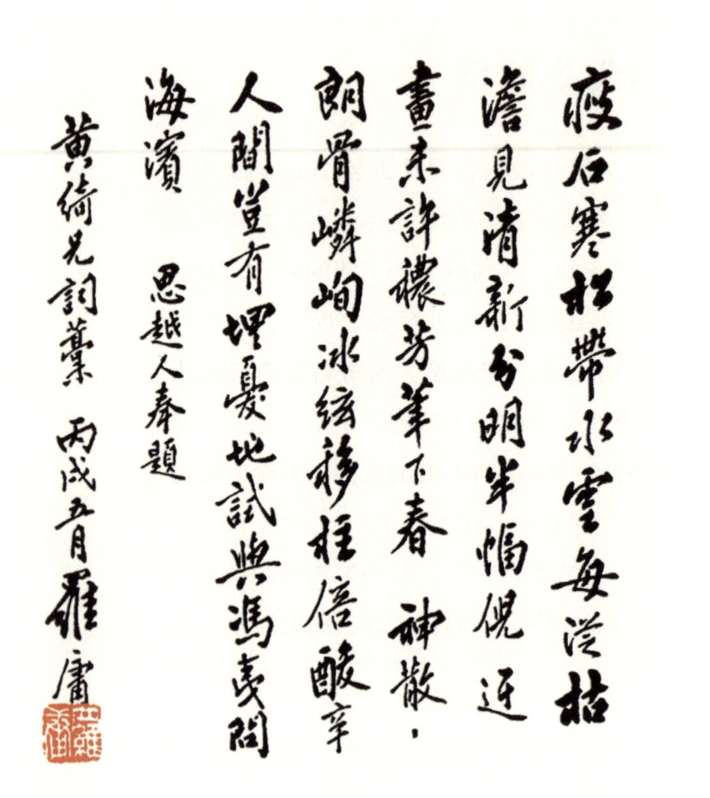

罗庸先生的书法作品

过罗庸、闻一多先生讲唐诗。后来自己阅读诗时，喜欢李白、杜甫、南唐二主、李清照、辛弃疾、纳兰性德。自己“读完一家，草拟几首”，后来把那些作品都烧掉了。卢沟桥事变以后，出于抗战的信心，首先即用《归国谣》词牌写词，取“日寇侵占我国之领土必将归还我国”之意。

黄先生在《归国谣·无弦曲合集》的序言中说：“（在昆明的西南联大）教师们研究语言的兼通文学，研究文学的又擅语言。我受他们影响极大。我写的诗词请教他们哪一位都行。游国恩教授看见我在参观中央大学（即现在的南京大学）某教授昆明山水画展后写的词中有‘江山有我才堪画’句时说：‘这是很好的爱国主义警句。’游先生在课堂上还以此句举例赞扬。我在清华大学文科研究所任助理时，和闻一多老师、朱自清老师住在一个楼上，朝夕见面。闻先生见我写的‘离怀亲病犬，贫意护饥鹰’，他说‘有老杜之沉郁’，大概是指上句说的，我即时补说了一句‘老杜无我之激扬’，意指下句。”

罗庸先生为黄先生的诗集写了序言，口气很中肯，也很亲切：

诗人从年轻的时代起，就遭逢不幸，过着国破家亡、没宅浮家的生活，流徙辗转的生活激浪，把年轻的诗人冲到国统区的后方，生活的波涛，逼着他认识社会，接近人民，无法锁在书窗下做一个莫谈国事的大学生。人民的苦难，反动派的罪恶，大众化的语言，陶酿着这位词人的性格。诗人仰首夜幕和星空，经常发出绰约隐讳的词语，但也看出他在整个三十、四十年代中，运用各种寓言和寄托，写出了他的深切感受，在他的词笺上，濡染了多少辛酸和泪痕。

黄先生能够得到老师的高度评价，是他的荣耀之事。

黄先生说，他写词是受到吴梅先生的影响。因为他大学三年级时向吴先生请教过作词。他为了向吴梅教授请教，手抄两三首长调。吴教授用丁母忧时蓝色印的八行信笺写给黄先生一段话："大作浑灏清空，锲而不舍，可入稼轩堂室。"吴教授以辛词的风格称赞他，虽然不必当真，但对他的鼓舞自然是很大的。

我曾问过黄绮先生在五四后的新诗人中最喜欢谁的诗，他不假思索地说：喜欢闻一多先生的《死水》。我从来没有见他作的新体诗，却没想到他并不反对新诗。一次，我从西北出差开会回来，写了一首很长的白话诗，送给他看，其实就是以此为由头去见他。他说我写得很有气势。我没有将这话当作表扬，只当作客气的鼓励。但是他事后又对别的老师说过同样的表扬我的话，我由此发现他其实是一位很喜欢奖掖青年，也能够包容的学者。因为黄先生乐此不疲地大量写旧体诗词，写得很认真——他将诗作好后，还怕别人看不懂，就自己加上了很多的注释，系里的老师曾笑话他的诗注比诗的字还要多。他说，如果不加注，怕人家看不懂啊。黄先生即使自己把诗抄到宣传栏，也会在后面写上一大串注释。

到了1997年7月，清华大学出版社出版了先生的《归国谣·无弦曲合集》。这本书流传得并不广泛。《归国谣》这个书名容易被误解为从国外归来而作的诗词。其实，这是借词调名来给自己的书命名。归国谣，也称归平遥、归自遥，是唐代教坊曲名之一，后来用作词调名。黄先生在书的序中说："《归国谣》为题，'归国'取'日寇侵占我国之领土必将归还我国'之意。"他用此表达自己盼望祖国解放的爱国情怀。这是全民族抗战开

《归国谣吧·无弦曲合集》书影

始之后，他从贵州赴云南途中创作的一组诗，其中有许多是揭露国民党政治黑暗的作品，如《抓夫》《卖猪血妇人》；也有不少是表现爱国学生抗日情绪的，如《图书馆暮归》《自度歌》《广土》。对于他的诗集《无弦曲》，黄先生说：“抗日战争胜利了，我试让‘旧瓶’能膨胀能缩小装‘白话新酒’，按曲牌写了些小令，称之为《无弦曲》。曲牌声韵接近词律的更爱填写。”书名取自萧统《陶渊明传》说及陶的“不解音律，而蓄无弦琴一张。每酒适，辄抚弄以寄其意”。陶诗中多次写到琴，如“少学琴书”“委怀琴书”“衡门之下，有琴有书”“曰琴曰书，顾盼有俦”“乐琴书以消夏”“觞弦肆朝日，樽中酒不燥”“清琴横床，浊酒半壶”等。可见他既然有琴，也不可能无弦。《拟古》诗中写“知我故来意，取琴为我弹。上弦惊白鹤，下弦操弧鸾”也说明他会弹琴。黄绮先生的诗集取这样的名字，无非说明这些作品是自弹自唱的心曲。

黄先生的诗词最引人注目的特点是，从那些诗词中能够感受到他“求实不得，似欲赴虚”的创作方法，也就是创造意境的方法。有一首词《渔父·渔父家风》写道：

溪头照影浴红英，浊世自清明。白鸥愿作儿孙辈，一一取呼名。须十丈，发无茎。笑纵横！纤云似网，欲换鱼儿，尽作天星。

这显然是创造了一个属于他自己的意境。哪里来的渔父呢？就是虚拟意境。

黄绮与黄山谷在好诗词、喜欢书法而且追求独特性方面，真的有些共同点。我一向认为黄山谷诗、书皆有独特贡献。比较起来，他的诗地位重要，但是他的书法独创性更高，胜于诗作的地位。可以这样说，他的诗也许还有人能够达到这样的水平，但是他的书法是无法超越了。在诗上，黄庭坚是江西诗派的开山祖，诗誉很高，时人将他与苏轼并称“苏黄”，但是孰高孰低，仁智异见。《王直方诗话》云：

山谷旧所作诗文，名以《焦尾》《弊帚》。少游云：“每览此编，辄怅然终日，殆忘食事，邈然有二汉之风。今交游中以文墨称者，未见其比。所谓珠玉在傍，觉我形秽也。”

山谷有言：“宁律不谐而不使句弱，用字不工而不使语俗。”故人称其功力追老杜。黄山谷追求清闲奇峭，自成一家，在《退听序》中称“诗非苦思不可为”，似杜诗的苦思成篇。晚年的黄山谷诗洗尽铅华，独标隽旨，如“桃李春风一杯酒，江湖夜雨十年灯”。朱自清在《宋五家诗钞》里评黄庭坚云：

宋初诗承唐余，至苏、梅、欧阳变以大雅。然各极其天才笔力，非必锻炼勤苦而成也。庭坚出而荟萃百家句律之长，究极历代体制之变，自成一家，虽只字半句不轻出，为宋诗家宗祖。江西诗派，皆师承之。

然而，山谷诗的缺点也是明显的。张巨山云：“山谷古律诗酷学少陵，雄健太过，遂流而入于险怪。要其病在太著意，欲道古今人所未道语也。”这用力太过，以至于有点险怪，倒对黄绮先生有影响。

还有一点要说到的，黄绮先生同山谷一样好理论研究。山谷关于诗的许多主张是经典之论。如《书王知载朐山杂咏后》云：

诗者，人之情性也，非强谏争于廷，怨忿诟于道，怒邻骂座之为也。其人忠信笃敬，抱道而居，与时乖逢，遇物悲喜，同床而不察，并世而不闻；情之所不能堪，因发于呻吟调笑之声。胸次释然，而闻者亦有所劝勉。比律吕而可歌，列干羽而可舞，是诗之美也。其发为讪谤侵陵，引颈以承戈，披襟而受矢，以快一朝之忿者，人皆以为诗之祸，是失诗之旨，非诗之过也。

诗的本质不是“怒邻骂座”，但是，那些“快一朝之忿”之作，亦是诗人性情的表现，是“失诗之旨，非诗之过”。这里说的“失旨”是指失“温柔敦厚”之旨，而不是指别的。黄山谷不敢悖孔子的诗论，但是他是抱着一种宽容态度对待诗的“舒愤懑”现象。他的话说得恰到好处。

黄庭坚的理论是让诗脱俗的理论，他在《与子飞子均子予书》中称：“人胸中久不用古今浇灌之，则俗尘生其间，照镜觉面目可憎，对人亦语言无味也。”黄绮先生的诗同他的书法一样，也力避俗滥。

四、学者难得是天真

要是我说黄绮先生是一个能够保持天真的人，也许会有很多人不认可吧。但是我是这样认为的。他的许多不合时宜之言、之行，不是他的世故，而是天真。比如他未必看得起“工宣队”“军宣队”那些人，但是他也不得不应酬他们。他热爱的篆刻，到了“文革”时，还要刻什么“大串连”之类的石印，似为多此一举。但是今天看来，还没有第二个人以篆刻的形式记录“文革”的全过程，这也是十分珍贵的。先生曾与一个裱画者发生过一次官司，因为裱画者把他的一幅字画搞丢了，他执意高价索赔。从法律上说黄先生并没有什么错，但是他说自己再也写不出那么好的书法了，这也许是无法求证的事实，我却认为有点过分了。我不懂书法的神秘，但只相信，如果自己的身体没有出什么大毛病，字只能越写越好，越写越差的人是很少的。

河北大学刚刚从天津迁至保定，有许多教师因家庭和个人的许多困难未来保定工作，他却随校迁来，是比较早就长期定居保定的老教师。他那时曾经住在学校一片空地旁的一间较小的平房里，屋前下雨即积水很深，难以出行，但是他却很不在意。因为那时年轻点的老师都三四个人才能摊上一间小屋，他自己知道学校对他也算得上优厚了。他屋子里永远放着那些文房四宝，随时挥毫写字。来人同他聊天，他会慢悠悠地说他的字如何如何好，甚至说自己的字受到过哪个名家的夸奖等。还没等别人给他的“黄体”取名，他却早就创造了一个“铁戟磨沙”体的名字，但是并没有几个人能够理解这是什么体，更没有多少人附和承认。因为他说的太不通俗。凡此种种，真能看出他是个性情中人，胸中无纤尘，笔下少俗气，率性直言，自我欣赏。试想吧，哪位文人不是这样的呢？不过别人不那么说，就少惹人厌烦，黄先生却不怕，也用不着怕什么。你说那些是非，他也听不见，他的自信力是很高的墙，能够抵挡人们的大小议论。他坚持：让别人说去吧，我自己快乐就行。

写到这里，我突然间想起了艺术家狄德罗，他有一次对别人评论一位叫格瑞兹的画家的作品《一个少女哭一只小鸟》说：“我们这位画家稍有一些贪图名声，但他的虚荣心是孩子气的，这是对自己的才华的一种陶醉。他天真得会这样说他自己的作品：‘请看吧，这才真叫美呀！’您如果夺走他的这种天真，那您也就夺走了他的灵感，也就扑灭了一团火，才华也就消逝了。我很担心，一旦他变得谦虚起来，他会不再是现在的他……”他还说了一个选择：“正确的平庸”与“有疵的才华”二者之间他宁愿选择后者。黄先生能不能当得起狄德罗这样的评价，我们不必太较真。我只是说，黄先生的天真也是一种才华的陶醉，是自得其乐，并不是盛气凌人的那种。我这样说不是不敬，而是从心里热爱先生。

河北大学的先生们

历史

漆侠先生

漆　侠：
先生之风　山高水长

◇王晓薇

2021年，河北大学即将迎来建校一百周年庆典。一路风雨走来，她孕育人才，桃李芬芳。母校日新月异的发展，正是一代代甘于奉献的先生们，化身阶梯，铸就了今日辉煌。欢笑、喜庆来临之际，一位位故去先生的身影，又浮现眼前，引人怀念。

二十年前，河北大学建校八十周年庆典之前，漆侠先生在校报上刊文《我为校庆献一言》，衷心希望学校“更上层楼”；校庆当日，漆先生在教学主楼为河北大学宋史研究中心揭牌，努力推动这一教育部省属人文基地扬帆启航。校庆结束不久，11月2日，漆侠先生便因病遽然离世。二十年后，校园里风景依旧，宋史研究中心的师生们深藏着对漆侠先生的思念，努力传承漆侠先生的学术精神。百年校庆来临之际，草成此文，以兹纪念。

一、先生的“先生”

漆侠先生1923年出生于山东省菏泽市巨野县龙堌镇蔡桥村，五岁时入本村龙堌集小学读书，后就读于单县文昌阁小学、济宁北门里第一小学和济南市南城根第一师范附小。1935年入济南私立育英中学读初中，1937年11月因受抗战影响而提前毕业。受学校教育和时代的影响，少年漆侠有着一颗强烈的爱国之心，他关心国事，喜爱历史，非常崇拜岳飞、文天祥、史可法等精忠报国的英雄。

家乡沦陷后，漆侠投笔从戎，参加了敌后抗日斗争。其间流离失所，更饱尝失学之苦。1941年底至1942年12月中旬，漆侠随父亲离开济南，辗转江苏、安徽、河南、陕西等地，后又独自从西安到汉中，经南郑牟家坝山口入川到南江县，然后西行到绵阳国立第六中学读高中。因从小就爱好历史，漆侠到六中后，对理工全无兴趣，多把时间放在文史类书籍上，阅读了大量历史学方面的书籍，如《史记》《汉书》《三国志》和《后汉书》等“前四史”中的纪、传、志部分。绵阳六中教授语文的赵新儒老师，为了解学生志趣，在一次作文课上让学生写自传以“各言尔志”。漆侠表示自己志在“立言”，追踪于司马子长（司马迁）。赵新儒老师对此激赏不已，把全班同学的自传订为一册，把漆侠的文章放在篇首，以示鼓励。1944年夏，漆侠高中毕业时，赵新儒老师在漆侠的毕业纪念册上题写了《金刚经》中的“应无所住，而生其心”，要他执着、坚持自己选择的事业和方向，不见异思迁。漆侠考入昆明的西南联大历史系后，赵新儒老师还亲自到邮局，给他邮寄了一部同文版的《文献通考》，同时还寄去两千元钱。由于战时物价腾贵，两千元仅仅够一个穷学生维持一个月的生活所需，所寄书籍也因战乱丢失，未曾收到，但漆侠对赵新儒老师的期许和教导念念不忘，感佩终身。

1946年秋，漆侠转入复校的北京大学历史系学习，至1948年毕业。大学期间，他广泛涉猎历史知识，阅读翦伯赞、张荫麟、钱穆、邓之诚等诸家通史，并对唐宋史产生了兴趣，通读了《旧唐书》和《宋史》。大学三年级时，漆侠选修了邓广铭先生开设的宋史专题研究课。邓广铭先生后被誉为宋史研究领域的泰山北斗，属于开风气之先的大家。晚年时，漆侠曾这样回忆聆听恩师第一堂课的情景：

第一堂课，先生以鲁北话作为基本的普通话，说得非常清楚，而真正吸引人们的则是先生讲课的内容……先生从宋的立国形势，北有强邻契丹辽国，京都开封又系四通八达之地，由此论述宋代“以兵立国”，以养兵作为基本国策。与此同时，对凡是有危害于专制统治的诸因素，“事为之防，曲为之制”，结果是以“防弊之政，作立国之法”，为历代所未有。先生对宋代立国规模的论述，无论从广度上还是从深度上看，不仅是当时学术界绝无仅有的，而且这些论点，经住了历史的检验，愈益证明它的正确。

在这之后的一次考试时，邓广铭先生看到漆侠的课桌上放着抄录有宋史资料的卡片，询问知其志趣后，便慷慨惠允其登门问学。漆侠追随先生学习宋史，自此开始了第一步。邓先生治学要求严格，会毫不客气地当面指出漆侠论文中的错字和引文脱衍，并加以批评；同时在学术上对其大加提携，推荐其发表文章。在邓先生的指导下，漆侠在大学三、四年级就发表了六篇文章，正可谓“名师出高徒”。

除接受恩师指导外，漆侠还经常找张政烺、向达、杨翼骧等先生求教学问。大学毕业之际，漆侠向张政烺先生表示想报考北大文科研究所史学部，跟随邓广铭先生读研究生。对此张政烺先生极为鼓励，倾力相助。1948年9月，漆侠以优异的成绩通过了北大文科研究所史学部的研究生考试。读大学和研究生期间，漆侠读过梁启超等人关于王安石及新法评价的著作，认为这些论著对王荆公新法的研究尚很欠缺，有重新研究之必要，因此他的大学和研究生论文都以《王荆公新法研究》为题。研究生论文写好后，邓广铭先生准备请郭沫若先生来北大主持论文答辩。可惜当时批判旧的教育制度，研究生教育被停止，没能按期答辩。1951年3月漆侠研究生肄业之前，范文澜先生看过漆侠发表的几篇文章，与北京大学历史系主任郑天挺先生商定，调他到中国科学院近代史研究所工作。

范文澜先生是新中国第一批马克思主义史学大家之一。1951年12月，漆侠到中国科学院近代史研究所后任助理研究员，协助范老修订《中国通史简编》，也在其指导下认真地学习了大量的马克思列宁主义的基本理论。1952年，范老收到《人民日报》转来的一封读者来信称：三千年来的封建统治阶级中没有一个好东西，朝朝代代都是坏蛋坐江山。对于这种片面的认识和看法，范老命漆侠写篇文章加以厘清。漆侠撰写发表了《正确认识历史上的封建统治阶级和封建王朝》一文，这是新中国成立后马克思主义理论指导下的首篇正面阐发中国封建社会存在的地位与意义的文章，见解超群，启导后来。

1984年，漆先生（右）和恩师邓广铭先生参加在香港召开的国际宋史研讨会

从战乱失学到辗转后方，从绵阳六中到西南联大，从新中国成立后在北大求知到中国科学院近代史所工作，漆侠学业学术的进步和成长，离不开师辈先生们的期许、鼓励和指导。赵新儒、邓广铭、范文澜等诸位先生，彼时都是大儒、大家。在我们这些后辈眼中，他们是先生的“先生”。先生的“先生”，代表了师道，代表了学术传承。

二、四十八载“教书匠”

1953年，正逢而立之年的漆侠，因“历史问题”受到处分，调入天津师范学院（河北大学前身）。感念学校危难之际的“收留”，漆侠自此便与河北大学结缘，随着学校由天津到保定，“学然后知不足，教然后知困”，度过了四十八载“教书匠”生涯，直至2001年去世。

1953年天津师范学院历史系由原史地系中分出来单独设系。历史系所授的课程包括中国历史和世界历史，师资力量较为完备。教授中国历史的，除漆侠外还有李光璧、钱君晔、李鼎芳、苏从武等先生。教授世界历史的，则包括周庆基、乔明顺等先生。漆侠先生与诸位同事相处融洽，1953年底来校，翌年暑假即恢复了工会会籍。

漆侠先生坚持教学和研究齐头并进。学院的中国古代史教研室主要承担中国古代史和中国历史要籍介绍及选读两门课。漆先生讲授中国古代史。他阅读过包括二十四史在内的基本史料，又深入学习了马克思主义的理论，所以虽然年纪轻，讲课却非常老道。1955年考入天津师范学院历史系的王岸茂先生（后执教于河北大学历史系）在《学术大师政见超人：回忆漆侠先生》一文中回忆了初次上漆先生课的情景：

第一学期是李鼎芳先生讲授先秦史，第二学期（1956年上半年）则是苏从武先生讲授秦汉至南北朝史。春节刚过天气尚冷，苏先生年纪较大，不久生病了，就让漆先生代课。我们事先并不知道漆先生，只见一个年轻人（33周岁）走上了讲台。穿的是很平常的棉衣和棉鞋，戴一顶旧棉帽子，一只耳朵在帽顶上覆盖着，另一只则耷拉在一边。这种随随便便的样子，在校园里还是第一次看见，感觉很特殊很新鲜。可是听了几节课后，都认为这个老师讲得好，史实清楚，观点明确，有条有理，讲课水平显然高得多。后来人们纷纷传说，漆先生原是中国科学院的，由于年轻气盛、仗义执言，引起了矛盾，调来天津工作。平时行事低调，不修边幅，但只知用功读书，学问很大。漆先生仅仅上了两周课，此后我再也没听过他讲课。直到工作以后才明白了……漆先生重视学习马列主义，能用正确的理论观点分析问题，这就能透过现象看本质，找出规律性的东西，所以就比别人高明。

由于科研和教学水平高超，漆侠先生很快又成为“老师的老师”。天津师范学院历史系规定，每位来校或留校任教的青年教师都要接受一位“老教师”的指导，每学期要按照导师提出的书目，制订读书计划，然后根据学习情况，不定期到导师那里去汇报，听取导师的意见；导师如有教学任务，青年教师则要随班听课，在导师的指导下讲授部分章节后，再正式担负教学任务。漆侠先生年纪虽轻，却因才高而被列为“老教师”。他指导的青年教师人数最多，有本校的宝志强、胡炳权、张景贤、王文章，还有从黑龙江大学来进修的段景轩。漆侠先生专业要求“严”，指导青年教师阅读中国古代史专业的基本史书，练好基本功，又设法鼓励他们担负部分教学任务和科研工作。1962年出版《秦汉农民战争史》时，合著者李鼎芳先生为历史系教师，宝志强、段景轩为漆先生指导过的青年教师。在生活上，漆先生则尽显“慈爱”，体贴入微、温暖有加。宝志强喜欢抽烟，又爱喝酒，因为家住天津市，所以每天回家吃饭，很晚回校，看书又到深夜，第二天迟迟不起床。漆先生总是好言相劝，希望他能起居正常，养成好的生活习惯。有时在家听取了青年教师们的学习汇报后，漆侠先生还留他们吃晚饭。1960年至1962年，正值国家三年困难时期，粮食按人定量供应，漆侠先生一家（母亲、夫妻二人、子女四人，还有姐姐和外甥女）人口多，生活困难，但漆侠先生热心待人，青年教师们都很感动。

“文革”开始后，高校的招生制度受到错误的批判，招生也随即停止。1966年4月，漆侠先生因“让步政策”的观点，被《光明日报》《天津日报》点名批判，迅即又成为河北省权威人物点名批判的资产阶级的“反动学术”代表，遭受批斗、抄家，由系“牛棚”到校“牛棚”，没有书读，没有书教。1969年秋，党中央决定将河北省和天津市分开，河北大学归属河北，并开始由天津市向河北省保定市搬迁。这年秋天，漆侠先生随历史系老师们一起由天津到保定，家属则暂时留在天津。1970年秋，河北大学开始重新招生，对象为工农兵学员，但正常的教学还没有恢复。河北大学历史系刘敬忠教授在《我与漆侠先生在“文革”中的交往》中回忆，1970年秋，历史系全体师生被疏散到河北省内丘县。一个多月后，全系师生又被一分为二。漆侠先生和部分教师被派往唐山市开平区马家沟煤矿，接受煤矿工人的“再教育”，每天头戴矿灯与工人下井，在掌子面攉煤，在坑道里爬上爬下。漆先生和年轻人一样，出大力，流大汗。又据河北大学历史系王岸茂先生回忆，当时河北大学的理科在保定，文科在邢台市任县的唐庄办学。漆先生等几位老先生，也一同去了唐庄。自1970年12月至1971年1月，“军宣队”“工宣队”就带领师生们进行野营拉练，从任县的唐庄出发，途经邢台、内丘等六个县，来回五百余里，前后一个月。漆先生已年近五十，有的老教师年龄更大，他们和学生及青年教师一样，背着行李，每天步行二三十里，实在不容易，虽然艰苦，但是坚持下来了。1972年9月，漆侠先生又被下放到河北省保定地区安新县际头公社的东向阳农场进行劳动改造。1974年，漆侠先生到河北省遵化县马兰峪按受贫下中农再教育。“文革”期间，正值壮年的漆侠先生没有写过一篇文章。河北大学也在搬迁动荡中历经挫折，元气大伤。每每忆起，令人唏嘘。

风雨过后，气象更新。漆侠先生“教书匠”的生活得以继续，并白手起家，打造出了河北大学宋史的“牌子”，成就了一项“无中生有”的事业。1982年1月河北大学宋史研究室成立，3月开始招收硕士研究生，本科毕业于内蒙古大学历史系的冯永林成了漆先生的第一个硕士生。1984年初，以漆侠先生为代表的学术带头人成功申请到中国古代史博士学位授予权，是全国第二批、河北省第一个博士点，漆先生也由此成为河北省、河北大学第一位博士研究生导师。1985年秋，漆侠先生开始招取博士研究生，毕业于暨南大学历史系的袁征成为漆先生的第一个博士生。

树木葱郁、古朴典雅的宋史小院，成为河北大学宋史的标志。据高树林老师回忆，创立之初的宋史研究室没有固定办公地点，成员也只有漆先生和他两个人。1982年9月，宋史研究室搬入河北大学北院第一教学楼（当时文、理共用）中的一间，后来才搬迁至河北大学南院靠近学校礼堂（已拆，今河北大学主楼位置）的一所小院落中。这所院落原为河北省省委领导宿舍，院内栽种有两株大核桃树，还有些月季等花草，环境较为安静，适宜读书。有固定办公地点以后，宋史研究室购买书架，订购《历史研究》《中国史研究》等历史类期刊和社会科学类综合期刊，创建了书籍报刊资料室。学校拨款一万元，漆侠先生带领全室人员（当时包括漆先生在内共四人）赴北京购买了大量研究宋史的基本书籍，包括《宋史》《知不足斋丛书》《丛书集成初编》《九通》等。漆侠先生还把自己购置的线装本《宋会要辑稿》等书放到资料室，供师生查阅。此后宋史研究室陆续招生，漆先生先后为研究生开设宋代经济史、宋史、马列著作选读、历史研究法等课程。

在这座小院中，漆侠先生继成名作《王安石变法》（1959年）之后，完成了《宋代经济史》（上、下册，1987、1988年）、《辽夏金经济史》（1994年）等皇皇巨著，最后十年里他又全身心投入到宋学研究之中。1986

年，漆侠先生被中华全国总工会授予“全国优秀教育工作者”称号并获五一劳动奖章。1989年，漆侠先生已在河北大学执教三十六年，积累了丰富的经验，特别是在研究生的教育和培养上卓有成效。按照国家教育委员会评奖程序规定，河北大学教务处邀请邓广铭、张政烺、何兹全、胡如雷、滕大春、王曾瑜等专家，对漆侠先生的教学成果进行现场鉴定。专家学者们对漆先生的教学成果给予了一致的充分肯定和高度评价。同年8月29日，《高等教育学报》刊发了漆侠先生的文章《坚持以马克思主义为指导治史、执教、育人》。这项教学成果荣获国家级全国普通高等学校优秀教学成果特等奖。11月2日，漆先生赴北京领奖，出席表彰大会，受到中央领导接见并集体合影留念。台湾历史学者黄宽重评价漆侠对河北大学宋史研究的贡献时，认为漆侠完成的是“一个无中生有的事业”。

在这座小院中，漆侠先生度过了人生最后的岁月，去世前几天还在为研究生们讲授历史研究法，手书字迹留在一块活动的黑板上面。这所凝结了先生心血的“宋史小院”，已永久地留存在一届届学生们的记忆中。从为数不

漆先生和学生们在宋史小院

多的照片和影像中，我们可们看到先生和年轻学生们在这里读书论道，神采飞扬。昔日的青年学子们，如今也已经人到中年或白发苍苍，不过大家一定都还记得小院里初春的新绿、夏夜的花香、秋风里掉落的核桃和冬夜读书时的静谧悠长。先生“教书匠”的成果，都是在这里写就的。最初的纪念室，就是先生的办公室，简陋朴素，一仍其旧。先生播下学术的种子，则去往天南海北，繁育成就，桃李天下。

三、先生治学：“极高明而道马列”

漆侠先生将自己的学问概括为两条：一个是史料，一个是马列主义。漆先生在谈到如何研究宋代经济史时说：两个人理论水平不同，那么他们将来的成就不会一样——理论水平高的人，即使史料掌握得稍微少一点，他的成就也会更好一些；如果是同样掌握史料，肯定是理论水平高者成就大得多。

和恩师邓广铭先生一样，漆侠先生一直对“王安石和王安石变法研究”情有独钟。邓广铭先生曾“四写”王安石，于1998年去世前两个月拿到最后一次改写的书稿。漆侠于1959年出版了代表作《王安石变法》，此后不断补充修订，2001年8月出版增订本，亦是在拿到新书两个多月后遽然离世。《王安石变法》一书是漆侠先生以马列主义理论为指导研究宋代政治史所取得的超越前人的突破性成果。此书一问世便引起广泛关注，在史学界受到持久的赞誉。据王曾瑜先生在《一位真诚的马克思主义史学家》一文中回忆，他在北京大学读书期间，就是在邓广铭先生指导下，根据《王安石变法》一书中所引注释，按图索骥，知道该读哪些宋史研究的第一手资料。该书依据马克思列宁主义的阶级斗争学说，以及政治和经济基础和上层建筑间辩证关系等基本原理，考察了王安石变法的整个过程和变法的性质。恩师邓广铭先生在《北宋政治改革家王安石》一书中评价：在20世纪50年代后期，上海人民出版社印行了漆侠教授的《王安石变法》一书，对熙宁新法进行了认真的探索，超越了前此所有的同类著作。

《宋代经济史》一书更是体现了漆侠先生以马列主义理论为指导的治史

成就和特色。该书十分注重研究宋代生产力和生产关系的发展状况，就生产力发展提出了“两个马鞍形”“北不如南，西不如东”“农业是具有决定性意义的生产部门”等重要观点；就生产关系发展方面的问题加以探讨并取得重大突破，包括“封建租佃制占主导地位”“宋代地租的各种形态”和“计租定价”“宋代土地兼并有三次浪潮，财政结构也随之发生相应的变化”“宋封建国家的专利制度”“商业资本和高利贷资本”等。《宋代经济史》被认为是新中国成立以来第一部大型的断代经济史，是一部具有开拓性、创新性、有很高学术价值的著作，填补了经济史断代研究领域的一个空白，被誉为“一部里程碑式的著作”，使20世纪中国史学界的宋史研究，成就突出于其他断代史。《宋代经济史》出版后，曾先后荣获河北省社会科学研究优秀成果一等奖、国家教育委员会全国高等学校人文社会科学研究优秀成果一等奖、国家社会科学规划项目优秀成果二等奖、郭沫若历史学奖二等奖。

宋代王安石《登飞来峰》中有“不畏浮云遮望眼，自缘身在最高层”的名句，概言唯有立足高远，才能不惧末俗而有所成。刘永佶在《“自缘身在最高层”——悼老友漆侠先生》一文中认为，漆侠先生在历史研究中能够穿透迷雾、洗涤尘埃，“身在最高层”，正在于他不但坚定地信奉马克思的唯物史观，而且精通辩证法，对《资本论》《反杜林论》《费尔巴哈论》《矛盾论》等著作反复阅读，了然于胸。20世纪初受西方自由资本主义理论影响的历史学家们试图将此理论、方法用来界说中国历史，但对中国历史的性质、分期等规律性问题没有探讨；新中国成立后，学习、信仰马克思主义成为时代主流，历史学者们注重从经济发展上考察历史的发展规律，以阶级矛盾解释历史活动。在成千上万学习马克思主义的历史学者中，像漆侠先生这样学得好、用得好的，却是少数。20世纪90年代“西化论”再度兴起后，有一些学者对曾经运用过的唯物史观产生怀疑，甚至放弃。刘永佶教授认为，《宋代经济史》这部巨著，在深入挖掘中国集权官僚制中期的经济社会矛盾时，已经发现了中国古代社会矛盾的特殊性，比如对官僚、地主与农民的矛盾的规定，以及从政治、文化角度对经济矛盾的分析，民族矛盾与经济的关系等，都既不是马克思关于唯物史观原则论述所能包括的，也不是苏联教科书所能设想到的。他读此书，常有这样的感觉，作者实际上是在研究历史的同时，也在探讨新的历史观。继续坚持马克思主义唯物史观，以之为指导深入研究中国历史，建构新的中国历史观，是漆侠辈先生们留给新世纪史学后来者们的重任吧。

漆侠先生注重理论学习。自青年时期开始学习马列著作，至晚年仍坚持不辍。他的理论学习，以马列著作为主但又不仅仅是马列著作。20世纪90年代前期，为了写宋辽关系方面的论文，他曾经深入研读西方学者关于军事理论、战争理论的代表性著作；在给学生们讲授历史研究法时，常常很熟练地引用黑格尔哲学、毛泽东《矛盾论》中的理论观点。20世纪90年代中期后，为了解西方马克思主义，漆侠先生在刘永佶教授的推荐下阅读了“国外马克思主义和社会主义研究丛书”中卢卡奇、弗洛姆等人的著作。刘教授认为：卢卡奇《历史与阶级意识》中的一些观点，对他（漆侠先生）搞“新宋学”，即宋代文化史的系统研究，有明显的启发。《中庸》曰：“君子尊德性而道学问，极高明而道中庸。”漆侠先生则教导学生“极高明而道马列”：“你们不要学我，要向陈寅恪学，向马克思、列宁学！”

漆侠先生是一位真诚的马克思主义史学家。如果对漆侠先生的人生经历有更多的了解，也许更能体会马克思主义之于漆先生真的是一种信仰，一种态度。这种信仰不仅指导了先生的学术研究，而且潜移默化为他爱国爱党、爱校敬业的生活日常。1953年，年轻气盛的漆侠因为同事住房分配不均打抱不平，背负了“反党小集团”的政治冤案而离开近代史所。“文革”期间被列为“反动学术权威”，遭批斗、抄家。但他自20世纪60年代提出入党要求，便始终坚持，矢志不渝，直至1984年六十一岁时终遂夙愿。他说：“我入党不是为了做官，而是为了证明我信仰的正确。”1989年政治风波时，他每天早早来到宋史小院，监督学生们专心读书。1995年7月，受新加坡国立大学陈荣照教授的邀请，漆侠先生到新加坡国立大学访问讲学。因为漆先生病后初愈，遂由女儿漆平陪同前往。新加坡国立大学承担往返国际机票及讲学期间的全部食、宿、行费用，漆先生还特意向河北大学领导说明出行费用情况。据漆侠先生子女回忆说：“1995年父亲应邀赴新加坡国立大学讲学，那里给父亲一份报酬，河北大学也仍然按月发给父亲工资。众所周知，一般因公出国讲学都会受到如此待遇。父亲回来后，河大没有任何一个人要求父亲返还河大发放的这部分工资，而父亲主动找到学校说：‘我在那边已经领了工资，学校这边的工资我不能要，我不能占国家的便宜。’他硬是将学校发给他的一年工资两万余元退给了学校。”

漆侠先生数十年中扎根河北大学，对河北大学无私奉献，又非常关心学校发展。我于1993年至1997年在河北大学历史系读书时，正赶上国家教委提倡并开始实施“211工程”，为支持学校入选，大三时我们在校学生响应号召参加各项义务劳动，班里分到的任务是粉刷第七教学楼里的几间教室。辅导员游彪老师是漆侠先生的弟子，我们班部分同学曾在游老师带领下到宋史小院帮忙整理图书、打扫卫生。其时和后来的一段时间里，我对漆先生的学术地位和他对母校的感情并不十分了解，只是听闻老先生为了学校能够入选进言献策、奔波劳顿，学校最终未能入选，老先生一直抱憾兴叹。

古人推崇“学问即人生”，漆侠先生几十年如一日，知行合一，兢兢业业，爱党爱校。漆侠先生于新世纪之初离开了我们，但他用生命写就并践行的治学之道——“极高明而道马列”，却通过著作得以流传下来，实现了他青年时期“立言”的人生理想。

四、漆侠先生的学术追求和精神

河北大学的校训是“实事求是”，巧合的是，漆侠先生的第一本个人学术论文集也命名为《求实集》。总体来看，漆侠先生的学术追求和学术精神，恰恰暗合了河北大学的校训精神。

漆侠先生在学术研究中，始终坚持求真。他不仅在辽宋金史研究领域做出了具有里程碑意义的贡献，而且在中国农民战争史研究领域也是开拓者之一。在研究农民阶级与地主阶级矛盾发展的历史规律时，他提出了“革命斗争—被迫让步，再斗争—再让步”的学术观点。1965年至1966年他因“让步政策”问题被批判。

漆侠先生虽也曾在文章中承认这一表述不够周密，但他还是坚持自己的基本观点。关于王安石变法研究，20世纪80年代学术界出现“尊马抑王”的学术热潮。漆侠先生则撰文《王安石变法研究中的几个问题》，回应争论，坚持自己对王安石变法的认识和观点。

漆侠先生恪守学术规范，写文章时，若某一观点受师辈启发，则于开篇即言明；即使于某一细微处吸纳了学者的已有研究，甚至是自己学生的成果，也要在注文中标明。同时，漆先生提倡学术自由和学术争论，也允许自己的学生就某一问题和他持不同意见。这应该就是中国学术传统中“唯理之求”风尚的最好体现。

1992年起，漆侠先生继邓广铭先生之后，当选为中国宋史研究会会长。对于学会的发展，漆先生不辞劳苦、尽心尽力。然而当时受商品经济大潮的冲击，宋史研究迟缓，学风问题也日益严重，对马克思主义恣意诋讥，在学术界表现为崇洋和复古两个极端。如以南宋财政困难为理由，否定南宋抗金斗争。甚至有的还为宋高宗评功摆好，连岳飞之被惨杀也不屑一顾了。此后，漆侠先生一再强调：“当前学术界值得注意的有两个问题：一是学风问题，一是学习马克思主义的问题。关于学习马克思主义的问题，这十多年来，与商品大潮的侵蚀息息相关，出现几起几落的厌学，一部分中青年厌学马克思主义。”进入新世纪之后，时代风气转变，随着如漆侠先生那样的老先生们相继去世，已很少听到类似的批评意见。时代在不停向前，学术范式也在不断更新，然而学风建设总需要根本的东西，要我们仔细思考，认真探索，才能更好地借鉴传承。

漆侠先生求实的基础，在于他学识渊博，研究的时段长、领域宽、建树大。王曾瑜先生以其《中国古代史记编纂形式探源》一文为例，指出：此文广泛引用了从《周易》《周礼》《诗经》《庄子》到西夏文《文海》《金史·世纪》《蒙古秘史》等史料，并且对今已佚亡的《世本》做了考证，将各民族的古代史记，从口头传说到文字记录，做了贯通性的研究和论述，这决不是治一两个断代史的研究者所能胜任的。漆侠先生经常教导学生“只学历史，学不好历史；只学宋史，学不好宋史”，并说只有学生超越先生学术才能发展和进步。说实话，漆侠先生的学识和学术，后来者可能少有企及，但先生脚踏实地、认真求实的学术精神，是永远值得我们后辈学习的，是先生留给我们的宝贵精神财富。

漆侠先生学术追求中的勤奋刻苦，更是河北大学历史系和宋史研究室师生们有目共睹的。在“文革”中，漆侠自学生时代积累起来的卡片资料，二十多年的心血，扫地以尽，悉付东流。自1973下放劳动回校之后，漆侠重新开始了对宋代经济史的学习，整日沉浸在文献的海洋之中，在河北大学、南开大学及国家图书馆、北京大学图书馆，冒严寒，顶酷暑，不辞辛劳，阅读、抄录各种史料。经过七八年的辛勤劳动，积累了一百四十多万字的资料，开始了《宋代经济史》的撰写。又经过三年多的努力，到1981年底完成了《宋代经济史》的初稿。在先生的日程表上，是没有休息日这一概念的，周六、日同样是他的工作日，寒暑假亦是如此。我是1997年本科毕业留校到历史研究所工作，到2001年先生去世，有四年多的时间跟随先生读书。先生因患肺气肿，秋冬季节哮喘发作，办公室里不时传出咳嗽声，但他依旧坚持到办公室讲课、读书、写作。有时刚刚打完点滴，就又直接步行到办公室。夏日中午因为往返费时，他就在由沙发拼凑的“床”上简单休息，让家人送饭过来，下午继续工作。回想起来，先生视学术为生命，迫切的学术计划和追求是他的精神支撑，让他暂时忘却了病痛，全力投入到学术研究中去。

人生之路，总要经历许多困难和挫折。俗语说：人生不如意事，十常八九。漆侠先生五十年的求学治史之路，伴随着战争、漂泊与人生的种种磨难，他却豁达、乐观，从容面对。少年漆侠经历了三四年战乱失学后，辗转几千里，终于能够在抗战后方的四川绵阳六中继续读书。他和同学们生活困苦，常常饥肠辘辘，且受肺病威胁，但读书却极其用功。虽潜心立志读史，但为了能考上大学得到继续学习的机会，漆侠选择进了理科班，抓一抓数学，并且“成天老是口念英文”，1944年终于从六千多名学子中脱颖而出，考进西南联大，成为二百名幸运者之一。蓝英年先生（曾在河北大学外文系任教）在《长忆是牛喘月时——怀念漆侠先生》回忆，“文革”时期他和漆侠先生同样沦为“牛鬼蛇神”，遭受挂牌批斗。漆侠先生因为学术成就大，因此挂的牌子也更大。漆侠先生与他把牌子从中间剪开，用细线缝上，出校门如到附近的饭店吃饭时叠起来放进书包，进校门展开，红卫兵看不出来。但不久外出吃饭被红卫兵撞上了，当场又挨了一顿批斗。当时蓝英年问漆侠先生，以后还出去吃不吃，漆侠先生说换个地方照吃不误。漆侠先生还对他坦言：如果“让步政策”是政治问题就放弃，如果是学术问题就坚持自己的观点。从青葱少年到古稀老人，漆侠先生立志“立言”、追求学术的脚步从未停下。为了实现学术理想，他克服重重困难，孜孜以求；为了心目中的道德学术，他坦然面对挫折，一往无前。

漆先生的部分获奖证书

五、家人、师友和学生们记忆里的“先生”

漆侠先生婚姻美满幸福，夫妻携手风雨、同甘共苦。

1950年12月，漆侠先生与万瑞兰女士喜结连理。万老师1920年生，河北昌黎人，毕业于北大历史系和本校图书馆专修科，先是在北京市女十二中（前贝满中学）图书馆工作，后随漆先生到天津，任天津二十二中历史教员。2001年6月25日晚，万老师去世；11月2日早晨，漆侠先生辞世。二人感情深厚，携手走过五十多年的风风雨雨，又在百余天内相继离世。

在子女们眼中，父亲对事业和学术有着锲而不舍、百折不挠的追求精神：

从我们记事时起，就对父亲每日挑灯夜战有着深刻的印象。白天父亲要教书，所以只能利用晚上的时间读书、备课、写作。他常常一天只睡三四个小时，甚至有时一写就是一个通宵。他的书桌上总是放着浓茶和青果（橄榄），以备困倦时用。

在子女们眼中，母亲同样善良且伟大。他们回忆道："为了支持父亲的事业，母亲几乎承担了全部家务，无论家境多么艰难，家务多么繁重，她从来没有一句怨言，始终与父亲风雨同舟、患难与共。""'文革'前，父母的工资都不低，他们的薪水加在一起近二百七十元，在当时，这种水平算是中上等了，但是家里的生活负担很重，每月一发工资，母亲就先去邮局给亲戚们寄钱，寄出的钱常常是母亲工资的二分之一。我们家好几位亲戚的学费、生活费都是父亲提供的。"

漆侠先生离世时，并未留下只言片语给子女，更未留下什么财富。其他人可能根本想不到，漆侠先生虽已是知名专家，待遇优等，但手头根本不宽裕，日常也需时常算计。20世纪90年代后期，师母万老师患糖尿病，手术截肢后卧床，家中雇有两个保姆照顾饮食起居，花费不小。在先生身边学习工作时，我也确实亲眼看到他拿到工资条后，在上面写写画画，计算开支。即便生活不宽裕，漆先生仍坚持原则、公私分明，没有一丝一毫以权谋私利，始终脚踏实地，拿一份自己应得的报酬。20世纪80年代末90年代初，商品大潮冲击之下学术图书出版困难，漆侠先生就"利用"自己的名头到省里"化缘"，全部经费用于支持宋史研究的学术图书出版。

漆侠先生把对子女家庭的关心爱护，扩大到了宋室研究室这个"大家庭"之中。他在生活上关心和照顾宋史研究室的师生，像是一个大家庭的家长。新加坡讲学归来，他用自己的薪酬给历史研究所的每位老师都带了份贵重的礼物（金戒指和金项链）。如果得奖或文章发表，先生时常请同事们一起吃饭。夏天中午天气炎热，他就拿出钱让学生去购买冰糕，拿到所里师生一起吃。有老师、学生生病或生活困难，他掏钱资助也是常有的事。

子女们非常了解漆侠先生献身学术的追求精神，也非常熟悉他助人为乐、扶助贫困的性格。漆侠先生去世后，子女们共同出资设立了漆侠先生奖学金，用于资助宋史研究中心品学兼优的贫困学子。

在师友眼中，漆侠先生全身心投入到学术事业当中，且尊师重道，正直率真、待人以诚。

裴汝诚教授（任教于华东师范大学古籍所）和漆侠先生结识于1954年春。裴汝诚和爱人姚惠娴作为历史系三年级学生，需要到中学实习，恰好由漆侠先生和夫人万瑞兰老师分别指导，因而熟识起来。裴先生经常和同学三三两两去漆侠先生家中请教，他们眼中所见当时漆侠先生的日常生活情景如下：

每次都看到老师正在伏案忙碌着，或是编写讲义，或是撰写论文。在他的书桌一侧放着一只旧的摇篮，里面睡着他那尚在襁褓中的女儿，她不哭不闹，似乎很能体贴父母的辛劳，不是睡觉，就是眼看天花板，嘬小手指头，偶尔有所动作，老师则摇一摇摇篮。我们在书桌前汇报着教案，请教着问题，有时声音大些，或有些讨论，孩子感到吃惊而发出声音，女同学就抱她起来逗逗她玩，老师总是劝止说：“不要抱她，抱惯了，你们一走，她就不干了。”老师当时吸烟很厉害，但因经济原因，烟的质量不好，是丙级烟。

1956年中华书局缩印出版了《宋会要辑稿》，征求预订。在东北师范大学历史系读研究生的裴汝诚很想购买此书，但因经济困难一时无力购买，几经考虑后给漆侠先生写了封信，说明想借钱购买此书。裴先生很快收到漆先生的六十元汇款和附信：“此书为研究宋史者所需之书籍，速购。”裴先生喜出望外，并深受感动，他知道漆先生的家庭负担很重，吃穿都十分简约，但助学生买书却毫不迟滞，足见漆先生之为人。

在师友弟子们的记忆中，尊师重道的优良传统，在漆侠先生身上体现得淋漓尽致。在半个世纪的学术生涯中，他以实际行动诠释了对老师的敬重与感激。特别是到了晚年，漆侠先生常受疾病所困扰，可他心中还总是牵挂着自己的老师。作为邓广铭先生培养的第一名研究生，漆侠先生时常强调：“先师邓广铭先生的研究给后人开创了广阔的道路，我们应当继承下来，并沿着这个途径继续探索，使此前的研究得到更进一步的发展。”生活中，漆侠先生面见恩师时总是毕恭毕敬，执弟子之礼。1991年8月北京举办国际宋史研讨会时，漆侠先生带弟子李华瑞到北大朗润园邓先生家中汇报会议议程。李华瑞老师在《跟随漆侠师学宋史》中记述了当时的情景：

那天进门落座后，漆侠师的恭敬和拘谨都在一声带有浓重山东乡音的紧张问候中“老师，您好，我是来给您汇报国际宋史研讨会的”传递出来。漆侠师一直前倾着身子面向邓先生，椅子只坐了前半截，汇报完一个问题，就问邓先生一句“老师，这样行不行？”，汇报了四五个问题，也连续追问了四五次。汇报完，邓先生说留下来吃饭，漆侠师说不麻烦老师了，已经在外面有准备了，然后说要到邓先生家对面的宿白先生家坐坐，就匆忙告辞了。一到宿白先生家，漆侠师就恢复了常态，谈笑自若。

对于自己的大学老师、历史学家张政烺，漆侠先生同样尊敬有加。据中国社会科学院王曾瑜先生在《一位真诚的马克思主义史学家》中记述：

漆侠先生身上体现了中国的尊师重道的美好传统。我在学生时代就知道漆侠先生是邓广铭先生的学生。至于张政烺先生也是他的老师，则是根据漆侠先生的自述。在我的印象中，漆侠先生对两位老师有一种发自内心的敬爱之情。他不止一次，怀着深情，向我叙述当年老师们的培育之恩。不少老师治学的旧闻，也都是漆侠先生给我介绍的。在漆侠先生晚年，尽管他本人年事已高，身体有一些病，又住在保定，但他仍然赶到北京，参加了邓广铭先生八十大寿的庆祝活动。特别是在得知老师有病时，漆侠先生更是怀着十分真挚的关怀之情，特别从保定赶到北京的医院，看望老师。可惜我手头没有做过明细账，但由我经手交付张政烺先生的人民币和外币肯定达好几千元……

令人唏嘘的是，漆侠先生临终前办的最后一件事，也是向自己的老师——著名历史学家、北京大学历史系教授周一良的家属起草一份唁电。然而，这封饱含对老师敬重和哀思的唁电还未发出，漆侠先生便与世长辞了。

在河北电视台1996年对漆侠先生的访谈中，漆侠先生说：“我是学历史的，钩心斗角的事情我都能看出来，但是我从来不用那些钩心斗角对待任何人。”“文革”前，漆侠先生指导一位青年教师并合作撰书。青年教师虽仅写作很少部分，但漆侠先生因其生活困难分给了他大部分稿费。在“文革”时，这种助人的善意被说成腐蚀拉拢。“文革”后青年老师内疚道歉，漆侠先生不计前嫌，继续解囊相助。漆侠先生晚年作为“河北省首牌教授”，担任不少学术职务，也要主持评职称、评奖等涉及许多人利益的活动。中国人讲关系，重人情，请托之风难免，然而很少有人托关系找漆侠先生。正如刘永信教授在《“自缘身在最高层”——悼老友漆侠先生》中所说：“他的坚持原则、敢说敢当的态度，在河北省学界是出了名的，因此，那些条件不够又要评上的人，不敢去碰他的壁；而那些够条件的人，又觉得只要有漆侠在，就是原则。”漆侠先生自己也说：“让我干这差事，就是知道我敢得罪人。我不怕，顶多背后骂我几句，骂不死我。”漆侠先生“讲真话”，他对刘永信教授谈到自己考取西南联大的经历时说，虽然数学不好，但因运气好，考前做会了一道题，又恰好考卷上有，得了及格。漆侠先生“行事真”，努力学习并认真践行马列理论，不因挫折而动摇，也从不讳言自己真诚信仰马列主义。

漆侠先生待人以诚。他对有过“文革”前被错划为右派经历的师友，抱着很大的同情，日常交往中成为知己。老友常征十三四岁即参加抗战，却因1957年的厄运下放到山西平遥劳动农场，1964年调到河北大学历史系，和漆侠先生同在古代史教研室工作。常征在河北大学出版社出版专著时，请漆侠先生撰写序文。漆侠谦逊地回复老友说：“我对《山海经》所知甚少，不够资格写序，我做这本书的责任编辑吧！”漆侠先生对在“文革”中还敢于同他往还的师友，更引为莫逆。南开大学刘泽华先生在《忆漆侠先生“文革”后期的二三事》中说：

我也忆不起究竟出于什么动机，在漆先生还没有完全走完倒霉期的时候，我径直到先生家拜见求教。我的造访无疑给先生增加了一个意外。先生热情地接待了我，当时谈了些什么，已经忆不起来，但先生的拘谨状还清楚地留在我的记忆中。先生忙着一边给我沏茶，一边说，这是好茶，请尝尝，请尝尝！

两位先生互相信任、互相理解，学术友谊自此持续不断，即便此后河北大学由天津迁往保定，也时常通信联络、往还不辍。

从河北大学宋史小院走出去的漆侠先生弟子，共有硕士研究生三十八名，博士研究生二十三名（其中韩国籍博士研究生一名）。他们多数已成为各个单位的学术带头人和业务骨干，其中更不乏佼佼者（三名“长江学者”），可谓桃李天下、硕果累累。

漆侠先生视学术为生命，给学生们树立了榜样的力量。1995年春，漆侠先生在去新加坡讲学之前，在保定市人民医院（后被撤销并入保定市第一中心医院）做保健性治疗时发生过一次输液过敏事故，一度昏迷，后经紧急抢救得以康复。生命中最后的几年里，他的哮喘愈发严重，特别是每到冬季，在北方寒冷的冬雾里，他每天慢慢地走在去往研究室的路上，需要时不时在路边停下来休息；在办公室伏案写作期间，也不断有阵阵咳嗽声传出。虽然久困于病，身体疲累，然而每当上课时，漆先生却又意气风发、神采飞扬；与学生们言及学术问题，漆先生同样生气勃发，瞬间宛如换了个人；每有新作发表时，漆先生总在第一时间捧读，喜悦之情溢于言表。漆先生的一生，应该是一位真正为学术而活，并且活在学术中的大师吧。

漆侠先生对学生的高标准、严要求是非常出名的。我在河北大学读书期间就听闻：在宋史，论文不合格毕不了业，哭鼻子也没有用。游彪老师（北京师范大学）说他在宋史研究室读硕士期间的一篇论文，漆先生指导他逐字逐句改过六遍，才最终在国家一级刊物发表。李华瑞老师（首都师范大学）跟随漆侠先生读博士，先生告诫他没有翻阅二百种以上的文献，不能动笔写论文。1997年到历史研究所以后，我也在一年一度的研究生预答辩会上，亲身体验到了这种严格与紧张。一篇学位论文，全体师生围坐在一起毫不客气地提意见，有错则改，有不同意见和看法可以当面交流。

漆侠先生学术视野开阔，做的是“顶尖”的大学问，所以在对学生论文的指导上也是高屋建瓴，尽显高明。而他日常对学生说的更多的也是“宁做鸡头，不做凤尾”“板凳甘坐十年冷”。脚踏实地做学问、做大学问，既是漆侠先生对自己学术人生的总结，也是他对学生的期望和教导。

漆侠先生在教学中因材施教、细心指导。杜建录老师（宁夏大学）和韩国留学生曹福铉（韩国庆熙大学）于1997年同时考入漆侠先生门下。漆先生给他们制订出详细的学习计划，除阅读《中国古代史通论》《历史研究法》外，还要求杜老师读经典原著，学习西夏文；要求曹福铉读《长编》《宋史》《宋会要辑稿》等基本史料，写出读书笔记，由他亲自批阅。王善军老师（西北大学）硕士、博士论文出版，都是漆先生利用春节时期审阅、批改的。其他老师的著作出版时，也多经漆先生审阅并作序。

学术与人生之间，漆侠先生留在学生们记忆中的生活片段还有哪些？先生关注国内外时事，会就国内如沙漠化、官僚腐败等问题，国外如“9·11事件”发表自己的看法；先生热爱体育，尤其钟情于拳击，常于周日午间收看体育频道的直播节目；先生年轻时喜欢京剧，经常和夫人一起观看名家演出，偶尔会在办公室里低唱两句……

“未透祖师关，时光如箭急。”倏忽之间，漆侠先生离开我们已经整整二十年了，宋史研究中心已由小院搬至教学主楼，再由教学主楼搬到今天的旧图书馆。曾经红墙绿树的宋史小院，因建设新的多功能馆，被拆掉了一半，另一半也被封闭起来，默默地矗立在河大校园里。漆侠先生成为河北大学校史中的“先生”，成为我们记忆中的“先生”。

漆侠先生所开创的学术事业和育才树人的丰功伟绩，已长久地载入河北大学史册；漆侠先生百折不挠的学术追求精神，永远值得我们后来者怀念和学习。

乔明顺先生

乔明顺：
德高望重　学者风范

◇张家唐

一、生平经历与学术成就

乔明顺先生曾用名舒若、若瑟。1916年6月22日，他出生在河北省获鹿县（今家庄市栾城区）南郄马村一个比较富裕的家庭。乔家拥有大片的土地和多处房产。可不幸的是乔先生从小就失去了父亲，只能与母亲相依为命。生活在农村的人们需要起早贪黑，春忙种秋忙收，还要耕地、施肥、浇水、除草、灭虫、收割，一年到头地里的农活没完没了。他从记事起就看到家里家外的一切事务完全依靠母亲乔祁氏一个人打理，实在是太难了，在他幼小的心灵里早早埋下了一颗心疼母亲的种子。母亲再苦再累却从不抱怨，而是把一切希望都寄托在儿子身上。

乔氏家族在当地是名门望族，有重视文化教育的家风，也舍得在子女的培养上花钱。乔先生同父异母的大姐的丈夫何基鸿（1892—？）是抗日名将何基沣的长兄。何基鸿毕业于日本帝国大学法学专业，是民国时期著名的法学教授，任教于北京大学。1923年，又赴英、德等国留学深造，曾任北京大学法律系主任、教务长；1935年出任河北省政府委员兼教育厅厅长；曾任民国政府考务委员会委员、监督委员、国民参政会参政员。乔先生的堂兄乔明礼（1894—1965），保定陆军军官学校第五期学员，毕业后担任军事教官，尔后步步高升至国民党陆军少将。曾担任河北民团司令，率众打击日本侵略者，为民族解放事业做出了贡献，是抗日名将。解放战争初期，他是第一个率部起义的保定军校生，后任民主建国军第二军军长。新中国成立后，任华北军政委员会农业部副部长、全国政协特邀委员、民革中央常委。乔氏家族的后生们不少考入大学深造，成为社会上出类拔萃的人物。

乔先生为了成全母亲的心愿，也为了不让别人低看自己一眼，从小就树立了为乔氏家族争光的信念。他下定决心将来步入社会靠自己打拼，也要成为一个成功人士。因此，他读书刻苦认真，各科学习成绩优异，在本村的学校读完了初小，又进入本县铜冶高级小学读书；1929年考入正定七中读了初中，1933年又考入正定高中读书，他的学习成绩一直名列前茅。

1935年，乔先生考入北京辅仁大学史学系读本科。在校期间，为了减轻母亲的经济负担，他一直努力认真地学习，各科成绩优异，年年获得奖学金。他喜好写作，参加了辅仁大学的文苑社，负责编辑文苑社刊物的文稿。辅仁大学是一所教会学校，有些课程的教师用英语讲授，乔先生具有学习语言的天赋，英文非常好，他在读大学期间为外教当翻译。

1939年，乔先生考入北京辅仁大学研究院史学系读研究生。起初，在司徒资教授（德国籍西洋史学家）的指导下学习世界史。乔先生读研二时，司徒资先生不幸去世，他便被转到校长、著名史学家陈垣先生门下，跟随陈垣先生学习中国史，硕士毕业论文写的是《宋代漕运》。

1942年，乔先生从北京辅仁大学研究生毕业，并留校任教，负责讲授西洋史课程。同年，他参加了教职工组织的文协会，其目的是让大家团结起来，不被日寇利用。因此，他被捕，关押在日本宪兵队，两个月的牢狱之灾受尽折磨。这表现出他不甘心当亡国奴的一身铮铮骨气和高尚的民族气节。

1944年，乔先生晋升为北京辅仁大学史学系讲师，讲授上古史、西洋通史课程。

1947年，乔先生考取美国印第安纳州的圣母大学（又译诺垂达姆大学、诺特丹大学）历史研究所的博士，并获得奖学金，赴美攻读博士学位。他赴美的旅费开支是由辅仁大学资助的。乔先生在圣母大学读博期间半工半读，靠自己的劳动挣生活费，先后在芝加哥哈丁博物馆和美国教育协会工作。

1953年，乔先生获得圣母大学历史研究所美洲史博士学位。他决心学成回国参加新中国的社会主义建设，但遭到美国政府的重重阻挠，后经过不懈斗争和中国政府的大力支持才取得胜利。次年8月5日，他搭乘克利夫兰总统号船，经檀香山和横滨回国，于27日抵达香港，经深圳到广州。乔先生是爱国华侨，在填报教育部回国留学生登记表的回国原因一栏，他赫然写下：学成，回国为人民服务。

1954年，中央组织部专门为冲破美国政府的重重阻挠回到祖国的人员下发了红头文件，党和政府给予这批爱国人士以极高的评价。

1954年，乔先生被分配到天津十八中学，任历史教师。当时工资低，刚到天津需要安置新家，购买家具和生活用品，靠工资远远不够。日后，他曾讲到此段生活经历时说，好在我有从美国挣得的美元能贴补家用，虽然当时生活艰苦了些，但也乐在其中啊！

The album； Photographer；1171 East 55th Street Chicago 15， Ⅲ.1953.（照片由乔皓先生提供）

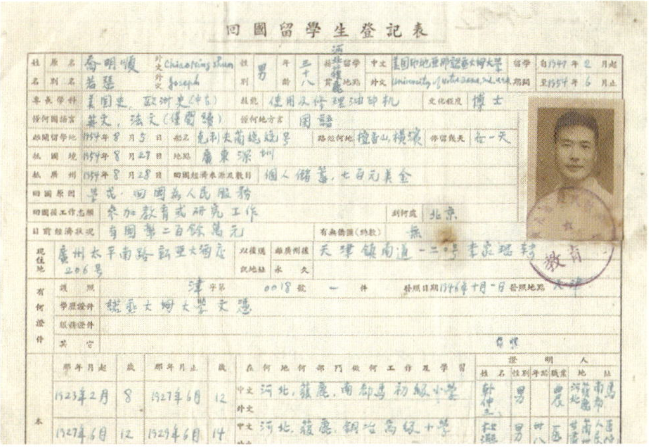

回國留學生登記表

姓名 原名 喬明順 外文 Chiao Ming Shun 性別 男 年齡 三十八 籍貫 河北蔚縣
別名 若瑟 外文 Joseph
留學地點 中文 美国印地亚那州聖母大学 外文 University of Notre Dame, Ind. U.S.A. 留學期間 自1947年2月起 至1954年6月止
專長學科 美国史，欧洲史（中古） 技能 使用及修理油印机 文化程度 博士
懂何國語言 英文，法文（僅閱讀） 懂何地方言 國語
離開留學地 1954年8月5日 船名 克利夫蘭總統号 路經何地 檀香山，横濱 停留幾天 每一天
抵國境 1954年8月27日 地點 廣東深圳
抵廣州 1954年8月28日 回國經濟來源及數目 個人儲蓄，七百元美金
回國原因 學成，回國為人民服務
回國後工作志願 參加教育或研究工作 到何處 北京
目前經濟狀況 有國幣二百餘萬元 有無債務（欠款） 無
現住地 廣州太平南路新亞大酒店206号
有何證件 護照 津字第0018號 一件 發照日期1946年十月一日
學歷證件 諾歪大姆大學文憑

那年月起	歲	那年月止	歲	在何地何部門做何工作及學習	證明人
1923年2月	8	1927年6月	12	中文 河北，蔚縣，南部馬初級小學	
1927年6月	12	1929年6月	14	中文 河北，蔚縣，朝治高級小學	

乔先生回国留学生登记表

乔先生（前排左一）与河北大学历史系教师们的合影（肖红松提供）

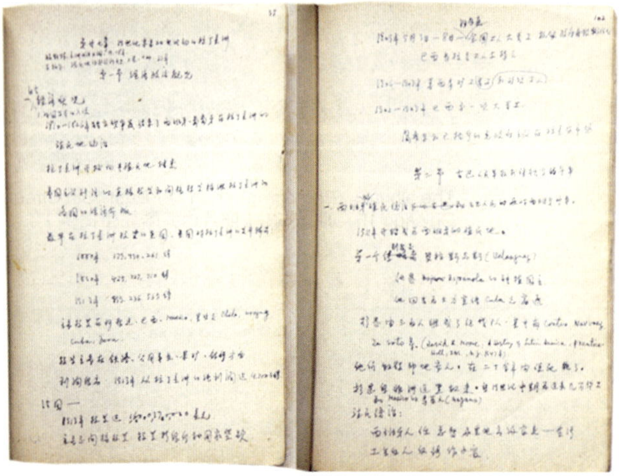

乔先生的拉丁美洲史讲稿

1956年，乔先生调入天津师范大学（河北大学前身）历史系任教员，讲授世界近代史、美国史、基督教史、中美关系史等课程。同年，加入中国民主同盟，任河北大学民盟支部委员。他曾作为优秀的民盟代表进京参加全国民盟代表大会。1959年，乔先生获得河北大学劳动模范称号。1962年，乔先生晋升为河北大学历史学副教授。1965年，加入“四清”工作队（河北省新城县张八里公社李家营生产队）。

1966年，有人诬陷乔先生是“美国特务”。造反派造谣说，他从美国带回来的英文打字机是从事特务活动的电台。为此，他遭受迫害，被抄家，被关进“牛棚”。1969年之后，他重返讲台时依然矢志不移，热爱本职工作，教书育人，孜孜不倦地为国家社会主义建设培养人才。

1971年，乔先生作为世界近代史教研室主任，组织老师们编写《世界近代史》教材，缓解了历史系学生上课没有教材的燃眉之急。

1979年，乔先生晋升为历史学教授。同年，作为中国拉丁美洲史研究的开创者、中国拉丁美洲史学会的奠基人之一，积极参与组建中国拉丁美洲史学会的工作。1980年，乔先生为历史系1977级学生讲授拉丁美洲史课程。

1984年，乔先生加入中国共产党。同年，乔先生任“中美关系史丛书”编委。他还被聘请为中央电大特聘教授，讲授世界近代史课程。他讲授的世界近代史课程在中央电视台教育频道播放，并作为有突出贡献的科学工作者受到河北省政府的表彰。

1985年，乔先生开始指导、培养硕士研究生。同年，获得河北大学优秀教师称号。1986年，乔先生出任中国拉丁美洲史学会的副会长。1990年，乔先生享受国务院颁发的政府特殊津贴。1993年，乔先生为出版《中国大百科全书》第一版撰写有关拉丁美洲的词条。1998年，乔先生尽管因患糖尿病病魔缠身，依然为家乡河北省栾城县编修《栾城县志》。

乔先生的专著《中美关系第一页》

1958年至1998年，乔先生发表有关中美关系史、拉丁美洲史、美国史、世界史的学术论文数十篇，有《1840年以前中美关系述略》《美国从清政府获得片面的最惠国待遇始末》《美国垄断资本家与“门户开放”政策的制定》《委内瑞拉独立战争探析》《时代、阶级与玻利瓦尔》《浅论委托监护制和布尔戈斯法》《近代墨西哥的社会性质》《基督教演变述略》等；1984年至1991年，乔先生出版专著《中美关系第一页》和教材《世界近代史》《世界现代史》《简明世界史》《世界史学习手册》等；翻译、校对出版的图书有《八国联军在天津》《1901年美国对华外交档案》等。

2001年11月20日，乔先生病逝于北京，享年八十五岁。

乔先生始终坚持用马克思主义理论治史、育人，曾经通读马、恩、列、斯全集和毛泽东著作。在教学过程中，他求真务实、严谨认真，充分利用精通英、法、德、西语言的优势，旁征博引，深入浅出，听过课的弟子们至今回忆起当时的场景仍历历在目。乔先生一生从事教育事业，呕心沥血、诲人不倦，为国家培养了一批又一批的栋梁之材，桃李满天下，深得后辈学人的

乔先生撰写的教材

乔先生翻译、校对的书籍和收录乔先生学术论文的论文集

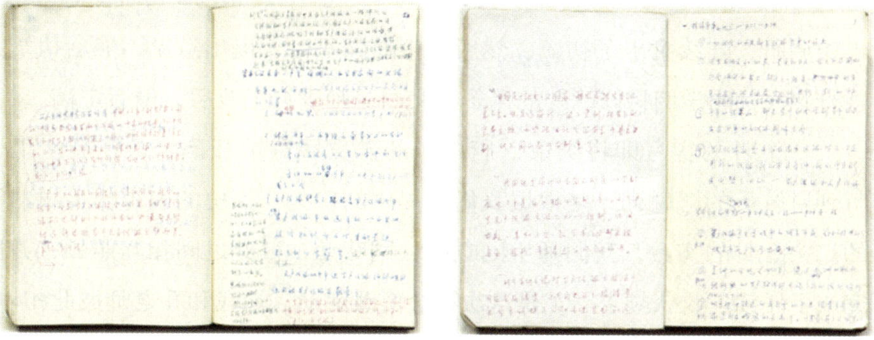

乔先生学习《共产党宣言》时所作《共产党宣言诠释》的笔记

爱戴。

乔先生勤勤恳恳、兢兢业业、一丝不苟、无私奉献的精神，深深地感染着每位学子，无时不激励后辈学人执着追求，敬业奋进。

二、怀念恩师

我最初认识乔明顺先生是在1973年9月，我作为工农兵学员新生刚进入河北大学历史系的迎新会上，系领导向我们新生一一介绍系里的老师们。之后，我与其他老师一起聊天时，才知道乔老师是留学美国的博士，学贯中西，通晓多国语言，史学功底深厚，学问做得好。遗憾的是，系里没有安排乔老师给我们班上课。当时河北大学刚从天津搬到保定时间并不长，学校允许没有教学任务的老师可以不来保定，因此，平日里也很难见到乔老师。

1975年12月，系里安排我们班到开滦唐山矿实习，任务是写唐山矿的矿史和矿工的家史。系里安排了几位带队的教师，有乔明顺、常征、孙执中等老师。为了完成实习任务，同学们被分成几个小组，有的负责到档案室查找资料，有的负责走访苦大仇深的老矿工，并指定了执笔人。矿上还安排我们师生每周有一天下矿井，和矿工一起劳动或到井下参观利用先进设备采煤的作业区。为了同学们能够顺利地完成各自所分担的任务，老师们给我们搞专题讲座，如怎样选择、利用资料；如何走访调查、写调查报告。当时乔老师给我们讲的专题是怎样选择、利用资料写好矿史。同学们经过二十天左右的走访调研，陆续拿出了初稿，然后师生共同研讨，提出意见，然后执笔人再进行修改。同学们将修改好的稿子，交给老师进行批改后，最后定稿。

一个月的实习即将结束，唐山矿的矿史展览馆开幕了。在展室里，我听到讲解员的解说词，是根据我们所提供的矿史、家史的内容作为材料写成的。一个月的实习，我们师生同吃同住同劳动，彼此之间相互照顾，并圆满完成了任务，收获颇丰。正是这次社会实践活动，让我和乔老师彼此相识。

1976年，我毕业留校，系领导起初分配我到世界古代史教研室工作。由于我大学期间读过一些马列著作，与世界近代史联系比较紧密，对世界近代史更感兴趣；再则，我考虑世界古代史相比距离现代社会比较久远，社会上可能关注世界近代史知识的人们会更多，应用性会更强，因此，我向系领导提出要求研究世界近代史。系领导研究后同意了我的请求，把我安排到世界近代史教研室工作。

当时的系主任张景贤教授对我说："系里决定让乔老师带你，你就跟乔老师好好学吧，你就不用到外校进修去了。上哪里找这么好的老师啊！"从那时起，我一直跟随乔老师。直到2001年11月20日他老人家病逝，前后共二十五个年头。他一直对我关心备至，体贴入微。乔老师教我如何做人、做事，如何为人师表，教书育人。我深深地记得，1980年乔老师要为历史系1977级学生讲授拉丁美洲史课程，让我担任此课程的助教，可是我对拉丁美洲史只有点滴了解，难以胜任，心理压力很大。乔老师明白我的心思之后，在酷热的暑天，手中扇着大蒲扇，只为我一个人讲起了拉丁美洲史。当年的笔记我还珍藏着，它会让我永远不忘那时候的记忆。

1985年，河北大学历史系招收世界近现代史专业拉丁美洲史方向的研究生，我报名参加了研究生考试，被录取为在职研究生。我的指导老师就是乔明顺教授。在读研究生期间，历史系开设有拉丁美洲史、世界史专题、经典作家论历史科学、英语、西班牙语等课程。乔老师还聘请了南开大学的洪国起老师（此后曾任南开大学党委书记、中国拉丁美洲史学会会长）为我们讲授拉丁美洲史专题。在乔老师的指导下，我的硕士毕业论文的题目是《论西班牙宗主国与拉丁美洲殖民地的贸易》。我选择这个题目的主要原因是《剑桥拉丁美洲史》的英文原版书刚刚引进到国内，其中有一章是专门讲西班牙宗主国与拉美殖民地贸易的。为了写好论文，我不仅在学校图书馆和系资料室翻阅了大量的图书资料，还专程到北京图书馆（现国家图书馆）用一周的时间去查阅资料。当时北京图书馆一次可以借阅十本书，我借阅的都是英文原版书，只要见到与我的论文有些关系的部分，就拿到复印室成章成节地复印，以便回学校后仔细研究。毕业前夕，在乔老师的精心指导下，我的硕士论文顺利完成了。由于河北大学历史系当时没有硕士学位授予权，乔老师找黄邦和教授帮忙，在黄老师的积极争取下，湖北大学校方同意我们四个研究生申报硕士学位，参加硕士学位答辩。乔老师邀请洪国起教授作为我们的答辩主席。我们四个人顺利通过了硕士学位答辩，获得了湖北大学拉丁美洲史的硕士学位。

1988年，乔先生和笔者在安徽黄山迎客松前留影

我经过近十年的潜心读书、教学实践，积累了一些经验，想在科研方面做点事情，练习写文章，可是，世界史的覆盖面太宽泛，我应该写哪方面的内容呢？我无从下手，也没有个主意。我把我考虑写论文的想法告诉了乔老师，乔老师听了很高兴。他说，那你就写美国独立战争中的“效忠派”吧！这个问题学界还没有人深入研究过。我说，好！那我就试试。我大约用了一年的时间，对相关书籍、资料进行研究分析，终于我的文章发表在《河北大学学报》1990年第2期上。没有想到的是，我的第一篇文章所持的观点就上了1993年出版的《中国历史年鉴》，得到了社会的认可。这事也给了我极大的自信心，让我感到自己也会写学术论文了。

我接着将自己的硕士论文整理成两篇文章，发表在《河北大学学报》上，其中《论西班牙宗主国与拉美殖民地的贸易》一文，被中国人民大学复印资料《世界史》全文转载；另一篇《论西班牙与拉美殖民地贸易对双方经济发展的影响》一文，被中国人民大学复印资料《世界史》《经济史》索引。乔老师得知我的文章在社会上产生了一定的影响，他老人家特别高兴。

因此，我多年来对乔老师始终抱有一颗感恩的心。在平日的生活里，只要是能够为乔老师做点什么，我都会义不容辞，而他有需要办的事情也总是愿意交给我来办。他大多时间住在天津，每月学校发工资时，他的工资需要我先从学校财务科支领出来，然后再到邮局寄给他。这件事我坚持了数年，学校财务科的工作人员都与我十分熟悉了，见我对自己的老师如此诚心也很受感动。只要我是为老师支领工资，财务科的会计们为了照顾我总是先把手头别的事情放下，优先给我办理支领乔老师工资的手续。乔老师在保定期间曾经搬过四次家，自有了我这个学生，每次都是由我来帮他搬家。他退休时，也是我把学校宿舍的家具、物品给整理打包，然后从华北电力大学找来汽车，装车送到天津。乔老师的子女都在北京工作，他与师母上了年纪之后，子女们为了照顾老人方便，将天津的住房换到了北京。乔老师从天津往北京搬家，也是我专程到天津整理、打包家里的所有物品，然后雇搬家公司的车把家具等物品再运往北京。乔老师哪一次搬家都离不开我，我也愿意为乔老师做这些事情。

乔老师厨艺高超，这是由于他早年在北京工作时经常下饭馆，每当他吃完了比较合口的饭菜之后，总要到厨房拜谢一下厨师，夸奖师傅的手艺好，然后再聊一聊这道饭菜的烹饪方法。他在美国留学时是他们留学生中名声显赫的大厨，凡是逢年过节、同学聚会都是由他来主灶。乔老师做的北京炸酱面非常好吃。他老人家毫不保留地将炸酱手艺传授给我，凡是吃过我做的炸酱面的人都赞不绝口。乔老师最爱吃我做的熘腰花，他总是说我做的熘腰花鲜嫩，味道好。因此，不论乔老师在天津还是在北京，只要我一去，乔老师总是让我陪他到菜市场买腰子去。记得有一次下雨天，我们打着雨伞蹚着水，到北太平庄市场上去买菜，遗憾的是没有买上腰子，他干脆带我走进北京师范大学的餐厅，要了三道好菜请我吃饭。

在乔老师家里吃饭，总是有好酒招待。乔老师有藏好酒的习惯，可他每天只喝一两盅，所以我去了一定会有好酒喝。乔老师从来不劝酒，只要你想喝可以尽情地喝。我们一起吃饭时往往是边喝边聊，从中我也学了不少学问。我们师生之间相处多年，关系非同一般，我不论到天津还是北京去看望乔老师，总是住在老师的家里，乔老师与师母都很喜欢我。有一次，乔老师还告诉我他藏钱的地方，对我一点都不见外。乔老师做事计划性很强，连安排饭菜也是一样。吃饭前先问你能吃多少，然后就做多少，几乎每次都是大家吃饱了，饭菜也吃完了，从来不浪费，下顿饭又做新的，让你总是吃得很舒服。

记得乔老师过七十大寿时，他老人家有课，独自一人在保定。生日那天，他请来一些好友和早年教过的弟子，亲自下厨房做菜招待我们。那天，他为招待大家准备了不少的菜料，可热菜是一道一道地端上餐桌的，只要看大家还能吃他就又做一个，这种请客用餐方式也挺有意思。他做的菜色香味俱全，他不怕人们吃，可他最怕的是吃不了都剩下浪费。为祝乔老师七十大寿，我从三哥那里找来一瓶半斤装的茅台酒作为寿礼送给乔老师。当时他收下了，可是过后他还是把酒还给了我。这瓶半斤装的茅台酒我一直珍藏至今，始终舍不得把它喝掉，因为这里边包含着我们浓厚的师生情谊啊。

他老人家过八十大寿时，他选择了北京亚运村的一个大酒店招待我们，并拿出五粮液给大家喝。这种方形高玻璃瓶的五粮液是20世纪50年代生产的，酒瓶的盖子上被一大块蜡封住了瓶口，那是为防止酒瓶子里的酒挥发，这是乔老师发明的长期保存酒的好办法。酒喝完后，我们当中有一位喜好收藏的周建海（中国政法大学教授）看见酒瓶子如获至宝，赶紧把酒瓶子收拾起来当文物珍藏啦。

乔老师八十五岁生日的时候，他的身体已经不那么好了，住院已有一段时间。他早已经说好，到八十五岁的生日时要请弟子们一起吃饭，可他却住院了。早已定下来的事情只好延期，请大家欢聚的日子改了又改。当他的精神头稍微好了些，才定好了日子。他选择了北京王府井大街上的一家老字号饭馆，拿出了最好的茅台酒。那酒还是“文化大革命”初期生产的，酒瓶的标签上还写有“抓革命、促生产”的字样，带有明显的时代特征。这个酒瓶子又被建海收藏起来了。当时就有人说，那个年头一瓶茅台酒的价格，已经飙升到三万五千元了。

乔老师请大家吃饭之后没有几天又住进了医院。教育系的滕大春先生要比乔先生年长几岁，还到医院看望他。乔老师前后在医院住了有两年多的时间，由于糖尿病的原因还割掉了一个脚趾。乔老师不论在天津还是在北京居住，我一般一年要专程去他家里看望两次。他生病住院以后我先是两个月去一次，他的病情开始恶化之后，我每月要去北京广安门中医院看望他一次。后来，我每周去一次，最后一周去了三次。2001年11月20日下午，我接到了乔大姐的电话，她告诉我乔老师去世了。我深陷于无比的悲痛之中，脑海里一片空白，独自坐在书房里不知道该做些什么。过了相当一段时间我才清醒过来，赶紧去找学校领导商量如何操办乔老师的丧事问题。

学校主管老干部的领导安排了两辆汽车第二天起早赶往北京。第二天早上，我与乔老师的早年弟子王世杰、姜文英两位大师兄和学校人事处的刘同志一起乘专车赶赴北京。在路上，我们商量好到乔老师家里，在灵堂前一起要为乔老师磕头。但是，到了乔老师家里见到乔大哥与乔大姐，他们决定在家里不设灵堂也不收礼金。乔大哥和乔大姐都是国家干部，他们对我们解释说，乔老师有遗嘱，丧事一切从简，乔老师从来不愿意麻烦人，这是乔老师的遗愿。我们路上想在乔老师的灵堂前磕头的心愿也就这样落空了。

我们了解了乔大哥与乔大姐办理乔老师丧事的意图后，决定先让一辆车回保定，向学校领导汇报有关情况，然后由我来联系乔老师的好友和弟子们，通知他们参加乔老师遗体告别仪式。我联系了乔老师在北京、天津、石家庄和保定的好友和弟子们。那天在北京八宝山殡仪馆参加乔老师遗体告别的，除了亲属之外还有南开大学党委书记洪国起教授、北京大学图书馆馆长林被甸教授、中国社会科学院世界史所的郝名玮研究员和兄弟院校的专家教授，以及全国各地乔老师的好友和弟子们，一共有二三百人。乔老师的生平由我执笔。我是这样写的：

著名历史学家、中国拉丁美洲史学会的创始人之一、原拉美史学会副会长、河北省历史学会副会长、“中美关系史丛书”编委、河北大学历史系世界史教研室主任、教授乔明顺博士，因病于2001年11月20日14时与世长辞，享年八十五岁。

乔明顺先生在史学领域耕耘六十余载，学贯中西、知识渊博、治学严谨。他在中美关系史、拉丁美洲史、美国史、世界近现代史等学术领域有开创性研究，成绩斐然、硕果累累，深受国内外史学界的赞誉。他1959年获得河北大学劳动模范称号，1984年作为有突出贡献的科学工作者受到河北省政府的表彰，是首批获得国务院政府津贴者。他先后由中国社会科学文献出版社出版《中美关系第一页》，北京大学出版社出版《世界近代史》《世界现代史》《简明世界史》《世界史学习手册》等著作，译著有《八国联军在天津》《1901年美国对华外交档案》，发表学术论文数十篇。他撰写的《中美关系第一页》一书，曾查遍美国档案馆所收藏的中美双方有关文献，如照会、公文、报告、信札、记录等和美国国会图书馆收藏的三百多匣原始文件，并查阅了清史馆有关中文档案材料，还参考了中外专著、报刊百余种。此书不仅是一部极为难得的传世之作，它也充分体现了乔老师严谨求实的治学态度和深厚的史学功力。

乔明顺先生一生从事教育事业，呕心沥血、诲人不倦，为国家培养了一批又一批人才，桃李满天下，深得后辈学人的爱戴。乔先生始终坚持用马克思主义理论治史、育人，曾经通读马、恩、列、斯全集。在教学过程中，他求真求实、严谨认真，充分利用精通英、法、德、西语言的优势旁征博引，深入浅出，至今听过课的学生们回忆起来仍历历在目，刻记铭心。如今乔老师培养出来的不论是本科生还是研究生，在国内外已成为学术精英和业务骨干。乔老师还热心于我国的成人高等教育事业，是中央电视大学的特聘教授。他为中央电大编写过多部教材，讲授的世界近代史课程，连续在中央电视台教育频道播放。乔老师对工作勤勤恳恳、兢兢业业、一丝不苟的精神，深深地感染着每位学子，无时不激励后辈学人执着追求，敬业奋进。

乔明顺先生一生在政治上追求进步，爱国深切。1942年，他在辅仁大学工作时，参加教职工组织的教育工会，目的是大家团结起来，不被日寇利用。因此，被抓关押在日本宪兵队两个月，受尽折磨，表现出他不甘当亡国奴的一身铮铮骨气和高尚的民族气节。新中国成立初期，身在美国的他为了争取回国参加新中国的建设，同当时美国政府所实行的强行扣留我国留学生的无理行径进行了英勇不屈的斗争，充分表现出他对社会主义新中国的热爱。在周恩来总理和我国政府的关怀下，终于取得了胜利，于1954年8月回到了祖国。

回国后，他被分配到中学教书，工资低，生活条件差。他却毫无怨言、默默耕耘、无私奉献，表现出了一位爱国华侨拳拳赤子报国之心。他1956年调到河北大学历史系任教，并加入中国民主同盟，1984年加入中国共产党。乔老师一生严于律己、谦虚谨慎、为人正直、宽厚待人，深受学术界同人与广大师生的敬仰和爱戴，可谓德高望重、人之师表。

乔明顺先生的逝世，对史学界、教育界，对河北大学都是一个巨大损失。乔先生走了，但先生的事业和精神是永存的。他那执着追求，为党的教育事业呕心沥血的工作态度，他那拳拳爱国之心和无私奉献的精神，将永远激励着我们。

当时河北大学人文学院的院长李华瑞教授也参加了，他深有感触地对我说，乔先生的告别仪式档次高、办得好。

办完乔老师的丧事，为了完成乔老师的一个遗愿，我带车又回到乔老师的家里。因为当乔老师病魔缠身再也无力工作时，他老人家交代将所有的藏书都送给我。我知道这是他一辈子的心血积累，他怎么能在自己的书房里见不到书呢！尽管乔老师两年以前早就与我交代了此事，后来也不断地催促我把书拉走，但是，我绝对不能那样做。一直到他去世以后，我才遵从他老人家的遗愿，把乔老师的所有图书，其中包括《马克思恩格斯全集》《列宁全集》《斯大林选集》和他从美国带回来的好多书，从北京运回了保定。

在乔老师辞世一周年时，我们几位乔老师最亲近的弟子赶到北京，一起前往他老人家的墓地，大家手持白菊祭奠我们的恩师与师母。当时我大声告诉我的恩师：您的学生已经晋升为教授啦！这么多年来，乔老师一直十分关心我的学习与进步。2000年，我发表在《河北大学学报》上的《简述拉美现代化进程与问题》一文，被《新华文摘》2000年第6期全文转载。乔老师得知此事后写信告诉我说，他一夜都没有睡好。我能理解当自己的学生的科研成果能够得到社会认可时，作为老师的那种难以控制的喜悦心情。因此，我应该把我晋升为教授的消息告诉我的恩师。

乔老师曾有写一部《拉丁美洲史》的心愿，但他老人家一直忙碌不停，迟迟没有动笔。因此，我在2009年人民出版社出版的《拉丁美洲简史》的后记中写道："今天，《拉丁美洲简史》的出版也可以了去乔老师的一个心愿，也是学生作为回报为老师献上的一份孝心。"

三、学者风范深受史学界赞誉

2021年正值河北大学百年校庆之际，河北大学历史学院领导与拉丁美洲研究中心领导决定出版《乔明顺文集》。为此，2020年春季组建了编委会：

洪国起先生题写的《乔明顺文集》书名

主编张家唐，副主编肖红松、闫屹，成员有乔皓、吕天石、张寒、王译。通过大家一年多的努力工作，如今此书稿已经成形，目前历史学院领导正在与人民出版社联系出版事宜，不久《乔明顺文集》将会与读者见面。

当我的两位老师——洪国起先生和郝名玮先生，和挚友韩琦先生、师妹何美兰女士得知筹划出版乔老师的文集时，都非常高兴。他们在百忙之中挤出时间，为文集题写书名、撰写文章，一一满足了我的请求。《乔明顺文集》封面上的书名，是由南开大学原党委书记、中国拉丁美洲史学会原会长、教授、博士生导师洪国起先生亲笔题写的。

为此，洪国起老师还复信给我，信中写道：“由你负责筹划出版乔先生文集，实为学术界做了一件大好事，在此致意。”我理解此话包含着两层意思：一是洪老师对乔先生的学术地位和社会影响的高度肯定；二是洪老师表达了对我主持编撰文集的充分信任。这令我十分感动，并激励我一定要把乔先生的文集编好。

中国拉丁美洲史学会会长、南开大学教授、博士生导师韩琦先生在《乔明顺先生对我国拉美史学科发展的贡献》一文中写道：“在出版《乔明顺文集》之际，张家唐教授约我写一篇纪念乔明顺先生的文章，我欣然应允。这不仅是因为乔先生曾给我以教诲，而且因为乔先生曾是中国拉美史研究会的副理事长，为研究会做了大量的工作，更因为乔先生在拉美史研究和教学方面均有建树，为我国拉美史学科的发展做出了突出的贡献。”

乔先生的文章有一个共同特点，就是资料翔实，论证充分。他引用的资料大多都是外文资料，这与乔先生曾在国外留学、受过正规训练、外语水平较高有直接关系，这种情况在国内拉美学界也是不多见的。因此，乔先生的文章可信度高，可读性强，成为中国拉美史研究的里程碑。

乔先生文章的先驱地位是不可磨灭的，正是在他的先驱性文章的启发下，才有了后继者们更加深入的研究。 而且，乔先生文章中的资料来源让后继者知道了国外研究该问题的学术前沿。

乔先生曾经是中国拉美史研究会的副理事长，为中国拉美史研究会做了大量的工作。早在研究会成立之初，乔先生就积极支持和参与了学会的创立。在1982年9月于济南召开的第二次会员代表大会暨“拉美独立战争和拉美当代社会性质”学术讨论会上，乔先生当选为研究会的常务理事，并在大会闭幕式上代表全体与会者致闭幕词，他总结了这次大会的五个突出特点，并感谢了东道主山东师大的办会工作，最后说道：“我们希望会后，大家在新的理事会的组织推动之下，为办好我们的学会，开创拉美史研究的新局面而共同努力！”

乔先生（前排左六）1982年在济南参加中国拉丁美洲史研究会第二次年会合影（韩琦提供）

在1986年5月于湖北宜昌召开的第三届会员代表大会暨“拉美资本主义的发展和美拉关系的历史演变”学术讨论会上，乔先生当选为副理事长，并致闭幕词。他在闭幕词中总结了会议取得的成果，其中提道：“有十八位年轻的研究生代表参加了这次会议……这是我们拉美史研究后继有人、兴旺发达的标志。”话语中充满了对年轻人成长的喜悦和对他们的殷切期望。他在最后说：“同志们，今天我们选出了新的理事会，大家看到，新的理事会更加年轻化了，他们精力充沛、朝气蓬勃、干劲十足。我们相信在新的理事会主持工作后，研究会的工作一定会做得更好……这是时代的要求，历史的要求，同志们，努力吧！下次大会我们将取得更大的成绩！”他的话铿锵有力，鼓舞人心，增强了与会代表的信心和力量。在1991年9月于大连党校召开的第四届会员代表大会暨“哥伦布航行美洲”学术讨论会上，由于年龄原因，乔先生与几位老同志一起被推举为研究会的顾问，他仍一如既往，继续关心着拉美史研究会的工作。

乔先生不仅文章写得好，在教书育人方面也成绩突出。在中国研究生学位教育制度恢复之初，河北大学并没有拉美史硕士学位点，但乔先生为了给河北大学培养拉美史研究生，想出了与当时具有拉美史硕士学位授予权的湖北大学联合培养的办法，并聘请南开大学的洪国起教授为学生们授课。正是通过这些办法，在他退休之前带出了六位硕士毕业生，其中有的出国深造，有的继续攻读了博士学位，有的在教育部工作，我则留校继承了乔先生的事业。我在河北大学继续开设拉美史课程，编写了拉美史的教材——《拉丁美洲简史》（人民出版社，2009年），并作为河北大学的世界史学术带头人取得了世界史专业的硕士学位授予权，培养了拉美史方向的十四位硕士毕业生，使乔先生的事业得到了发扬光大。正是由于乔先生当年树立的学术传统和打下的基础，河北大学2017年成立了拉丁美洲研究中心，并成为教育部拉美研究的备案基地之一。可见，乔先生对河北大学拉美史学科的影响是深远的。

中国社会科学院世界史所研究员、著名拉丁美洲史专家、翻译大家、中国拉丁美洲史学会顾问郝名玮先生在《缅怀乔先生》一文中写道：“乔先生

乔先生（左三）1988年在桂林与山东师范大学的研究生们合影（韩琦提供）

虽然离开我们十九年了，但回忆这些往事，仿佛就发生在昨天，乔先生谦逊慈祥、和蔼可亲的音容笑貌历历在目，他似乎就在我们的身边。”

每每思及先生，先生的音容笑貌宛在，对先生的为人、为师、治史之道，念兹在兹，时刻难忘。

先生的为人之道，以诚信为本。先生为人实诚，待人十分热诚。我每次向先生求助、索要相关资料时，先生无不竭诚相助；手头有资料，直接相送；手头没有，指点我查找相关书籍。先生以诚待我，我亦以诚待先生。他有什么需要找我，我同样尽力相助。先生多次向我言及“人无诚不立”，并多次提醒我“要慎同无诚信者交友”。我一直铭记先生的教诲。

先生的为师之道，以育人为本。先生对我说过：老师教书，育人为上。先生从教数十载，桃李满天下，很多学生在各自的工作岗位上都很有成就。这方面毋庸多言。唯先生惜才、育才方面甚值表彰。先生爱才如命，对年轻人爱护备至，总是多方提携学生。学生欲深造读研、读博，先生帮其物色导师，又设法向导师推荐自己的学生。新专业课程开设需要教师，先生物色人才，着力培养，甘当人梯。回想起来，河北大学拉美（史）教学、研究从无到有，从当初先生开疆辟土——开创拉美史专业课程时的单枪匹马、孤帆只影到如今拉美研究中心成立所形成的百舸争流之势，这不正彰显了先生的博大胸怀、甘为人梯的崇高精神吗？

先生不仅是著名的教育家，也是著名的史学家。他的治史之道，虔诚为上。先生曾跟我说过：史学是个“殿堂”，没有虔诚之心是不容易进入的。这当然是先生治史的深刻体会，对我这样的后学颇有教益；我在研究工作中慢慢体会到了先生所言之意蕴。治史者之要务是收集、掌握、充分占有史料，没有诚心、恒心是做不到的。先生继承了中国史学的考据传统，留学期间又掌握了西方的实证方法，在史料学、考据学上颇见功力。一部《中美关系第一页》就充分证明了这一点，从中我们可以见证先生收集、整理、占有史料的功力和所下的功夫。

先生极具爱国爱民情怀。他不是埋头治史，为治史而治史，而是根据国家需要、现实需要治史。20世纪70年代，十多个拉美国家先后同我国建交。

我国同拉美国家外交、文化、经济等方面蓬勃发展，急需人才。先生运用在美国学习期间所学、所见、所闻即时开设拉美史课程，精心培养人才，为我国拉美史的教学、研究工作做出了不可磨灭的贡献，使拉美史专业在河北大学落地生根，初见规模，为学校拉美（史）教学、研究的进一步开展打下了坚实的基础。先生的学识、情怀是一笔宝贵财富，值得我辈后学永远学习。

斯人已逝，其“道”永存。赋诗一首，以表对先生的缅怀和敬意，以作结语：

负笈古都获佳绩，求学美国戴桂冠；
学贯中西著述丰，桃李芬芳春满园；
开疆辟土闯新路，丰碑耸立耀史苑。

傅尚文夫妇

傅尚文：
新中国第一家史学刊物的创办者

◇李金铮

一、“大师兄”对先生的念念不忘

傅尚文先生是我的硕士导师。

1985年7月，我在河北大学历史系本科毕业，没有参加工作，继续跟着傅先生读中国近现代史专业研究生。他是第一次招研究生，只录取我一个，我成了他最早的入室弟子。由于这个原因，我一直自称、也被后来的学弟学妹称为河北大学中国近现代史专业的大师兄。

1988年7月，我研究生毕业，留在河北大学任教，与傅先生的交往比其他学生有了更多的机会。但老天并没有给我们弟子们留下太多陪侍先生的时间。1994年10月29日，这是一个永远不能忘记的日子。晚八时，先生在保定地区第二医院驾鹤西去，享年七十三岁。我和师母、先生的大儿子陪护在病床边，眼看着他停止了呼吸。先生已病数年，我是有心理准备的，但仍不能抑制悲痛的泪水，他毕竟还不到我想象的年龄。30日，我和在马院任教的师弟李德芳到医院，和整容师傅一起给先生整容。31日，在位于保定市南郊的殡仪馆和先生做遗体告别，我和德芳从太平间推着先生的遗体到了告别厅。这一幕幕，今天犹如在眼前。

“大师兄”和导师的感情，总是更加深厚，更加特别。

先生仙逝后，我一直想写点纪念的文字。我现在还保留着一个笔记本，

11月1日那天上面写着两行字：“10月29日晚8时，傅先生走了，31日上午遗体告别。想写点什么，但又一言难尽，只好搁笔。”七年过后，2001年，河北大学举办八十周年校庆，吕志毅老师主编出版《河北大学校史》，其中有教职员名人传略，邀我写了傅先生，一个几百字的词条。2011年，河北大学九十周年校庆，历史学院肖红松院长对我说，学校校报组织撰写纪念著名学者的稿子，希望我写一篇傅先生的文章。我在9月18日的校报九十周年校庆特刊发表了《“莫负年华”：恩师傅尚文先生永远的教》，约两千字，主要是读研期间从学先生的经历和感受。那一期，还有怀念漆侠、滕大春、詹锳等先生的文章。今年，河北大学迎来百年华诞，学校又组织出版《河北大学的先生们》，傅先生也在里面，又给我了一次全面梳理先生的经历和治学成就的机会。

说老实话，在傅先生生前，我没有太多挖掘和了解先生经历的意识，以致造成了永久的遗憾。2016年12月中旬，河北大学历史学院举办“傅尚文先生与中国近现代史研究”学术研讨会，我借机向先生的孩子们了解情况，但他们都不从事历史研究，对先生的经历尤其是早年的经历，知道得不多。我也看到学校档案馆收藏的先生的某些材料，因档案阅读的规定和限制，也只能了解到一般情况。现在，我在此基础上，写下比以前多少有所增加的文字，也算为学界增添一点史料。

二、先生的显赫家世、家道中落和求学经历

傅先生，名尚文，字彬甫，1921年1月生于山东省聊城市西大口街蔡家胡同。

聊城地处鲁西平原，明清时期借助京杭大运河漕运之利，商贸发达，文风颇盛。傅氏为聊城名门望族，先祖傅以渐为清朝开国第一个状元，曾官拜武英殿大学士兼户部尚书，任《明史》《清太宗实录》纂修官。

此后，傅氏家族不仅官宦辈出，也孕育出了傅斯年、傅乐成、傅乐焕、傅乐淑等著名史学家。为此，学界有一个说法，聊城傅氏家族有史学研究之

传统。傅先生对我说过，他之所以走上学术道路，受傅斯年的影响最大。傅斯年是傅氏家族标榜的著名人物，曾任北京大学文科研究所所长、中央研究院历史语言研究所所长、北京大学代理校长，对国民党政府多有激烈的批评，被送外号“傅大炮”。傅先生说，他们家族对傅斯年当大学教授大加推崇，也很羡慕他的社会地位，都把他当作学习的标杆。

傅先生家在清朝时为传统的官僚地主，辛亥革命后，随着中国资本主义的发展，家里的谋生方式发生了一定的变化。祖父到济南市开办制油厂，这样就从原来的官僚地主变成了工商业者兼地主。家里有不少的土地、房产，傅先生幼年时的生活是相当优裕的。但四岁后，家道发生转折，祖父、父亲、叔父相继去世，家中只剩下一群孤儿寡母，家里的财产被管理人、亲戚侵吞诈骗，于是生活日趋没落。尽管如此，家里仍然可以通过变卖房地财产，勉力维持以前比较富裕的生活方式，而且还能为傅先生就读著名的中小学创造条件。

1926年，傅先生念私塾，读到《诗经》。1927年，与家人离开济南，到北京投奔伯父，就读于北京外交部小学。在当时，外交部小学被誉为“贵族学校”，学校注重英文，为傅先生的英文打下了一定的基础。1932年，傅先生小学毕业，以优异的成绩考取北京汇文中学。汇文中学由教会创办，也被称为“贵族学校”。在汇文中学时，1935年12月，北京爆发“一二·九”运动，傅先生和同学一起参加爱国游行。母亲担心他出事，责备了他一番，1936年将他转入比较“规矩”的育英中学。育英中学也是一所有名的教会学校。

1937年7月，抗日战争全面爆发。傅先生与家人逃往聊城乡间外祖父家避难。1938年秋，聊城失陷，又逃至阳谷县坡里庄。1939年春，重返济南，考入齐鲁中学高中三年级。齐鲁中学也是一所教会学校。

1940 年夏，傅先生高中毕业。同年9月，考入北京大学国文系。他受业于汉语言学家张弓教授等，张弓先生后来也是河北大学的著名教授。傅先生开始对中国学术思想史产生浓厚的兴趣，打算以此作为今后专门的研究方向。不过，一年后，傅先生由北京大学转入中国大学法学院，学术方向也随之发生变化。他之所以转学，一是因为坊间盛传如果以后日本投降，沦陷区的北大学历不算资格；二来傅先生和北大的日语教师发生过冲突，担心日语教师报复。

中国大学始建于1913年，是孙中山先生仿照日本早稻田大学创办的。抗战时期，中国大学接受国民政府的指令，继续在北京办学。中国大学坚持“我们是中国人的中国大学”，自筹经费，延聘留居平津各大高校一批坚持民族气节的著名学者任教。这里面有张东荪、齐思和、裴文中、俞平伯、陆宗达、温公颐、翁独健、王之相等，可谓人才济济，极一时之盛。北方青年以争读中国大学为荣，学生增至三千余人，涌现出大批人才。在中国大学期间，傅先生受业于著名法学家王之相、哲学家张东荪、史学家李飞生、书法篆刻家贺孔才等教授，转以中国法制史为研究方向。在与张东荪、王之相接触的过程中，他们曾向他谈到共产党的活动，傅先生开始对共产党有了一定的了解。在王之相先生的指导下，傅先生撰写的论文《周秦时代礼法刑三观念之变迁》，发表于中国大学主办的《政治经济学报》1944年第2期。文章发表时，他年仅二十三岁，视野宽阔，文笔稳健，观点犀利，显现了深厚的国学根底和学术潜质。他提出：

> 此时可谓“礼”“法”在法律上丧失地位之时代，或“礼”“刑”并于“法”之时代，同时亦可谓“礼”“法”“刑”大混合之时代也。唯从此以后中国法律已进入成熟阶段，且世界五大法系之中国法系之特点，亦多因此而生。由是观之，研治我国古代法律者，不宜忽略此三者之变迁也。

迄今，这一论述仍是充满洞见之论。此文后来被收入北京政法学院法制史教研室主编的《中国古代法制史论文选》第一分册（1982年）。周会蕾、王立民的《中国近代法制史学史研究》一书（上海人民出版社，2013年），仍认为此文是西周法制史研究的代表作。文章历经七十余载，依然具有学术价值，是很不容易的。历史不能假设，但仍可以做反思之假想，按此势头，如果傅先生能长期从事中国古代史研究，也许能够取得更大的成就。

三、在中学、师专教书和对国民党的不满

1945年1月至6月，在大学毕业前的半年，傅先生曾兼任北京四中历史教员。7月，大学毕业，获法学学士学位，因学习成绩和毕业论文都得到系主任的称许，而留在法学院做助教，研究中国法制史。不过，由于校方总是让他兼任其他差事，这不符合他走学术道路的理想，所以在中国大学仅做了一个月，就离开北京，到天津任第三中学历史教员兼训育主任。

到天津三中十多天，就迎来抗战胜利的消息。在这里，傅先生通过蒋子绳（新中国成立后曾任河北大学副校长）的介绍，加入党的地下组织——“民先”，参加反美进驻天津的小组学习，秘密散发过《论联合政府》小册子。11月，国民党政府接收三中，傅先生遭到解职。于是，他又回到北京，找张东荪、贺孔才、王之相等老师为他介绍工作。在此期间，也与傅斯年见过几次面。傅斯年时任北大代理校长，他对傅先生讲：你现在还年轻，是否可以考虑继续攻读研究生？傅先生说家里需要他找事做，因此没有接受傅斯年的建议，错过了攻读研究生的机会。

1945年12月，经张东荪、贺孔才老师推荐，傅先生转赴保定，任河北师范专科学校法学科讲师。他与李光壁先生同事，且过从甚密，李先生后来也是河北大学历史系的著名教授。傅先生讲授的课程有中国近代史、社会学和三民主义等，近代史教材取自李剑农的《中国近百年政治史》和陈恭禄的《中国近代史》，社会学教材取自李达的《现代社会学》和孙本文的《社会学原理》，三民主义用的是萨孟武的《三民主义政治学》。1946年底，傅先生参与张东荪主持的“中国民主社会党”革新派活动，与梁秋水、汪世铭等骨干相识。此时，河北省府由北京迁回到保定。1947年春，傅先生为河北省文官考试出经济学试题并阅卷。

在师专教书期间，傅先生兼任《华北日报》保定版主笔，撰写社论、专论。专论多为学术性的内容，如新疆介绍、韩非子的法治思想等，皆以傅彬甫的名字发表。社论涉猎的问题更为广泛，有的盼望和平，有的主张恢复

交通，有的替公教人员呼吁加薪，有的讽刺国民党军队纪律败坏，还有的针对官员贪污加以评论。傅先生对我讲过，他之所以对国民党地方当局有所揭露，仍然是受了傅斯年的影响，他觉得傅斯年是“社会贤达”“学者”，“敢骂人”，所以写社论也学他的风格。

1948年2月，河北师专合并于国立师大，傅先生离职，到河北省政府秘书处编译室做编辑，研究省行政。此时，河北省政府由保定又迁至北平。他的主要工作是总编《省政一周》，撰写新闻稿以及《冀平划界问题》等文章，此外还为省主席楚溪春起草过演讲稿。不过，由于与国民党当局不一条心，他曾被认为是思想嫌疑犯。12月底，解放军包围北京，编辑工作停止。

由于国共决战愈演愈烈，傅先生与许多青年知识分子一样，谋生艰难，没有出路，他反对内战，盼望和平，对国民党政府表示不满，期望社会发生变革。

1949年1月，天津解放。同年2月，傅先生离开北京，到天津任天津知识书店编辑，参加了革命工作。当华北人民政府接管国民党河北省政府时，傅先生回北京办理过交接手续，接管人员也同意他到天津工作。知识书店由天津市军管会文教部主管，为天津通俗读物出版社、天津人民出版社的前身。

四、创办《历史教学》和“文革”前的中国近现代史研究

1949年10月，中华人民共和国成立，傅先生和全国人民一道迎来了新的时代。

1950年，傅先生晋升天津知识书店编辑出版部副主任。他编写了《怎样学习政治经济学》《这就是美国》等小册子，由知识书店出版。他还经常联系张东荪、王之相、贺孔才等老师，通过他们为书店约稿，扩大出版社的知名度。

1951年是傅先生一生中极不平凡的年头。在他的倡议下，1951年1月，与李光壁、杨生茂、张政烺、丁则良等著名史学家创办了《历史教学》杂

志。中国共产党五老之一徐特立为刊物题写了刊头。

《历史教学》是新中国成立后创办最早的一家历史学专业刊物，创办《历史教学》杂志也成了新中国史学史上的一个标志性事件。现在，《历史教学》已经成为中国当代史学史研究的对象了。刊物创办之初，以“研究如何教授历史课程”和“讨论如何研习历史科学”为指针，迅即成为历史学者发表成果的重要阵地，著名史学家范文澜、翦伯赞、吕振羽、陈垣、郑天挺、吴晗、雷海宗、夏鼐、齐思和等都曾为刊物撰稿。《历史教学》的发行量由开始的两千份，数年后增至四万余份，可谓盛况空前。

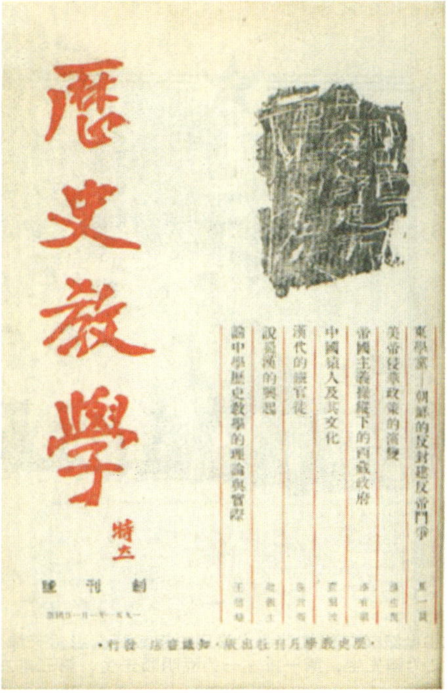

新中国第一家历史专业刊物《历史教学》创刊号

《历史教学》是傅先生一生对中国史学最大的贡献之一，他在撰稿、编审、发行等方面都付出了巨大的心血。他一直担任《历史教学》编委，长期审读中国近现代史稿件，对中国近现代史学科的发展起到了重要的推动作用。由于傅先生与《历史教学》的密切关系，也扩大了河北大学历史学科的影响。

正当为出版社和《历史教学》大展宏图之际，傅先生有了新的烦恼——知识书店因编辑出版所谓“革命性”不强的小说而受到批评。他愈发觉得，自己更适合于以前从事时间最久的教书工作和学术研究。他连续打了五次申请报告，知识书店看他去意已决，批准了他的请求。

1952年1月，傅先生调入天津教师学院，开设中国通史课，捡起了七年前教授中国历史的业务。1952年9月，傅先生加入中国民主同盟，工作单位也有新的变动——从天津教师学院转调刚刚调整成立的天津师范学院史地系。天津师范学院后相继改称天津师范大学、河北大学。自此，傅先生一直在河北大学工作，将自己最好的年华奉献给了河北大学。

傅先生一来到天津师范学院，就担任史地系中国近现代史教研室主任，

20世纪60年代初河北大学历史系教师合影（天津六里台），第二排右二为傅先生，第一排左一为乔明顺先生，第三排左五为漆侠先生

和系主任王仁忱先生一起主持中国近现代史学科的教学和研究工作。1958年，他光荣地加入了中国共产党。1958年、1959年，连续两次获得天津市劳动模范称号。1960年，被评为天津市文教系统先进工作者。1959年至1965年，担任历史系副主任。

中国近现代史特别是中国现代史，是新中国成立后比较年轻的学科，傅先生成为重要的开拓者。他主编或合作编写了《中国现代史讲义》（天津师范学院，1954年）、《中国近代史》第一分册（上海人民出版社，1962年），发表了《对资料与观点关系问题的几点看法》《对太平天国革命历史中的几个问题的商榷》《试谈李秀成的评价问题》《试谈甲午战后中国半殖民地半封建经济形态的完全形成》《关于新民主主义革命史的分期分段问题》《五四运动是新民主主义革命的开始》《五四运动和共产党成立时期》《一九二五年的广东战争》《第一次国内革命战争时期的关税会议与法权会议》《抗日战争前夕国际形势简述》等文章。其中，《试谈甲午战后中国半殖民地半封建经济形态的完全形成》一文提出，甲午战后至20世纪初中国半殖民地半封建经济形态已经完全形成。这一观点为中国近代社会性质提供了有力的解释，在中国近代史、经济史学界产生了广泛的影响。

1966年，“文革”爆发，中国社会陷入混乱时期。傅先生与许多高级知识分子一样，惨遭“造反派”批斗、抄家，住房也由原来的三居室换为结构极不规则的一间小房子。1973年，高校招收工农兵大学生，傅先生才恢复了教学工作。1973年至1976年，他被借调到中国科学院近代史研究所，从事中华民国史资料整理和民国人物传记的研究，“文革”结束后出版的著作《清末新军编练沿革》（中华书局，1978年）、论文《清末山西编练新军及辛亥革命时期阎锡山充任晋省都督纪实》等，就是在近代史所借调时期的工作成果。

五、改革开放后担任系主任和中国现代史研究的继续拓展

1978年，中共十一届三中全会的召开标志着中国改革开放的开始。改革开放后也是傅先生恢复历史系全面工作和焕发学术活力的新时期。

1978年至1984年，傅先生担任河北大学历史系主任。此时，“文革”遗留的矛盾既多且杂，处理起来相当棘手。傅先生以虚怀若谷的精神，强调向前看，关心教职工的生活和业务训练，保证和推动了历史系教学与科研的稳步发展。

傅先生以其学术贡献和学术地位，兼任河北省历史学会副会长、河北省党史学会副会长、河北省现代史学会会长、河北省档案学会名誉理事长、中国现代史学会常务理事、中共党史学会常务理事，扩大和提高了河北大学在中国现代史学界和党史学界的声望。

《晋察冀边区财政经济史资料选编》书影

这一时期，傅先生孜孜不倦，筚路蓝缕，取得了更多的学术成果。尤其在中共党史、抗日战争史、华北抗日根据地史、中国近代经济史等领域，都取得了令人瞩目的成就。他主持和参编的资料、著作，有《南昌起义资料》（人民出版社，1979年）、《中国现代史大事记》（黑龙江人民出版社，1984年）、《晋察冀边区财政经济史资料选编》（4册，南开大学出版社，1984年）、《中国革

命史》（黑龙江朝鲜民族出版社，1987年）、《晋察冀抗日根据地财政经济史稿》（档案出版社，1990年）、《中国现代经济史》（吉林大学出版社，1991年）、《中国近代经营大观》（河北教育出版社，1991年），以及《中国近代经济史专题讲稿》（1986年）、《中国抗日战争史》（1988年）等。

其中，较有影响的是《晋察冀边区财政经济史资料选编》。此套资料，南开大学著名学者魏宏运先生任主编，傅先生为副主编。两位先生不仅搜集了河北、山西、河南几个省份的档案资料，还走访了不少亲历者。资料一经出版，就引起海内外抗日战争史学界的高度关注，成为抗战史特别是抗日根据地史学者引用率最高的资料之一。在傅先生的带领下，河北大学也成为抗日根据地史研究的一个阵地。

傅先生还发表论文数十篇，代表性论文有《试论辛亥广州起义与武昌起义之关系》《中共“四大”提出无产阶级领导权问题的探讨》《毛泽东同志对中共正确解决无产阶级领导权问题的贡献》《傅作义收复百灵庙——纪

1983年《晋察冀边区财政经济史资料选编》座谈会留影，左一为傅先生，左二为魏宏运先生

念绥远抗战五十周年》《中国现代史上的一个重大历史转折点——西安事变述略》《试论中国抗日战争在反法西斯的第二次世界大战中的地位和作用》《史迪威与中国抗战》《抗战时期晋察冀边区财政经济工作发展的几个阶段》《晋察冀边区北岳区的粮食战》等。其中，《西安事变述略》一文提出："没有西安事变的和平解决，就不可能有建立以国共两党为基础的全国统一战线的前提，有了西安事变的和平解决，才促使七七事变后出现全国抗战的局面。""西安事变不仅是我们现代历史上一个重大历史事件，而且在一定意义上说也影响着世界历史的进程。"这一论断，到今天仍不失其学术价值。在《试论中国抗日战争在反法西斯的第二次世界大战中的地位和作用》一文中，傅先生强调："中国抗日战争不仅是中国的民族解放战争，而且是反法西斯的第二次世界大战的重要组成部分，中国抗日战争捆住了日本法西斯的手脚，很大地影响着西欧战争、苏德战场和太平洋战争。"然而，各国历史学家写的很多著作，"把中国的抗日战争摆到了次要地位，甚至认为中国在反轴心的大战中，只起配角作用。我们认为这是主观的，是违反历史实际的不公正的评论"。这个几十年前的结论，有力地阐释和提升了中国抗日战场的地位和作用，应该说到现在仍是站得住脚的。

六、培育英才

傅先生1987年离休，在河北大学历史系工作了三十五年。说是离休，但仍继续指导研究生，直到1989年最后一届毕业，才正式离开教学岗位。退休之后，到病重之前，他也没有间断和学生的交流。

傅先生在做历史系副主任、主任期间，对于本科生教学，他一直特别重视三点：一是中国通史、世界通史在专业教育中具有基础性地位，只有如此，才能牢固根基；二是强调古汉语的学习，只有学好古汉语，才能读懂中国历史文献，了解中华传统文化；三是提倡实地考察，增加感性认识。以上几点，其实放在任何学校都是适用的。河北大学历史系本科生的确有基础厚实的特点，与这种教学理念应当不无关系。

和其他老师一样，傅先生自己的教学工作，授课对象主要是本科生，培养的学生不计其数，可谓桃李满天下。毕业生无论是在行政部门，还是在大学、中学，都为河北省乃至全国的教育事业、学术事业和管理事业发挥了重要作用。其中，有不少成为著名学者和领导干部。

如果从师徒关系的亲密程度来说，更值得一提的是，傅先生对研究生的培养。我前面已谈到，1985年，也就是傅先生六十三岁时，他才开始招收中国近现代史专业研究生。当时，河大中国近现代史专业还没有硕士点。但和现在不同，有一段时间，允许老先生没有硕士点也可以招生。不过，当年傅先生就主持申报了硕士点，我作为他的大弟子还参与了申报表格的填报。因为本专业高级职称老师较少，还联合了经济系研究人口学、政治经济学、经济史的老师。但就是因为学科团队比较复杂，评选过程有些曲折，有人说这样的师资构成有点问题。幸运的是，中国社会科学院近代史所所长刘大年先生讲了话，说傅老师是从事中国近现代史研究的老资格的学者，难道连个硕士点都不给吗？刘先生是中国近代史研究方面的权威，于是获得通过。这是河大历史学科第二个硕士点，在今天，博士点都有不少了，但在那个时候，硕士点也是十分宝贵的。出乎意料的是，1986年，没有硕士点的单位，不能招收研究生了。我知道，有的学科本来力量不弱，但因为没有拿到硕士点，就基本上丧失了持续培养人才的能力，学科发展受到极大限制，非常可惜。傅先生对我说，以后有条件还要申报博士点。不过，在他生前没有实现这个愿望的环境和条件，所幸2005年由我这个大弟子主持申报，在校、院领导和学科老师的共同奋斗下，获得成功。但如果没有傅先生当年的开创性贡献，这是不可能的。中国近现代史专业为河大历史学科第二个博士点，为以后历史学一级学科博士点、历史学博士后流动站的申报奠定了基础。

在研究生指导中，傅先生谦和、包容，形成了一套具有个人特色、比较有效的理念和方法。对此，我和师弟、师妹有过讨论，给人印象深刻的，大概有六点：

一是指定专著、资料阅读书目。我们一入学，傅先生就让助教复印了中国近代经济史专著、资料目录，供大家选择阅读。譬如，中国社会科学院经济研究所编纂出版的《中国近代经济史资料丛刊》，包括农业、手工业、铁路、航运、综合统计等专题资料，是最有影响的一套经济史资料，要求大家必读。另外，经济研究所老一代学者的著作，也是必读书。这样一来，我们的阅读起点和研究起点还是比较高的。

二是注重相关学科的互相渗透。除了历史学教师以外，傅先生还聘请经济系教授讲授资本论研究、经济学基本问题、社会经济学统计学等课程。这些老师的讲授，扩大了我们的视野，增加了分析历史现象的技能。在当时的历史学界，这一方法是不多见的。

三是以课题带动学生的研究。傅先生先后主持过“中国近代经济史专题”“中国抗日战争史”“中国民族工商业资本家”等课题，指导我们查阅资料和撰写相关内容。尽管不见得出版，但这些课题都和我们各自的研究相关，在具体的研究实践中，受到严格的学术训练，提高了研究能力。

四是因材施教，强调毕业论文选题的前沿性。傅先生根据我们每个人的学习经历、学术兴趣，提出不同的选题建议。譬如，有的研究近代中国农村，有的研究民族企业家，有的研究官僚资本，有的研究民国金融，有的研究港口经济。这些都是中国近代社会经济史的重要课题，由此保证了论文的学术价值。

五是加强学术交流。傅先生经常带领我们拜访京津等地著名学者，甚至根据不同选题，分别聘请相应的专家进行指导，等于配备了校外导师。通过和著名学者的交流，我们了解了更多的学术信息，提高了研究眼光。

六是提倡实地考察。傅先生为我们创造各种机会到农村、厂矿进行访问，调查文献资料，增强历史现场的感性认识。譬如，进入唐山冀东水泥厂（前身为启新洋灰公司）车间，深入开滦煤矿矿井，在厂矿档案馆查阅文献，都给了我们一个全新的认识。

以上几点，即便拿到现在，也是比较先进的、值得赞赏的指导方法。

正是在傅先生的培养下，弟子们取得了令人满意的成就，受到学界的关注。

由于年龄原因，傅先生只招了三届研究生：我是第一届，第二届有曾庆钧、李德芳、邓红、郑建贞，第三届有戴建兵、范春梅、田路臻，一共八人。人数虽然不多，但大都成了所在行业的骨干、人才。除了郑建贞、田路臻在美国、加拿大工作，其他六人均在高校任教，而且都成了教授，有的还做了校级、院级领导干部或学术团体的负责人。或许我可以按照毕业顺序，罗列一下六个人的现状：

本人，南开大学历史学院教授，博士生导师，教育部长江学者特聘教授，国务院特殊津贴专家，教育部高等学校历史学专业教学指导委员会委员；

曾庆钧，重庆工商大学经济贸易学院教授，博士生导师，社科处处长、科技处处长，教育部高等学校经济与贸易类专业教学指导委员会委员；

李德芳，海南大学马克思主义学院院长、教授，国务院特殊津贴专家；

邓红，南开大学马克思主义学院教授，博士生导师；

戴建兵，河北师范大学党委书记，历史学院教授，博士生导师，国务院特殊津贴专家，教育部高等学校历史学专业教学指导委员会副主任委员，中国史学会副会长；

范春梅，北京大学医学部纪委书记，研究员。

不无骄傲地说，各位弟子都继承、发扬和光大了傅先生的学术事业。不仅如此，他的再传弟子更是薪火相传，枝繁叶茂，同样取得了令人瞩目的成绩。由此，学脉得以绵延，精神得以永存。傅先生在天之灵足堪告慰，并可含笑九泉矣！什么是成功的研究生导师？从傅先生的身上，我们可以悟到很多。

傅先生的一生，以其丰富的经历折射了中国现当代史的巨大变迁。在傅先生晚年，家里中堂上悬挂着一幅他的书法作品："宠辱不惊，看庭前花开花落；去留无意，望天空云卷云舒。"此副对联取自明代思想家洪应明的《菜根谭》，散淡背后别有深意，诚可谓一代知识分子之心史！

教　育

滕大春先生

滕大春：
贡献卓越　风范永存

◇贺国庆

滕大春先生是中国当代著名的教育史学家、比较教育学家，被公认为新时期外国教育史学科的奠基人。滕大春生于1909年，卒于2002年，享年九十三岁，其一生的教育学术探索大致可以分为民国时期、新中国成立之初到改革开放前、改革开放后约二十年。民国时期是滕大春先生树立学术志向和奠定学术基础的时期；新中国成立之初到改革开放前是其学术研究相对沉寂的时期；改革开放后其学术探索渐入佳境，学术成果呈井喷之势。

一、民国时期的求学生涯和学术探索

民国时期是滕大春先生学术探索的奠基时期，这一时期扎实的学术训练和教育实践活动为滕大春一生的学术探索奠定了深厚的根基。

1909年10月13日，滕大春生于河北省通县（今属北京）堰上村，祖父为清末举人，终日读书施诊。父亲滕静波，曾任东北长春府视学和桦川县劝学所所长等职，后去职返乡，承继父业，在村里行医济世。母亲孙氏，恭良勤善，持家有方。滕大春是家中长子，出生时父亲已逾而立之年，因而从小就被长辈寄予厚望，“上进成人，光宗耀祖”成为他读书的动力。

滕大春七岁入堰上村国民学校，十二岁到县城入高等小学，一直都因用心学习和成绩优良博得老师的夸奖。高小毕业后考入京兆第四初级中学（校址在卢沟桥），插入一年级下学期，在两年半的初中时期，成绩一直保持全班第一。1926年，滕大春升入京兆高级中学。

1929年秋，滕大春考入北京大学教育系，他称北京大学是其学术生涯的始发站。

滕先生是十分幸运的，他入学北京大学一年后就赶上了北大历史上的“中兴”时期。1930年底，蒋梦麟出任北大校长，几乎同时，胡适回到北大任教。蒋梦麟在胡适和1929年起兼任北大教授的傅斯年的襄助下，共同制定了“教授治学、学生求学、职员治事、校长治校”的办学方针。蒋梦麟在《忆孟真》一文中说：“九一八事变后，北平正在多事之秋，我的‘参谋’就是适之和孟真两位。事无大小，都就商于两位。他们两位代北大请到了好多位国内著名的教授，北大在北伐成功以后之复兴，他们两位的功劳，实在是太大了。”

滕先生就读的教育系当时属于文学院，由蒋梦麟校长兼系主任。1931年，不到三十岁的巴黎大学博士吴俊升到北大教育系任教授，他后来回忆说：“当时系中同事有杨廉、杨亮功、萧恩承、潘渊与尚仲衣诸位教授，人才称盛。”

读书期间的滕大春先生深切感受到北京大学倡导的博雅教育的魅力，他在《我的学术旅途的回顾与反思》中写道：

作为三十年代北大教育系的学生，我和同龄人从开始就大量学习哲学课和心理学课。这是学校规定的课程。就哲学而言，我首先听了徐炳昶先生讲授中国哲学史；1931年，胡适之先生来校讲授此课，我重听了一年。西洋哲学史和中国哲学史同属必修科，我也听了一年。另外我选修了陈大齐先生讲授的认识论和伦理学，很受益。印度哲学和罗素哲学等课，我也选修过。就心理学而言，首先学的是普通心理学，汪敬熙先生讲授的生理心理学和陈雪屏先生讲授的学习心理学，尤令我喜听；另外还修习过教育心理学、儿童心理学和社会心理学。我增长了很多知识，却总觉得别校教育系注重中等教育、教学方法、教育行政等，比北大更为切合实际。当时教育系、哲学系和心理系在上课和活动方面常在一起，我遂在哲学系邀请陈大齐先生开漫谈会时，向先生谈出自己的思想。先生对我解释说，不从深处和远处树立学识根底，仅从目前需要考虑，容易走上狭隘而浅学的道路。同学们也你一言、我一语地大讲博雅教育的价值，认为拘泥于一时一事之用必然局限人的眼界和降低人的追求层次。陈先生是研究德国哲学的名家，又是北大校长，他的循循善诱和窗友们的议论，叫我初步领略了北大的特点和优点，端正和拓宽了我对于治学之事的认识，这一次寻常的漫谈对我具有极不寻常的启发性，因而至今记忆犹新。

除博雅教育外，北大教育系开设的专业课程也让滕大春先生受益良多。与其他大学教育系注重开设中等教育、教学方法、教育行政等具体课程不同，北大教育系的课程不仅内容丰富，且注重学术性。滕大春先生还写道：

教育系的课程相当庞杂，回想起来，其兴奋点似乎是倾向于传播德、美两国教育学术。德国的斯普兰格的文化教育学和凯兴什太纳的劳作教育学，都曾分别设置科目，这是别校所无的；教育哲学所讲授的也以德国理性主义学者的理论为主。后来吴俊升教授到系，先后讲授教育社会学、德育原理、教育哲学和教育名著选读等四科目，内容转向美国杜威和法国涂尔干的教育思想。我四科俱听，对于美国实用主义教育哲学获得较为满意的收获。这种哲学和机能派心理学紧密关联，因而很喜爱陈雪屏先生讲授的心理学。有的同学说教育系课程浅显易懂，无须深钻；我则不断向吴、陈两先生求益，我那浮薄的教育专业知识才粗粗积累起来。

吴俊升20世纪70年代曾撰文回忆当年授课的情形：“我讲课和发表文字，多从教育的哲学和社会的根本方面讲教育，比较不注重一时流行的种种教育新法……我所任教的几科，曾经指定他们读英文参考书，作阅读报告，并在课间讲解和讨论。这样便增加了他们自动学习的兴趣，和阅读英文书的能力。”值得注意的是，作为学生的滕大春和作为教授的吴俊升对北大授课特点的描述是颇为一致的。有如此一批优良师资，一心读书的滕大春当然是受益匪浅了。

在诸多教授中，胡适成为滕先生最崇拜的老师，胡适开设的中国哲学史也成为他最喜欢的课程。滕大春曾记述胡适讲授中国哲学史的情形：

先生在国内和国际的学术声誉都很高，听课人很踊跃，不只本校同学听，外校同学和社会人士也来听讲，几位戴老花眼镜的老者不但来听，而且和同学一样认真笔记，每逢上课前很久，大礼堂的座位就被人预占了，场面十分动人。我那时还听一门课叫晚周诸子，想对中国古代哲学多所了解。初听时感觉不错，后来方知讲课的教师和胡先生唱对台戏，很多次竟指名道姓地说胡“浅薄”“误解”“硬伤”“罪人”，显示自己高明；次数多了，有人颇不以为然。一位山东同学反驳：“先生你说的未必是罢？”不知是鸣了下课铃，还是先生没听见，山东同学讲完后就悄然下课了。同学走在路上时各抒己见。有人认为不宜背后诬蔑人；有人认为先生说胡的错处都是小疵或见解不同，谈不上硬伤，怎该肆意夸张；还有人谈王婆不应来教室骂街。最后有人说不知胡知道不知道有人在课堂上骂他。那位山东同学说：“胡先生高雅，知道也不会反骂。”有人更幽默地在手掌上写出“高哑”二字，意思是不反骂更表现胡的高明。从这一成败的对照，我清楚看到胡因学贯古今，旁征博引，论述深透，多次把古代中国哲学、古代希腊哲学以及古代印度哲学，比较分析，层层深入，极能发人深省，乃制胜之因。再则，他四十余岁，举止翩翩，谈笑风生，巧于言辩，同样令人敬服。面对这位知名学者的良好形象，我当时曾想将来自己要为良师，他的治学、讲学和为人的态度，似可仿效一二。

胡适对滕先生的影响是全方位的。胡适要求青年学生愈是在国家危难的时候愈应冷静，也愈应把握时机追求知识，“把自己铸造成器”，以为将来救国的凭借。滕大春先生对此深信不疑。九一八事变发生后，作为爱国青年的滕大春也曾走上街头参加反日游行，但他信奉“救国必须读书，读书才能救国”，始终把主要精力放在读书和学习上。

在学习过程中，滕大春先生和吴俊升、杨廉、陈雪屏等教授频繁接触，向他们请教学术问题，在增长学识的同时，建立了较密切的师生关系。

除了读书，滕大春先生还积极参加教育系组织的教育学会的活动，听讲演、办《教育周刊》（杨亮功教授主编）和参观学校等，这些活动极大地开阔了滕大春的学术视野。

由于学习成绩优良，滕大春先生于1932年荣获北京大学首届优秀生甲等奖学金，这是蒋梦麟主政北大后给品学兼优的学生颁发的最高荣誉，当时为滕大春颁奖的北大文学院院长兼教育系主任正是滕大春崇拜的胡适先生。滕大春后来说：“关于博雅教育的概念、关于经世和人师的典范、关于教育专业的启蒙，是我在学术始发站受益多的三点。”

好学生也是令老师难以忘怀的。四十多年后，当年北大教育系教授吴俊升任职于香港新亚书院，他回忆说：“这些学生中有不少特殊的人才。有些是后来从事实际教育有成就的，有些是应英庚款与国家公费或自费留学考试经录取出国深造而获得博士学位回国的，也有留在美国任教授的，他们多数是在北平的几年立下了学业基础。现在我想得起的几位……滕君大春留美得教育博士学位返国任教……他们都是在教育系受教的。我对于他们，如其想起，都是怀念的。”

在北大教育系读书期间，杨廉是滕大春先生交往较多的教授之一。杨廉曾留学美国，写过《西洋教育史》《欧美国家教育发达史》等著作，在北大深受校长蒋梦麟的器重。一次，同学们开会攻击杨廉不学无术，滕大春先生极力为老师辩护说，他是教授“中学教育”的，我就有关中学教育的问题请教他，他的解答是很高明而很有见解的。从此，滕大春先生成为杨廉信任的学生。杨廉曾对滕大春说过，北大取消预科，必须办附中，将来咱们在一起搞，蒋梦麟校长已经叫我具体考虑这个问题了。1933年，杨廉出任安徽省教育厅厅长，刚毕业的滕先生被邀南下工作，就任安徽省教育厅科员。

因不谙行政事务，任职两个月后滕大春先生即辞去科员职务，转赴山东省立第一乡村师范任教并兼附小主任。在一年半的时间里，他一方面在师范部任教心理学，一方面在附小领导全面工作。“教好了书，办好了学校”成为其努力的目标。他给师范生讲授教育心理学，撰成《教育心理学新编》（开明书店，1937年）；他把美国实用主义教育家杜威的“教育即生活”“教育即经验改造”和“从做中学”的教育学说在附小付诸实施。为便利农村儿童就学，他把一校增辟为三校，用六班经费扩办为七班，而且增授适用于农村的乡土教材，增置图书仪器，创制教学用具，试验复式教学方法，工作成绩受到了乡师师生的普遍赞许。1935年，创建晓庄师范学校的陶行知到校参观，滕大春先生竭诚请教，得到陶行知的嘉许和鼓励。滕大春继而设想吸取定县平民教育促进会、邹平乡村建设学院、无锡民众教育实验区和南京晓庄学校的开拓创新精神，把乡师学生既教育成农村小学教师，同时还把他们培育成农村建设人才。其具体方案是将乡师所在地济南市北苑辟为核心，由乡师的推广部和附属小学携手合力，不但搞好学龄儿童教育，还面向成人举办社会教育，努力扫除文盲和提高农民文化知识水平；以后再进而优化农村的生活和生产，向教育救国的目标跨越。他的方案得到校长钱振东的赞许，愿欲共同负担起开创重任，实现美好的蓝图。然而不久，乡师改换校长，滕大春先生的愿望化为泡影，复回到安徽省教育厅。

滕大春先生再次来安徽省教育厅工作，前后共三年零八个月，主要负责推行两年制短期义务教育。1938年春改任教育厅秘书。这期间，滕大春先生编写了《短期小学校长须知》（中华书局，1936年）等读物。因推行义务教育成效卓著，受到国民政府教育部嘉奖。

1938年，杨廉调任四川省教育厅厅长，滕大春先生被任命为四川省教育厅设计委员。1939年，因统治阶层内部的派系和利益之争，杨廉遭人陷害，以莫须有的罪名被蒋介石下令枪决。老师的死，极大地震撼了滕大春先生，他从此下决心远离无是非无公理的官场。

经时任国民政府教育部高等教育司司长吴俊升介绍，滕大春先生进入国立编译馆工作七年多，先后参与编写《教育辞典》《教育学名词》《教育全书》《教育年鉴》和“西洋教育思想家丛书”。滕大春先生自认为这一时期是他向学术高峰攀登的重要时期。

国立编译馆1932年成立于南京，是由政府设立的负责文化书籍及教科图书编译与审查的学术机构，抗日战争时期迁往重庆北碚。北碚虽是后方，但同样面临日机的狂轰滥炸。为着忘却随时可能发生的生命危险，为着舒解物价腾胀而生活艰困的疾苦，滕大春先生采取“学以忘忧”的战术。战时外文新书断源，而馆藏旧书颇不为少，他便畅读外国教育史和教育哲学的著作。杜威在《民主主义和教育》中，盛赞法国自然主义思想家卢梭是近世教育思想的先驱，他便对于卢梭的杰作《爱弥儿》《民约论》《忏悔录》手不释卷，精读体会，撰成《卢梭教育思想》。“战时衣食苦，读书滋味甜”成为他困难之时聊以解嘲之语。

为防止因穷居独处而孤陋寡闻，滕大春先生常与良师益友论学谈心。北碚镇乃嘉陵江沿岸风景优美之地，战时来此避难的文人学者很多。曾在北京大学任教的熊十力和梁实秋是滕大春和一些同事请教的师辈。当时世风污浊，人们或投身政界大过官瘾，或贩运经商大发国难财，生活腐朽，道德衰败。熊十力引用曹丕在《典论·论文》中的名句“文章，经国之大业，不朽之盛事。年寿有时而尽，荣乐止乎其身。二者必至之常期，未若文章之无穷”勖勉造访的后生，说唯有具备这种炯眼，才能顶住害人的妖风。熊十力曾以所住山坡上的参天古木做喻，告诫滕大春写书要有“分量”，即有充实而深刻的内容，否则一遇微风就被刮走了：“你看见那棵大松树么？它根深叶茂，在狂风暴雨中才仍能挺立不倒的。”

抗日战争时期，梁实秋任国立编译馆社会组主任兼翻译委员会主任，和滕大春先生是同事关系。滕大春先生不失时机地向梁实秋请教学术问题。他曾当面向梁实秋求教怎样才能写出一本好书，梁告曰务必多下些功夫，把课题选好和研究通透。有人劝滕大春先生，哲学和教育哲学都是空洞无用之学，不值得大力去搞，最好是搞些教学理论和教学艺术之类。滕大春先生听后有些动摇，又请教梁，梁的解答是哲学也好，教育哲学也好，研究深透就不会空洞虚缈，杜威哲学就是例证，那些不研不钻而写书的“稿子匠”最无可取，要切忌做“稿子匠”。

梁实秋平生最为讨厌的是蝇营狗苟、投机钻营、虚诈巧笑、长袖善舞之辈，滕大春先生深以为然，他从梁先生身上学习做人做学问的真谛，这些品质伴随了他的一生。

梁实秋在北碚期间写出了著名的散文集《雅舍小品》，其好友朱光潜甚至称《雅舍小品》对于文学的贡献在其翻译莎士比亚的工作之上。滕大春先生在北碚则完成了其学术处女作《卢梭教育思想》。该书后来也受到学界同行的赞誉。

在国立编译馆，滕大春先生还参加了《教育学名词》的编撰工作，并担任由吴俊升为主任委员的教育学名词审查委员会成员，其他成员包括陈鹤琴、余家菊、崔载阳、常导之、庄泽宣、孟宪承、姜琦、廖世承、高觉敷、陶行知、陈东原、罗廷光等名家，共计三十九人。在众多教育界名家中，新硎初试的滕大春无疑是属于小字辈的。

滕大春先生留学美国的志向由来已久。先生在北大读书时，任教老师都有留洋的经历：校长蒋梦麟在哥伦比亚大学师从杜威，获博士学位；院长胡适曾以庚款官费生身份留学美国，也曾师从杜威；陈大齐曾留学日本东京帝国大学，后赴德国柏林大学研究西洋哲学；张颐曾留学美国和英国，是中国第一位牛津哲学博士获得者；吴俊升获巴黎大学博士学位，博士论文题为《杜威教育学说》，并在巴黎大学就论文大纲当面向杜威请教；杨廉曾留学哥伦比亚大学，获硕士学位；杨亮功曾留学斯坦福大学和纽约大学，获博士学位；陈雪屏曾在哥伦比亚大学进修三年；汪敬熙曾获美国霍普金斯大学博士学位；潘渊曾获伦敦大学心理学博士学位；尚仲衣曾获哥伦比亚大学博士学位；邱椿曾留学美国和德国，获哥伦比亚大学博士学位。在当时北大教育学和心理学诸教师中，几乎很难找到一位没有留洋背景的。在民国时期，留洋经历成为在知名大学任教的敲门砖。

1941年，民国政府教育部部长陈立夫兼任国立编译馆馆长，随后党棍大批混入馆中盘踞要津，镀金博士更看不起没有留洋经历的人。滕大春先生感觉不留学不易抬头，留学才是上升的捷径，因之便开始做出国留学的准备。1946年，滕大春以第一名通过教育部自费留学考试，1947年终于跨洋赴美，实现了多年的留学梦。这时的滕大春已近不惑之年。

1947年3月，滕大春先生入科罗拉多大学深造，导师是教育学院院长道格拉斯教授。道格拉斯曾任享有盛名的美国教育研究会（NSSE）会长，为美国知名教育学者。从国立编译馆的古书库，迈进面目全新的异邦学府，接触众多国家的师友，选习内容新颖的学科，滕大春先生的学术视野大开。美国学者康德尔在所著《比较教育》中大力阐述："比较教育研究是继续教育史的研究，是把教育史延伸到现在。"有的学者更说，教育史、教育哲学和比较教育属于同一学域，三者互相贯通才能从事高深钻研。在国内已奠定了教育史和教育哲学初基的滕大春，对于教育史和比较教育进行深入探索怀有充分信心。滕大春先生以《中美英法四国师范教育的比较研究》为题撰写成博士学位论文，并于1950年获得博士学位。

留美期间，滕大春先生不但对美国学校教育十分倾慕，还对美国整个社会产生兴趣，力求更多的了解。他的女房东毕业于威尔斯利女子大学，时常津津乐道这所美国最早建立和极享盛名的女子学府的往事。她的丈夫是学区教育督察长，女儿为中学教师，大家常就所承担的工作现身说法，很能道及美国教育的深层实况。他们邀滕大春先生到教堂做礼拜，陪他前往博物馆、图书馆、体育馆和古迹名胜参观访问，并做现场解说。滕大春先生有机会目睹各式各样的教育活动，既富兴趣又得知其效能，逐渐认清仅从学校一个角度是不能窥知纷繁复杂的美国教育全貌的。这个热情的教育工作者的家庭成为他从多方面深入认识美国教育的捷径。

在科罗拉多大学教育研究院，滕大春先生和曹孚成了关系最密切的同学。曹孚来自复旦大学，师从莫里斯，仅用两年半时间即获得硕士和博士学位。两人常在一起切磋学术问题，尽管有时争得面红耳赤，但波尔德的学习经历使两人结下了终生的友谊。

曹孚早滕大春先生一年回国，启程前与滕大春彻夜话别时说："像咱们这样不能忘国人士，纵令在美国大富大贵，也绝不真是乐事。中国是祖国，只有生死以之，苦乐以之，何况新中国日趋进步是无人怀疑的。"

曹孚的鼓励，坚定了滕大春先生回国的决心。1950年8月，滕大春从旧金山启程，10月中旬回国。经过短暂学习，腾大春先生被教育部派到河北天津师范学院任教，开始了长达半个世纪的教学和研究生涯。

民国时期是滕大春先生学术探索的奠基和起步阶段，尤其是四年北大求学生涯、七年半国立编译馆的研究和编撰经历、三年半美国留学生活，使滕大春的学术信念日趋坚定，学术基础日渐宽实，学术眼界不断开阔，学术素养日趋深厚，为日后教育学术的创新和突破做了充足的准备。

1936年，滕大春先生编撰的《教育心理学新编》是其学术探索初期的产物。滕大春说："它是中等学校教材的水平；但花费我的心力和给我的锻炼很不少，因为它是我的处女作。该书由开明书店出版后，曾蒙陈雪屏先生嘉勉。实际上，那乃是根据陈师传授的内容增添新资料而成。"陈雪屏1948年曾经短暂代理国民政府教育部部长，1949年后赴台湾大学任教。

1947年，《卢梭教育思想》一书由商务印书馆出版，这是滕大春先生撰写的第一部外国教育史的著作。为什么要选择卢梭教育思想进行研究？滕大春在该书的序言中说："卢梭居近代教育思想史上重要地位，现代新教育之理论与实施，多系得自卢梭之启发。惟国内专家关于卢梭教育思想从事有系统之介绍者，尚未之觏；作者因就卢梭重要著作，逐一摘译，理为层次，撰为此书，俾读者得以窥其梗概。"

《卢梭教育思想》文字精练，分析透彻，逻辑谨严，体现了作者扎实深厚的研究功底和较高的英文水平。滕大春在序言中说："本书撰成后，承蒙吴俊升、黄建中、姜伯韩、高觉敷、林仲达、瞿世英、王成瑜诸先生悉心指正。"无疑该书的学术价值是经上述学者肯定的。外国教育史学者、华中师范大学教授任钟印曾说："上世纪50年代初，当我开始讲授外国教育史的时候，参考书十分缺乏。那时，已出版的卢梭著作只有《民约论》（今译《社会契约论》）和节译本《爱弥儿》。在讲授卢梭教育思想时，滕大春先生在解放前的著作《卢梭教育思想》一书便成了我的重要参考资料。先生博览群书、钩玄提要、披沙拣金、批郤导窾的功夫，给我留下难忘的印象。"教育史学者、北京师范大学教授王炳照曾回忆说："早在大学读书时，曾拜读过滕先生的专著《卢梭教育思想》，并对书中丰富的内容、透彻的分析和精辟的评论深为佩服。"

1945年，滕大春先生在《东方杂志》发表的《由学术观点谈大学教育》

一文，是国内较早全面介绍弗莱克斯纳大学思想的论文。值得一提的是，该论文最早体现了滕大春先生“洋为中用”的研究旨趣。他在论文中写道：

在此把富氏（今译弗莱克斯纳）的观点来盱衡我国大学的现状，倒是极有意义的事。富氏的想望诚然有些奢，但是我国大学内研究学术的空气，却也未免又太稀薄了。富氏说许多大学简直忘掉理想，我们真当反躬省察。分别来讲，大学的水准要高，甄选要严，我国大学对此当略一省察。大学是重在学术的研究，而非技术的传习；院系的设置要以纯粹而坚定的学问为准，不要把一些职业性质的科目，统统设为院系……大学是博雅教育，应当注意主要科目的教授，一些琐碎的不关重要的科目，不必样样都教，大学生的心灵若是受够了基本的主要的训练以后，自会随机适应各种枝节的问题。所以课程要精于选择，不应支离烦琐……大学是重在学术的研究和真理的探求，实利观念有碍于求真。多年来我国大学内研究应用学科的学生之拥挤，对于纯粹学术之少人问津，把大学弄成畸形的发展，也是应予注意的。富氏对于各国大学的行政组织、经费支配、教授选聘、校事设备种种问题的评述，我国大学也无一不可引以自衡，所谓他山之石，可以攻玉。

上述滕大春先生“洋为中用”的研究旨趣，几乎体现在他后来所有的论著中。

民国时期，滕大春先生教育学术探索的范围是较为宽泛的，教育心理学是他大学和毕业后一直感兴趣的研究领域，教育哲学也曾多有涉猎，后因本职工作需要，参与了《教育学名词》《教育辞典》《教育全书》《教育年鉴》的编撰工作。在国立编译馆时期，其研究兴趣逐渐集中到外国教育史和比较教育领域。

二、新中国成立到改革开放前的沉寂

滕大春先生难以忘怀的是回国后到河北天津师院报到时的那一幕：我第

一次步入河北师院教育系办公室时，系主任韩温冬同志向师生介绍说：“滕大春教授是响应党的号召而光荣回国的，请大家热烈欢迎！”我在同志的掌声中曾感到光荣。

然而，由于随后开始的接连不断的政治运动，使从旧社会过来的知识分子滕大春疲于奔命，也使留学美国的滕大春先生无所适从，几乎无法开展正常的学术研究工作。

抗美援朝开始后，国内广泛开展“三视教育”，即“仇视”“蔑视”“鄙视”美帝国主义的教育，以清理当时知识界颇有市场的“亲美”“崇美”“恐美”思想。作为留美学生，滕大春先生对美国的崇尚由来已久。他在1951年12月31日的《光明日报》上撰文《我对敌友认识的检讨》中说：“我坦白承认：在人民解放运动胜利以前，甚至在胜利很久以后，我对敌友之分是糊涂而错误的。我对美帝国主义存有幻想，对苏联心怀畏惧，这种谬误的思想意识支配我三十年的岁月。”“朝鲜战争爆发……我受美国欺蒙，误信苏联先唆使北朝鲜打南朝鲜，美国不得不还手。我以为中国抗美援朝是多事，不如关门和平建设。我想中国抵不过美帝国主义的飞机大炮。我那亲美思想又现原形，潜藏着的恐美思想也暴露了。我口喊抗美、仇美、鄙美；但内心抗不起来、仇不起来、鄙不起来。”滕大春的这篇文章后被收入《批判我的资产阶级思想》一书中，于1952年由五十年代出版社出版。除了滕大春的文章，书中还收录了茅以升、金岳霖、陈鹤琴、周培源、梁思成、夏衍、贺绿汀等人的文章。关于该书的编纂目的，编者在“编者的话”中说：“上述作者在各方面具有一定的代表性”，“他们通过‘高等学校思想改造学习’及‘三反’‘五反’运动，对于一切非无产阶级思想，特别是资产阶级的腐朽思想，都做了比较深刻和比较全面的自我批判，因此，我们认为这些作品对于各种知识分子思想改造是可以发生启示作用的。”1955年，滕大春在《历史思想自传》中进一步谈到自己思想及转变的过程：在美求学期间，为美国表面上的繁荣而炫迷，处处崇美而且自卑，为了快快取得博士的金字招牌，回国后当大学教授，曾忘我地读书和不知厌倦地做报告、写论文，也就是甘心情愿而毫不犹豫地吸取帝国主义文化和成为资产阶级思想体系的俘虏。

1957年的反右运动中，滕大春先生“战战兢兢，如履薄冰”，最终得以侥幸过关。在1958年针对滕大春的十余份审干外调材料中，其留美同学、时任全国人大代表、中央教育科学研究所研究员曹孚出具的“关于滕大春同志的材料”尤显弥足珍贵。曹孚写道：“滕大春同志在1947年春到1949年秋之间与我在美国的波尔德城同学，相处二年半，情况比较熟悉。据我所知，在这段时间，他没有参加什么政治活动。他当时的政治态度似乎是‘中间’‘观望’，对共产党还没有认识，对国民党反动派也已有些失望。1949年全国解放时，留学生中间的一些顽固反动派坚决不想回国，滕大春同志是决心想回国的，这说明他是倾向于接受新政权的。他回国以后，我们接触不多，但据我的印象，他从一种爱国主义的情感出发，在新旧对比的基础上，对新社会是拥护的。”曹孚的这份证明无疑是极有利于滕大春先生在运动中过关的。可惜，曹孚20世纪60年代初被定为国内资产阶级修正主义教育思想的代表人物，被公开批判，“文革”期间又横遭迫害，1968年，仅五十七岁即含冤去世。对英年早逝的老同学，滕大春先生一直是充满怀念之情的。在1962年秋，当政治环境稍为宽松时，两人曾受教育部文科教材办公室委托合作编写《外国教育史》。参加者还有华东师大马骥雄和当时在中央教科所工作的吴式颖，后来编写工作因“四清”和“文革”中断。“文革”结束后，由滕大春主持，在已有章节基础上，增补新材料，于1981年出版了《外国古代教育史》。该书署名依次为曹孚、滕大春、吴式颖、姜文闵，滕大春先生终于完成了老同学未竟的事情。当20世纪80年代马骥雄寄来曹孚的遗稿征求意见时，滕大春回复：“……我看后觉得是原样，提不及什么意见，以原样发表为宜。亡友弃世十余载，切盼此书早日面世，以慰其在天之灵也。”

1960年，天津师范大学改名为河北大学。1965年，滕大春先生被河北大学派到保定地区新城北五里屯公社北关东大队参加“四清”工作团。这时的滕大春已近耳顺之年。

1966年，“文化大革命”爆发，河北大学“停课闹革命”，滕大春先生被戴上“反动学术权威”的帽子遭批斗、游街，最后被关入牛棚劳动。据河北大学校史记载：“文化大革命”期间，河北大学干部、教职工因受迫害被打死、自杀身亡和含冤致死者达十八人。幸运的是，滕大春先生从十年浩劫中熬了过来。

1978年12月，中共十一届三中全会召开，开始纠正“文化大革命”中及其以前“左”的错误，“以阶级斗争为纲”被坚决否定，无休止的政治运动终于画上了句号。这一年，滕大春先生已近古稀之年。

北京大学、国立编译馆以及美国大学的学习和训练经历，使滕大春先生的学术积累日趋厚实，研究能力日臻成熟。原本应该在学术上大显身手，可惜一个接着一个的政治运动，使他的学术梦破灭。滕大春先生在1952年所填“高等学校教师登记表”中写道：“现因忙于教课及政治与业务学习，未进行任何研究。今后的志愿是继续教书，并在教书工作中进行与业务有关之科学研究工作。”

从回国到“文革”前，二十多年间滕大春先生仅仅发表五篇论文，分别是《批判杜威的教育目的论》（《学术月刊》，1956年第1期）、《批判杜威关于道德教育的理论》（《河北天津师范学院学报》，1957年第2期）、《批判杜威的道德论》（《哲学研究》，1957年第4期）、《批判杜威的教学论》（《新建设》，1957年第7期）、《柏拉图的〈理想国〉及其教育理论初探》（《河北大学学报（哲社版）》，1963年第4期）。从标题即可看出，上述文章大多是迎合时势之作。

20世纪60年代初，滕大春先生参加了由曹孚牵头的《外国教育史》教材的编写工作。在此之前，根据有关领导《外国教育史》教材可以借用苏联教材的指示，曹孚将康斯坦丁诺夫的《教育史》和麦丁斯基的《世界教育史》改编成《外国教育史》，成为“文革”前国内师范院校几乎唯一的一本外国教育史教材，也被视为苏联教育史编撰模式的主要代表。1962年，教育部高等学校文科教材编写办公室批准组成《外国教育史》编写组，旨在编写一部我国自己的《外国教育史》教材。据吴式颖回忆：“编写组的指导思想和努力方向十分明确。这就是：要以辩证唯物主义和历史唯物主义为指导，在尽量占有史料的基础上编出一部具有自己鲜明特色的《外国教育史》教科书……编写组用了大半年时间拟订《外国教育史编写提纲（初稿）》……到编写工作因小组成员相继参加‘四清’不得不中断时，曹孚先生已写成‘古代希腊的教育’‘罗马的教育’‘文艺复兴与教育’和‘宗教改革与教育’等四章，滕大春先生写了‘原始社会的教育’‘古代东方国家的教育’和‘伊斯兰国家的教育’等三章，马骥雄先生撰写了‘巴黎公社的教育’和‘19世纪末至20世纪初期的俄国教育’，我写出了‘拜占廷的教育’等章。”以上章节最终于1981年编成《外国古代教育史》，由人民教育出版社出版。应该说，该书是新中国成立后外国教育史教材突破苏联模式，探索中国化的最早尝试。而此时，曹孚已去世十三年。

由于频繁的政治运动和极左思潮的影响，从新中国成立之初到改革开放前是滕大春先生学术研究的沉寂时期。这一时期，其有价值的学术成果几乎处于“空白”状态。

三、改革开放二十年学术探索取得丰硕成果

改革开放，迎来了知识分子的春天。已到古稀之年的滕大春先生以极大的热情和精力，投入到教育学术和外国教育史的学科建设中。

1979年春天，滕大春先生参加由教育部、社会科学院联合召开的全国教育科学规划会议。此次会议明确提出：“发展教育科学，必须贯彻‘百花齐放、百家争鸣’的方针，发扬社会主义民主，提倡学术自由。要肃清林彪、‘四人帮’极左路线的流毒，分清教育战线上的路线是非和理论是非，同时，必须对教育科学界过去受到的一些错误的批判，做出实事求是的结论。”会议还认为，“发展教育科学还必须贯彻毛主席倡导的‘古为今用’‘洋为中用’的原则，吸取古今中外一切对人民教育事业有益的东西，使教育科研更好地为社会主义四个现代化服务”。滕大春应邀在大会上发言并当选为中国教育学会理事。

1979年11月，全国教育史研究会在杭州成立，滕大春先生当选为副理事长。

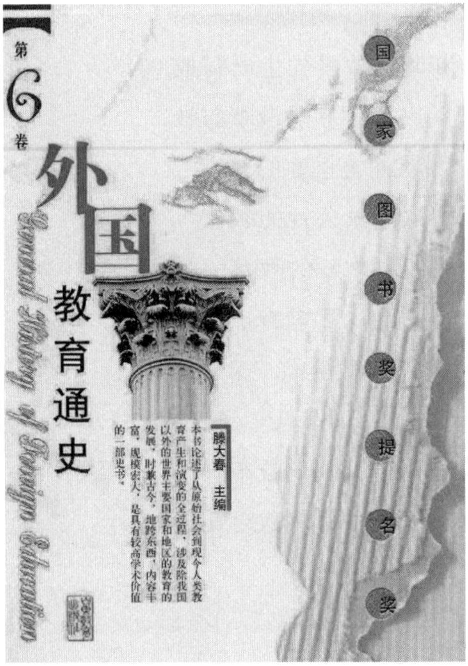

滕先生主编的《外国教育通史》

1979年，滕大春先生出任《中国大百科全书·教育卷》“外国教育”分支主编。该分支大家云集，副主编有赵祥麟、王承绪、朱勃、顾明远等人。

1981年，滕大春先生出任全国外国教育研究会（后改为全国比较教育研究会）副理事长。

1986年，应山东教育出版社之邀，滕大春先生担任《外国教育通史》主编。该书第一卷出版于1989年，第六卷出版于1994年，成为国内外国教育史研究的集大成之作。该书分卷主编和撰写人涉及全国二十余家高等院校，代表了当时国内外国教育史研究的最高水平。

1987年，经国务院学位委员会批准，河北大学获得外国教育史博士学位授予权。这是国内第一个外国教育史博士点，滕大春先生则成为当时国内唯一的外国教育史博士生导师，1988年开始招收第一批外国教育史专业博士研究生，先后培养博士共计十数人。

1989年，滕大春先生被评为全国教育系统劳动模范和河北省劳动模范，荣获人民教师奖章。

1998年，滕大春先生在河北大学举办的“滕大春九十华诞暨从教六十五周年座谈会”上发言，抒发了对改革开放以来学术环境的由衷赞美，希望继续为我国的外国教育史学科建设贡献微薄之力。

从1979年在《教育研究》第2期发表论文《美国是怎样向外国教育学习的》到1996年发表最后一篇论文《美国建国初期冲破禁区的教育革新运动》（《河北大学学报（哲社版）》，1996年第4期），近二十年间，从古稀之年到耄耋之年，滕大春先生发表的论文、著作及译著高达数百万字，可谓名副其实的“劳动模范”。摆脱了无休无止的政治运动，他才心无旁骛一门心思治学，给后人留下了宝贵的学术财富。

滕大春先生主要致力于西方教育史尤其是美国教育史研究，先后出版《今日美国教育》（1980年）、《卢梭教育思想述评》（1984年）、《美国教育史》（1994年）、《外国教育史和外国教育》（1998年）等学术著作；主编《外国古代教育史》（与曹孚等合编，1981年）、《外国近代教育史》（1989年）、《外国教育通史》（1989—1994年）等教材；主编《中国大百科全书·教育卷》“外国教育”分支（1985年）、《教育大辞典》“外国教育史”分卷（1991年）等工具书；翻译《科技发达时代的大学教育》（1983年）和《德国教育史》（1986年）等国外名著。此外，在各类刊物发表论文近四十篇，为外国教育史和比较教育学科发展做出了重要贡献。

在教育学术探索方面，改革开放后，滕大春先生注重纠正“左”的影响，致力于外国教育史学科的拨乱反正和学科建设。

改革开放之初，外国教育史学科重获生机，同时面临艰巨的发展和建设任务。滕大春先生为此倾注了大量心血。他自觉以辩证唯物主义和历史唯物主义作为教育史研究的指导原则，“对于众多国家的教育史实衡之以马列主义新观点”。他强调：“外国教育史欲发挥其‘古为今用’和‘洋为中用’的效能，就必须对史实予以科学的评价，运用马克思主义的立场、观点和方法，对具体问题进行具体的分析。”针对以往外国教育史学科发展中存在的一些片面甚至错误的倾向，滕大春提出了一系列具有导向意义的主张，这些既有现实针对性又有学科长远价值的观点，对新时期外国教育史的学科建设工作起到了重要的引领作用。

滕大春先生以多年从事外国教育史教学和研究的经历，认为过去的教材一是曾失之于“左”，如苏联教本在论述政治性和阶级性方面有可取处，在学术分析和评论方面却有不足；二是失之于“旧”，由于过去封闭型的治学环境，中外教材差距明显，我们必须借助他山之石，赶快给外国教育史课本输送新鲜血液；三是多年来由于思想“左”和资料“旧”，外国教育史的教材便流为内容“窄”而“空”。他急切地希望改变这种局面。

第一，打破教育史研究的“欧洲中心论”。

滕大春先生认为，外国教育史并不是西洋教育史，也不是欧美教育史，乃是世界范围的教育发展史，过去讲授的外国教育史涉及的范围过狭，应当予以扩充。他根据国外学者的考古发掘和大量史料，认为古代东方国家的教育不但堪与古代西方国家媲美，而且是早于西方而发达的。因此，东方古国的教育史应和西方古国的教育史同样放在重要的位置上，由它们共同组成教育史的框架。他还对佛教教育和伊斯兰教教育进行了深入探索，认为东方盛行的佛教、伊斯兰教和西方盛行的基督教是三教并列的，由于在历史上教育和宗教一向是紧密联系的，三教对于教育都是立过功的，而且三教的教育都是影响广远的，从而破除以往仅以基督教教育为主体的狭隘性和片面性，纠正了多年以来根深蒂固的“欧洲中心论”所造成的误解，扩大了外国教育史的学科研究领域。在此基础上，他认为众多声名不太显赫的国家和教育也常有其强点和特点，同样值得研究，这就进一步扩宽了外国教育史的传统边界和领域。

第二，扭转“以阶级斗争为纲”的研究模式。

滕大春先生认为，过去教育史竭力阐述教育在阶级斗争方面的作用，以至于变成了在教育范围的阶级斗争史，这是极为片面的：“仅以阶级斗争为纲，把一切皆硬套在阶级矛盾和斗争的公式中，就无法窥及世界教育演变的全貌。”因此提倡教育史的领域还该在叙述人类教育在阶级斗争中所扮的角色的同时，叙述它在生产斗争和科学实验的发展史上所扮的角色。尤其是对于教育在生产斗争和文化斗争方面的往事，不加分辨地避而不谈，就必然忽视教育在经济建设和文化建设方面的历史经验，就必然起不到“鉴古知今”的作用，也就必然无法为建设社会主义物质文明和精神文明发挥“古为今用”和“洋为中用”的效能。滕大春认为：外国教育史处理好政治分析、哲学分析和科学分析是头等要事。过去由于“宁左勿右”的思想作祟，在讲述各时期教育发展时，侧重突出统治阶级教育的反动性和阴暗面，而讳言其积极性和光明面，其结果或陷入历史虚无主义，或流为根据不足的溢美论断，都不能公平如实地去求教育发展的客观规律。实际上，统治阶级虽则主观上是要从思想上奴役人民和培植爪牙，但他们在这些工作中总是追求成效的，在长期努力下总会积累育人宝贵经验的，所以不能不加分辨地完全抹杀。与此相似，过去的教材每每以唯物主义和唯心主义为分水岭，肯定前者的教育贡献，而否定后者，这也不是实事求是的态度。外国教育史教材不能再仅顾政治和哲学分析而抹杀科学分析了。

第三，以文化多元论取代文化一元论。

滕大春先生认为国外教育史学者根据历史事实总结出来的教育现象，即“世界的文化教育都不是绝缘体，当今各国的学校都是混血儿”，“人类不同的文化总是彼此交流而互相促进的”，是非常符合史实的。他主张以“文化多元论”取代“文化一元论”，绝不应孤立地看待各时代和各国的教育，而应着眼于人类教育的整体性，妥善地把东西方教育史沟通起来和妥善地把中外教育史挂起钩来，借以使人领悟人类教育史的整体性，是颇有助于清除闭关主义的缺憾的，是更能使人理解开放政策的英明的。

第四，外国教育史学科应该遵循“古为今用”“洋为中用”的方针，致力于揭示人类教育发展的一般规律。

滕大春先生认为“古为今用”和“洋为中用”是教育史工作者的奋斗目标。在如何看待教育史的作用上，他一方面不赞成把过去和未来当作截然对立物，抹杀它们之间辩证关系的“历史虚无主义”的观点，坚信人们可以从众多教育往事中揭示教育发展的一般规律；另一方面也不赞成用狭隘的实用主义观点来理解教育史的效用。他说，教育史不是技术性或实用性科学，要求教育史这种基本理论学科给处理某些具体教育工作提供切实可行的方案，是要求过当的。然而，教育史却能培养人们较为远大的教育眼光和对于教育课题的领悟能力，而这种眼光和能力每每能产生人们意想不到的威力。所以教育史对实际工作的效能常常是迂回的，而不是直线进行的，是须经过较长时期才能显明其伟效的。

滕大春先生不遗余力地阐述外国教育史学科的作用。长期以来，人们对教育史学科重视不够，外国教育史学科更是受到轻视。滕大春先生认为：在从事外国教育史的教学和科研时，遇到的最大难题是人们对这门学科的误解和轻视。这一方面是由于多数人缺乏文史知识，学习没有基础；一方面是由于人们误认历史是叫人回顾而不前瞻，容易落后而拉后腿；更由于史与今相隔久远，学之并不即能实用。他借用杜威的观点以纠偏，杜威说教育是极为久远的事业，不能像理化等学科可在实验室进行实验，只能借助历史发展的往事来反思和解答，所以教育史无异教育科学的实验场地。滕大春先生频繁引证史实验证教育史极能养成远大的教育目光和培植洞察教育价值的领悟才能。柏拉图的教育哲学对于处理当前具体教育事务可能没有明显用场，但在追忆公元前4世纪亚历山大大帝在缔造横跨亚、欧、非三大洲的强大帝国时，竟然在埃及筑造名城，礼遇东西学者，奖进学术交流，从而给人类文化建立殊勋时，就知哲学的伟效了。原来亚历山大之父马其顿国王腓力二世曾邀亚里士多德为宫廷教师，而亚氏所传授的包括柏拉图尊重理性和哲人治国的理想，这种思想种子撒播在亚历山大幼年的心田，他长大后才在以武力得天下的同时，积极振兴文教，以行哲王之治。教育史岂不比一般学科更能阐明教育的功能吗?

教育史研究可以揭示教育建设的客观规律。教育史家常在古与今、东与西、中与外的教育发展中看到令人吃惊的重演，而这些重演恰恰显示各时各地的教育活动都摆脱不掉教育的客观规律的制约。他在《美国教育史显示的教育发展客观规律》中说：“美国教育史所显示的教育发展客观规律，确是极应珍视的人类文化财富。它不仅能应用于美国。它具有巨大限度的普遍意义。”

滕大春先生的上述观点大都体现在其主编的六卷本《外国教育通史》和其他著作中，《外国教育通史》成为学界公认的具有开拓意义的学术著作，同时被视为改革开放新时期外国教育史学科建设成就的集中体现。王炳照曾说：“滕大春先生对我国‘外国教育史’学科的建设和发展所做出的努力和贡献在国内是首屈一指的，在国外也是公认的。”

作为留美博士，滕大春先生的专长无疑是对美国教育和美国教育史的研究。然而，在20世纪五六十年代，外国教育史“以俄为师”，政治上敌对的美国只能作为被批判的对象，滕大春自然是“英雄无用武之地”。“文革”后期，当政治空气有所缓和之时，他开始关注美国教育，经过潜心研究，终于撰成《今日美国教育》一书。在改革开放初期，中美两国经过近三十年的隔绝，在国内对美国教育现状非常陌生的情况下，《今日美国教育》在教育界产生的震撼和影响可想而知。顾明远曾说："改革开放的初期，由于当时急需了解外国教育的情况，他出版了《今日美国教育》一书，虽然只是一本小册子，但该书不仅对美国教育做了简要的介绍，而且做了深入的分析。当时我们就是通过这部书对美国教育有了较为全面的了解。"北京师范大学教授王英杰曾回忆说："（当年）看到了滕先生所著的《今日美国教育》，于是如饥似渴、通宵达旦地读了一遍。不禁惊叹于他深厚的历史知识、广阔的视野和深邃的洞察力。……今日，这本书已经陪我度过了二十五个春秋，书页已经泛黄，但是仍在我的案头，我仍时时翻阅，从中寻找研究的课题、文章的灵感、解释的工具和理论的依据，我仍然把它视为我所教的美国教育课的必读书。"

《今日美国教育》出版于1980年，从写作该书的时间看，应该是始于1978年底召开的十一届三中全会之前。就是说早在改革开放的号角正式吹响前，滕大春先生就已做好向学术进军的准备。他通过多种关系，从北师大、中央教科所、华东师大等单位借阅当时非常稀缺和珍贵的英文原版著作，认真阅读，吸收精华，客观评析，字斟句酌，终于撰成具有深厚哲学基础和历史背景知识的评介当代美国教育的著作，给开放之初的教育学术界带来了振聋发聩之效，《今日美国教育》也成为国别教育和比较教育的经典之作。

完成《今日美国教育》之后，滕大春即着手撰写《美国教育史》。该书倾注了他晚年的大部分心血，也是他最看重和着力最多的一部著作。当最终五十三万字的《美国教育史》于1994年由人民教育出版社出版时，滕大春先生已是八十五岁高龄的老人。

在《美国教育史》出版之前的国内教育史研究，其特征多属于传统教育史学的范围，研究局限于学校教育、正规教育和精英阶层的教育思想，遵循直线进步的教育史观。然而，在《美国教育史》中，滕大春在传统教育史学的基础上，借鉴欧美新的教育史学，做出了有益的尝试。他一改过去仅述学校发展变化历程的狭隘体例，参考美国著名教育史家克雷明的新著和自己留学美国的体会，就家庭、学校和社会教育机构，全面阐述美国教育的发展历史，力求把握美国教育的全貌，体现了一种开放的和联系的教育史观。正如南京师大教授周采所说："从滕先生在其《美国教育史》脚注中所引用的文献来看，他将美国传统教育史学家如孟禄和卡伯莱的作品，以及新教育史学家如克雷明等人的作品有机地融合在一起，因而兼具传统教育史学重视学校教育制度的特点和新教育史学重视学校以外其他教育设施的特点。"周采认为，《美国教育史》对黑人和印第安人教育的阐述，反映了当代美国自下而上的教育史学新视角，以及美国教育史学发展中的多元文化主义的发展趋势。北京师范大学张斌贤教授在2016年发表的《探寻教育史学科重建的出发点》一文中说："三十多年来，教育史研究虽然在研究领域的拓展、研究内容的更新和史料的丰富等方面取得了令人瞩目的成就，但无论在研究方法和研究范式上，还是教育史观上，鲜有重大的突破或革新。教育史研究的视野仍主要局限在各类学校和大学等正规教育机构的围墙之内……"其实，早在四分之一个世纪前，已逾八十高龄的滕大春先生就在外国教育史学科的创新上率先做了垂范。

滕大春先生认为：在极左思潮盛行的时期，人们在教育思想理论部分简单地以唯心主义和唯物主义为分水岭，肯定后者的教育贡献而否定前者的功绩，这是错误的。他说："我们不能仅凭唯心或唯物二词来判断一切和评价一切。一些教育史上里程碑式的人物，如柏拉图、夸美纽斯、卢梭、杜威等，都是唯心论者，因此，对于这些教育巨人常常未能进行科学分析。这些偏激的态度是必须纠正和避免的。科学阐述和评价是必须提倡的。"

滕大春说之所以对卢梭产生兴趣是因为杜威的启发，因为杜威在《民主主义与教育》中称道，在世界各国近代教育的始创时期，卢梭是关键性人物，贡献巨大。1984年，在《卢梭教育思想》基础上根据马克思唯物史观全面改写的《卢梭教育思想述评》由人民教育出版社出版，成为国内研究卢梭教育思想的经典著作。

杜威是对滕大春先生影响最大的西方教育家。早在北京大学求学期间，他即刻苦钻研杜威的实用主义教育哲学，其老师胡适、吴俊升都是杜威的忠实门徒。大学毕业后，滕大春先生任教于山东省立第一乡村师范学校并兼任附小主任，他自觉把杜威"教育即生活""教育即生长""教育即经验改造”和“从做中学”的理论落之于实际。留学美国期间，通过大量阅读和广泛接触美国社会，他对杜威教育理论的理解更加深入。他甚至计划博士毕业后造访杜威、赫钦斯和弗莱克斯纳等名家，但因急于回国只得放弃了。

20世纪50年代初，杜威在中国成为学界批判的靶子，其“余毒”亟待肃清。迫于形势，滕大春先生写了几篇批判文章，但他内心的矛盾是可以想见的，乃至于当形势稍许好转，他便改弦更张，为杜威正名。他先后撰写了《杜威论道德教育》《杜威教育理论的研究和批判》《杜威和他的“民主主义与教育”》等文章，又在《外国近代教育史》《美国教育史》等著作中对杜威教育思想进行了全面而客观公允的评价，认为杜威反映美国社会政治的急剧转变，在哲学上否定永恒不变的真理；在政治上号召自由民主和开拓精神；在教育上批判传统学校既抑制天性又远离社会现实，提出全新的教育理想和理论，从而促成美国教育的深入变革；杜威教育思想中含有的正确因素是无法抹杀的，杜威实用主义教育思想改造了美国旧教育并建立了美国新教育，其功绩是公认的；杜威为人类教育发展史的巨人，在人类教育的革故鼎新中树立了丰碑。

除了杜威和卢梭，滕大春先生对裴斯泰洛齐、费希特等人的教育思想也做了深入的阐述。

滕大春先生非常赞同美国大学把教育哲学、教育史和比较教育组成一个学域的做法，认为三者脉络互通，不易割裂；否则知古而不知今或知今而不知古，或则仅知当前而既不知古又不知外，或仅知其当然而不知其所以然，即仅见其表而不知其里，都会陷于一隅，或流为浮薄，不能得窥全豹和真豹。

滕大春先生在著述中自觉体现古与今和中与外的有机结合，他常常引用美国比较教育学者康德尔的话“比较教育的研究是继续教育史的研究，就是把教育史延续到现在”，以此强调外国教育史和比较教育的关系。他多次强调：仅就各国教育制度等现状进行比较，不过是资料的罗列对比，缺乏理解的深度；欲求深入就须从各国教育发展的传统着手，知其古而明其今，才能引人层层深入而触及其历史的延续性和当前的必然性。当然若能对于这种延续性和必然性不仅从事实上进行叙述，还能在阐述论证方面达到哲学水平，接触到较高层次的理论根基，对于各国教育体制和实施进行比较，就能钻入学科的灵魂深处了。他说："割断历史联系，不谈社会根源，忽视哲学基础，而徒徒比较其某项教育的状况和方法，就仅能得其形而难得其神。"《今日美国教育》是一部介绍当代美国教育现状的著作，但全书恰到好处地把历史和现实有机融合在一起；《美国教育史》是一部纯粹的教育史著作，但通篇始终贯穿"古为今用""探索教育发展的一般规律"的写作旨趣。

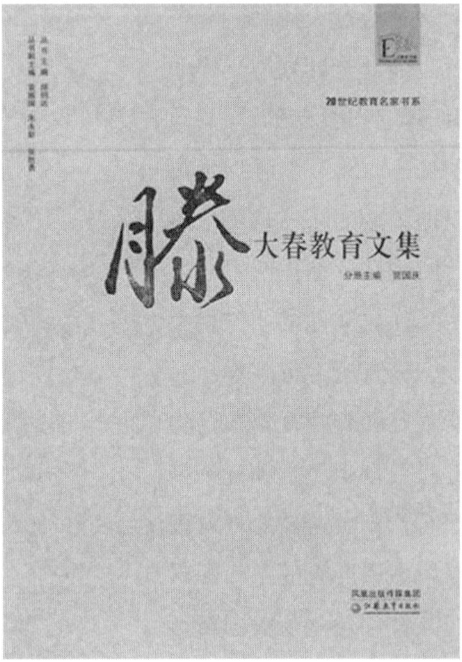

《滕大春教育文集》书影

滕大春先生十分重视比较教育学科的作用和意义。他说："世界的文化教育都不是绝缘体，当今各国的学校都是混血儿。文教交流古已有之，今后更甚。企图闭关自守而不行开放政策，在教育建设上抱残守缺而与别国老死不相往来，就是闭目塞听，闭耳塞闻，是违反科学的，是逆乎历史规律的。"这就需要加强比较教育的研究。他进一步指出："进行比较教育研究不是为研究比较而研究比较，是为了掌握教育规律和发展教育事业。具体说，就是'洋为中用'。"他还对怎样开展比较教育研究提出了自己的看法，即要对外国教育进行全面、系统而深入的探讨；要结合国情，取法外国先进经验，既不能闭关自守，也不能东施效颦，盲目取法。

滕大春先生认为，建立和发展高水平的比较教育学，一方面要奠立历史的基础，一方面更要抓紧现代和面向未来。他号召比较教育研究者不要仅靠信息和书本，而要深入现场，实地考察，他相信通过较深和较久的现场实践，能使人对问题辨析全面而透彻，必然会由感性认识而提高为理性认识，由平泛的常识臆断而提高为科学论述。

滕大春先生对新时期我国比较教育寄予厚望。他说，党在当前的改革开放，特别是“扩大开放”和“科教兴国”等几大方针，将使比较教育研究进入黄金时代，我们要借助比较教育的武器，快快地跑在前边去，成为世界上位居前列的教育先进国家。

改革开放后，滕大春先生曾撰写多篇有关比较教育或国外教育现状的论文，发表后均产生良好的影响。有学者发现，早在1981年，滕大春在《美国战后高等教育大众化问题》一文中，最早把高等教育大众化的概念引入我国，20世纪90年代在学界引起反响，并逐步影响到我国的高等教育决策和规模扩张的进程。滕大春先生对美国师范教育、中等教育、高等教育有关问题的研究，对英国大学本科教育及领导和管理体制的研究，一如既往地体现了其“洋为中用”的研究旨趣。

滕大春先生常常庆幸自己赶上了改革开放的好时期。正是在改革开放后的近二十年间，滕大春的学术研究进入高峰期，数百万字的学术论著是他留给后人的珍贵遗产，也足以确立滕大春作为新时期我国外国教育史学科奠基人的地位。以下文字是滕先生八十五岁时亲笔所书，兹作为本文结束语：

1950年秋，我响应党的号召返国，因为当时一般师范院校未开比较教育课，我又回转头来讲授外国教育史，至今已四十年。因得师友切磋琢磨之益，曾对于众多国家的教育史实衡之以马列主义新观点，自问有所提高，因而极感“学然后知不足”和“学无止境”。目前年老力衰，而内心时时出现的最大压力是“出师未捷”之憾。因为每读国外国内的新著和接触国外国内的学者，总觉得学术车轮正在快速地滚滚向前，自己急需奋起追赶。今后唯愿就此专业继续做小学生，为国家、为人民奉献晚年。

刘文修先生

刘文修：
儒者风范　师者本色

◇朱镜人

我是新中国的同龄人，经历过“文化大革命”，在安徽建设兵团下放过六年，在工厂待过三年，做过小学和中学老师，历经了各种磨炼，但我和我们那个时代的许多青年一样，在那蹉跎的岁月里对学问始终有一种向往。1984年，我幸运地考入河北大学教育系比较教育学研究生班，由此开启了我追求学术梦想的旅程。

前些时候，河北大学出版社社长朱文富教授打电话给我说，为了庆祝河北大学建校一百周年，河大出版社拟编辑出版《河北大学的先生们》，以纪念和彰显在河北大学一百周年发展历程中做出重大贡献的大师们，希望由我来撰写刘文修先生的传记，我深感荣幸，欣然接受了这项任务。刘文修先生是我硕士学位论文的指导教师，也是我在河北大学求学期间最尊敬的师长之一。先生的为师、为学和为人之道是我终生效仿的榜样。想一想也挺巧合，1984年我认识先生时，那年我三十五岁，先生七十二岁，岁月如梭，我今年也七十二岁了；而且，先生也有在合肥从事师范教育的一段经历，我觉得，让我来写这篇纪念先生的传记似乎是冥冥之中的安排。

一、生平活动：教育领域中的终身耕耘者

刘文修先生，又名刘付忱，1912年9月5日出生于河北省行唐县霍村的一

个农民家庭。家中兄弟姐妹六人，先生是长子，下面有两个弟弟、三个妹妹。1919年至1923年先生就读于行唐霍村小学，1923年至1925年就读于行唐县立高级小学，1925年至1929年就读于正定第七中学，1929年至1931年以优异成绩考入北京大学文预科学习，1931年升入北京大学文学院教育系学习，1935年获文学学士学位。在北大读书期间，先生依靠奖学金维持简朴生活，学习刻苦、成绩优良。从北大毕业后，先生曾在安徽合肥师范学校、安徽宿松第三临时中学、国立八中、四川北碚体育师范专科学校和贵阳国立师范学院任教，担任过教员、讲师和副教授。1946年12月赴美留学，1947年靠勤工俭学完成硕士学业。在获得美国亚利桑那大学教育学硕士学位之后，先生又到哥伦比亚大学研究院进修，1948年7月回国。回国后，先生先后在天津河北女子师范学院和北京大学教育系担任教授和副教授； 1949年9月，先生调回天津师范学院工作；先生在该校和1958年扩建为天津师范大学以及1960年又改为河北大学的教育系长期担任教授和系主任；1979年起担任河北大学教育科学研究室主任直至退休。1981年河北大学教育系重建后至1984年间，先生再次担任河北大学教育系主任。此外，先生还曾兼任过中央教育行政学院教授。先生在国家和河北省两级学术团体中担任过重要职务，如曾任全国高等教育管理研究会、比较教育研究会和河北省教育管理研究会顾问，河北省比较教育研究会理事长等职。

“文革”后，先生在担任河北大学教育科学研究室主任和教育系主任行政工作的同时，坚持学术研究，著述颇丰，在教育管理学和比较教育学两个领域有着重要的影响。他曾担任《中国大百科全书·教育卷》（中国大百科全书出版社，1986年）的编委兼教育管理分支主编，并亲自撰写了“教育管理学”“教育规划”“教育立法”“教育制度”与“教育视导”（这一条目由先生和张复荃共同撰写，先生是第一撰写人）等条目。著有《教育管理学》（陕西人民教育出版社，1986年）、《教育管理学》（“中国当代教育理论丛书”，河北教育出版社，1996年）、《学校管理》（第一作者，人民教育出版社，1987年）、《高等学校管理研究》（第一主编，国家教委“七五”教育科学重点项目，河北教育出版社，1993年）、《哥伦比亚大学》（编著，湖南教育出版社，1993年）；译著有《教育与日本现代化》（人民教育出版社，1980年）、《美国教育学基础》（第一译者，人民教育出版社，1984年）、《苏联及新民主主义国家的教育》（第一译者，大众书店，1950年）、《学校视导》（第二译者，五十年代出版社，1950年）、《学校教导工作的领导》（第一译者，人民教育出版社，1953年）。发表过《对于教育视导工作的认识》（《河北大学学报（哲学和社会科学版）》，1984年第2期）、《学校教育的中观管理》（《河北大学学报（哲学和社会科学版）》，1986年第3期）等论文。作为在国内有影响的比较教育学者，刘先生还参加了王承绪、朱勃和顾明远主编的《比较教育》（人民教育出版社，1982年）的大纲以及第一、二稿的讨论，参加了中央教育科学研究所编的《英汉教育词汇》（教育科学出版社，1982年）的编译工作。

1984年，刘先生参观卢浮宫留影

1988年，刘先生在美国新墨西哥大学讲学时的留影

刘先生还积极参加国际学术交流，努力扩大河北大学教育系的学术影响。如1984年7月作为中国学者的代表出席了巴黎第五届世界比较教育大会，1987年8月在大连参加了第三届国际高等教育展望学术讨论会，1988年春季应邀到美国衣阿华州立大学和新墨西哥州立大学讲学三个月，1993年6月在北京师大参加中美师范教育研讨会。

河北大学教育系的学术力量和学术成就在全国的影响与先生付出的努力密不可分。早在20世纪50年代，先生就代表天津师范学院（河北大学前身）和北京师范大学、华东师范大学、东北师范大学、厦门大学的教育系的代表一起参加教育部政策咨询会，以致当时流传一种“五大教育系”的说法，教育系当时在全国的重要影响由此可见一斑。“文革”前，先生长期担任系主任；“文革”后，先生在主持河北大学教育科学研究室的同时再次担任教育系主任。他和同事们一起，为河大教育系的发展做了大量工作，成绩斐然，可圈可点。第一，那一时期，河北大学教育系拥有一支高水平的师资队伍。其中，泰斗级的教授就有好几位，除刘先生之外，还有著名的教育史学家滕大春先生、电化教育家萧树滋先生、心理学家张述祖先生、心理学家胡士襄先生等（这些著名教授也是当年我们这些研究生感到自豪的资本。此外，当年能够聆听这些大师的课程也是我们的幸运）。此外，当时还有一批知名的年富力强的中年老师，如教授中国教育史课程的闫国华先生、教授外国教育史课程的姜文闵先生、教授教育社会学课程的裴时英先生、教授教育经济学课程的韩宗礼先生、教授教育统计学课程的韩金生先生、教授教育管理学课程的汪培栋先生、教授心理学课程的路冠英先生和史志英先生等。第二，教育系在全国较早地建立了教育学硕士和博士两级学位点。20世纪80年代初，教育系的外国教育史、比较教育学和教育技术学三个专业就获得硕士学位授予权；1986年，教育系获批全国第一个外国教育史专业博士点。就当时全国教育学科学位点的布局来看，20世纪80年代早期就拥有硕士、博士点的院校不多。硕士、博士学位点的建立为教育系后来的发展奠定了坚实的基础。第三，培养了一大批优秀的学生。河北大学教育系1981年重建恢复招生后，20世纪80年代早期所培养的本科生和研究生不少人在国内高校的教学研究岗位、教育行政岗位或其他行业中崭露头角，成为骨干人才。虽然，教育系当年的成就和影响不是先生一个人的功劳，但是，可以说，追溯河北大学教育系（今河北大学教育学院）发展的历史就不能不谈到先生及其所做的贡献。

先生做行政工作许多年，经验丰富，他会充分听取他人的意见和建议，集思广益，从不独断专行，且待人温和，和蔼可亲。在大是大非面前，先生从不含糊，坚持原则。先生说话慢条斯理，令人信服，表现出的儒家风范令人钦佩。美国沃伦斯基教授（Prof.Wolensky）也非常钦佩先生，说先生是真正的“gentleman”（绅士）。作为老师，先生奖掖后学，鼓励学生走出国门了解世界，经受锻炼和成长；对学生一视同仁，从不厚此薄彼；在生活上，他竭力给予学生无微不至的关怀和帮助，与学生情同父子。

先生的儒家风范和为师之道不是偶然表现的，而是始终一贯的，早在青年时代就表现得很明显，我们可以从《烽火弦歌——国立八中回忆录（1938—1946）》中摘录的原国立八中一位学生的回忆略见一二：

国立八中集中了江淮大地的优秀教师，用现在的话来说，都是精英。在众多的老师中，洪江初一部第一任主任刘文修先生，是大家最敬爱的最怀念的老师之一。他原是宿松三临中师范部主任，从宿松、武汉、长沙到翻越雪峰山抵达洪江数千里长征路上，他是主要组织领导者之一。为这一千多名安徽子弟的安全转移做出了出色的贡献。

从外表看，刘老师是1.8米的高个，体格魁梧英俊。一副近视眼镜架在他的鼻梁上，那种知识分子特有的文雅风度，使同学们望而起敬。听高三部同学说，他是北京大学高才生。在三临中纪念周上，聆听过他关于青年人生观问题的“精神讲话”，流利的国语和深刻的见解，打动了全校师生。还说他曾获北京大学演讲比赛的头名。此话一点不错，在初一部大家都喜欢听他的报告，讲青年思想问题和抗日形势，对我们有很大启发，同学们都夸赞他口才好，学问深。

刘主任爱护关怀学生，无微不至。记得1939年春节，他预计到学生们初次离家背井，在遥远的湘西山区过春节，一定会因想家而悲痛。所以，叫食堂加菜，晚上又组织晚会，让师生同欢同乐。

1986年，我们研究生班毕业时，专门请著名书法家赵逢明先生书写了署有全班同学姓名的条幅“松风梅骨”送给先生，那是我们全班同学发自内心对先生的敬仰，表达了我们对先生的崇敬和爱戴之情。

先生对待家里的亲人同样关怀有加。作为刘家长子，他尽力资助兄弟读书求学，尽了兄长之责。他的弟弟（先生的这个弟弟1949年参加革命工作，新中国成立初期，受贵阳教育局委派担任甲秀小学接管组长、教导主任、校长，1952年调到铜仁，最后在铜仁教育学院工作，副教授）1945年在贵阳师范学院读书时就得到先生的资助，对此，他十分感激，曾在回忆中写道："如父般的长兄待我恩重如山，情深似海。他在美国留学期间，靠打工艰难维持生计，但他没有忘记正在读书的兄弟，有时把十元一张的美钞寄给我。"作为父亲，先生关心子女的成长，对子女要求严格，希望子女刻苦学习，德智体全面发展，有所作为。儿女们并没有辜负先生的期望，都学有所成，有所成就：大儿子是清华大学教授，女儿是美国东华盛顿大学教授，小儿子是中国人民大学教授，可谓个个优秀。

先生生活简朴，因为师母在北京工作，先生在保定多数时候是自己料理生活，饮食也很简单。他有早睡早起的习惯，生活非常有规律。我印象中的先生经常穿一套中山装或便装，骑着一辆旧自行车。据说后来因年龄的原因，家人担心他的安全不让他继续骑两轮自行车，先生便换了一辆小三轮自行车骑。退休回北京后，先生甚至还骑小三轮车载着师母，送师母上下班。师母生于1918年，比先生小六岁。师母七十多岁时，依然被文化部有关部门返聘，所以才有先生骑小三轮车接送师母上下班的佳话。骑自行车、三轮车对先生来说是一种锻炼，这种适当的锻炼加上有规律的生活习惯是先生的养生之道，是他保持健康状态的重要原因。

骑小三轮车载着师母的先生

1988年，已经七十六岁的先生退休了，但他不舍为之奋斗了一生的教育事业，仍然担任研究生的教学工作。在退休之初的一段时间里，先生还每个月从北京回保定一次，指导研究生的学习和研究。

退休后，先生天天晨起打太极拳。据先生自己说，他对武术的爱好还是当年在北大读书期间开始的，当时他向天桥的一位武术师学习武术，因为聪明伶俐、身体灵活，那位武术师一度想收先生为徒呢。先生还有听京剧的爱好，有时还能哼上几句。先生晚年的生活还是蛮有情趣的。

2003年2月24日，先生在北京仙逝，享年九十一岁。

二、精心育人：比较教育研究生班桃李芬芳

1984年，经过先生的争取，河北大学招收了全国唯一一个比较教育学研究生班，共二十名学生（当年，教育学科招研究生班的学校有几个，但比较教育学的研究生班只有河北大学一个）。这在当时不是一件容易的事。要知道，经过十年“文化大革命”的动荡之后，1978年我国才恢复研究生招生。在最初的几年，研究生招生规模不大。据《认真做好1984年研究生招生工作》记载，研究生恢复招生后最初每年招生规模为：1978年招生1.05万，1979年0.8万，1980年0.36万，1981年0.9万，1982年1.1万，1983年1.5万。我们是1984年入学的，当年，全国硕士研究生招生总数只有1.7万人。许多大学的在校研究生数量也不多，就河北大学来说，当年在校的研究生总数加在一起不足百人。所以，这个比较教育研究生班在全国和河北大学校内产生的影响还是不小的。二十名同学毕业于不同的学校和专业，学科背景有差异：有教育学专业的，有外语专业的，还有政治教育专业和体育专业的；同学们来自五湖四海——吉林、辽宁、天津、河北、河南、湖北、湖南、山东、浙江、福建、四川和安徽十二个省市，口音南腔北调，生活习惯也不尽相同；年龄方面也有较大的差距，其中，三十多岁的同学就有三个，最年长的同学三十六岁，而最年轻的同学只有二十二岁。

为了办好这个引人注目的研究生班，刘先生亲自担任班主任，精心

设计课程，精心安排任课教师，聘请了校内外德高望重、学养深厚的教授给研究生班讲授主干课程。例如在校内，请滕大春先生讲授美国教育，请张述祖先生讲授西方心理学流派；请日本问题研究所所长刘北鲁先生讲授日本教育。刘先生还安排了我们几个非教育学专业毕业的学生跟本科班听课，系统地补了几门课，如补了阎国华先生的中国教育史、姜文闵先生的外国教育史、韩金生先生的教育统计学等课程。校外请的是人民教育出版社陈侠先生，他教授的是课程论。陈侠先生是著名的课程论专家，是河北大学的兼职教授。我清楚地记得，陈侠先生对我们说过，他十分高兴应刘先生之邀来河北大学给我们上课。陈侠先生每周专程从北京到保定来，讲完课中午就在学生食堂用餐，粗茶淡饭。我没有看到过刘先生陪他用餐的情景。当时河大这种风清气正的学术氛围给我留下了深刻的印象。同时，先生自己也给我们做了有关巴黎比较教育大会情况的报告，使我们对世界比较教育大会有了初步的认识。

为了扩大我们研究生的国际视野和国际学术交流能力，刘先生还专门从德国波鸿鲁尔大学请来韩友耿博士（Dr.Juergen Henze，后来是柏林洪堡大学教授）讲德国教育，请美国沃伦斯基教授、巴恩哈特（Ruth Barnhart）教授和托马斯（Thomas）教授做有关美国教育的报告。这些国外专家、教授的课程和报告不仅拓展了我们的视野，而且为我们班同学后来的国际学术交流奠定了基础。其中，特别是德国的韩友耿博士，他和他的夫人林（Lin）在河北大学住了相当长一段时间，和同学们结下了深厚的友谊。记得在他夫人过生日时，我们全班同学还专门为其在五四路校区北院一进门左手的老教学楼一楼的乒乓球室开了一个生日派对，先生也参加了，韩友耿夫妇很受感动。正是这一时期结下的友谊，韩友耿博士回德国后也邀请过我们一些同学到波鸿鲁尔大学和柏林洪堡大学访问交流。笔者一直和韩友耿博士保持着学术联系。曾几次听他说过，他很感谢当年刘先生的邀请，他对中国教育研究的兴趣是从保定开始的，保定的生活是他一生中最重要的一段生活。他后来与北京大学、华东师范大学有不少的学术往来，但与中国学术交流的源头在河北大学。他和他的夫人很是怀念那段生活。

笔者在他的柏林洪堡大学的办公室里看到，他把我们班同学署名赠给他的条幅“千里共婵娟”一直挂在他办公室的墙壁上。

此外，刘先生还采用“请进来”和“走出去”的方法为我们研究生班安排了多场国内著名教授的学术报告。“请进来”的著名教授有北京师范大学的顾明远先生和河南大学的孟宪德先生。顾先生给我们讲的是苏联教育，孟先生给我们做了有关瑞典教育的专场报告。“走出去”是指先生安排我们在毕业前夕外出一个月左右时间访学，去拜访比较教育学界的著名学者。我们先后到了中央教科所（今中国教育科学研究院）、杭州大学教育系（今浙江大学教育学院）、华东师范大学教育系（今华东师范大学教育学部）、曲阜师范学院教育系（今曲阜师范大学教育学院）。记得，我们在中央教科所聆听过周南照先生的报告，在杭州大学教育系聆听过王承绪先生的报告，在华东师范大学教育系聆听过钟启泉先生的报告，在曲阜师范学院教育系聆听过陈信泰先生的报告，还拜访过陶愚川先生。先生还亲自参加了周南照先生的那场报告会。报告会后，先生还与我们全班同学和1983级的两位研究生到天安门广场拍了集体照。这张照片大家一直珍藏

1986年在北京访学时先生与同学们合影

着。毕业三十周年同学们在保定聚会时，还在专门制作的短片中展示了这张照片，引起大家温馨满满的回忆。

“善歌者使人继其声，善教者使人继其志。”先生献身教育事业的志向、一丝不苟的工作态度和不断进取的精神深深地感染了我们。可以告慰先生的是，我们这个研究生班同学没有辜负先生的心血和期望。毕业后，同学们都积极进取，有些同学毕业后选择继续深造攻读了博士学位，不少同学到海外访学或留学。后来，凡留在国内高校和研究机构工作的同学当了教授或研究员，担任了博士生导师或硕士生导师，成为所在学校或单位的学术骨干，有的同学还成为国内相关学科领域的领军人物，还有一个同学担任了首都一所首批“双一流”大学的主要领导；几个改了行的同学，或从政，或经商，或做其他工作，大都事业有成；几个旅居海外的同学，或在高校担任教授，或在学校从事其他工作，个个事业成功。回顾起来，我个人以为，毕业后同学们积极向上的进取心和取得的成绩是与研究生班的这段经历息息相关的，是与刘先生和其他先生当年的谆谆教诲和精心栽培息息相关的。先生当年的良苦用心和付出在我们的心目中烙印深刻，我们没齿难忘。

三、学术研究：教育管理学的奠基者

先生对教育研究情有独钟，早年就抱有教育救国的理想。据先生自己说，当年他考取北大时，因为数学和英语成绩好，是可以选择其他科目学习的，但他选择到教育系学习，之所以如此是因为他对教育感兴趣，认为教育可以救国强国。可以说，先生对教育在国家发展中的重要作用坚信不疑。他曾跟我们班一位同学说过，他1948年从美国归国途中经停日本，看到战败后的日本经济一片萧条、民不聊生、乞丐遍地，但日本经济到20世纪80年代迅速恢复，位列世界经济发达国家之一，为此他感慨万分，认为日本经济的恢复和发展得益于教育。这也可能是先生翻译《教育与日本现代化》将日本教育介绍给中国的原因。

正是因为先生抱有教育理想，充分认识到教育和教育研究的重要性，所以，“文革”结束之后，先生没有计较自己在“文革”中遭受的不公正待遇，而是满怀着对国家和教育事业的信心立即投入工作。1979年，根据河北省教育厅高教局的文件批复，河北大学设立教育科学研究室，恢复教育研究工作；1981年，河北大学重建教育系，恢复本科生招生。作为研究室主任和系主任的先生，其行政工作之繁重可想而知，但就是在繁忙的行政工作之余，先生仍潜心研究教育，著书立说。1980年先生翻译出版了《教育与日本现代化》一书，1986年出版专著《教育管理学》等。先生的研究直到他八十五岁时才停下来，也就是在完成《教育管理学》（1996年版）的第二年才停下来。那一年，先生自我感觉记忆力下降得很快，身体状况大不如前，坚持写作已经很困难，这才在医生的劝告下停止了研究与写作。

刘先生是著名的教育管理学家，在教育管理学领域有诸多建树。

第一，先生积极倡导开设教育管理学课程，是我国最早出版《教育管理学》著作的学者。先生在1985年出版的《中国大百科全书（教育）》中对教育管理学的学科性质和研究对象做了明确界定：教育管理学是教育科学的一个分支学科，它研究教育工作的管理和组织领导，包括各级各类教育行政机关和各级各类学校管理工作的科学理论和行动规律。因此，按照先生的理解，这门课程非常重要，大学教育系应当开设。实际上，20世纪50年代，先生就有开设教育管理学课程的想法，但因时代的原因没能实现。因为当时有一种意见，教育管理学不是一门科学，没有存在的必要。“文革”后，针对当时有的师范院校只开学校管理课程而未开教育行政学课程的现象，先生在《教育管理学》一书中呼吁：“（尽管教育管理学）还很不成熟，国内外都是如此，至今好多问题还没有定论，给教学带来一定的困难。但是这门课又必须讲，因为它是教育系的一门重要的必修课。”先生明确提出，一门完整的教育管理学应当包含学校管理和行政管理两个部分。师范院校教师必须系统地讲授教育管理学，必须以谨慎、探讨的态度讲授这门课程，学生也必须全面系统地掌握教育管理的理论知识。当时有人提出，教育管理不是一门系统的科学，应当将“教育管理学”概念中的“学”字拿掉。针对这种观点，先生明确表示，这个“学”字不能删。先生反驳道：教育管理学为什么不能成为一门科学呢？它以辩证唯物主义的认识论和方法论为指导，有很丰富的理论结合实际的科学内容和实践经验。再加上十几亿中国人民的辛勤耕耘，创造出具有中国特色的社会主义现代化和科学化的管理成果，怎么称不起一个“学”字呢？先生是国内最早倡导开设教育管理学的学者，这一点教育管理学界是承认的。华东师范大学教育系张济正教授在他的《我国教育管理学科的过去、现在和未来》的论文中曾写道：改革开放后，教育界的一些有识之士发出呼吁，并率先进行研究活动，使本不该是学术“禁区”的教育管理学，成为一个引起人们关注的“热点”课题。张济正教授为此还专门做了一个注释：刘付忱在1979年全国教育学研究会的首次学术会议上，发表题为《对于教育行政学的重新认识》的交流论文，是最早的一篇呼吁性文字。先生1986年出版的《教育管理学》也是国内以“教育管理学”为书名的第一本教育管理学著作。

第二，先生是最早提出教育管理学课程基本框架的学者。1985年，先生在他为《中国大百科全书（教育）》撰写的 “教育管理学”词条中，提出了教育管理学课程教学和研究内容的一个基本框架。他认为，在中国，教育管理学主要研究的内容有九个：教育领导的作用、特征原则和评价；教育立法；教育目的和方针政策的制定与实施；教育制度；教育行政组织；教育视导的意义、目的、任务、制度、活动、原则和方法；对教育人员的要求、培训和成绩评定；教育经费的管理；学校工作的具体管理，包括思想政治工作、教学、科研、生产劳动、体育卫生、人事、保卫、总务、财务、图书仪器、与社会联系、与家长联系等项工作的管理。另外还要研究学校的性质、任务、领导体制、组织机构、学校规划、科学管理的原则和方法等。先生的《教育管理学》（1986年）一书中的九章内容基本是按这个框架思路写的。改革开放后，教育迅速发展的形势使先生备受鼓舞，尤其是1993年中共中央和国务院颁布的《中国教育改革和发展纲要》以及1995年《中华人民共和国教育法》颁布之后，先生觉得，教育管理研究和教学人员方向更加明确了，需要对教育管理学的研究内容做调整和补充以应对改革开放中出现的新问题。因此，在1996年出版的《教育管理学》（这本书实际是对1986年版《教育管理学》的修订）中，先生将研究的框架内容拓展为十七章。其中，特别增加了一章“党对学校的领导”。先生深刻地认识到：加强党对学校的领导，搞好学校党的建设，是社会主义教育区别于资本主义教育的主要标志之一，是我国学校管理科学的重要组成部分。加强党对学校的领导有着深刻的历史原因，是我国学校教育历史发展的必然结果；同时有突出的现实意义，是建设中国特色社会主义学校的客观要求，这是不以任何人的意志为转移的。在这一章中，先生论述了“高校党的建设的历史回顾”“加强党对高校领导的意义”“正确处理党委领导和校长负责的关系”和“高校党的建设的主要任务和措施”四个问题。从这一章内容可以看出，作为党外的老一辈知识分子（先生是中国民主同盟会员），先生的认识非常到位。此外，增加的内容还有“教育的中观管理”“学校德育管理”“高校教师的晋升和任期的评定”“教育督导”“教育统计”“国外学校管理概况”“市场经济与教育改革”等。其中值得注意的是，先生1996年版的《教育管理学》中将1986年版中的“视导”改为“督导”，并将督导列为教育行政的三大职能之一。此时，先生已经八十四岁高龄了，但他依然保持着高度的学术敏感性，还在不断完善自己的研究，没有一种执着的精益求精的治学态度，那是不可能的。

第三，先生在国内最早提出“教育的中观管理”理论。对于教育管理，先生认为应当分为三个层次，即宏观管理、中观管理和微观管理。宏观管理是党和政府就全国大方向上的管理，主要任务是确定方针、制定政策、进行规划、提供经费和视导评价。微观管理是指具体单位，如图书馆、教导处、卫生科、保卫科等部门的管理。中观管理介于宏观管理和微观管理之间，是指学校校级领导的管理。先生对中观管理的研究十分重视，1986年就发表了论文《学校教育中的中观管理》，在国内教育管理学界率先提出教育的中观管理理论。在这篇论文中，先生界定了中观管理的概念，论述了中观管理的对象、工作核心、根本目的、特点、工作任务。先生认为，中观管理的三个特征为中介性、两重性、相对独立性：中介性也可称过渡性和连接性，即把宏观层面的精神过渡给微观管理层面，中观管理不负责具体事务的管理；两重性是指它对宏观而言是微观，对微观而言是宏观；相对独立性强调中观管理既要上传下达，也要有相对独立的权力。先生提出中观管理有七项任务，即制定本校的培养目标和工作任务、引进人才和培养人才、动态管理与外向功能、考核评价与视导检查、尊重教师和关怀全体教职工、培养优良校风、发挥学校的五项功能（经济建设的功能、精神文明建设功能、促进科学发展的功能、培养和管理干部的功能以及发挥社会智囊功能）。先生强调：几所学校的人力、财力和物力资源在相似的情况下，哪所学校的教育质量较高，关键在于中观管理。先生提出的中观管理理论在当时属于新鲜的观念。记得1986年年底，先生应安徽教育学会和安徽师范大学教育系（今安徽师范大学教育科学学院）的邀请在合肥和芜湖做的学术报告谈的就是“教育的中观管理”，受到与会诸多学者的好评。当时先生在合肥和芜湖做那两场学术报告时，我受学校的委托，曾全程陪同，对会场的气氛和与会人员的反应有切身的体会，印象深刻。

第四，先生是改革开放后最早研究“教育视导”的学者之一。先生对教育管理学中的教育视导问题一直很关注。早在1950年先生就作为第二译者翻译出版了苏联尼·伊·索采尔德托夫等著的《学校视导》。1983年7月，教育部在全国普通教育工作会议提出《建立普通教育督学制度的意见（讨论稿）》之后，教育视导的研究重新进入人们的视野。1984年7月，先生发表的论文《对于视导工作的认识》当属那一时期最早的研究成果之一。在这篇论文中，先生对教育视导的基本概念、教育视导的职责范围、教育视导工作原则和教育视导制度的发展做了阐释，并就如何做好视导工作提出七点建议：增设专职视导人员并赋予一定权力；业务主管人员应肩负视导责任；视导分一般视导和专题视导；学校领导肩负校内视导责任；重点学校应发挥辅导和示范作用；视导应结合各校教育实验工作；对视导人员进行培训以提高他们的水平。在当时，这些建议明显具有先进性、合理性和可操作性。先生的文章在当时产生了一定的影响，《云南教育》1984年第12期的文摘栏目转载了先生文章中的“教育视导的基本概念”一节。1985年，在《中国大百科全书（教育）》的“教育视导”条目中，先生再次介绍了教育视导的概念、演进历程和相关建议。在1986年版和1996年版的《教育管理学》著作中，先生都列了专章予以论述。

第五，先生是改革开放后最早关注“教育领导”研究的学者之一。如前文所述，先生在《中国大百科全书（教育）》的“教育管理学”条目中就提出，教育管理学的第一个研究内容就是教育领导。先生在他1986年出版的《教育管理学》中专设一章“教育领导”予以讨论。这在国内算是最早的研究教育领导的成果了。先生之所以十分重视对教育领导的研究，因为在他看来，领导是教育管理的首要问题，是教育管理学必须讨论的问题，因为一个机关或学校，领导的好坏会影响整个团体的工作和成绩。团体中如果有一个好的坚强的领导，它就能在困难的条件下，克服困难，保证工作的顺利进行，能采用许多改进工作的方法，以推动工作前进。如果领导不好或软弱，就能破坏已经具备良好条件的工作，妨碍工作前进，至多维持现状而已。先生的语言虽朴实，但一语中的。后来“教育领导学”的兴起也说明先生对教育领导的关注和研究之先进性和前瞻性。

此外，在比较教育学领域，先生亦有一定的贡献：先生的译著为改革开放后我国比较教育学的初期发展做出了一定的贡献。改革开放后的20世纪70年代末和80年代初是我国比较教育学重新起步的阶段。当时为了帮助人们了解外国教育的情况，国内开始出版一些介绍外国教育的专著、编著和译著。其中，先生1980年翻译出版的日本麻生诚和天野郁夫两人合著的《教育与日本现代化》和1984年先生作为第一译者翻译出版的美国A.C.奥恩斯坦著的《美国教育学基础》当属那一时期为数不多的译著。这两本译著都是由国内权威教育出版社——人民教育出版社出版的，其中，《美国教育学基础》属于20世纪70年代末至80年代初期人民教育出版社出版的“外国教育丛书”。《教育与日本现代化》一书介绍了日本的现代化、国民教育制度、工业化的进展和教育机会的扩大等情况。书中有一段话在当时给人们留下了深刻印象，发人深省：

自明治年代以来，日本的经济和社会迅速发展，尤其是第二次世界大战结束以后非凡的经济增长，是世界上真正引人注目的事，而能使日本完成这种发展的一个重要因素是教育的普及与发展。

《美国教育学基础》介绍了美国教育遗产的渊源、教育的先驱、教育的历史、教育的哲学概念、教师的学习理论、课堂智力活动的组织、认知的发展、学校的课程、学校组织和学校改革、社会阶层、种族和教育成绩、教师的教育和评定等，为国内学界了解美国的教育提供了帮助。就此而言，先生在这一时期对我国比较教育学这一阶段的贡献是显而易见的。

我从河北大学毕业已有三十五年了。自1986年11月陪同先生在合肥和芜湖讲学后只见过先生一次。那是1997年，我利用一次出差到北京的机会顺道看望住在北京东城刚察胡同的先生。先生看到我去非常高兴，问这问那，临别时，送了我一本他刚出版的《教育管理学》（1996年），还专门题词签名："镜人同学——文修赠于京寓"。这本书以及先生之前赠我的书，我一直珍藏至今。在这次撰写先生传记的日子里，往事历历在目，我似乎觉得一切就发生在昨天，而不是发生在几十年前，先生的音容笑貌依然那么的清晰。写到这里，我不由得想起英国古典教育思想家利文斯通（R.W.Livingstone）的一段话：

1986年笔者毕业时与刘先生的合影

回忆自己学生时代的人往往回想起许多老师。一些老师知识渊博，一些老师善于教学，也有一些老师没有给我们留下什么记忆。……我们记得的都是有个性的老师。我们之所以记得他们，不是因为他们教给我们知识，而是因为他们教给了我们一些更珍贵的、更富有效益的和更加难以忘怀的东西——一种认识生活的方法。

我认为，先生正是这样一位教给我们认识生活方法的老师。

在这篇传记的结尾，我想表达两个祝愿：一是衷心祝愿母校河北大学以建校一百周年为新征程的起点，蓬勃发展，再创辉煌；二是以此文纪念即将于明年（2022年）到来的先生诞辰一百一十周年，祝愿先生曾呕心沥血建设的河北大学教育系（今河北大学教育学院）蓬勃发展，再创辉煌。

能够完成这篇传记，得益于先生的儿女——刘北成教授、刘京秋教授和刘京建教授的帮助，他们提供了一些非常有价值的资料和照片；得益于旅居美国的老同学胡浩先生、任职于美国纽约州立大学的老同学李晓军教授和任职于宁波大学的老同学贺国庆教授的帮助，他们帮助回忆并确证了一些往事；得益于河北大学出版社社长朱文富教授的支持和帮助。在这里谨向他们表示最衷心的感谢。

萧树滋先生

萧树滋：中国电化教育奠基人

◇高丹阳

一、赤胆忠心，海外求学报效祖国

历史，给人的感觉好像很遥远，可是谁会想到我崇敬的萧树滋先生跟历史课本上的冯玉祥将军有着非常密切的关系呢。

他们二人到底有着什么样的渊源和故事呢？借用电影语言，让我们把镜头闪回到年少时期的萧树滋先生。

萧树滋，笔名萧振邦。1914 年 8 月 14 日出生于河北省邯郸市磁县梧桐庄一个普通的农民家庭。两周岁时，母亲去世，由祖父和祖母抚养长大。1922年上小学，1926年底因连年旱灾和奉系军阀骚扰，家庭生活困难，不得不辍学在家务农。后来，他的姑父崔庆荣认为他学业出众，辍学在家有些可惜，建议他继续上学。在南关初中读书不到一年，又因为遭遇旱灾，加上富户逼债，因此又停学在家务农。生活的困苦磨炼了年少的萧树滋的意志，塑造了他勤奋朴实的性格。时断时续的学习使他对后来的读书机会倍加珍惜，明白了知识改变命运的道理，从内心理解了农民生活的困苦和教育的重要性。

1930 年，磁县中学校长陈近礼发现萧树滋是本校考试前三名学生，按规定前三年是免交学费的，但是这个学生没到学校报到，于是对萧树滋进行了家访。知道他家经济困难后，好心的校长资助他九元路费，推荐他就读于河北邢台师范六年制全公费学校。但由于路费和书费仍交不起，萧树滋的这些费用多由同学先行垫付。他通过半工半读，由同学接济完成了学业。在读师范时，萧树滋深受校长孟福堂的“实干作风”影响，形成了积极努力的实干精神。他以孟福堂校长为榜样，刻苦学习，半夜起来到图书馆一位工作人员房内读英文，这为先生日后就读美国哥伦比亚大学打下了很好的基础。萧树滋先生的英语和数学成绩优秀，曾在校刊发表过由英文翻译成汉语的文章《询问》。

萧树滋先生有个同班同学叫邢坚，他思想进步，1934 年冬，因为办一个名叫《衡英》的刊物而被国民党当局逮捕。事发后，萧树滋先生马上烧掉宿舍中存留的刊物和其他印刷品。萧树滋先生用意非常明确，把证据销毁以保护同学。国民党反动派调查先生，并以开除相威胁。先生没有被吓倒，没有因为恐吓而出卖同学。时年二十岁的萧树滋先生，就萌发了不屈不挠、开展斗争的爱国思想。

1936 年 7 月萧树滋先生从河北邢台师范毕业，在河北磁县岳城第五高小教书。因为他在师范学校时成绩优异，1937 年 3 月，被学校推荐参加北平长辛店平汉铁路员工子弟学校的教师考试，被顺利录取。

1937 年 7 月 7 日，抗日战争全面爆发，萧树滋先生当时在家，因返校途中必经的桥被炸毁而未能返校。之后留在河北磁县岳城镇宣讲所任主任，担任抗日宣传工作，向群众宣讲抗日前线动态。

1938 年 2 月，先生在河北省磁县参加了游击队，任磁县抗日政府南区分区所长、区长，主要负责供给游击队给养、探听日寇动态和处理民事调解工作。

1939 年 6 月，战区情况越来越复杂，他的身份已经暴露。于是，他考虑先去延安中国人民抗日军事政治大学（就是人们熟知的“抗大”）学习，因为日寇封锁道路没有成行，碰巧遇到时任河北省教育厅督学李乂月，听其劝说，转考国立西北联合大学。1939 年 11 月，辗转考入西北师院教育学系，即北京师范大学原教育系。1939 年 12 月，萧树滋在陕西城固国立西北联合大学西北师范学院教育学系正式开始读书学习。在校期间，他系统学习了教育哲学、教育史、心理学、教育统计、教育行政社会学、学校管理、西洋文化史、教育实习等教育学课程。先生学习刻苦，善于思考问题，大学三年级就在《教与学》刊物上发表了《小学级任教员采用固定法与递升法的商榷》一文。他思想积极向上，担任过班级干部，参加过社会教育实验（进行民众识字教育和思想教育），还担任过中学兼职历史教师。在社会教育实践中，萧树滋先生结识了我国著名教育家李蒸（时任西北师范学院院长）和我国体育教育家袁敦礼（时任西北师范学院训导长）。在同他们的交往中，萧树滋先生收获了宝贵的思想财富。

1943 年7月，萧树滋先生在陕西沔县中学师范部担任主任，教授心理学和代数课程，兼职中学部教务主任。

1944 年4月，萧树滋先生由袁敦礼推荐到重庆国民党组织部边疆党务处任干事。在这里，萧树滋先生结识了南国农先生，二人从此成为莫逆之交。两位先生惺惺相惜，携手一生，为他们日后共同奋战在电化教育事业战线打下了基础，成为中国电化教育的奠基人。

1945 年2月，萧树滋先生在重庆南岸重庆市立女子中学任训育主任。到岗后，他发现学校功课严格、管理封闭、思想封建，从而提出一方面严格纪律，另一方面制定每两周不用请假可回家或出校制度，提出春季假期野外旅行建议，并请知名教授李蒸讲授世界时事，袁敦礼（我国体育教育学的先行者）讲授女生体育卫生及健康生活方式。严格而正确的管理措施和开明的制度，使萧树滋先生深受学生喜爱。他还动之以情、晓之以理，运用教育心理学知识劝诫学生不要早恋，要以学业为重。

1945年8月，萧树滋先生任教于重庆第二中学进修班。这所学校是国民党政府教育部直属的一所学校，该校主任（相当于校长）欺上瞒下，虚报师生名额，贪污公款，生活腐化，师生敢怒不敢言。萧树滋先生为人正直，为了办好学校，他直接上书当时的教育部部长朱家骅。朱家骅对此事很是重视，找到萧树滋了解具体情况，萧先生如实反映了学校的现状。

朱家骅问道："依你之见，如何才能办好学校？"

萧先生答道："只要做好三点，就能办好学校。一是反对党棍办学；二是办好学校必须为政清廉，杜绝贪污；三是办学一定要让懂教育的人来管理学校。”

朱家骅听他出言大胆，切中时弊，心中大为赞赏。

后来教育部撤了那个校长，在听取群众意见时得知，萧树滋先生为人正派，待人诚恳，工作勤奋，教学认真负责。在师生的拥护下，萧树滋先生被国民政府教育部委任为重庆第二中学进修班主任（相当于校长）。朱家骅对萧树滋嘱咐说：第一，你是学教育的，要以教育人的方法办教育；第二，你刚从大学毕业不久，要理解学生心理来对待学生；第三，不要贪污，有困难来信，教育部会支持。萧树滋先生遵照朱家骅部长的嘱咐，先后送走三批毕业生，圆满完成任务。

萧先生仗义执言、为人正派、教学负责、做事认真的品性给朱家骅留下了极为深刻的印象，这为日后先生留美读书埋下了伏笔。

1946 年 3月，萧树滋先生由于工作出色，被调任创建天津中学进修班。

萧先生与导师在一起

1946 年 5月，为更好地开展北平中学进修班的工作，萧树滋被派往北平中学（地址是现在北京市李阁老胡同二十号）进修班主持工作，当时学生有一千多人。当时，教育部社会教育司花费三十万美金购买了电化教育器材，考虑到这些器材先进，购回后要有人能够应用到教育上，需要选拔两个人去美国攻读现代教育技术硕士学位，学成回国可指导使用现代教学设备，开展电化教学。

朱家骅提出选派的人选必须具备三个条件：具有大学教育系本科学历；在教育系统工作成绩优秀的年轻教师；北方人。

当时报名投考的有四十二人，萧先生就在其中。朱家骅在入选名单中，毫不犹豫地第一个就圈定了萧树滋！第二个人选叫白芷洁（据说英语底子不好，在美期间没有完成学业）。

1947年4月25日，二人到达美国纽约。同年6月，经萧树滋先生大学时毕业论文指导老师金澍荣（北师大教育系主任）教授推荐，二人一起就读于哥伦比亚大学教育研究院教育技术专业，攻读硕士学位。

这时，冯玉祥将军遭蒋介石排挤，也在美国考察。但是，当时萧先生并不认识冯将军。他们二人之间的纽带是国民党高级将领王弼臣。

王弼臣原先是冯玉祥将军的随从副官。早年在国内的一场战役中，为救冯玉祥的命，王弼臣丢掉了一条腿，因此冯玉祥一直把王弼臣看作救命恩人。而王弼臣正是萧树滋先生的岳父大人！（萧先生在重庆工作时，为师生请命状告校长，在教育界深受众人赞誉，因此被王弼臣选择为乘龙快婿。）

当萧树滋先生被选送去美国读书的消息传来，王弼臣一家人非常高兴，于是在萧先生启程前，王弼臣修书一封，告诉萧树滋到了美国之后，带上这封信马上去拜访冯玉祥将军，并代问好。

1947年4月，萧先生到达纽约，然后立即动身前往旧金山，找到了冯玉祥将军和夫人李德全。冯玉祥见信如面，得知面前这位英俊的小伙子竟然是自己救命恩人的女婿，喜出望外，当即留下萧树滋和全家人住在一起，并对家人说："萧是王弼臣的女婿，也就是我的女婿。"

冯玉祥在美国的主任秘书叫赖亚力（中国共产党地下党员），秘书是吴茂荪（新中国成立后在外交部工作）。冯将军在旧金山与萧树滋见面时，已经把赖亚力、吴茂荪二人送入纽约的哥伦比亚大学攻读硕士学位了。当1947年6月萧树滋也进入到哥伦比亚大学读书后，冯将军手下就没人可用了，工作上十分不方便，于是在1947年初冬，冯玉祥全家人搬到纽约居住，这样所有人都在一个地方聚齐了。随后，冯玉祥聘请萧树滋为私人秘书，协助主任秘书赖亚力工作。自此，萧先生开始跟随冯将军积极投入到反蒋和平民主运动中。

1948年初，以冯将军为首的"美洲中国和平民主联盟"成立，这个联盟包括中国共产党、中国民主同盟、无党派民主人士，实际上就是一个基于统一战线的反蒋联盟。

“美洲中国和平民主联盟”展开活动后卓有成效，立刻成了蒋介石政府的眼中钉肉中刺。蒋介石马上派特务在美国跟踪、监视冯玉祥的一切活动，萧树滋先生也被列入国民党特务监视的名单。

1948年春，河北、山东、安徽、江苏四省的爱国华侨团体联合邀请冯玉祥将军参加纽约唐人街举行的集会，并进行演讲。集会头一天，冯玉祥打电话给萧树滋，说道：“我要去参加集会，还要演讲，蒋介石已经派人跟踪我了，会场会不会发生骚乱也还难说，我想叫你陪我去，你敢不敢去？”萧树滋毫不犹豫回道：“我当然敢！我陪你去。”

萧先生知道有特务跟踪，人身安全时刻都受到威胁，但仍毅然前往。那真是明知山有虎，偏向虎山行！

自此后，冯玉祥将军的每次演讲，萧树滋先生都为他做精心准备。1948年春夏之交的一次演讲效果非常棒，参会的部分美国议员当场表示反对杜鲁门的“援华方案”（这个方案实际上就是美国出钱支持蒋介石发动内战），致使美国国会正式讨论“援华方案”时，许多议员投出了反对票，迫使美国政府大大缩减了援蒋款项。蒋介石盼星星盼月亮的美元没有如愿到来，气急败坏，开除了冯玉祥国民党党籍。

我们知道没有钱是打不了仗的。冯玉祥、萧树滋等爱国人士在美国的反蒋反内战活动助力国内战局发生了极大变化。1948年下半年，蒋介石发动的内战节节败退，中国人民解放军已经从内线转入外线作战，革命形势到了历史转折关头。

国内胜利的消息，大大鼓舞了在美的冯玉祥将军和以萧树滋先生为代表的爱国留学生，冯将军多次与赖亚力、萧树滋商议，决定返回祖国，到解放区去参加反蒋的革命斗争。

1948年11月，冯玉祥带着家人由主任秘书赖亚力陪同取道苏联回国。萧先生也要求陪同冯将军全家一起回国，但是冯玉祥和夫人李德全考虑到萧树滋还有几个月就可以拿到哥伦比亚大学的教育技术硕士学位，弃之可惜，劝阻他不要一同回国，待顺利毕业后，再回国继续协助冯将军工作。就此，萧树滋先生留在美国继续读书。

但谁会想到，冯玉祥将军在回国途中，行至黑海遇难。噩耗传到美国，萧树滋先生悲痛欲绝，不成想在码头欢送冯将军回归祖国的一刻，竟成为最后的诀别。从此，萧树滋先生失去了一位慈父般的长辈。

萧先生获得哥伦比亚大学教育技术硕士学位

1949年2月，萧树滋先生取得哥伦比亚大学教育技术硕士学位，成为我国电化教育领域第一个获得硕士学位的人。

萧先生不忘初心，抵挡住在美国留居等各种诱惑和阻挠，于1949年3月，在民革中央的精心安排下，秘密取道非洲、香港回国。同年4月，萧先生终于抵达上海，回到了祖国的怀抱。虽然此时中国人民解放军已经渡江，但是全国毕竟没有全部解放，为了防止敌特的迫害，上海地下党安排送萧先生到了杭州，又在民革的秘密安排下，于1949年7月到达北京，这才和李德全夫人、赖亚力、吴茂荪等人会合。

1949年8月，民革在北京召开第一届委员会，在会上萧树滋先生被选为民革委员兼组织部副部长。9月，中国共产党与各民主党派筹备中央人民政府成立，萧树滋先生代表北京市民革主任委员余心清参加开国大典的筹备工作，多次出席在西花厅举行的“十一”建国大典筹备会议，并参与了庆典的组织工作。

在开国大典时，萧先生光荣地被邀请到天安门观礼台上见证了新中国的诞生。

二、教师本色，脚踏实地支援西北

萧先生这一辈子都没有离开过教学，一辈子也没忘记过教学，即便是新

萧先生（左一）与幻灯片宣传队员合影

中国成立后他被分配到中央文化部工作。当时，中央文化部设有科普局，但是没有电教部门。由于萧先生是从国外回来的第一个获得电教（现在更名为教育技术或现代教育技术）硕士学位的专家，因此科普局成立了电教处，任命萧先生为代处长，主持电教工作。

萧先生在电教处工作期间，首先运用幻灯、电影、播音等电教手段积极开展社会宣传教育工作，曾多次在天安门广场，晚上放映自制的幻灯片（那时候的幻灯片可不是现在的PPT，需要在一寸大小的透明底片上一张一张地精心绘制），每场都有几千人观看，引起强烈反响，收到了极佳的教育宣传效果。

正因为看到幻灯具有广泛的宣传和教育意义，于是1950年文化部召开了河北、山西、平原、察哈尔、绥远、北京和天津五省二市幻灯工作座谈会，培训了国内第一批开展电教教育的技术骨干。会议期间，萧先生负责制定开展幻灯教育的规章制度，并主讲幻灯教学课。参会学员三千多人。

1951年，萧先生被北京辅仁大学（1952年并入北京师范大学）聘为兼职副教授。在学校里，先生在教育系开设了电化教育课，成为新中国成立后在大学校园里开设电化教育课的第一人。

至此，萧先生在北方播下了电化教育的种子，并且使之生根发芽。

1953年，萧先生辞去了文化部的工作，接受西北师范学院院长的邀请，应聘为副教授，并兼任西北师院电教研究室主任，与中国电化教育的另一位奠基人南国农先生（南国农先生是在1948年开始攻读哥伦比亚大学现代教育技术硕士学位的，萧先生是1947年开始。在萧先生回国的第二年，南国农先生获得硕士学位后也毅然投入祖国的怀抱）会合。二位先生自此一起携手书写出支援大西北电教的新篇章。

萧先生（右一）和南国农先生

萧先生（前排左四）和甘肃电教培训班学员合影

萧先生就职西北师院后，购置了录音机、幻灯机、电影机和照相机及洗印设备，开始电教实验，并为外语教学的听音、录音、扩音创造了条件，进行了电化外语教学的实验。1979年至1981年萧先生在西北师院全校开设电教教育的选修课，为西北师院的电化教学铺平了发展的道路。

电化教学工作不仅在大学得到了很好的开展，在萧先生的指导下，兰州地区部分中小学也开展了电化教学，培养了一批中小学的电教骨干。

萧先生和南先生一起三十年如一日，把自己最美好的时光奉献给了大西北的教育事业。这三十年，是不平坦的三十年。大西北本来条件就苦，后来又赶上极左的年代，二位先生蒙受了种种不白之冤。

就是在这样的环境里，二位先生的拳拳爱国之心丝毫没有动摇，仍然埋头苦干，任劳任怨，兢兢业业，忠诚于国家的教育事业，心中一直期盼着振兴中国电化教育那一声“春雷”的到来。

这一声“春雷”终于在1976年到来了！

在这一年，结束了十年动乱。在十一届三中全会上，党中央在国家百废待兴之际，确定了经济发展与国家建设的方针。1978年4月，国务院召开了全国教育工作会议，小平同志把发展教育放在重要的战略地位。小平同时在讲话中提出发展教育要大力开展电化教育，提出要制定加快发展电视、广播等现代化手段的措施，这是“多快好省”发展教育事业的重要途径，必须引起充分重视，教育部和各地教育行政部门要采取切实有效的措施。比如充分利

萧先生（前排右二）和全国电教骨干合影

用广播、电视，举办各种训练班、进修班，编印教学参考资料等，大力培训师资。

全国教育工作会议后，1978年2月国家成立了电化教育组，7月成立了中央电化教育馆。与此同时，教育部千方百计寻找我国散失的电教专家人才。同年8月，在北京举办的电教展览会的参观人员签名簿上，中央电教馆负责人程光、张玉池发现了“萧树滋”这个名字。

先生有如枯木逢春，重新获得了可以发展专业、为中国电教建功立业的机遇——是金子总会发光的。

1978年冬，教育部在河南开封召开教育学研讨会，南国农先生代表西北师院出席会议。当谈到开展电化教育必须有专业教师时，南先生介绍了萧先生专门在美国学习电化教育专业等情况。与会代表要求教育部委托西北师院速速举办电化教育培训班，请萧、南二位教授培训电教专业人才。

1979年，西北师院举办了由四十三所高师参加的全国第一次电化教育研讨班，教育部对电教“种子队”的培训十分重视。这是几十年后，重新振兴我国电教事业的首次新老专家大聚会。在这次盛会上，萧先生既参与会议组织工作，又担负讲课任务。虽然忙前忙后很累，但是先生心里是甘甜的。

三、冲破迷雾，仗义执言力挽狂澜

1980年，《人民日报》发表一封读者来信，差点阻碍了我国刚刚复兴的电化教育事业。事情的原委是这样的：

自1978年我国电教事业在邓小平同志倡导和教育部积极领导下再度兴起，发展非常迅速。广州、上海、北京举办了规模巨大的电化教育展览会，展出了美国、英国、日本等国家的现代科学技术水平很高的各类电教设备，还有与之配套的教学影视软件，并请英国开放大学、广播公司专家来北京讲学、示范，各地参观学习者达三十多万人次，使大家大大开阔了视野，也使得大家认识到国内外的差距，从而解放了思想，增长了见识。

于是，全国教育工作掀起了一个“电教热”，全国很多单位纷纷筹集外汇购置电教设备，其中不乏一些单位不顾自家情况，热衷于大量购买摄录编设备，忽视传统、常规电教设备的建设与应用。

1980年12月26日的《人民日报》发表了一封“读者来信”，标题是《电化教学并非急务，无灰粉笔赶快生产》。作者指出，美国绝大多数学校还没有利用电化教学，在我国发展电化教学并非当务之急。由于这封信出自非常有分量的《人民日报》，当时人们把这封信当成了一个“信号”——中央要从缓发展电教，电教要立刻“收兵”。

刚刚兴起的“电教热”被重重泼上了一盆凉水。

从历史经验来看，对于过热的事物，进行思想、工作上的纠偏是完全必要的，能够保证新兴事物朝着正确、健康的方向稳步发展。但是，就这次“电教热”来说，这盆凉水太凉了。而且，如果美国学校没有利用电化教学的前提是错误的，那这封信的结论一定不对。谁最有发言权？自然是毕业于美国哥伦比亚大学的电教硕士萧先生！

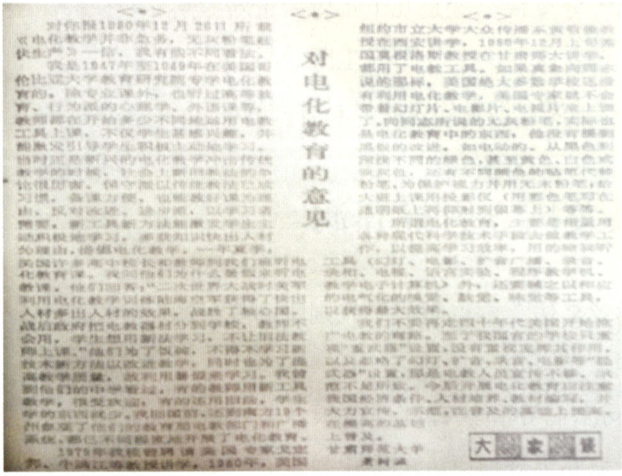
对电化教育的意见

萧先生在《人民日报》发表的《对电化教育的意见》

萧先生见到了《人民日报》的读者来信后，撰写了《对电化教育的意见》一文，与“读者来信”的观点针锋相对，摆事实讲道理，说明其观点的片面性。《人民日报》于1981年3月22日全文发表了萧先生的文章。

萧先生在文中开宗明义地写道：“对你报1980年12月26日所载《电化教学并非急务，无灰粉笔赶快生产》一信，我有些不同看法。”接着写道：

我是1947年至1949年在美国哥伦比亚大学教育研究院专学电化教育的。除专业课外也学过高等教育、行为派心理学、外语课等。教师都在开始多少不同地运用电教工具上课，不仅学生甚感兴趣，并能激发引导学生积极主动地学习。当时正是新兴的电化教学冲击传统教学的时候，社会上新旧教学法争论很厉害，保守派以传统教法已成为习惯，备课方便，也能教好课为理由，反对改进。进步派，以学习者需要，新工具新方法能激发学生主动积极学习，多获知识快出人才为理由，提倡电化教学。一年夏季，美国许多高中校长和教师到我们班听电化教学课，我问他们为什么暑假来听电教课。他们回答说："二次世界大战时美军利用电化教学训练陆海军获得了快出人才多出人才的效果，战胜了轴心国。战后政府把电教器材分到学校，教师不会用，学生想用新法学习，不让旧法教师上课。"他们为饭碗，不得不学习新技术新方法以改进教学。同时又为了提高教学质量，故利用暑假来学习。我曾到他们的中学看过，有的教师用新工具教学，很受欢迎，有的还用旧法，学生学的东西就少，我回国之前，还到南方十九个州参观了他们的教育局电教部门和广播系统，都已不同程度地开展了电化教育。

他又列举了20世纪70年代后期美国学者来华讲学都带电影片、幻灯片、投影片、幻灯机，边讲边放等事例，据此反驳"读者来信"所说国外大多数学校并没有用电化教学的观点。

因此，萧先生在文中提出了电化教育的概念，以澄清人们对电教的模糊认识：所谓电化教育，主要是指运用各种现代科学技术手段去做教学工作，以提高学习效率，用的除视听工具外，还要辅之以相应的电气化的嗅觉、肤觉、味觉等工具，以获得最大效果。萧先生是新中国成立后提出"电化教育"定义的第一人。

最后萧先生在文中指出："我们不要再走40年代美国开始推广电教的弯路，至于我国有的学校只重视'重武器'设置，没有重视发挥其作用，以及忽略了幻灯、扩音、录音、电影等'轻武器'设置，那是电教人员宣传不够，示范不足所致。今后开展电化教育应注意我国经济条件、人才培养、教材编写，并大力宣传、示范，在普及的基础上提高，在提高的基础上普及。"

萧先生的文章在《人民日报》发表后，给全国电教界以莫大鼓舞，有力地消除了电教发展过程中的迷雾，既批驳了片面的错误观点，又指出了电教发展的方向，为我国电教发展指明了道路，奠定了人们对电教认识的思想基础，对我国的电化教育教学改革和健康发展起到了极其重要的指导作用。

四、敦厚长者，胸襟宽广教学严谨

1982年，萧先生调到河北大学教育系（现在的河北大学教育学院）任教。先生先后为教育系、图书馆系、物理系开设电化教育必修课和选修课，兼任河北大学学术委员会委员，创建河北省电教技术学会并担任副理事长、顾问，创办《河北电教》杂志并担任主编。

萧先生（右一）和南国农先生在河北大学北门合影

1986 年，高教部决定在我国培养高层次电教人才，在全国首先设立三个教育技术学（前身就是电化教育专业）硕士研究点。由于萧先生的努力申报，河北大学与北京师范大学、华南师范大学成为国务院批准的第一批教育技术学硕士授权点，萧树滋先生被教育部确定为首批教育技术学硕士研究生指导教师。

孙昌达于1986年成为萧先生的第一位硕士研究生（这一届只有这一个学生）。

据孙昌达回忆，萧先生是一位敦厚的长者，没有一点架子，是一位很容易接近也让人愿意接近的人。在跟随萧先生学习的过程中，他亲身感受到先生待人平易随和、亲切热情的人格魅力。萧先生给他上课基本上是在家里上的，他每次去上课或去串门，先生都像接待客人一样对待他，亲自给他倒茶，安排座位，还经常像对待自己的孩子一样，拿出各种小食品给他吃。下课后，先生总是亲自送他到楼下。他实在过意不去，不让先生下楼，但先生总是执意要送到楼下。在跟随萧先生学习的三年中，与先生的接触日益增多，对先生的了解也逐步加深，他感到，从萧先生那里不仅学到了系统的专业知识，更重要的是学到了做人的道理，在他老人家身上体现出来的豁达、平和、谦虚、好学、友善的品格，无形中对他产生了潜移默化的影响，使他终身受益。在和大家一起工作的过程中，教研室的各项工作大家一起商量，萧先生对同事们都非常尊重，从来不以学术地位压人。大家知道，萧先生是20世纪40年代留学美国学习电化教育的，当时使用的电教媒体主要是幻灯、投影、电影、播音等。我国自70年代末开始，电视、录像、录音、语言实验室、计算机等媒体开始陆续进入教育领域。这时萧先生已经六十多岁，很多新媒体、新技术是他所不熟悉的。但萧先生既没有吃老本，也没有因为自己年龄大而放松学习，而是积极主动地通过各种方式补充新知识，虚心向年轻的老师求教，力求跟上科学技术的发展步伐。他的同事和学生们在这方面都有切身体会。这种“活到老，学到老”的精神，也感染了周围的同事和学生，大大增强了大家主动学习、不断学习的自觉性。虽然第一届只有他一个学生，但萧先生每次上课都非常认真，从不马虎，不论是讲授课、讨论课还是实验课，他都认真准备，一丝不苟。在上课过程中，他完全是以平等的身份和学生探讨学术问题，鼓励学生有不同见解，这种精神难能可贵。

萧先生（右二）和答辩委员合影

张军征是萧先生第二届研究生之一，据他回忆：

1990年萧先生亲自带我们到北京访学。在途中坐火车、等公交车时，他是一个循规守矩的普通老头，唯一能看出他有不平凡经历的是他的气度。他带我们拜访了北京师范大学的教授，到中央电教馆参观和交流。在同行专家面前，萧先生是一个真诚的倾听者，待人谦和、谈笑风生。我家在山西，开学后住校不常回家。萧先生每逢过节都叫我去他家吃饭。有一年他的朋友从兰州给他捎来些鲜百合，我第一次在萧先生家尝到蒸熟的鲜百合，随口说了一句“这可真稀罕”，没想到先生竟记住了。放寒假时他把我叫去，给了我一包鲜百合，让我带回去给家人尝尝。当时到老师家一般需事先预约，但我们几个学生到萧先生家常常是敲门而入。无论何时，只要先生在家，他的小书房就是我们师生欢聚的地方，他很乐意与我们海阔天空地交谈，我们也无拘无束地享受他的款待，桌上有啥小吃就随意吃。每次离开时先生都要亲自送我们出门，并执意送到楼下。不经意间，萧先生的见识、视野和人格影响了我们，他的小书房是我在读研期间收获最多的地方。无论是与同行专家交流还是跟我们学生交谈，萧先生对于学术问题都不讳言自己的观点，同时他对各种学术之争又是包容的。当时国内的三个教育技术学硕士点（所属高校为北京师范大学、河北大学、华南师范大学）的研究方向各有侧重，学术观点各异，甚至彼此尖锐对立。他不鼓励我们参与学术争执，也不强调一家之言，而是引导我们兼收并蓄。1990年他安排我们三个研究生到南京访学，让我们拜访了正在南京讲学的华南师范大学李克东教授、南京师范大学张增荣教授和南京大学辛显铭教授。然后又亲自带领我们去北京访学，聆听了北京师范大学尹俊华教授和乌美娜教授的见解，访问了中央电教馆的专家。与流派观点不同的专家学者交流，开阔了我们的眼界，启发了我们的思考。萧先生对教学工作一丝不苟。每次上课萧先生都早早来到教室。那时候，先生的手已经颤抖了，写字困难，但是他每次上课都备有厚厚的讲稿。萧先生遗留的旧物中有一个笔记本，详细记载了指导我们三个研究生写硕士论文的全过程。令我惊讶的是，萧先生不仅保留着所有研究生的作业，而且对每份作业都打了分，有的作业有批阅的标记，有的还有简短的评语。我们读研究生的时候，三位指导教师各自布置作业，每项作业都是学生根据当前的授课内容，自己选题写小论文。那时我们每天都为密集的作业而忙碌。从1988年9月到1990年1月的一个半学年，仅萧先生就布置了八份作业，我写的每份作业都有六千字左右。萧先生是不轻易给人打满分的，我的一份作业上的等级还有明显的涂改痕迹，由A改成了A-。值得欣慰的是，我得过一个A、两个九十分。萧先生十分注意学术规范。在1983年出版的《电化教育》一书中，他分章列出了参考书目，这样的做法在不注重知识产权的当时并不多见。在我们写学位论文时，他对论文初稿中的标点符号使用、不规范简化字、书写潦草之处都一一指出，甚至亲笔修改，尤其强调引用他人的文章必须使用引号。1988年我第一次去萧先生家交作业，我的作业是写在横格信纸上的，字迹潦草并且密密麻麻。萧先生拿着我的作业来回翻看了几遍，我以为他是对我写的内容感兴趣，正想听他的评价，不料他很严肃地看着我说，文如其人，你这样潦草的作业叫别人怎样看你，如果是投稿的话没有哪个编辑会看，你重新抄一遍再交来吧。我没有想到自己已经读研究生了，还要依着格子工整地写作业，三十多岁的我又重新开始在方格稿纸上一笔一画地写字。

张立新（萧先生的第二届研究生）回忆：“萧老师上课非常认真，备课充分。 先生对我们写作要求非常严，我们那时没有现在的图文排版软件，也没有打印机，我们写作业、写论文真是‘爬格子’，逐字地去誊写，页面上有涂改、有错别字，那这一页就算作废，重新来过！那时候觉得真是苦，可现在想想，多亏了先生的严格要求，使我受益终身。”

虽然萧先生没有担任教育系或学校的行政职务，但对系里和学校的发展非常关心，非常重视年轻教师的培养，他通过各种方式的传、帮、带，让年轻教师得到了锻炼和提高。据胡保利（现任教育学院院长）回忆：“我是1986年毕业留校在教育系工作的，我的本科、研究生阶段萧先生都是我的授业恩师。1997年1月底，我从教育系调到高教所工作。这一年春节前夕，我就回老家陪父母过年去了。春节之后我回到学校，时任教育系总支副书记程诚老师对我说，‘春节时，萧先生让我带着他去你家给你拜年

萧先生（右二）与学生们一起制作幻灯片

了，结果你没在。’闻听此言，我赶紧诚惶诚恐地跑到萧先生家说，学生我万万承受不起这个礼遇。先生平静又认真地说，‘你在教育系做学生、做教师、做系主任，每年给老师们拜年都是做的很对的。但是你工作变动了，人这一辈子工作能有几次变动呢？我春节去给你拜年，是希望你在新的工作岗位上继续努力工作。教育系永远是你的家。’这短短几句话，深深地印在我心里，并时刻激励自己。”

五、辛勤耕耘，一片丹心万古长青

萧树滋先生在教育战线上辛勤耕耘，著作颇丰。他出版的专著有《电化教育》（河北人民出版社，1983年），这是我国第一部电化教育专著，在全国有较大的影响，曾三次印刷，获全国科学研究优秀成果专著类二等奖；《电化教育概论》（北京师范大学出版社，1988年）系国家教委“七五”高校教材编选计划文科类教材，被确定为师范院校电教教材，从1988年出版至今已印刷了十多次，获得各级领导的好评。几十年来，先生还发表学术论文七十余篇，是全国电教界最有影响的作者之一。

萧树滋先生为我国电化教育事业辛勤耕耘了五十多个春秋，在我国教育技术学科领域创造了“十个第一”：

第一个被公派出国学习教育技术攻读硕士学位的人；

第一个获电教硕士学位，回国建设新中国并参加开国大典的电教人员；

第一个出任新中国中央电教领导机构的官员，并制作了第一批科普幻灯片的人；

第一个建议高校开设电化教育课和在高校开设电化教育课的人；

第一个（新中国成立后）提出电化教育的定义和概念的人；

第一个编写出版电化教育课教材的人；

第一个敢于在全国性权威报纸《人民日报》上争鸣有关电化教育存在与发展的必要性问题，使我国电教事业得以继续发展的人；

第一个出版电化教育专著的人；

第一个获得电教（教育技术学）硕士学位授予权的办学者；

第一个终身从事电教事业并为电教事业奋斗终生的人。

2002 年 1 月 9 日，先生因病在河北保定去世，享年八十八岁，他永远离开了我们。

萧先生这一生是平凡而又伟大的一生，辉煌而又坎坷的一生，几十年如一日忠诚于党的教育事业的一生，为我国电化（教育技术）教育事业发展不停追求和探索的一生。

感恩先生！怀念先生！

张述祖先生

张述祖：
毕生探索心理学

◇宋耀武

张述祖（1913—2009），中国著名心理学家、中国心理学会会士、河北大学教育学院教授。张先生学术造诣深厚、教学艺术精湛，深受广大学生敬仰。他于1986年为河北大学创建了发展与教育心理学硕士学位点，为我国心理学学科建设和河北大学心理学学科的发展做出了杰出贡献。

一、生平活动

张述祖先生于1913年4月22日出生于山西省保德县城内。他的父亲是陆军后勤人员，驻地在山西大同。张先生于1918年进入山西大同私立兰池小学就读。1923年父母相继去世，张先生由做小学教师兼塾师的伯父收养，随伯父在原籍县立高小附读，主要诵习“四书”、《左传》等。1927年张先生考入山西太原国民师范学校。1933年张先生于山西太原国民师范学校毕业后，任山西省民众教育馆助理编辑；1934年考入国立北平师范大学教育系，选读教育心理学专业，1938年毕业。

张先生1938年至1940年任前国立第七中学师范部教育学科教师；1940年至1941年任成都师范学校教育学科教师；1941年考入前中央大学研究院教育心理学部，1942年起以研究生身份兼任研究助理，其间师从潘菽、艾伟等著名心理学家，1944年获硕士学位。1944年任前国立湖北师院教育系心理学

1938年，张先生大学毕业照

1942年，张先生与艾伟、蔡乐生教授在中央大学的合影

讲师，1946年升任副教授；1947年任前国立师范学院教育系心理学副教授；1947年至1949年兼任前国立中正大学教育系心理学副教授；1949年任前湖南大学教育系副教授；1951年任河北天津师院教育系心理学副教授，1958年随系并入河北大学，1979年升任河北大学教育系教授。

张先生自1955年中国心理学会成立之日起即为其会员，曾任该学会《心理学译报》常务编委，并任该学会理事、普通心理学及实验心理学专业委员会副主任委员、心理学基本理论专业委员会委员、编译出版委员会委员、《心理学报》编委、《心理科学通讯》编委。

张先生专长于普通心理学和实验心理学。他出版过一系列论著。其代表作为1987年教育科学出版社出版的普通高校教育类专业国家统编教材《基础心理学》。该书被同行誉为“中国当前很多教材中具有时代特色和中国特点的内容丰富的大学心理学教材”，先后获“全国优秀图书奖”（1988年）、“全国首届优秀教育理论著作奖”（1989年）、“国家级优秀教学成果奖”（1989年）和“国家级优秀教材奖”（1992年）。1995年教育科学出版社又出版了先生的《基础心理学增编》，并对《基础心理学》一书重印。两书共八十一点五万字，全面深入地反映了心理学的历史与现状。林镜秋教授曾对该书给予高度评价：第一，《基础心理学》在体系上从人的心理的整体性出发建立了包括总论、心理活动总的倾向性、认识的各种水平、心理与活动、差异心理等五编十四章的新体系；第二，最具时代特色，内容现代化；第三，以中国特点自立于世界之林，该书共搜集我国心理学家的实验研究二百九十九项，占总论据数的四分之一，堪称第一部较系统地总结了我国现当代心理学基础研究成果的专著；第四，坚持以科学观点评介各派心理学理论。在涉及心理学各派

《基础心理学》讨论会

1989年张先生在伦敦大学做学术报告的海报

1989年张先生在德国乌兹堡大学

1989年张先生向海德堡大学赠送《基础心理学》

1989年张先生在海德堡大学心理学系楼前

的历史贡献时，作者始终以辩证唯物主义和历史唯物主义观点去评说各家短长；第五，深入浅出、雅俗共赏。

张先生精通多国语言，20世纪五六十年代参加了大量苏联心理学著作的翻译工作，如《青年初期心理学》《有机体进化过程中的心理发展》；20世纪80年代又参与了西方心理学著作的编译工作，如《心理学纲要》《现代西方心理学家文选》。他还参加了艾伟主编的《教育心理学大观》编译和整理工作，参加了《西方近代心理学史》的编写工作并任副主编。除了引进国外心理学的先进理论和成果外，他还向国际心理学界积极推介中国心理学的研究成果。例如，他曾应邀到英国的剑桥大学、伦敦大学，德国的波恩大学、海德堡大学和乌兹堡大学访问，并做了“中国近三十年来的心理学基础研究”学术报告，受到国外同行的高度赞赏。

二、潜心治学：热爱心理学研究

张先生潜心治学，将其毕生精力投身于心理学的探索之中。他在高中阶段就开始注意到存在决定意识的问题。他认为，对人来说，除外界的客观存在外，人本身这一肉体也是客观存在，要得到关于人的意识的唯物解释，除了研究它与社会存在的关系以外，还需要研究身体与意识的关系。张先生接触了一些当时在中国颇为流行的行为主义心理学的读物，如郭任远的《人类的行为》、华生的《行为主义心理学》等，因而有了钻研心理学的想法。

张先生入大学以后接触到心理测量学，对心理学有了进一步的认识，觉得能把一般人认为捉摸不定的心理现象，像物体的轻重长短那样去按等值单位衡量，实在是了不起。心理测量课由王徵葵教授讲授，张先生在课外读了他写的《态度测量法》，又在美国《社会心理学》杂志上看到周先庚教授关于颜色爱好量表的研究报告。于是在学完这门课之后，张先生自己拟定了一个科研题目：儿童亲属爱的差等。他用心理测量中的逐对比较法，询问了几百个小学儿童，经过统计处理，求出了他们对十种亲属的等值单位亲爱差度，同时也有证验一下弗洛伊德那种子爱母、女爱父学说的意思。他把研究结果写成报告，投交商务印书馆出版的《教育杂志》。该论文于1937年发表，当时张先生正读大学三年级。

大学四年级时，学校要求写毕业论文。那时抗日战争已经全面爆发，张先生想把自己学的心理学尽可能服务于抗日战争——为了向群众做好抗战宣传，应该了解群众的思想情况。以前在美国《心理学文献选存》杂志上，张先生曾看到其任课教授程克敬先生做的“向美国大学生进行九一八事件宣传”的实验报告。后来，张先生在学社会心理学课的时候，由任课教授蔡乐生先生指引，又读了美国心理学杂志上关于人们谈话内容分析的报告。受到这些启发后，张先生把论文题目定为《民众日常思想的分析》。当时包括北京师范大学在内的西北联大在陕西城固县。当地茶馆栉比，居民习于晚饭后在茶馆休息谈天。张先生亦于每天晚饭后去茶馆听他们的谈话，并予以记录，最后分析整理。那时学校宿舍拥挤，学生晚间在茶馆做功课者甚多，居民习以为常，所以张先生记录他们的谈话，丝毫不会引起他们的注意。论文写成后，因抗战期间刊物甚少，至抗战胜利后，于1947年在《教育通讯》上发表。

1942年，张先生做研究生兼研究助理时，对艾伟教授主办的实验中学班学生的课间自由活动做了逐日的观察，写成《中学生课间自由活动的观察分析》一文。该文于1944年发表在艾伟主编的《教育心理研究》上。

张先生做研究生期间修习潘菽教授主讲的生理心理学。潘菽教授讲得十分仔细，检查实验非常认真，而且指定读物，要求做讲授范围以外的如呼吸、循环等普通生理学问题的读书报告。潘菽教授对研究学问中基本功重要性的强调，对张先生后来注意弥补自己基础知识的缺乏起了重要作用。另外张先生还听了潘菽教授讲的理论心理学，觉得他在心理学的许多根本问题上具有高度概括的见解。潘菽教授在这两门课上所表现出的不同的治学态度，使张先生体会到做学问时大处与小处着眼点的配合问题，一直引领着张先生此后的教学和科研工作。

张先生的硕士论文题目为《按错计分作文测验法之试编》。前中央大学研究院教育心理学部由艾伟教授主持，他以教育测量为研究方向。张先生就在艾伟教授的这个方向上选定了作文成绩的测量问题。如何给作文成绩定客观尺度，一直是一个未能解决的问题。张先生根据心理测量的原理，按作文中各种错误的人数百分比，经统计换算，给它们定了分值，作为作文成绩的评分标准。这篇论文收入艾伟教授主编的《国语问题》一书中。该书于1946年由中华书局出版。

在前湖北师院任教期间，因该校图书资料条件较差，张先生只能找到一些中国旧籍来阅读。于是他在资料许可的范围内，做了一些零星的有关民俗心理学的文献分析工作，写成《论习尚与价值判断的标准》和《论神秘思想——神秘的逻辑》，分别在1947年和1948年的《观察》周刊上发表；还写成《论仪表》一文，在1947年的《教育通讯》上发表。

到前国立师院任教后，因该校外文心理学图书就当时各高校的设备水平来说是很充实的，一解张先生自离开前中央大学以来无专业书可读的饥渴，于是他把教学以外的时间大多用在进修、阅读上。在这里，张先生开始接触到原先只闻其名的心理学上的操作主义，尤其是仔细阅读了普莱特的《现代心理学的逻辑》一书，颇为其巧辩所折服，从而体会到方法论的重要性。张先生曾写成《论心理学方法中准确性与真切性的矛盾》一文，于1948年在

《读书通讯》上发表。

新中国成立后，张先生于1953年参加了由科学院和卫生部联合举办的巴甫洛夫高级神经活动学说学习会，从而体会到两种信号系统协同活动的规律为理解思维问题的锐利武器。于是当1956年党中央号召向科学进军时，就设备许可的条件，张先生做了“词在儿童概括认识中的作用”的实验研究。该成果发表于1957年的《心理学报》。该研究发现的主要事实是，两种信号系统之间的动力传递，不仅与智力发展水平有关，而且与儿童的个性差异有关。1969年美国出版的《共产党中国的心理学研究：1949—1966》（著者为陈郁立和陈爱丽）一书中，在讲到巴甫洛夫对新中国心理学的影响时曾提及此文。

1958年，心理学遭遇全国性的大批判，此后心理学科研工作无从着手，直至1962年才开始恢复。于是张先生根据1956年那次实验研究中所发现的初步情况，进行了“儿童智力活动中某些个性特点”的实验研究，主要结果大体可与1956年的相印证。该研究成果发表于1964年的《心理学报》。在研究过程中，张先生感到思维心理学与形式逻辑划界不清，不利于思维心理学的深入。于是，他参证了一些重要文献，写成《形式逻辑与心理学在研究思维问题上的分界》一文，发表于1963年的《新建设》杂志，意在引起学术界对该问题的注意。

1977年，中国心理学会开始恢复活动，在北京平谷召开了心理学学科规划会议。张先生参加该会议后开展的第一项科研工作是研究“学前儿童表现在日常活动和言语中的心理特点”。这是因为河北省那年正委托河北大学举办全省幼教骨干培训班，于是先生借此机会请受训人员回到工作岗位后逐日观察填表，提供第一手材料。报告论文发表在1980年的《儿童心理与教育心理》杂志上。

鉴于“文革”前，两次实验研究结果均显示出儿童认知活动有非认知因素参与，张先生觉得这是一个有关心理学基本理论的问题。过去的心理学文献中，这方面的研究结果较为罕见，于是他确定了以“认知活动中的非认知因素”为今后实验的研究方向。自1979年以来，张先生做过两项有关这个问题的研究：一项是“词的情调色彩对其识记和保持的影响”，另一项是“求同再认与求异再认的信号侦察法比较”，并分别在两次全国性心理学学术会议上宣读过。

1978年开始，张先生参加了由高觉敷教授主编的《西方现代心理学史》的编写工作，并担任副主编。为了结合这一工作来深入思考自己所受的西方心理学思想的影响，他选定分写“行为主义”一章。1980年，张先生又应中国社会科学院之约，撰写《华生行为主义学说评介》和《魏斯行为主义学说评介》二文。这些都是为了能对这个过去影响自己最深的学派有更准确的评价。

张先生工作照

基于对心理学的毕生探索，2001年张先生在八十八岁高龄时总结了其在治学道路上的几个导向性观点。他主要提出了以下三个观点：

第一，查明心理活动不同方面的相互关系。

确定对象为科学研究的第一步骤，不同学科或同一学科中的不同课题，其研究对象往往是同一客观现实的不同方面，而非不同部分。学科和课题的划分乃出于研究工作上分工下手的方便。在生活实际中，和我们发生关系的往往是客观事物的整体，而非其某个方面。例如水，既有其化学性质，又有其物理性质。因此，我们除由两种学科分别研究其两种不同性质外，还应研究水的这两种性质的相互影响。水的温度是水的物理性质，水的元素纯度是水的化学性质，而水温的高低可以改变水的元素纯度，水的元素纯度又可改变水的沸点温度。

上面提出的问题在心理学的研究中尤其重要。因为人的任何心理活动都是发自人这个有最高度统一性的有机体。

心理学为了研究工作的方便，将其研究的课题做了不同角度上的划分。如对心理过程与个性特征的划分，对心理过程又做了知、情、意的划分，对知的过程还做了感觉、知觉、记忆、思维的划分。但不管怎样划分，它们只能被看作心理活动的不同方面，而非不同部分。传统的心理学往往过分强调这些不同方面各自的特点，而忽视它们之间的相互作用。张先生为了唤起心理学界对心理活动不同方面相互关系的注意，曾进行过几个关于非认知因素对认知活动影响的实验。

1957年，张先生与詹龙泽、沈德立在做“词在儿童概括认知中的作用”的实验中，发现九岁至十一岁的儿童能利用词的引导来提高对几何图形或颜色进行归类的成绩，而这种归类的成绩与儿童的年龄和学业成绩无关，却与以条件反应强度为指标的兴奋性强度以及教师评定的活泼性程度有关，兴奋性和活泼性程度高者归类成绩也高。

1964年，张先生和沈德立在“关于儿童智力活动的某些个性特点”的实验研究中发现，按学业分数评定同为优等生的八岁儿童，他们都能做对这类算术题，如“七岁可以上小学，小华今年七岁，问小华再过几年可以上小学？”，但有的把答案写成“小华再过0（零）年就可以上小学”，有的则写到“小华再过……”就写不下去，而口头回答“小华今年就可以上小学”。前面那样的儿童在平时作业中所犯的疏忽性的错误较少于后面那样的儿童。而在作业目的性的实验鉴定上，前面那样的儿童稳定性高而灵活性低，后面那样的儿童灵活性高而稳定性低。

1983年，张先生和史志英在“词的情调色彩对其识记和保持的影响”的实验中，要求被试形成每一个词与一个三位数码的联想。词分为美感的（如

"西瓜"）、中性的（如"铅笔"）、恶感的（如"臭虫"）。数码则用随机法配合。结果是无论就六次识记成绩，还是二十五天后回忆成绩看，都是美感词优于恶感词，而中性词则居中。最值得注意的是，张先生对三类词所引起的皮肤电反射强度做了比较，发现美感词虽然比中性词引起的皮肤电反射较强，但美感词与恶感词所引起的皮肤电反射强度则无显著差异。这表明情绪对记忆的效应不是与情绪的强度有关，而是与情绪的性质有关。

第二，划清心理学与有关学科的任务界限。

同一客观现实既然可以作为不同学科或课题的共同研究对象，我们就不能忽视它们任务的区别。因为在不同的实际情况下，我们需要对待的又可能是同一客观现实的不同方面。我们不能以水的化学研究来代替水的物理研究。防洪应根据水的物理性质，而防病应根据水的化学性质。水的防洪知识与水的防病知识不能相互代替。

心理学和逻辑学同以思维为研究对象，但研究任务则不同。逻辑学研究的是思维结果的表述和检查的规律，而心理学研究的则是思维活动进行的规律。仅以思维中的"概念"为例就可以明显地看出这种区别。依逻辑学来看，作为概念外延的样例没有适合程度（典型度）的差别，是即是，非即非。因为它所依据的是概念的必有属性（内涵）。而从心理学来看，则概念样例有适合程度的差别。作为"鸟"这一概念的外延样例，麻雀就比鸵鸟的适合度（典型度）高，因而判断"麻雀是不是鸟"的反应时就短于判断"鸵鸟是不是鸟"。这种反应时长短的差异，显然是由于心理活动中的概念要受外延样例属性的常见度的影响，而逻辑学上的概念外延样例则取决于概念内涵属性的是否必见。"常见"与"不常见"的区别是相对的，而"常见"与"必见"的区别则是绝对的。思维在人的心理活动中居主导地位，因为人的行为主要受思维支配。混淆了逻辑学与思维心理学的分工，以关于思维的逻辑学规律来混充关于思维的心理学规律，势必贻误思维的心理学研究，从而拖累整个心理学的发展。为了避免心理学与逻辑学在研究时的任务混淆，张先生在1963年曾写过《心理学与形式逻辑在思维研究上的分界》。

再举心理学与语言学在研究语言上的划界问题。按语言学来说，层次间隔愈多，反应时愈长。但是在张先生指导的硕士生陈宝国的论文实验中发现，判断句子真伪的反应时长短，不取决于句子主、谓语之间概念上、下位层次间隔的多少，而取决于被试对概念的熟悉度。此外，按语言学来说，命题是从不同句式中抽象出来的，其结构水平高于句式，故其记忆效果应随年龄增长。但是在张先生指导的另一个硕士生耿海燕的论文实验中发现，被试对相同命题而不同句式的记忆，虽然句式的记忆随年龄而增长，但命题的记忆则没有表现出年龄差异。

第三，贯彻现代认知心理学的方法论原理。

设计方法为科学研究的第二步骤。观察，包括自然观察和实验观察、直接观察和间接观察（调查），为一切科学规律的最后根据。于是凡科学都是观察科学。而自内省心理学衰落以来，因否定了内省属于观察，于是心理学就沦为一种“对象不可观察的观察科学”。但是我们知道，有很多学科都是以对某种现象的条件与效应的观察为根据，来推知其间的机制的。而作为研究对象核心的机制，则往往是不可观察的。这种情况在有关微观世界的科学中尤其普遍，以最成熟的科学——物理、化学而论亦然。电流是电子在导体上的逐次位移这一知识，就不是来自对这种位移的直接观察，而是根据对电流产生的条件和电流效应的观察而推知的。因为电子是目前的观察手段所不能及的。化学元素的化合价取决于元素的外层电子数，这一化学知识也不是来自对元素结构的直接观察，而是在化学实验中根据对化合条件和化合效应的观察而推知的。由化合条件和化合效应甚至可以推知苯分子的奇妙环形构造式。而这一构造式（苯的化合机制）显然是目前的观察手段所不及的。

现代认知心理学以其显著的实验成就宣示了这一方法论上的最高原理在心理学科学研究上的重大意义。兹以Cooper和Shepard（1973年）的“心理上的旋转”这一实验研究为典型来看：知觉中的图像旋转机制是可观察的，意象中的图像旋转机制则是不可观察的，但二者的条件与效应则同为可观察的。条件是R这个字母的方向正反和偏转角度变化，效应则为判断是R还是反R的反应时长短。由知觉和意象二者在条件和效应上的相同点而推知其在机制上的相同点，即先把图像旋正，然后判断。因为实验结果表明，无论在知觉中还是在意象中，都是偏转角度愈大反应时愈长。现代认知心理学在方法论上的这一启发，使心理学研究上的“对象不可观察的观察科学”这一悖论得以破解，关键在于方法设计。方法论是科学发展的开路先锋。现代认知心理学在方法论上的这一启发，使心理学无愧地跻入观察性科学的行列，从而得以大踏步地发展。

张先生为了体会现代认知心理学的方法论在心理学研究上的这种奇效，曾试探性地做过两个实验。一个是对运动知觉中编码作用的查探。张先生和史志英做了“编码与定势对动觉记忆的影响”的实验：在两种情况下（立即重摸和做干扰动作一分钟后重摸），让被试蒙眼者以肘为支点在角度器上摸动一定距离。在前次摸动前给以不同的指示：（1）按厘米估计，此为长度编码；（2）按角度数估计，此为度数编码；（3）不予编码指示，此为自由编码。结果发现在立即重摸的情况下，三种指示的效应无显著差异。这可以表明编码需要时间，而立即重摸，隔时太短，来不及编码，只好凭印象记忆。而在一分钟以后重摸的条件下，则度数编码的误差显著小于长度编码，且与自由编码条件下的误差无显著差别。由此推知，在没有编码指示下的被试，实际是采用了度数编码的。但他们自己并不觉察，说不出自己用了什么编码方式。这就是说，我们根据可观察的条件（作业安排）和效应（重摸误差大小）所推知的机制（编码的心理活动），不仅不能由主试观察，就连被试本人也不能觉察，也就是说连内省也莫及。

张先生和史志英还做了另一个实验——“图像知觉中的平行信息加工或序列信息加工”。实验作业是要求被试辨认图像的四个维度上的四种差异，这四个维度是位置、方向、形状、颜色。颜色维度上的四种差异如红、绿、紫、黑，其他维度依此类推。然后精密测定并核算辨认反应时。结果查明，同时在四个维度上进行辨认，其辨认反应时几乎恰好等于分别在每个维度上进行辨认的反应时之和。由此推知，在图像辨认的知觉中的信息加工是序列的而不是平行的，即是依次进行而不是同时进行的。但事后询问被试，他们都并未觉察自己对四个维度是同时看还是依次看的。这同样证明，知觉的信息加工机制不仅不能由别人觉察，连本人也内省莫及，但却可根据对知觉条件与知觉效应的观察而准确推知。

为了弘扬现代认知心理学在方法论上的这种奇效，张先生曾在中国心理学会于华东师大举办的“认知心理学学习会”上做了“从方法论的角度来看认知心理学的意象研究”的发言。该发言稿后被发表在《心理科学通讯》（1984年第1期）上。

三、潜心教学：无私奉献教育事业

张先生教学艺术精湛，一生热爱党的教育事业，是我国学养深厚、治学严谨、德高望重的老一辈心理学家。他一向主授普通心理学，也讲授过教育心理学、发展心理学、教育统计学、现代心理学史等课，在国内各高校教学中深受广大学生的敬仰。他为培养我国心理学人才做出了重要贡献。

我国著名心理学家沈德立教授在其自述中曾写道：

在大学学习及其以后的学

张先生在授课

张先生参加学术活动

张先生在指导学生沈德立

术生涯中，对我影响最大的是张述祖教授——我国心理学界的前辈。上学期间，我系统地听过他讲课，毕业后一直作他的助手，先后共事四十多年。他那思维精炼、语言简洁、深入浅出、风趣幽默的讲课风格，是我教学的榜样。他那治学严谨、勤奋努力、刻苦钻研、认真负责的学术作风，是我从事专业的表率。

河北大学教育学院傅松涛教授回忆道：

我上过张述祖先生讲授的《心理学专题》课程，上张先生的课是一种享受，他将心理学理论与实践融会贯通，采用形态化语言有效地表达出来。讲到妙处，张先生常情不自禁地哈哈大笑起来，同学们还摸不着头脑，几分钟后大家才反应过来笑作一团，无不佩服先生的睿智。

据我所见，张述祖先生的著述有《儿童亲属爱的差等》（《教育杂志》，1937年）、《出风头》（《人事心理周刊》，1942年）、《心理学与工业效率》（《人事心理周刊》，1942年）、《家教与政见》（《人事心理周刊》，1942年）、《中学生课间自由活动的观察分析》（《教育心理研究》，1943年）、《相关心理学》（与艾伟等合写，《教育心理研究》，1944年）、《教育心理学大观》（与艾伟等合编译，商务印书馆，1945年）、《按错记分作文测量法研究》（收入艾伟主编的《国语问题》中，中华书局，1947年）、《民众日常思想的分析》（《教育通讯》，1947年）、《论仪表》（《教育通讯》，1947年）、《中学生通讯内容的分析》（《教育通讯》，1947年）、《心理电学浅释》（《新中华》，1947年）、《习尚与价值判断的标准》（《观察周刊》，1947年）、《自由的心理》（《观察周刊》，1947年）、《论赏罚》（《观察周刊》，1947年）、《论神秘思想——神秘的逻辑》（《观察周刊》，1948年）、《无病之病》（《观察周刊》，1948年）、《论心理学方法中准确性与真切性的矛盾》（《读书通讯》，1949年）、《根据巴甫洛夫学说改造心理学中的一些基本概念》

（《心理学通讯》，1953年）、《巴甫洛夫〈条件反射演讲集〉》（俄、汉、英文版本对校，《中华医学杂志》，1954年）、《杰出的俄罗斯生理学家维金斯基》（俄文译本，科学出版社，1955年）、《批判实用主义的实践概念》（《河北天津师院学报》，1956年）、《青年初期心理学》（合译俄文译本，人民教育出版社，1957年）、《词与直观相结合的心理学问题》（合译俄文译本，科学出版社，1957年）、《心理学》（合译俄文译本，人民体育出版社，1958年）、《词在儿童概括认识中的作用》（《心理学报》，1958年）、《批判自己的资产阶级心理学观点》（《光明日报》，1958年）、《论心理学的学科性质》（《天津师范大学学报》，1959年）、《汉字书写动作的分析》（《天津师范大学学报》，1959年）、《西德〈心理学手册〉第十卷〈教育心理学〉一书简评》（《心理学动态》，1963年）、《心理学与形式逻辑在研究思维问题上的分界》（《新建设》，1963年）、《儿童智力活动中一些个性特点的实验研究》（《心理学报》，1964年）、《有机体进化过程中的心理发展》（俄文译本，科学出版社，1965年）、《论教育测量的重要性和教育测量中的一些基本概念》（《教育研究》，1979年）、《学前儿童表现在日常活动和言语中的心理特点》（《儿童心理与教育心理》，1980年）、《信息单位与认知量》（《河北大学学报》，1980年）、《略论心理学中关于意识的二重含义问题》（《心理科学通讯》，1981年）、《编码与定势对动觉记忆的影响》（《心理科学通讯》，1982年）、《从方法论的角度来看认知心理学的意象研究》（《心理科学通讯》，1984年）、《汉语语句句式表征及命题表征能力的年龄比较》（《心理学报》1996年）、《课文理解研究的新进展——〈评课文理解〉一书》（《青海师范大学学报（哲学社会科学版）》，1999年）。

在本文的写作过程中，特别感谢张述祖先生的儿女们——张乃成、张乃庆、张乃迁和张先生的孙子张亦陈，他们提供了非常有价值的资料和照片。先生高尚的师德，谦和务实的品行，对教育事业执着追求的精神以及宽以待人严于律己的胸怀，将永远激励我们前进。

河北大学的先生们

经济

孙执中先生

孙执中：学者风采　家国情怀

◇刘玉凯

一、记取这个告别

孙执中先生是湖北嘉鱼县人，1921年11月生，中共党员，1951年清华大学研究生毕业，获硕士学位，生前为河北大学教授、博士生导师、省级重点学科——世界经济专业的学术带头人。2013年1月13日病逝，享年九十二岁，可以算是高龄了。1月15日，我到天津殡仪馆送别孙先生，来告别的亲友、家人很多，大家肃穆地瞻仰遗容，向他默哀，深深地鞠躬致敬。他的头和身体都瘦缩得无法辨认，口微张，好像有许多话要跟大家说。我也有好多话想对他说，现在只能写下来。

我深切地感到先生把自己的全部生命、热情献给了祖国和人民，献给了他忠诚的教育事业，把自己的聪明才智留给了学生，把全部的爱和温暖留在了人间。他静静地走了，什么也没有带走。他一生无任何嗜好，他对官位、钱财、名利都一笑了之。他桃李满天下，有很多优秀的学生。先生的几十部学术著作见证了他对教育事业的热爱之情。我们要传承先生的这种敬业精神。

在先生弥留之际，与他相携相伴七十年的夫人蓝蒲珍教授特地选了一件羊绒大衣，来到孙先生病床前告别："执中，我来看你了。听得见我说话吗？我穿的是你给我买的这件大衣，你说你最喜欢，说我穿了好看。老孙，你的一生没有遗憾了。你想做的事情都做好了。你想报效国家和人民，你做到了；你当了一辈子老师，教过的学生也都成长了。你要把孩子们抚养大，让他们成人，如今他们都成家立业了。你没有什么可惦记的了，你放心地走吧。你听懂我说的话了吗？你要是听见了就眨眨眼。”这时孙先生的眼睛真的动了一下，然后静静地走了。在场的医生和护工、家人都默默落泪。

我不知道这是不是世界上最深情、最隆重、最理智的告别。蓝先生是我的导师，我对她的学问和人格特别敬重，特别了解，也特别理解。她与孙先生牵手而行，相伴终生，他们的爱情是天地间最纯真、最感人的，谁都会相信，即使生死相离，心也是紧紧靠在一起的。法国有俗语说：“恋爱使人忘记时间。”我认为还应该补充一句：“恋爱也使人忘记空间。”这才是永恒的爱。

孙先生远走以后，夫人蓝蒲珍先生写了一篇文章纪念他，没想到四十天之后，蓝先生也随他而去了。她的文章《来世再牵手——痛悼执中》写得实在是好：

执中，你曾经与我争论：“谁先离世？”我们都希望先走，我说：“我照顾了你一辈子，这事你得让我。”你说：“你先走了，谁来照顾我？”如今你真的先走了。悲痛之下我安慰自己：这样倒也成全了我照顾你一生的心愿。

执中，从在西南联大与你相识、相恋，到如今我们已经以沫相濡牵手七十载，该怎么祭奠你呢？

从认识你那一天，你的才气就深深打动了我，你是那么睿智机敏，能把《左传》倒背如流的人是一般人吗？能在国民党的监狱里默背英文字典的人是一般人吗？我们在西南联大徜徉在知识的海洋里，自由地呼吸民主的空气，那是真正以学生为本、以学术为本、以教学为本、以教师为本的大学。几载同窗我们走过了抗战的艰难岁月，当“八一五”抗战胜利的消息传到昆明，全市沸腾，万众欢呼，联大的同学们奔走相告，大家纷纷憧憬胜利后的安定、幸福，几位相识的好友劝咱们趁着大家还聚在一起把婚事办了。咱们先征求了系主任潘光旦先生的意见，先生不仅赞成，还自愿当咱们的家长主婚，并负责请梅贻琦校长当证婚人。1945年8月26日一场简朴而隆重的婚礼在昆明联大附近一饭店举行，潘先生作为主婚人做了简短的致辞，其中有一句幽默的话：“你们是凭媒（与‘梅’同音）正（与‘证’同音）娶。”意指由梅校长证婚，这世界上能有几个人有此殊荣？

从西南联大到清华学习、工作的几年，铸就了你我一生的清华情结，母校给予我们独特的精神气质是你我今生最大的财富。

你在清华读研期间得到潘光旦先生、吴景超先生、费孝通先生、雷海宗先生等国家级大师的教诲，先生们博古通今、学贯中西、才华横溢，教我们治学、做人的道理。清华的传统是：视学生如同自己的子女，不仅教授知识，还关心学生的就业、婚姻、住房。我们的孩子出生时师母们像亲姥姥一样给孩子置备了许多衣物，尤其是潘师母还亲自煨了一锅鸡汤送来，因为时刻生活在关爱和呵护中，这一辈子只要想到清华就暖融融的。清华一流的管理水平，令我们离开母校多年依旧得到最大的关怀与帮助：20世纪70年代末为了职称评定到清华外调，保管学生档案的办公室很快出示了授予你硕士学位的详细资料。为了写这篇文章，我需要十二年前的一期《清华校友通讯》，打了一个电话后，第一时间就收到编辑部寄来的期刊，令我感动不已。你的清华情结更深。小儿子考上北大，你就一直念叨：“为什么不是清华？”清华的传统也融入我们的血液中，当我们成为老师后，也像师长那样关爱自己的学生，记得你给每一个生了孩子的学生送了一份衣物。

执中，这一生我担负起照顾你的任务，你很感恩，说自己是“感与惭并”。其实你在生活上没有任何要求，一辈子我都没有听你说过要求吃什么、穿什么，无论我做什么饭你总是一个劲儿说：“好吃，好吃极了，极好吃。”有时其实还没有吃到嘴。

执中，你一辈子做教师，肩负着教书、育人的双重重担，我知道你有多努力，从无丝毫松懈，如今你应当知足：你精心培养了一批优秀的人才，他们有的成为今日国内外学术界的骨干力量，有的已经主政一方，有的也已经桃李满天下……

执中，我们一次次经历政治运动，你每一次都是被冲击的对象，可你依然乐观，永远不改你那赤子之心。“文革”后，你以一种近乎疯狂的热情工作着，你说“我们赶上了‘小平您好’的时代”。70年代末你看到了日本政府制订的“倍增计划”的日文原文，敏锐地意识到这个文件对即将起飞的中国经济有多么重要。你立即与他人合作翻译了日本《国民收入“倍增计划”》一书，又先后写出了《日本“倍增计划”的编制方法和可借鉴的主要经验》等一系列文章，不仅论述了日本国民收入“倍增计划”形成的背景、重点和比例关系，还按照日本十年“倍增”的理论根据，分析了我国二十年翻两番的政策措施与可能性。这些著作呈送中央书记处和小平同志，为我国制订翻两番计划提供了宏观政策上的参考。这是你最感欣慰的时刻：终于甩开一切羁绊，有了用自己的知识报效祖国的机会。

执中，你一生不爱钱、不爱官，所有认识你的人有目共睹。因为敬佩你的为人，1994年内山完造先生同一批曾经侵华的老兵一起为刚成立的全国第一个“日本经济”专业捐赠一笔钱，你连碰都不碰那钱，让教学秘书小周接过捐款，然后全部用来建设了一个当时河北大学最先进的语音室。在金钱上一丝不沾，这就是你一生的操守。

党和国家没有忘记你，你获得了巨大的荣誉，可是你对荣誉却看得很淡，你想的还是报效国家。担任全国政协委员期间你的每个提案都凝结着对国家深挚的爱，因为这些高质量的提案，你有机会跟李先念主席面对面共商国是，让你一偿以天下为己任的夙愿。你愤怒地驳斥莱斯特·布朗《谁来养活中国》的谬论，并撰文《中国人不能养活自己吗》（1996年8期《相知》）。你在1997年3月第八届五次全国政协大会发言“节水灌溉与缓解北京市缺水的建议”（《光明日报》1997年4月22日）等都受到高度重视。你做了这么多，你心心念念要报效祖国和人民的愿望已经实现。

执中，你的研究事业已经得到了党和国家的承认，你关怀着的学生们都成长起来了，你深爱的孩子们都成家立业了，愿你的灵魂快慰、安息……

来世再牵手！

孙先生在学校居住，我们两家距离不远，有一段时间我几乎天天能见到孙先生和老伴相携在花园里散步。这里有竹林，有塔松，春天有桃花和牡丹，夏天有丁香和木芙蓉，秋天有红叶和串红，冬天还有腊梅，再加上孙先生夫妻相携地走过，这便是学校的一道美丽风景。

特别是闷热的夏天，出来散步既能锻炼身体，也能消暑。我和老伴也愿意出来散步，正好能够陪两位先生散步，同他们说说话。我们有很多话题可以交流，从国家到学校，从人生到学问。他们夫妻二人那么爱自己的学生，那么爱自己的学术，又那么愤世嫉俗，那么凛然正气，给我留下了深刻的印象。

孙先生和蓝蒲珍先生

一次孙先生问我在做什么，我说写点文章。他说，你太用功，但是也要注意休息，不要太累了。我说并不累，现在用电脑写作了，查阅资料、读书、写作不用抄稿，觉得很方便。蓝先生说他们年龄大了，眼睛也不好用，不会用电脑。孙先生却突然说了一句："唉！我现在想的是，我到底什么时候会死！"我们三个人听了这话都呆了，我不知道应该说什么，停了好一会儿，我说："别这样说，您身体好好的呀！"

事实上那时他虽然八十多岁，并没有什么病，走路健步如飞，思维活跃敏捷，说话声音洪亮，还在写文章，著书立说，关心中华民族的粮食蔬菜、柴米油盐。孙先生的话，我思考了很久之后才理解了：上帝分配给每个人的生命时间不是无限的，而且几乎相同，这跟身体好不好没有关系。

西方一位哲人亨利·福特说过："不要把生命看得太严肃，反正我们不会活着离开。"那我就理解了。

孙执中先生是学术界前辈，他的离世让我们特别悲痛。我们都舍不得他走。悲痛中我很想写些文字纪念他，现在我只想对先生说："我敬仰你，爱你，你是老师，但你如父，亦如友。你走了，在这个世界我少了一位可以倾诉心里话的至敬至爱的先生。"

为了供奉一种真情，我用短短的告别来回忆长长的故事。

二、与孙先生朝夕相处的日子

我认识孙先生应该是"文革"以后。以前也知道孙先生的名字，是通过"日本问题研究室"这个特别的名称知道的，也是通过我的导师蓝先生知道的。因为研究室是1964年由周恩来总理亲自批示成立的，这样的日本问题研究室在全国只有四家。他的夫人蓝蒲珍先生是他的同乡、同学，她待人那么和蔼可亲，同时有着不可侵犯的自尊、风度。从那时起，我就知道孙先生是国内有影响的经济学家，并且知道他们夫妇两人是同学，特别欣赏他们夫妇的郎才女貌。"文革"以后，组织上安排我跟着蓝先生学习现代文学，她算是我的导师。出于对她的敬重，我从来不打听她的私人生活，但是她为人的真挚、善良，有口皆碑。

"文革"后，学校迁址保定，很多老师没有来这里定居，孙先生却全家移居保定，住到了校内宿舍。最初是一套两室无厅、没有暖气的房子，我到他家拜访时曾说过，"这房子真好，我一辈子有这两间房就满足了"。这呆气的话逗得孙先生笑了。可是那时谁敢对生活有更多的奢望呢？后来我真的住到了孙先生曾经住过的那个小三层楼。孙先生便搬进了较好较大的房子，我仍然那样说。不敢想后来我住得远比预想得好。我从小受过许多苦，不懂什么叫享受。我总是想：人对生活没有过多期待，就时时有点幸福感；不然就会怨天尤人，天天苦恼。只要能够生活，能工作就行了。孙先生比我的家庭优越得多，可贵的是他也是这样想问题。

我真正地熟悉孙先生是因为我们有过一段亲炙的缘分。我同孙先生一起参加过一个河北省组织的写作组。那个临时的小集体住在石家庄河北省军区招待所，时间是1973年的秋季，我有幸能和孙先生同住一室，朝夕相处。我们住的是筒子楼，生活条件很差，吃饭也极简单，每天拿上碗到食堂排队买饭，孙先生就和大家一样作息、用餐、工作，从不挑剔生活条件的简陋。招待所里的饭确实是不敢恭维。我流浪惯了，苦惯了，幸福起来很容易，不过是重新过学生式的生活，并不觉得有什么不方便。对于有家庭的孙先生来说应该是个艰苦事，但他从来不介意，也没有回过一次家。我只发现他当时有鼻炎，鼻腔总有点点的出血，我担心地问他怎么回事，他只说没有关系。我们彼此之间不称老师、先生，而称老×，是“文革”过来的习惯。一次我称河北北京师院的赖家度先生为“教授”，他严肃地说：“别这样叫，称‘教授’是骂人的话！”这种情景，真可谓“你不是桃花源中人，就不知道桃花源中事”。

这个写作组从成立到结束，从来没有被领导接见，领导也没有下达过任何具体的写作课题和任务，也并不应许写出的文章可以发表或者出书，从来没有推荐文章到报刊发表，我们基本上是自己命题、自己作文、自己找出路。参加的人有：河北师院历史系的教授赖家度、中文系的教授朱星和李屏锦老师、教育系的讲师罗国湘；河北大学历史系的讲师宝志强、哲学系的讲师李伯珩，还有孙先生和我。在写作组里，我的年龄最小，也只有我一个人是学生辈，可以拜所有的人为老师。我与老师们在一起，可以向他们请教问题，听他们讲各种故事，那种感觉特别好。赖家度治学严谨，天天做“八段锦”，没见他写什么。宝志强老师的床前放一个暖瓶、一个饼干桶，卧床一口气看完了《金瓶梅》。朱星老师天天看资料却不动手写文章，突然有一天早晨他说文章写完了，真是奇迹。李屏锦是幽默大师，闲时给我们讲“四个轱辘的三轮车”“‘为人民服务’四个大字”的笑话，至今还觉得好玩儿。孙先生做事最认真，他整天看中国古代儒家法家的资料，终于写出来洋洋洒洒的大文章。

我的收获是系统读了一遍“四书”和《鲁迅全集》。我手头的一套“四书”是祖父的遗物：宣统己酉年（1909年）埽叶山房石印的《校正四书补注备旨》。我最后写了一篇《鲁迅与中庸之道》的论文，与批儒有点关系，但是并未附会现实。我记得除了李伯珩先生发表过一篇短文外，只有孙先生的文章《先秦经济思想领域中儒法两条路线的斗争》发表于《光明日报》——这是写作组唯一的成果了。

记得我们一同到《光明日报》社送稿，同编辑们谈到了所写稿子的事，孙先生的文章得到了编辑们的认可。他们一听说“孙执中”的名字就说：我们早就读过你的文章了。文章从历史研究出发剖析儒、法两派的斗争焦点和意义。文章刊载了多半个版面，好让人佩服。1975年孙先生又在河北人民出版社出版了关于这个内容的一本书。

两个月来，我通过向孙先生学习，初步懂得了作论文如何寻找资料、分析资料、整理思路、形成文章的过程。他跟我说对文献要读懂，要运用得当。他很吃惊我能够直接读“四书”，我说其实有点吃力，但是有兴趣。他鼓励我，有兴趣就能读下去。孙先生写论文十分刻苦，也有激情。他的精力之充沛，看得出来他不断地有一种发现的喜悦和成功的兴奋。这种情绪让组里的人有点嫉妒。

孙先生很在意他的清华大学学习经历，记得我们写作组一同去清华大学参观一个展览，孙先生特别带我们来到了曾经居住过的“照澜院”看了看，并跟我说了当时住在这里的情景。

我突然想起来，他为前三个孩子取名正好选用了“清华园”三个字。这个创意真是既简捷又聪明。

那年他带我来到了老清华园门口，孙先生同我讲起这个学校在西南联大和清华大学的一些前所未闻的故事。那时候“文革”没有完全结束，讲“旧学校”如何好，会让人误解是炫耀，是不合时宜的。有的老师甚至在旁边议论他，但是他旁若无人，兴奋得不能自已。我是从那个时候才特别注意清华大学的一代文化精英的。后来，我努力阅读费孝通先生的书，中国人里恐怕只有费先生做过英国著名文化人类学者马林诺夫斯基的学生。我又努力阅读马林诺夫斯基的书《文化论》《野蛮社会的犯罪和习俗》《西北美拉尼西亚的野蛮人性生活》《自由和文明》《巫术科学宗教与神话》等著作。从而我也开始喜欢费先生的书、潘光旦的书，以及潘先生的公子潘绥铭先生的书。从此，我爱上了社会学。对于他们的敬畏，我懂得了什么叫学问，什么叫为学问而牺牲。

我从那个时候才知道，孙先生是1942年入学西南联大，1947年毕业于清华大学社会学系，我那年才一岁啊。社会学系主任是举世闻名的社会学家潘光旦，是只有一条腿的系主任、教授，教师有苏汝江、吴泽霖、吴景超，还有袁方、刘世海、费孝通等。我还知道了孙先生和夫人蓝蒲珍先生是同班同学。他本科毕业后考取了本校社会学专业硕士研究生，1951年取得硕士学位。这说明了他对学校生活的留恋。有这样一些好老师教课是一生的幸运和享受，谁不留恋呢！他对联大思想自由、学术自由，管理却极其严肃认真，特别称赞。蓝先生说，西南联大的校风是“政治民主，学术自由”，梅贻琦校长以科学务实的态度掌校，严格却平易近人。蓝先生说过潘光旦是社会学家，同时是优生学家，也是口才极好的教授，他常幽默而且平和地劝学生“努力解决婚姻问题”。梅校长管理学校很严格，毕业是要求必须有十二门课过关的。一个学生考试有六门不及格，找他求情，他说你把十二用二除一下，看看得多少。那学生就走了。孙先生的神奇经历让人好羡慕！我有兴趣听孙先生说自己的往事，第一次被他的天真流露感动了。人生有那么多的美丽，为什么不值得兴奋？为什么要忘记呢？就是这一次，我算认识了可爱的孙先生。2007年11月16日，我在《中国科学报》上发表的一篇文章《谁能超越西南联大的高度》，就是有感于此而写的。在那篇文章里，我说：“他们的办学理念中最主要的是尊重学术自由，各种思想允许兼容并包。他们以学生为本，以学术为本，以教学为本，以教师为本。这四个‘为本’，是炮弹也打不垮的原则。说学术自由，好像有点越轨，试想如果没有学术自由，动不动就给人戴帽子，还能有学术吗？学术之所以可以称为学术，它必须是以自由发表意见为前提的，是以容许说不同意见为前提的。”

三、孙执中先生的家国情怀

拿破仑说过：“人类最高的道德是什么？那就是爱国心。”孙先生曾经是全国政协第七、八届委员，曾任河北省人大常委会委员，河北省政府技术经济顾问组成员，还先后兼任中华全国日本学会常务理事、顾问等职务。孙先生的一生，从来是将祖国和人民放在最重要的位置，他深挚的爱国情和执着于学问全是缘于对祖国的忠诚。他人格崇高，做事光明正大，心底无私，用无尽的温暖哺育自己的子女，教诲自己的学生，从来没有为自己的名利而奔波。他来时是一片清风，走时是一轮朗月。他有最美的人格，是中华知识分子的楷模。他跟自己的四个孩子经常说的话就是：“好好学习，好好工作，报效祖国。”

孙先生是湖北嘉鱼县人，那个无名小县至今仍然以出了孙先生这样的学者而自豪。

孙先生十五岁离家考入湖北一所中学，开始了人生的浪迹天涯的生活。抗战全面爆发后，他积极宣传抗战，在活动中，因痛斥政府的不抵抗主义，

清华大学社会学系一九四七级毕业照（第一排中间是潘光旦主任，第二排左二为蓝蒲珍，第三排左二为孙执中）

遭到警察抓捕入狱，被判了十八个月的监禁。年轻气盛的孙先生并不屈服，立志报国，他以不可想象的毅力在狱中学习英语。三本英语书被他读“破”了，就是杜甫说的那种“读书破万卷，下笔如有神”的那种“破”，就是读透了、读懂了。真如莎士比亚所说：“智慧是命运的征服者。”1942年出狱后，他参加了大学统考，顺利考入了西南联大外文系，后转到社会系。从此，他走上了进学之路，也认识了蓝先生，获得了爱情。五年后，二人双双获得了学士学位。在大学期间，孙先生加入了中国民主同盟，直到1986年又加入了中国共产党。

孙先生虽然研究经济，却是个不爱钱的人，他说，他自己的工资虽然也不多，够用就行了。他也不过问家里的钱用在哪儿，有夫人管理自然放心。听他的女儿孙青说，孙先生出门身上很少带钱，有一个大冬天，他去水上公园散步，老伴儿特别给他带了几十元钱，他却把钱全部换成了烤串儿。其实他从来不吃这些东西，可是家里谁会吃呢？孙先生淡淡地说：“我没想它能不能吃，天多冷啊，我是心疼那个做买卖的人。”这就是孙先生的经济学思想。培根说过：“同情是一切道德中最高的美德。”他搞经济不是为了自己赚钱，而是为了一个国家、一个民族的富足和振兴。

孙先生从来不抱怨待遇低，说现在的钱不多，总比新中国成立前那阵子好得多。他和蓝先生同我讲过那时通货膨胀的情景。那时他们领到薪金，就得赶紧到粮店购米。发薪那天早晨先派家人到粮店排队，拿到了薪金就得马不停蹄到粮店购米，晚一会儿，那个粮店可能会关板，再开门时，粮食就涨价了。这是让人瞠目结舌的案例。我一下子就理解了，为什么闻一多先生还靠刻印章挣点小钱贴补生活。他一生就是爱书、爱学习、爱写文章、爱教书，他说这就够了，工作是责任，比什么都重要。他说教学和研究是为了报效国家。

孙先生研究生毕业后，曾任教辅仁大学。孙先生这样写过：

我于1951年在清华大学获硕士学位，留在北京工作。1952年院系调整即奉调天津师范学院（河北大学前身），从此扎根河北大学已五十个年头了，堪称“老河大”。我生平值得炫耀的事不多，这算其中之一吧！当时调我来河北大学，是为了在马列主义教研室建立“政治经济学”这门学科。1960年，河大成立经济系，我一干又是四年。作为一名大学教师，肩负着教书、育人的双重重担，我一刻都不敢松懈，严格要求自己，力争成为青年人的榜样。常常想起一位有成就的学长的话：“选择了教师，便是选择了责任。”回顾这几十年，自以为还是做到了尽职尽责的。

从这里我明白了责任是什么。

一直到1960年成立河北大学经济系，孙执中先生、谢正谊先生从马列主义教研室调入经济系，成为最重要的骨干力量。1964年，经济系停办，河北大学成立日本问题研究室，二位先生被调入河北大学日本问题研究室。孙先生曾主持编写《西方经济史》教材，由于理论问题一直争议很多，教材没有出版。后来的一本《西方资本主义简史》里使用了孙先生教材中的许多资料，这是事实。后来，弄得沸沸扬扬的所谓孙先生的教材“抄袭”《西方资本主义简史》之事，其实是搞反了，“挨了打的成了打人者”，让人哭笑不得。河北大学曾为此事做过调查，当事人都写了证明材料，说明孙先生的首创之功。从1985年开始招收硕士研究生，孙先生就是学术带头人。1994年，国家正式批准河北大学招收世界经济专业硕士研究生，后来该学科成为省重点学科，2003年国务院批准河北大学具有世界经济专业博士学位授予权。孙先生1990年获全国优秀教师称号，1991年获政府特殊津贴，1992年被评为省管优秀专家，2000年转为“资深”省管优秀专家。孙先生被定为河北大学终身教授、博士生导师。他讲授过的课有政治经济学、资本论、外国经济等，还为研究生开了当代资本主义经济分析、日本经济专题、战后资本主义经济周期史等课。他既教书也育人，为祖国的经济建设培养了一大批高等级人才，成为中国著名的经济学家。他对学生无微不至的关怀，从生活到学习，周到细致，给学生留下了深刻的印象。孙先生说过，这是他们老清华的风气，在清华大学，不是学生为老师服务，而是相反，如果学生病了，老师甚至都会亲自做了鸡汤送去。在向孙先生告别的时候，他的一位学生这样说：“亲爱的恩师，可爱的老师，您有着孩子般的天真，却又忧国忧民，您一生光明磊落，对待学生如同自己的孩子。我是深受您爱护的弟子。孙先生，我们爱您，想念您！”另一朋友说：“先生挚爱祖国，执着教育，两袖清风，磊落待人。”这些深情的话让我们了解了先生的温暖和人格的魅力。

孙先生先后兼任过中华日本学会理事、顾问，全国日本经济学会常务理事、副理事长、顾问，还曾担任中国国际关系学会的理事。由于工作关系，日本朋友曾赠给孙先生一部分资金，孙先生原封不动全部交给了所里，用这些钱建立了一个语音实验室。赠给孙先生的车，他也直接交给了研究所使用。他一身清正之气，是天地知晓的。孙青回忆说：“父亲担任第七、八届全国政协委员，第六届河北省人大常委会委员时，我们去会上看他，他尽量不让我们在他那里吃饭。他在天津电话费是报销的，却让儿女给他打电话，为的是不占国家的便宜，也从来不让会上的车送我们回家。他说不能占国家的便宜。”他做人做事一丝不苟。虽然不是政府官员，却以人民公仆的标准要求自己。他做的事是能够经得起历史检验的，是永远让人相信和永远让人敬佩的。

四、夫人蓝蒲珍先生

蓝先生晚年出版了一本书《人生留痕》，上面有蓝先生自己写的简介，很简单：“蓝蒲珍，女，1922年6月30日生，湖北省黄陂县人。1947年清华大学社会系毕业，获学士学位。1947年9月至1953年8月清华大学任职。1953年9月奉调天津师范学院（1960年改称河北大学）任教。”

蓝蒲珍先生是我的导师，这是组织上给定的，我并没有通过她读研究生，她只是我业务进修的导师。我应该庆幸有她这样的好导师——人生导师，学习导师。

我敬仰她，她大家闺秀，高雅美丽，豪爽大度，刚正不阿。让人佩服的是，她做什么事总是能够做到最好、无可争议得好。她在家庭中是好妻子、好母亲，工作中一丝不苟，尽职尽责，不与人争长短，与人为善，也是大家的良师益友。有一件事可以证明先生的做事认真程度之高。20世纪50年代到中文系之前，蓝先生曾经在校报工作，她校对过的稿件没有出过一处差误，这是传为佳话的。她做事认真的素质得益于几位大师的教导，他们是朱自清、冯友兰、金岳霖、潘光旦、吴景超、费孝通等先生。她上学时，金岳霖的逻辑学（人称“金逻辑”）的课考过100分。她跟自己的小儿子说：考大学就考清华和北大，别的学校不进。经过她辅导的孙冀，真的考上了北京大学而且一直在北大上完了研究生才工作。谁能不服！

在“文革”后期，学校处于无事可做的状态。因为还没有复课，学生们仍然是天天学习首长讲话和领袖著作。“军宣队”“工宣队”让全部老师都下到学生班里一起学习。蓝先生分到了我们班。她从来不会晚到，时间一到肯定会来学习。她经常说，来到班上是向大家学习的。我们没有对她不礼貌。有一次她在谈到“文革”中被冲击的原因时，委屈得哭了。她说：“我学生出身，从来没有历史问题，有人说我在西南联大毕业时参加了什么组织，也不知道是谁给写上的名字，我自己根本就不知道这件事。更不用说我参加什么组织活动了。怎么算我的什么问题。”此事清楚了就算完了，也没有给她定什么性质。我们才知道她是从西南联大毕业，后来在清华大学做老师，真是让人敬佩不已。

“文革”还没有结束，学校就从天津迁到了保定，有一些老师为了照顾家庭生活，没有来保定工作，蓝先生一家却很自然地随学校来到保定安了家。

“文革”结束后，我留校工作，却想不到跟蓝先生正好在一个教研室工作。那时教研室有十几位老师，开始招收工农兵学员，学生很少，1977年正式招生时学生也不多。现代文学课分为“现代文学作品选读”和“现代文学史”两门课，我年年讲作品。蓝先生是我们专业的老讲师，她不想跟大家争讲课，就自己先后开了两门选修课，一个是“鲁迅《野草》研究”，一个是“茅盾研究”。她都是精心准备，细心备课。她的课是有开创性的。我听过她全部的课，从她那里我懂了《野草》创作之于鲁迅的重要地位。

20世纪80年代初，蓝先生申请副高级职称时，有人为了排挤别人，自己先评上，在系里系外制造一种舆论，说蓝先生是“半路出家”的讲师，学社会学的，不懂现代文学，没有资格评高级职称。我曾经在系里的各种会上讲过一个意见：“说蓝先生是半路出家是不对的，是对人的歧视。应该说她一专而多能，她的专业是社会学，也懂经济学，也懂文学，她是根据组织上的需要长期从事现代文学的教学的。这有什么不好吗？鲁迅还是学医学的呢，就不能讲小说史吗？郭沫若、郁达夫、夏衍、胡适也不是搞文学出身的，我们系的老教师有几个是大学中文本科的？”

蓝先生大学本科是社会学，也在大学里面教过政治经济学。她在《人生留痕》里回忆说，1952年“院系调整”，执中奉调天津师范学院，要求开设“政治经济学”。这是一门新建的马克思主义理论课程，每周有两天要到教育部开设的培训班听苏联专家讲课，然后回到学校再给学生讲，就是俗话说的“现趸现卖”。到了1953年，执中就成了“政治经济学”中国第一代专家了，全校学生都要上这门政治课，人手严重缺乏，于是组织上以解决夫妻两地分居的理由，把我从清华大学调到天津，也“滥竽充数”地当起了政治经济学的老师。我们那一代青年人有一个特点那就是绝对服从党的分配，指哪儿打哪儿，不讲价还价，会的要做，不会的也要学着做，而且要力争做好。这就是我从事政治经济学教学的由来。一直到1958年“大跃进”停课闹革命，我无课可教，调去办刊物，这才向组织提出请求“归队”，于1959年初调中文系。从1959年到1987年离休，便一直在中文系任教，起初安排讲文科公共必修课——“大一国文”，从选教材、备课到讲大课，工作量之大自不必说，最让人吃不消的是学生每作一次文，便要评阅上百篇文章，这也算是基础锻炼吧！后来终于定岗在“中国现代文学”教研室，始讲鲁迅、郭沫若、巴金、老舍、曹禺等大作家的名著，颇得学生好评。

五、做最前沿的学术

由于学科不同，我们的政策并没有划一地要求所有学者必须将自己的研

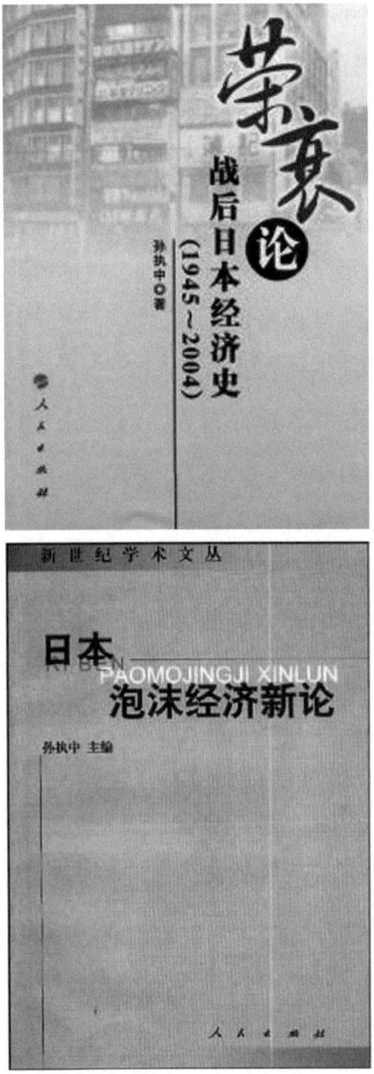

孙先生的部分著作

究同现实问题结合起来。但是经济学的研究却不能不关注现实问题。回顾孙先生的学术研究，你可以发现他从来就没有脱离现实。他把自己一生对国家和民族的深切感情和责任心，化作了丰厚严谨的学术成果。关心民族经济的发展，关注国家现代化建设、关怀中国经济学科的格局，是他学术研究的品格。你能从他的成果中感受到一种睿智的预见性、机智的前瞻性。这是孙先生学术的超越性。这应该是我们各学科学习的榜样。改革开放以来，孙先生的论文，涉及那么多的现实问题，即使是谈日本、论美国，也离不开中国的现实。他这种预见并不是凭空的猜想，而是以世界经济发展作为研究对象，从历史的经验中抽出的理性认识。他使用的资料最多的是日本和美国的经济信息。因为这两个国家，一个经济高度发达，一个信息高度丰富。这其中的道理是很明确的。

比如在20世纪70年代末，中国经济发展处于转折的关头，有一些大家能够记起来的大事件。1978年12月18日至22日，党的十一届三中全会召开，决定停止使用“以阶级斗争为纲”的口号，把工作重点转移到社会主义现代化建设上来，实行改革开放的决策。1978年10月邓小平访问日本，出席缔结《中日友好条约》的换文仪式；1979年1月又出访与中国正式建交不足一个月的美国。这些举动是为中国的现代化建设营造稳定的国际安全环境，也是想从国外寻找经验。1979年2月，访美归途的小平特意取道日本做短暂停留，再次会见了已任首相的大平正芳，在回答“你们四个现代化的远景目标是什么”时，小平同志提出了，要使中国经济在二十年内翻两番的设想。1980年1月16日，小平同志在中共中央召集的干部会上说：“前不久一位外宾同我会谈，他问，你们那个四个现代化究竟意味着什么？我跟他讲，到本世纪末，争取国民生产总值每人平均达到一千美元，算个小康水平。”对此，全国人民为之振奋，孙先生敏锐地寻找到了研究课题，他对我说：“日本在50年代末曾制订《国民收入倍增计划（1961—1970年度）》。这个计划在日本是成功的，经济获得了高速发展，使之成为世界第二大经济强国。十年经济倍增，即每年递增百分之七点二，其速度和我国制订的二十年内翻两番是一致的，其中必有经验可以借鉴。于是我便邀郭士信同志共同翻译了《国民收入倍增计划（1961—1970年度）》一书。”这本书是日本“经济企划厅”根据日本政府九个长期经济计划而编的，而计划是池田内阁采纳了日本经济学家下村治的建议而于1960年制订的。其中解决的课题有五个，分别是：一、充实社会资本；二、促进产业结构的高度化；三、促进对外贸易与国际经济合作；四、提高人的能力与振兴科学技术；五、缓和双重结构与确保社会安定。将他们的这些经验译出真是及时雨，理所当然地受到国家决策机构的特别重视。实践上，我们的经济发展设计从日本的经验中采纳了许多。此时，孙先生还及时写了论文《从日本“倍增”计划实现的条件看我国翻两番的途径》，发表于1983年第7期的《世界经济调研》上。文章提到，资金问题可以通过“提高固定资产投资的产出值”来解决。关于能源问题，文章说我们不能走从外国进口石油的道路，我们的能源问题，实质上是一个科学技术的问题。如果科学技术发展得比较理想，到2000年工业总产值就不只是翻两番。再有“倍增”计划中还提出要大办教育，特别是职业教育训练。这些方面的论述，现在看来都是有远见的论述，当时曾被指定呈中共中央书记处，作为制订中国经济翻两番计划之重要参考。

再如，孙先生的论文《论日本从统制经济到市场经济转变时期的措施》发表于1988年，那时，中国的市场经济还没有全面形成，孙先生对日本经验的评介是有现实意义的。文章所介绍的日本战后1946至1949年经济瘫痪、生产停滞、通货膨胀、工人失业、能源危机，比20世纪80年代的中国问题严重得多，但是他们首先实行了物资统制、价格统制、资金统制、外贸统制等政策，使日本经济得到了迅速发展。仅三年后，到了1949至1952年就逐步取消了统制政策，走向了市场经济；取消了价格补贴，废除了公定价格；放宽了金融统制；启动了企业的竞争。在政府的直接干预下，企业的发展走向了合理化进程。比如对中小企业关、停，更新设备，提高技术、引进外国新技术，凡此种种，我们过来人是多么熟悉。我们的市场经济的形成同借鉴日本的经验有很大的关系。

据我所见，孙先生出版的著作有《论现阶段的美国经济危机》（学习与生活出版社，1955年）、《帝国主义有哪些经济特征》（三联书店，1955年）、《什么是国民收入》（通俗读物出版社，1957年）、《先秦经济思想领域中儒法两条路线的斗争》（河北人民出版社，1975年）、《国民收入倍增计划（1961—1970年度）》（商务印书馆，1980年）、《高速发展的日本工业》（河北人民出版社，1980年）、《日本垄断企业集团》（译作，日本和平经济计划会议垄断白皮书委员会编，商务印书馆，1983年）、《当代西方经济论——日本模式及其他》（世界知识出版社，2001年）、《赤子情怀：孙执中教授学术论文选》（河北大学出版社，2011年）。主编的图书有《战后日本第七次经济危机及其特点》（商务印书馆，1976年）、《日本垄断资本》（人民出版社，1985年）、《战后日本财政》（航空工业出版社，1988年）、《战后日本物价史（1945—1989）》（中国财政经济出版社，1991年）、《当代西方经济分析》（商务印书馆，1994年）、《战后日本税制》（世界知识出版社，1996年）、《战后资本主义经济周期史纲》（世界知识出版社，1998年）、《日本泡沫经济新论：新世纪学术文丛》（人民出版社，2001年）、《总危机时期拉丁美洲经济史》（国家统编文科教材），以及《论现阶段的美国经济危机》、《日本经济管理体制概况》、《战后日本经济发展史》（1974—1989）。另外发表论文一百多篇，其科研成果多次获得河北省优秀成果一、二等奖。他拥有的成果已经非常丰富，但是并不就此止步。他于八十五岁时还出版了《荣衰论：战后日本经济史（1945—2004）》（人民出版社，2006年）。这不仅说明了他的学术生命的活跃，更让我们看到了他研究问题的执着。《荣衰论》肯定是先生三十多年来最重要的著作。比如书中所总结的“防止泡沫经济”的四项措施：把产业投资重点放在技术密集型产业；加强经济缺口部门的投资；削弱奢侈性消费品和服务部门的投资，因为它们最易产生泡沫经济；加强生产性投资。仅就这些论述来看，就对我们的经济建设有重要参考价值。

我敬仰那些在工作中做出重大贡献的科学工作者，在这支队伍里应该有孙执中先生。

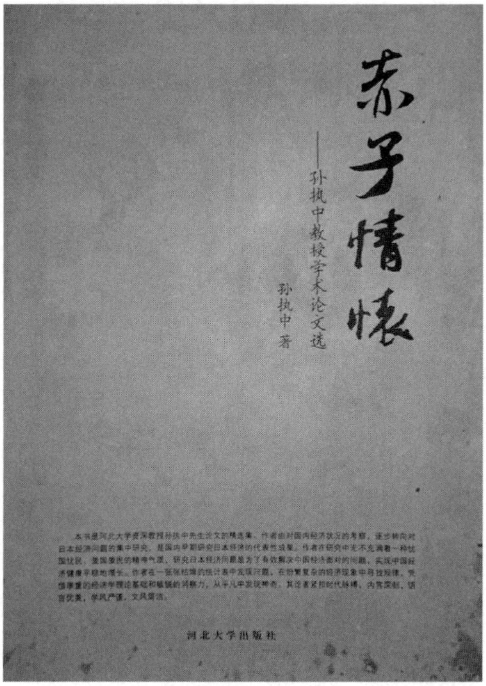

孙先生的子女为其整理的论文集——《赤子情怀》

孙执中先生病重时，子女们给孙先生整理出版了一本论文集，取名为《赤子情怀》，书名真好。他的一生正是如此。可惜先生没有看到就走了。全面研究孙先生的学术贡献，不是本文的任务。但是如果我的文章不过问他的学术成果，那就无法概括孙先生一生学术研究的杰出成就。写到这里，我的文章也应该结束了，真没想到会写这么多。

孙先生远走了，留下了很多故事。鲁迅说：“死者倘不埋在活人的心中，那就真真死掉了。”孙先生没有走，他的学者风采永在，他的家国情怀给予我们鼓舞和力量，他永远活在我们中间！

河北大学的先生们

外语

胡毅先生

胡 毅：中国杰出的教育家和翻译家

◇刘玉凯

一、教育家的一生

胡毅（1904—1994），字彦仁，原籍湖南长沙。胡先生家庭教育条件优越，在父亲的关怀下，他从小学时期开始写大字、念古文，还经常阅读当时的政论杂志，如康有为主编的《不忍》和梁启超主编的《庸言》，深受其思想的影响。他还经常阅读母亲看的大量小说。这使他从小就有了阅读文言书籍的能力，也增长了知识，开阔了眼界，养成了读书求知的习惯。胡先生的父母思想开明，没有旧家庭的清规戒律。

1916年，胡先生顺利考入当时学制八年的清华留美预备学校。八年的中等教育，包括中学和大学头两年，各方面基础打得很牢固，懂得了“学什么”和“怎样学”。在清华时，胡先生还参加过《清华周刊》和《清华学报》的编辑工作，也参与学校组织的演说、辩论、演戏等活动。1924年从清华毕业，到美国威斯康辛大学直接插入三年级，修文学、哲学、历史学。一般学生毕业，并不要求都写论文，但是学校规定，优等生可在本科最后一学期写学士论文得若干学分。胡先生的毕业论文写的是关于罗素早期的逻辑理论。在写论文的那半年中，胡先生不断地筛选资料、整理资料，并最终得出结论。1926年胡先生从该校毕业，获学士学位，并因成绩优秀，被选入全美大学生荣誉学会。

同一时期，胡先生在老师的建议下利用图书馆的历年美国国会记录和正式文件，收集了许多第一手资料。例如，美国联邦及各州政府早年吸收使用华工开发金矿、修建铁路及压迫、排挤华工，甚至迫害外交官员的事实。胡先生根据收集到的这些资料，整理了一篇《北美排华史略》在留美中国学生的刊物《大江季刊》上发表。文章虽未算学分，也无奖励，却有正义之声。

本科毕业后，胡先生入芝加哥大学，修教育心理学，获硕士、博士学位。1929年回国，任教于省立湖南大学。教了一年书后，先生又在广州中山大学和武昌华中大学各教了四年，主讲的科目有教育心理学、普通心理学、教学法、教育统计等。在两所大学里，先生继续在汉语阅读和写字等方面做实验。其结果收录在中山大学教育研究所和华中大学的研究报告中。

胡先生1934年任国立中山大学教育系教授，1937年任华中大学教育系教授，1941年任教于国立西南联合大学师范学院、文学院，讲授英语，1946年任国立昆明师范学院教授。1945年初，在罗隆基、潘光旦的介绍下参加中国民主同盟，又通过潘光旦认识了周新民。当时民盟在昆明办有《民主周刊》，他曾为刊物撰写文章，有时也参加在府甬道编辑部的会议，经常遇见罗隆基、潘光旦、闻一多、吴晗、曾昭抡等人。胡先生为《民主周刊》写的文章都没有留底稿，闻一多的长孙闻黎明一次在给胡先生的信中，曾提到过这些文章，并抄了一份清单给胡先生，如下：A.WOOLLCOTT译文（从小事中看大原则）（一卷一期，1944年12月9日）、《民主生活之个人标准》（一卷八期，1945年2月3日）、《中国教育今后之改进》（一卷十一期，1945年3月3日）、《教育与民主生活》（一卷十五期，1945年4月3日）、《民主生活之教育准备》（一卷十八期，1945年4月23日）、《民主生活的心理态度》（一卷二十五期，1945年6月18日）。

1945年时，正值学生罢课，“反内战、反饥饿、反迫害”运动处在高潮，吴晗好几次把学生对外宣传报道的英文新闻稿交他校阅，胡先生仔细编辑润色和订正后发表。

1950年，胡先生参与《毛泽东选集》的英文翻译。1951年任天津师范学院教育系教授，后任院长。1958年任河北省教育厅副厅长。1965年任河北大学教授。1978年至1983年任河北大学副校长。曾任河北省人大常委会副主任、省政协副主席、民盟河北省委主任委员、中国心理学会常务理事等。译有《教育论》、《斯宾塞教育论著选》（合）、《习惯论》等，著有《中学教学法原理》《英语自学读物》《怎样学好英语》《中级英文读本》《英语自学读物》等。

二、父辈传统

胡毅先生继承父业，一生未离开教育事业。

他的父亲名胡元倓（1872—1940），字子靖，号耐庵，晚年又号“乐诚老人”“磨血人”，也称“胡九先生”，湖南湘潭人，近代著名教育家、新制教育的奠基者和开拓者。1903年湖南长沙创办著名的明德学校，他担任明德中学校长三十八年。他还创办了南京明德高等商业专科学堂、北京明德大学、汉口明德大学、湖南大学等。

先生早年是清末留日学生，归国后一心办教育。中国档案出版社《湖南名人志》第一卷载其事迹：

明德校刊

创刊号

发刊词

隆重庆祝明德中学建校八十三周年

教育必须为社会主义建设服务

先荣的历史　优良的传统

——明德中学概况——

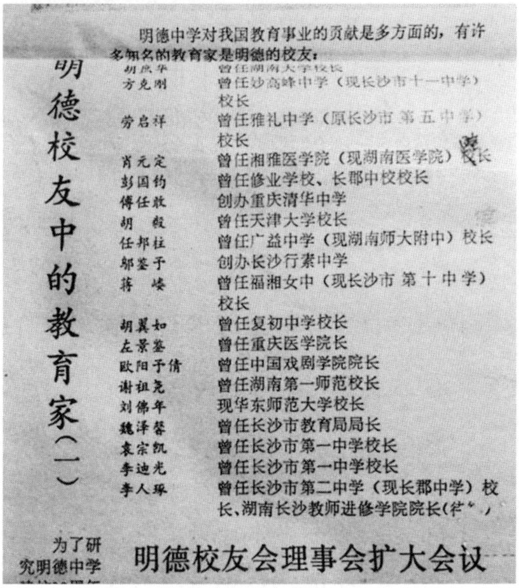

明德校友中的教育家（一）

明德中学对我国教育事业的贡献是多方面的，有许多知名的教育家是明德的校友：

胡庶华	曾任湖南大学校长
方克刚	曾任妙高峰中学（现长沙市十一中学）校长
劳启祥	曾任雅礼中学（原长沙市第五中学）校长
肖元定	曾任湘雅医学院（现湖南医学院）校长
彭国钧	曾任修业学校、长郡中校校长
傅任敢	创办重庆清华中学
胡　毅	曾任天津大学校长
任邦柱	曾任广益中学（现湖南师大附中）校长
邬鉴予	创办长沙行素中学
蒋　崚	曾任福湘女中（现长沙市第十中学）校长
胡翼如	曾任复初中学校长
左景鉴	曾任重庆医学院长
欧阳予倩	曾任中国戏剧学院院长
谢祖尧	曾任湖南第一师范校长
刘佛年	现华东师范大学校长
魏泽馨	曾任长沙市教育局局长
袁宗凯	曾任长沙市第一中学校长
李迪光	曾任长沙市第一中学校长
李人琢	曾任长沙市第二中学（现长郡中学）校长、湖南长沙教师进修学院院长（

明德校友会理事会扩大会议

为了研究明德中学

载有有关胡先生内容的《明德校刊》

黄兴领导华兴会在长沙筹划反清武装起义，事泄失败后，情势危急，胡元倓挺身而出，竭力相助，使其脱险。……民国元年（1912年）夏，赴京筹备设立明德大学。次年春，明德大学在京正式开学。民国四年（1915年），袁世凯阴谋复辟帝制，他愤而将明德大学停办。民国八年（1919年）十一月领导湖南公私各校联合停课，参与驱逐北洋军阀张敬尧运动。同年，再设明德大学于汉口，因经费支绌，校务艰难，乃亲赴南洋劝募。后因无法支撑，便集中心力专办中学。民国十八年（1929年）任湖南大学校长。民国二十七年出任第一届国民参政会参政员，并将明德中学迁往湘乡县霞岭乡继续上课。是年，明德校舍毁于长沙大火。

胡元倓先生是实实在在的湖南新兴教育事业开拓者，所创办的明德学堂是湖南最早的新式私立中学。他经营明德学堂近四十年，明德中学与天津南开中学齐名，享有“北有南开，南有明德”的盛誉，培养了大批优秀人才。蔡元培说过：“今观宣劳党国之同志，出于明德者甚众。”明德学堂从开始创办就遇到了生存、师资、经费等诸多困难。聘立宪派人物曹典球等任明德教职员，聘省都督谭延闿为明德总理，以获取资助。面对守旧势力的强烈反对，胡先生克服各种困难，终于取得湖南巡抚赵尔巽的认可和支持。他以诚待人，多方罗致人才，延聘水平高、素质好的新学教员，特别邀请黄兴、张继、周震鳞、苏曼殊等革命人士来校任教，专从日本请来理化、博物教员。为挽留在日本时的同学陈介任日语翻译，他自辱下跪，四处奔波，想方设法，“这里请津贴，那里求募捐”，被称为“胡大叫化”，有人以“人生大不幸，碰到胡子靖”相讥亦不介意。北洋政府内阁总理熊希龄是其老朋友，他常去找熊募款，遇到熊外出未归，就自带被褥睡在熊的家里等待，不达目的不罢休。胡元倓想把明德办好，安定了，就要扩充，扩充了，就要请好教职员，中小学办好了，就要恢复大学。他的计划是个无底洞，所以他的筹款活动也永无休止：为了筹款，他不避严寒酷暑，不计成败，风尘仆仆，不以为苦。1935年年底，他和楚怡学校校长陈夙荒（陈润霖）相约同往南京筹款。忽然前一天刮大风下大雪，轮船公司派一个职员来问他："陈夙荒先生不到南京去了，你还去不去？"他说："陈夙荒不去，我为什么不去？我又不是他的听差！"由于他这样艰苦努力，明德学堂得以逐步发展壮大，并形成独特的教育体系。开办之初只招收两个中学班，共八十人。1903年8月得谭延闿资助，增招速成师范班。1904年春向湘潭同乡袁树勋募款万元，新设理化博物科。同年夏增设高等小学。后又增设初等小；增设语文、商业等专修科，以适应社会需要和解决中学生出路问题。学校学生达六百余人，成为清末湖南规模最大的新式私立学校，深受时论好评。1908年，他在南京创办的银行专科，后正式改为南京高等商业学堂，还在上海、汉口设立分校。1913年又在北京创办明德大学，聘章士钊任校长。1926年以后，明德坚持长期专办中学，致力于培养中等专业人才。

胡元倓留下的著作有：

《修身约言》一卷，清宣统元年（1909年）南洋官印刷厂铅印本，1913年长沙湘鄂印刷公司铅印本。

《王缣事迹》一卷，民国铅印本。

《耐庵诗稿》一卷，1941年刻本。

《耐庵言志》一卷，1914年石印本。

《耐庵言志》一卷．续集一卷，1927年石印本。

《耐庵言志》一卷，续集一卷，三集一卷，1931年石印本。

三、胡毅翻译著作评述

从胡毅先生的工作来看，他并不想做一个专业的翻译家，而是为了教育的目的才翻译外国的东西。先生写的《胡毅自述》《我的教学和翻译工作》等文章中不止一次引用一位教育学家讲过的话："教育的主要作用有两个：一是模范，我们教给学生的一切都应能使他们一辈子照着做而得到益处；二是补充，我们应给学生以他们从别方面所得不到的教育。"胡先生沿着这位教育家的思路考虑：觉得一个刚三十岁出头的青年教师不要忙于给人以模范；补充的工作倒是应该努力的。于是他下定决心，要介绍那些有独到见解但还未得到注意的著作。

20世纪三四十年代，胡先生一共译介了三本书。

第一本是胡先生的老师莫里孙（H.C.Morrison）的《中等学校的教学实际》。莫氏从事地方教育行政多年后，到芝加哥大学任教兼附属中学主任。他既有丰富的实际经验，又能提出独特的见解。胡先生并没有把他那本大书全译，只把自己认为的理论精华结合自己当时所知道的我国实际，加以编述，写成《中学教学法原理》一书，由商务印书馆出版，列为“大学丛书”之一。

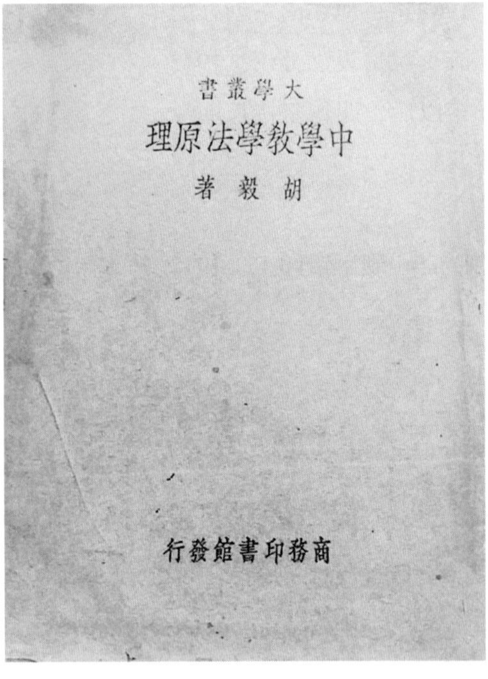

《中学教学法原理》书影

这本书的写作目的在于指出：“学习不仅是增加知识，所以教学也不是注重在指导及限制知识之增加。要是那样，小学以后就可无须要学校。一个人若能阅读，既可由文字指导去求得所需的书籍报章等等材料，他将来的所得，也不会亚于一个仅收了不少知识的中学或大学毕业生。中等教育时期的教与学，目的是在使学生与其所在之环境适应，及使他渐有能力，去应付环境中的变更。中等教育对于社会之影响……”其介绍的新理念是将培养“使人能管束环境，而不是仅仅教人用被动的态度去接受环境的影响”。这才是教育之真谛。

第二本是美国约翰霍布金大学心理学教授邓拉普（K.Dunlap）著的《习惯之养成及破除》。

胡毅先生在1938年译成该书。在10月10日写于桂林的自序中，他认为，此书“说理精明，行文简畅”，于是着手译介，力求信达。当时美国盛行的学习理论认为：“多练就养成习惯，少练或不练就破除恶习。”他在书中提出：关键不在有无练习，而在练习时的心理状态；同时列举实例说明可以通过“消极练习”（即在练习时下决心戒除这恶习）破除不良习惯。书中特别强调：“过去五十年来，对于习惯养成及普通心理学之研究进步甚速。实验研究虽会收集多量材料，但一切材料仍需组合及解释。不符实际的古老理论现在还依然存在。由未经科学分析的杂乱材料中所得的学习‘原则’，也常在师范教科书中发现，而热心去把心理学方面结果拿到教育方面应用的人往往误入歧途。特别是学习程序与反学习程序之间（或习惯养成与习惯破除之间）的一切关系多未经人注意。本书之目的即在将此中关系作简明的初步叙述；以表示对学习程序之充分了解怎样能使我们在破除不良习惯时可有较妥适的方法。”这一教育理念的科学价值是显而易见的。胡毅先生认为值得介绍，故把全书译出，改名《习惯论》，由商务印书馆出版，列为“师范丛书”之一。

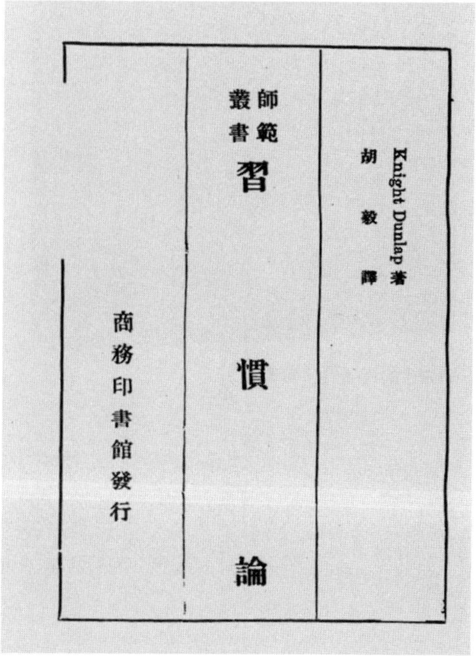

《习惯论》书影

美国著名教育家杜威说过：“为了创造一个民主社会，我们需要一种教育制度。在这种制度中，道德、智力发展的过程，在实践上和理论上乃是自由、独立的人从事探究的合作的相互作用的过程，这些人把过去的思想和继承的东西，无论从数量上和质量上，都作为进一步丰富生活的手段和方法，他们运用已获得的良好成就来发现和制造更美好的东西。”但是教育的方法却是“一切教育都是通过个人参与人类的社会意识而进行的……它不断地发展个人的能力，熏染他的意识，形成他的习惯，锻炼他的思想，并激发他的感情和情绪”。

第三本书是柯尔（Luella Cole）著的《青年心理学》。这是一本从身体、情绪、社会、道德、心智各方面探讨青年心理的书，着重从实例出发，采取

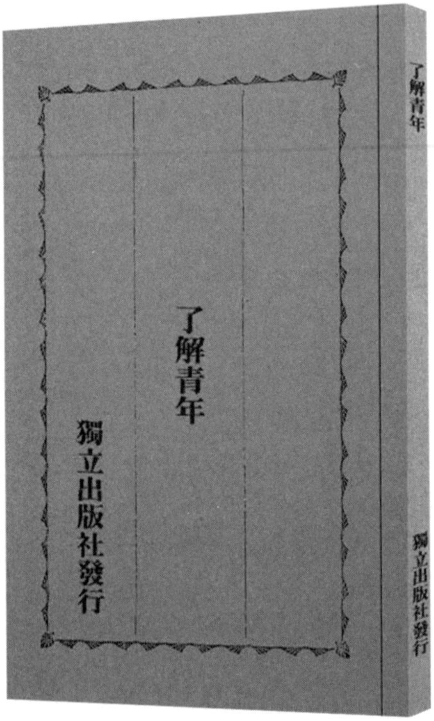

胡先生的译著《了解青年》

同情青年人的态度。胡先生认为该书有它的特点，只取书中的论点和实例，将原书中的人名、地名和背景改成中国人名、地名和背景，写成《了解青年》一书，由重庆独立出版社在1944年出版。

此外，胡毅先生为了做好外语教学工作，也出版了这方面的书。他说：

> 我在教了几年大学一、二年级的英语后，深深感觉当时采用的教材程度偏高，分量又太少。1946年后，我在昆明师院曾试编程度较浅，但分量较多的英语教材，同时介绍韦士特（Micheal West）所编的一套简易读物。我从那时起就认为我们学习英语主要是为了在阅读方面应用，而要学好英语，主要应从大量阅读上入手。在40年代后期，我编了一套《中级英文读本》，采用较有兴趣的材料，控制词汇的难度，全用英语作说明和练习；目的是从多方面促进阅读能力的发展。后来在三册读本之外，又加了三册《中级英文补充读本》，都由商务印书馆出版。

之后，胡先生还翻译了斯宾塞的《教育论》。这是一本对世界上许多家庭和学校都产生过巨大影响的著作。斯宾塞客观地分析了家庭教育中所存在的一些问题，提出了快乐教育的原则和方法，为家长在教育孩子的道路上点亮了明灯。在这本书里，斯宾塞告诉家长们：孩子在快乐的状态下学习效果最佳，父母必须遵循孩子心智成长的自然规律，引导孩子的兴趣发展，鼓励孩子进行自我教育，培养孩子良好的习惯，在家庭教育中要发挥父爱的积极作用，积极帮助孩子树立快乐的心态和养成良好的学习方式。斯宾塞生于英格兰乡村的一个教师世家，他的《教育论》是世界教育史上的经典著作，但其著名的家庭教育观念主要体现在《斯宾塞快乐教育书》一书中。

《教育论》中批评了人类的虚荣，为一些并不重要的东西花费了过多的努力。书中明确指出“什么是知识”的答案就是科学，并且简要地提出了德育、智育、体育三个目标。科学能够拯救人类，但是科学之外也有其他的东西。作者说：“在考虑了什么训练能最好地保全自己、谋生、尽父母的责任和调节社会政治行为各方面做好准备后，现在我们要考虑什么训练能为这些范围中所未包括的各项目的，为了欣赏自然、文学、艺术的各种形式做好准备。照我们这样把他们推迟到那些对人类福利关系较密切

胡先生翻译的《教育论》

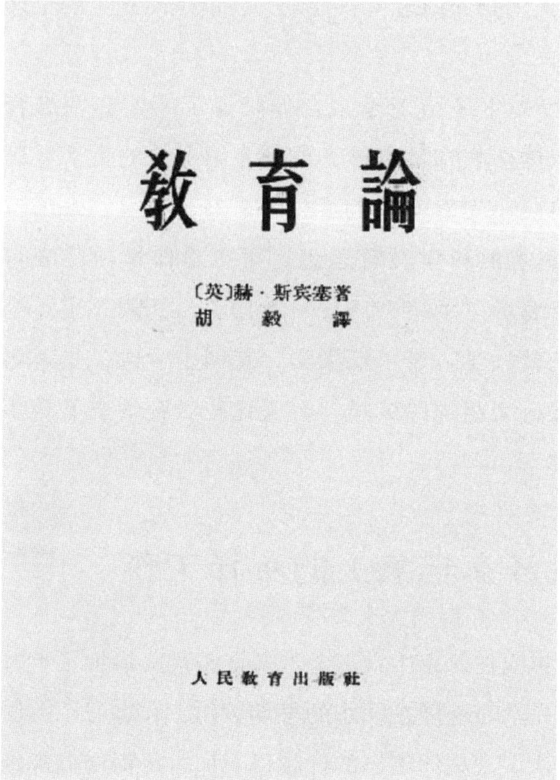

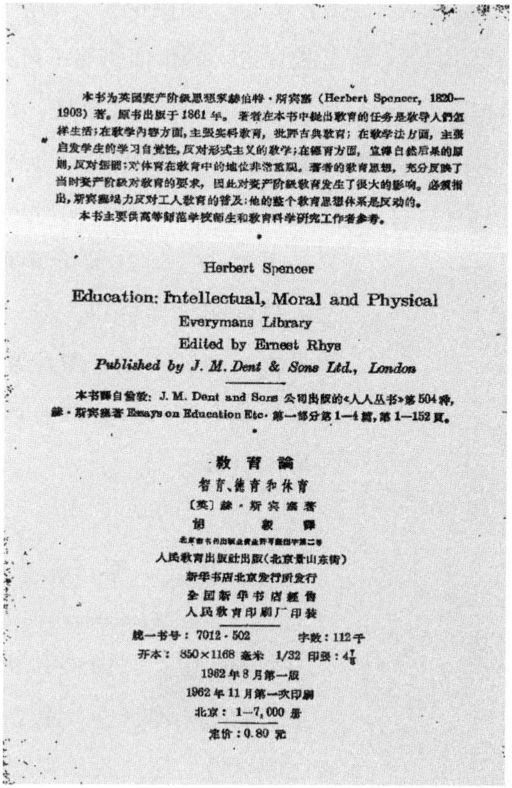

本书为英国资产阶级思想家赫伯特·斯宾塞（Herbert Spencer, 1820—1903）著。原书出版于1861年。著者在本书中提出教育的任务是教导人們怎样生活；在教学內容方面，主張实科教育，批評古典教育；在教学法方面，主張启发学生的学习自觉性，反对形式主义的教学；在德育方面，宣揚自然后果的原則，反对体罰；对体育在教育中的地位非常重視。著者的教育思想，充分反映了当时资产阶級对教育的要求，因此对资产阶級教育发生了很大的影响。必須指出，斯宾塞竭力反对工人教育的普及；他的整个教育思想体系是反动的。

本书主要供高等師范学校師生和教育科学研究工作者参考。

Herbert Spencer

Education: Intellectual, Moral and Physical

Everymans Library

Edited by Ernest Rhys

Published by J. M. Dent & Sons Ltd., London

本书譯自倫敦：J. M. Dent and Sons 公司出版的《人人丛书》第504种，赫·斯宾塞著 Essays on Education Etc. 第一部分第1—4篇，第1—152頁。

教育論
智育、德育和体育
〔英〕赫·斯宾塞著
胡　毅　譯

北京市书刊出版业营业許可証出字第二号
人民教育出版社出版（北京景山东街）
新华书店北京发行所发行
全国新华书店經售
人民教育印刷厂印装

統一书号：7012·502　字数：112千
开本：850×1168 毫米 1/32 印张：$4\frac{7}{8}$
1962年8月第一版
1962年11月第一次印刷
北京：1—7,000 册
定价：0.80 元

的事情后面，又照我们这样拿实在价值去检验一切东西；或许有人会认为我们不免有点轻视这些次要的东西。如果这样，那可是再大不过的错误，但我们对于审美文化和娱乐的价值估计并不比任何人低。没有油画、雕塑、音乐、诗歌以及各种自然美所引起的情感，人生乐趣会失掉一半，所以我们决不认为这些爱好的训练和满足无关紧要，我们相信今后它们会在人类生活中比现在占更大的份额。到了自然的力量已经完全被人征服供人使用，到了生产的方式已经达到圆满地步，到了劳动力已经节约到最高程度，到了教育已经安排得当，能比较迅速地为较重要的活动做好准备，到了因此而有大量增加的闲暇时间，那时候艺术和自然中美的东西就很合理地在所有人的心中占很高地位。”

斯宾塞在书中对人类教育的德、智、体三项最主要的方面做了很好的分析。他的教育思想深深地影响了中国现代教育。虽然我国早在1895年已经有严复以《明民论》《劝学篇》为题介绍过《教育论》，但是胡先生的全译《教育论》的价值仍然不可低估。

应该特别提到的是，胡毅先生还与王承绪合作翻译了《斯宾塞教育论著选》（1995年）。书中依据斯宾塞《自传》详细介绍了他的生平与思想。可惜的是该书在出版的前一年先生就去世了。这本书，收入“外国教育名著丛书”，主要介绍斯宾塞的科学教育思想，可以看作学习《教育论》最好的辅导资料。另一位编者王承绪（1912—2013），江阴三里（今属张家港南沙）人，曾留学伦敦大学、诺丁汉大学，获博士学位，是著名的教育学专家，曾为联合国教科文组织的成员，有《比较教育学史》等多种著作出版。

四、参与《毛泽东选集》的英译工作

胡先生说：“1950—1951年我在北京中宣部毛选英译委员会参加了毛选一至三卷的英译工作。除了优先学习毛泽东同志的早期著作，和练习用英语表达原意外，还使我从实践中认识到集体审稿的优越性。那时每篇译稿都经过译初稿、复写、每人核校、集体讨论、执笔人修改，再复写、核校、集体讨论，反复修改后，才能交给负责人去定稿。那时是我解放后首次参加工作，当时那个工作程序，给我留下很深刻的印象。”

这一项工作当时的保密性是很强的，如今内幕已经公开。胡先生的贡献也让我们刮目相看。

《徐永煐纪年》一书中记载了“英译毛选委员会”部分工作人员的相关资料，其中这样写道：

由于缺乏直接史政，一下是否全部都设立于1950年的英译毛选委员会之“委员”，未敢断言。因此，特在每人简历后方括号内注明依据及参考资料出处，以备查考。可以确定的是，除此十三人外，应还有若干人先后参与其事（如大约同时期的外文出版社翻译部英文组组长方巨成，副组长罗良，翻译周家骕、于宝渠等）。因尚未见之于直接记载，故暂付阙如。

金岳霖（1896—1984） 湖南长沙人。逻辑学家。时任清华大学文学院院长。1911年入清华学堂。哥伦比亚大学政治学博士。1952年后任北京大学哲学系主任，中国科学院（后为中国社会科学院）哲学研究所研究员、副所长。[据徐鸣回忆，参看金岳霖回忆]

陈逵（1902—1990） 湖南攸县人。诗人，翻译家。时任南开大学英语教授。曾入美国威斯康辛大学研究院修欧美文学。1928年后任南开大学、复旦大学、浙江大学、暨南大学和北京外交学院、解放军技术工程学院等校教授。[据《陈逵年谱》，参看王冰《钱锺书英译“毛选”》]

胡毅（1904—1994） 湖南湘潭人。教育家，心理学家。时任天津师范学院院长。清华1924[甲子]级毕业。芝加哥大学教育心理学博士。曾任河北大学副校长，河北省教育厅副厅长、省人大常委会副主任等。[据王冰《钱锺书英译“毛选”》，参看长沙市雨花区图书馆网站]

钱锺书（1910—1998） 江苏无锡人。文化学者。时任清华大学外语系教授。清华大学外文系毕业，后赴英国、法国留学。曾任西南联大、国立师范学院等校教授。1953年后任文学研究所研究员，中国社会科学院副

院长。［据徐永煐《关于英译毛选稿再次修改问题》，参看王水照《〈毛选〉英译内情点滴》］

…… ……

五、晚年的胡先生

胡先生到了年老体弱的阶段，格外感觉应该有自知之明，承认自己只能从事一些力所能及的工作。那当然只是想做的事和应该有人做的事中的一小部分。他在《自述》中说：

目前我的计划是：除了根据我的知识和能力，辅导有志趣、有基础的中青年朋友外，尽量做点有需要，但目前还缺人做的事。

首先是继续编写简易英语读物，着重用英语做注解说明，并附答案供自学检查。我希望能有较多的人做这项工作，使学习英语的人有广泛的阅读实践来充实基本技能，和培养自我检查、自己考核的学习方法。这套《英语自学读物》已由天津人民出版社出了两册，其他在陆续编写。

其次是根据学英语教英语的实践，针对若干问题，从教育心理学角度做深入浅出的说明，供学生和教师们参考。这小册子定名为《如何学英语》，已由河北人民出版社于1983年出版。

再次就是想就若干年来从事英汉翻译和阅稿时所收集的一些资料，探讨翻译工作的某些问题。现在只有些想法，还谈不到计划。

胡先生主要从事教学，在河北大学做副校长的时间不长，一向低调，晚年时，他说："十年浩劫中，我虽幸免大难，但和许多人和许多学校一样，元气大伤。经过几年的痛定思痛，觉得这场灾难中的物质损失够大，但不及在人才方面的后遗症难治；专业知识和能力已有很大差距要赶，但在后遗症中的不愿赶、不努力的毛病更使人伤心。""我虽年老体弱，但由于坚持经常的和缓锻炼，和一贯乐观'向前看'的精神状态，所以元气虽受伤，但恢复还不算慢。我觉得我国学术界前途光明，大有可为。只要继续发扬‘百家争鸣’的精神，扩大眼界，加强邻界学科的联系，多做扎实的工作，克服标新立异和既不懂又瞎指挥的恶习，我国学术的发展一定会达到前所未有的水平。”这些话是有分量的，值得我们好好理解。

河北大学的先生们

工　科

沈理源先生

沈理源：早期建筑实践的先驱

◇小云大

沈理源（曾用名沈琛、沈锡绝），1890年7月1日生于浙江杭县。1908年从上海南洋中学高中毕业后，因学习成绩优异，经学校推荐转入意大利拿波里大学（今那不勒斯大学）学习，开始了七年的留学生涯。其间，沈理源对该国西洋古典建筑，尤其是文艺复兴建筑产生了浓厚的兴趣。他于1915年学成回国，比第一代建筑家梁思成、杨廷宝等还要早十多年。作为中国近代建筑史上的一位先驱者，沈理源的一生是丰富多彩的。他无论是在华信工程公司还是在政府部门抑或在建筑院校，都取得了不凡的成就，为中国近代建筑史写下了浓墨重彩的一笔。

一、建筑成就

沈理源一生所设计建成的建筑作品无论是类型还是风格都十分多样，从西洋古典建筑到摩登建筑、从普通砖混结构建筑到大跨结构建筑、从普通住宅到公共建筑，类型丰富，包括银行、教学楼、办公楼、影剧院、体育馆、各种住宅等。早在20世纪20年代初，他所设计的建筑就已颇具影响。

其中，他所测绘的胡雪岩故居平面图是目前发现的由我国建筑师用现代测绘方法完成的最早的建筑测绘图。他开创了国内通过测绘方式保护文物建筑的先河，对后来建筑院校古建测绘活动起到了积极影响。

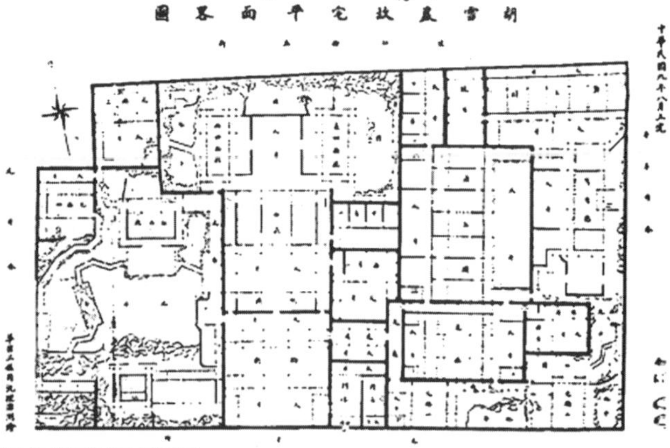

胡雪岩故居平面复原图

胡雪岩故居局部复原照

被称为“清代巨商第一宅”的胡雪岩故居始建于1872年，总建筑面积为五千八百一十五平方米。跨进这一深宅大院的大门，如同进入古建筑迷宫。亭台楼阁幽静曲折，园林小品随处可见，建筑与园林交融辉映。此景点为杭州市文物保护管理所对故居内部部分遗址考古发掘后，根据沈理源1920年对杭州胡雪岩故居的实测图及有关人士提供的图照、实物等资料按原样修复的。

沈理源在1920年能够颇有远见地对胡雪岩故居进行测绘，说明他对文物保护工作的认识是有远见卓识的，对故居的修复工作功不可没。这种文物保护的远见则源于留学拿波里时意大利境内遍地保护完好的古迹。当时的国家文物局古建筑专家组组长罗哲文研究员、中国建筑学会会长杨鸿勋研究员、东南大学刘叙杰教授等著名专家在杭实地考察后给予极高评价：“修复后的胡雪岩故居是国内不规则庭院建筑的典范，完全符合全国重点文物保护单位的要求。”

此外，沈理源擅长西洋古典建筑风格，这得益于他在拿波里大学学习时深厚的专业基本功。受意大利文艺复兴和启蒙运动、古典复兴建筑运动的影响，意大利的建筑教育体系较多沿用学院派建筑风格。学院派建筑以严谨的古典柱式作为控制建筑布局和构图的基本因素，建筑形式以宏大的体量、庄严的气势、严谨的逻辑关系成为重要公共建筑的首选风格。

沈理源由于在西洋古典建筑方面的出色表现，在银行界赢得了声誉。张镈（1940—1946）在《我的建筑创作道路》一书中称沈理源为“专作银行设计的专家”。因此，作为建筑师他在银行界有着一定的影响，并与某些银行有较深的关系。沈理源的银行建筑设计不仅限于天津一地，在北京、杭州等地也有。与沈理源关系较好的银行有：中华汇业银行、浙江兴业银行、盐业银行、金城银行等。除了搞银行类的建筑设计外，他还兼任交通银行的顾问总工程师，长期负责交通银行的基本建设顾问工作。在后人的回忆中，沈理源负责的交通银行的建设业务曾扩展到沈阳，欧阳骏曾经是他在沈阳建筑市场的工程监工和助手。

通过分析三十余例沈理源的建筑作品，我们发现其建筑作品涉及种类齐全、形式多样、质量较高。正因为建筑的多样化，我们很难从这些建筑中总结出共同的形式特点来。但是我们可以试着将组成这种多样化的种种因素列出来加以比

中华汇业银行外观

中华汇业银行立面图

盐业银行

浙江兴业银行外观

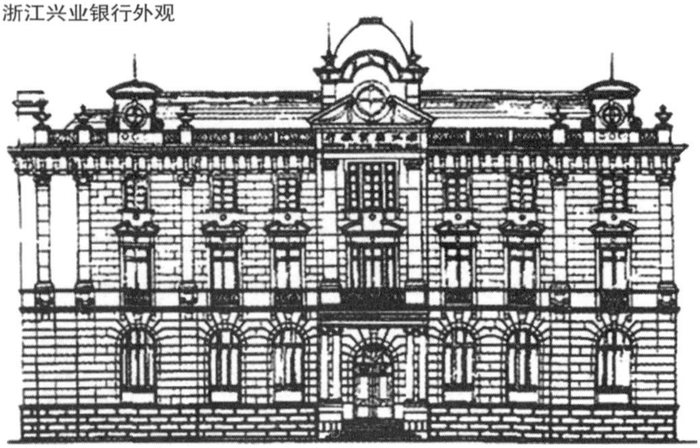

浙江兴业银行立面图

金城银行

较，来提炼出沈理源建筑设计的一般特点。例如从沈理源的银行建筑我们可以发现擅长西洋古典是他的一个明显特点。在对其几乎所有建筑作品的研究中我们发现了他设计中的创新精神是他的又一大特点；坚持细节设计，兼重室内外及家具的一体化设计是他的另一特点。在20世纪20年代的中国建筑活动中，西洋古典风格的建筑有着广泛的市场。能够熟练掌握西洋古典建筑的构图规则、比例关系、建筑特点的中国建筑师中，沈理源显得尤为突出。从那个时代京、津两地的建筑作品比较中可以看出，他的作品总是能够以熟练的西洋古典规则和特点给人留下深刻的印象。

二、任职经历

沈理源曾在不同历史时期先后任民国黄河水利委员会工程师，华信工程公司主持人，北平大学艺术学院建筑系教授、工学院建筑系教授，天津工商学院建筑系主任、教授。新中国成立

北京劝业场南立面

真光电影院

后，在短短一年的时间里，他还兼任北京中央人民政府贸易部总工程师、天津市政府建设委员会总工程师等职。

经过七年多的留学生涯，沈理源于1915年回国，就任黄河水利委员会工程师。不久，即转向建筑工程设计。工作初期，在北京与殷姓工程师合作设计了前门外劝业商场和真光电影院。

在当时的中国，政治上，经过1911年的辛亥革命，清王朝统治已经土崩瓦解；思想上，各种思潮多元共存，直接影响着建筑思潮的走向；经济上，第一次世界大战之后帝国主义对中国的侵略和扩张力度减小，从客观上促进了近代民族工商业的迅速发展。民族经济的蓬勃发展促进了建筑业的振兴，中国人开办自己的建筑设计事务所和兴办建筑教育的客观条件已经成熟。在近代中国建筑师开办事务所的历史上，沈理源较早地开始了他的事务所执业生涯，并把华信的主要工作地址选在了天津，在京津一带执行建筑师业务。他的主要设计作品有杭州浙江兴业银行，清华大学体育馆扩建工程，清华大学电气馆、机械馆、航空试验馆和教工住宅，北京大学沙滩图书馆，天津浙江兴业银行，天津盐业银行，中华汇理银行，天津新华信托银行，中南银行，金城银行，孙传芳公馆。此外，他还设计了不少商业建筑和私人宅邸、

天津浙江兴业银行外观

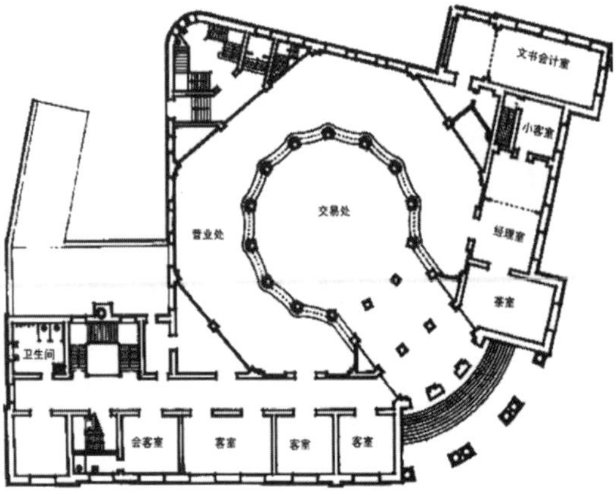

天津浙江兴业银行平面图

天津新华信托银行效果图

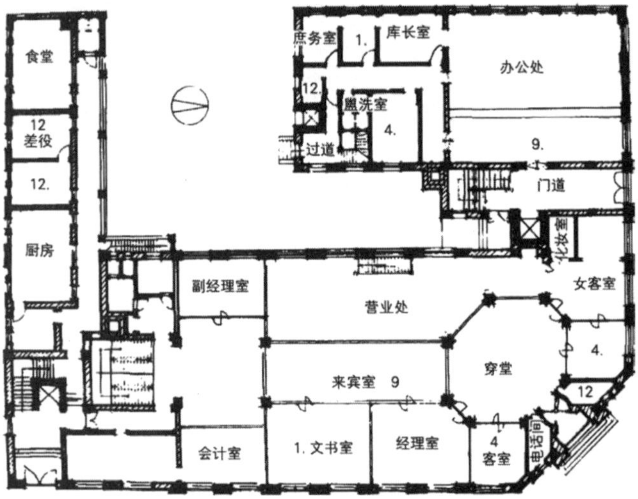

天津新华信托银行平面图

天津新华信托银行外观

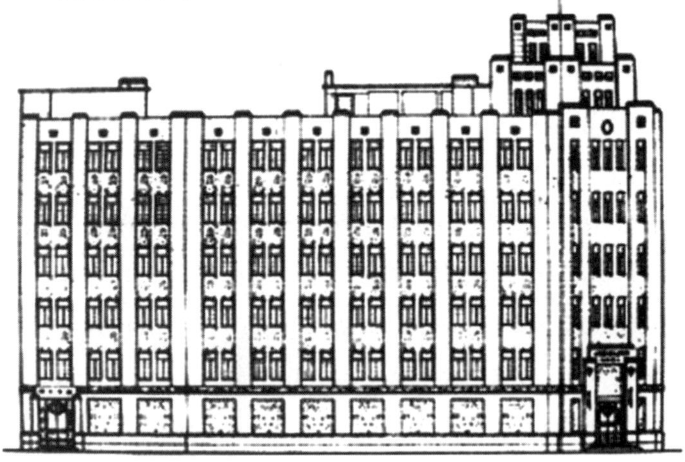

天津新华信托银行立面图

新村等。

考察新中国成立前沈理源的建筑作品，目前没有发现一例实施作品是政府部门的建筑。也就是说，沈理源先生建筑设计的业务来源不依靠官方的关系，而是全凭平民化商业竞争与信誉。相比之下，当时的大量建筑事务所都在一定程度上依靠通过政府关系或与政府部门打过交道，如董大酉的上海特别市政府大楼（1933年）、华盖的南京国民政府外交部（1934年），而基泰事务所则因“大老板关颂声与国民党的党政金融机关头面人物都很熟”而拥有大量官方建筑业务来源。考察新中国成立前沈理源的社会任职，除了归国初期在黄河水利委员会任工程师，从事建筑设计以来，目前未发现他在任何一个政府职能部门任职。从这个意义上讲，应该说沈理源是一位平民建筑师。

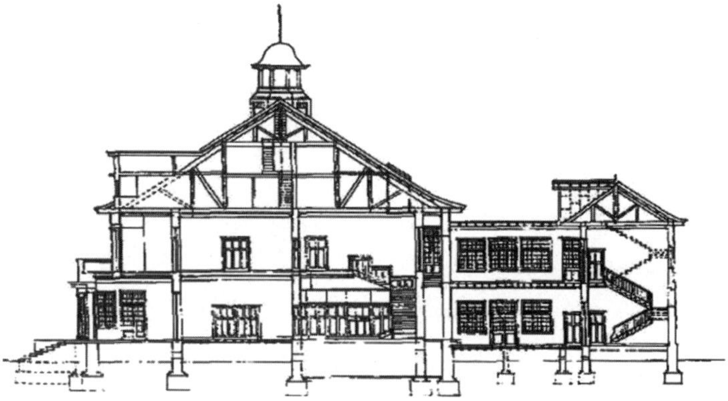

孙传芳公馆剖面图

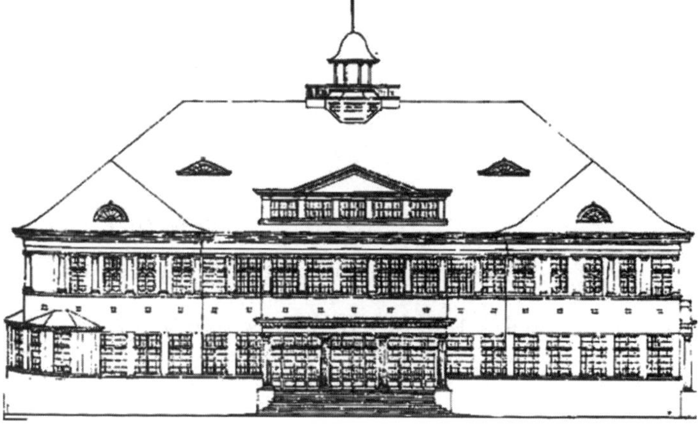

孙传芳公馆立面图

沈理源平民建筑师的特点还表现在他工作和待人处世的态度上。在华信工程公司，沈理源既是经营老板又是建筑设计师。工作上，沈理源有自己的一套工作原则，始终把业务质量放在第一位，靠信誉招徕业务，不会为扩大业务范围而把大量精力花在疏通各路关系上，其作品中没有一例靠政府关系实施的建筑实例就是很好的说明。生活上，沈理源讲究诚信助人、不攀权贵。由于成功地设计了一些银行建筑，沈理源与银行界关系较深，并长期担任交通银行顾问工程师。在一次银行界举行宴会时，沈理源受邀参加，但当他听说某位操行不佳的演艺界人士也将出席时，便断然拒绝了这次邀请。相反，他的许多普通朋友或学生在需要帮助时都会受到他不同程度的照顾。

三、教育成就

20世纪20年代末，沈理源先生就比较早地步入了建筑教育界，一直到1950年去世。二十多年的时间里，他为我国建筑教育的产生和发展做出了不可磨灭的贡献。在京、津两地，北平大学艺术学院建筑系、北平大学工学院建筑系和天津工商学院（河北大学前身）建筑系都留下了沈理源先生倾心建筑教育的不平凡的足迹。此外，他亲自翻译、出版了英国人班尼斯特·弗莱彻所著的《弗莱彻建筑史》。这是我国第一部中文的西洋建筑史专著，并在很长一段时间内成为建筑教学中西洋建筑历史的重要参考教材。

无论在哪个学校，沈理源在建筑设计和建筑历史上的深厚功底和素养都深深影响了他的学生们。当年随他学习建筑的学生们如今在各自的工作岗位上都有所建树，他们深厚的建筑素养和扎实的基本功与他的教学风格

《西洋建筑史》封面

《西洋建筑史》图版

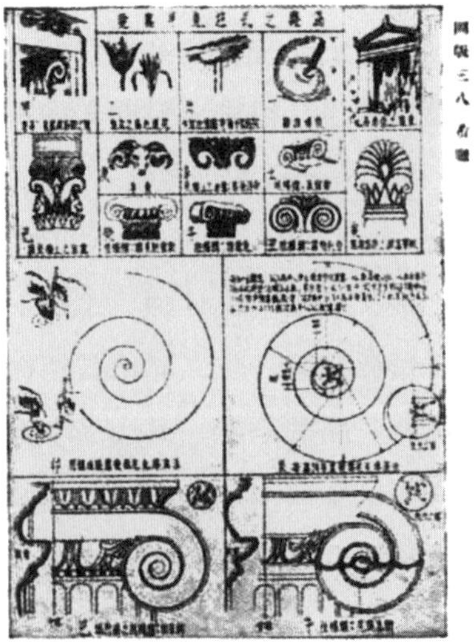

《西洋建筑史》多立克柱式分析

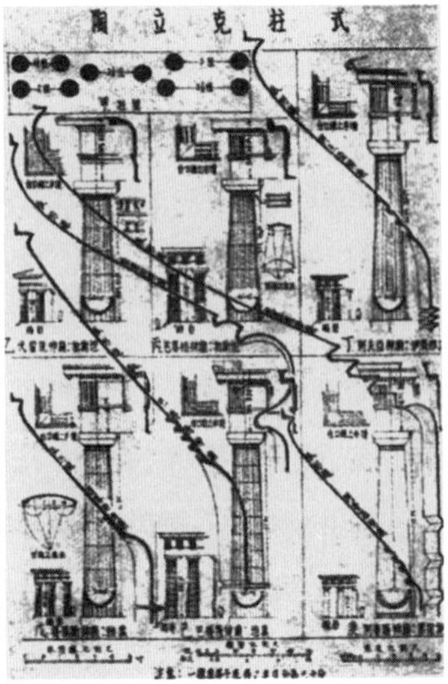

影响是分不开的。除教课之外，沈理源还注意青年教师的培养工作，天津大学冯建逵教授和清华大学王炜钰教授就是沈先生倾心培养出的两位著名建筑专业教师。

沈理源在天津工商学院任职期间，在教学实践活动中支持古建筑测绘工作。中国古建筑是华夏文明的象征，它们的存在是一个地方历史源远流长的标志，正如意大利古罗马和文艺复兴遗留下来的古典建筑，为一个地方和地区的历史文明增添了光辉。而“从历史上看，历代宫室难逃500年一大劫之灾”，沈理源深知这一层道理，因此在自己无精力研究中国古建筑的情况下，支持学生进行古建筑测绘。他重视文物建筑保护和支持古建筑测绘的态度，从北大和工商两校建筑系学生和华信弟子顾宝琦参加故宫测绘的史实中均可窥见一斑。

在故宫的中轴线测绘工作中，沈理源任系主任的天津工商学院和北平大学工学院建筑系的学生和部分讲师都参加了测绘。故宫测绘除少数自培的绘图员外，基本上是1941年毕业于天津工商学院的建筑系毕业生。在测绘过程中，有不少两地的建筑系学生陆续参加进来。天津工商学院参加测绘的学生

故宫测绘图——西华门彩色渲染图

故宫测绘图——立面与结构

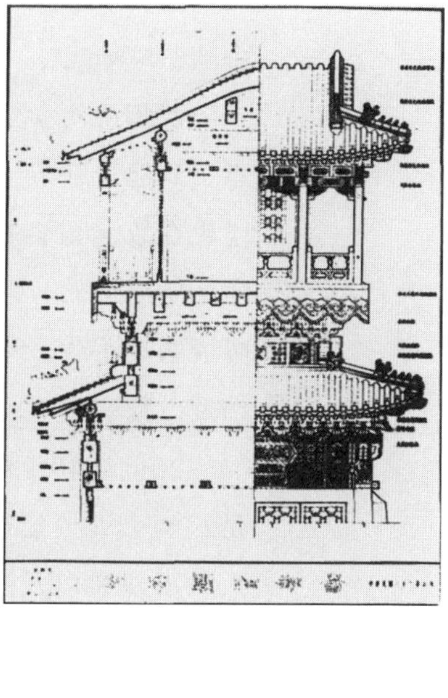

有虞福京、龚德顺、杨学智等，他们后来在自己的工作岗位上都做出了突出贡献；北大参加测绘的师生有冯建逵、臧尔忠、祁英涛等，他们后来都成为中国古建界的知名前辈。

沈理源任天津工商学院建筑系主任时，张镈兼任该系教师，故宫的测绘主要就是张镈带领建筑系学生和基泰测绘技师完成的。它开创了天津大学建筑系（前身为天津工商学院建筑系）古建筑测绘实习的先河，并为天津大学今后在这个领域保持领先地位奠定了基础。张镈先生对参加这次测绘工作人员的评价是“工作认真，功底深厚，测量翔实，绘制精细”。这批图在当时条件下能绘制如此精细，反映了天津工商学院建筑系学生的绘图基本功非常扎实，这与当时该系的建筑教学训练是分不开的。直到今天，傅熹年教授在谈及这批故宫测绘图时，仍给予它们很高的评价，认为即使在现在科技条件下测出的古建筑测绘图有些也仍未达到这批图那么“精密、完整和规范化”。

值得注意的是，朱启钤创办“营造学社”是在1928年，梁思成加入营造学社着手测绘北京故宫的工作发生在1932年左右，也就是说，中国近代建筑史上较早从事古建筑研究与保护的两位奠基人（朱启钤和梁思成）的实践活动，实际比沈理源保护古建文物的实践要晚十年左右的时间。那么从这个意义上是否可以说，沈理源先生是第一个重视文物建筑测绘并付诸实践的近代中国建筑师呢?

沈理源对学生的绘图要求非常严格，从构造关系（如楼板与承重墙的关系）到建筑细节（如柱头及线脚的画法）都要求交代清楚。这些训练与后来学生在故宫测绘中表现出的高超绘图技能不无关系。在教学中教师改图是学生们所期望的，许多老师改图说得多，动手少，而沈先生改图时，则是边动嘴说边动手改，一边讲一边画，东西随手就出来了，细节很细，交代得也很清楚，脑手并用，显示出很高的建筑素养。

20世纪40年代沈理源在天津工商学院和北平大学工学院两校任课时，是这两个学校建筑系的系主任。他很注重学术间的校际交流，如沈理源本人、冯建逵以及沈韵梅等都在两系担任过专业教师。此外，学生之间的交流也是沈先生提倡的，如1948年左右两校建筑系之间进行过一次交流与联欢——工商学院建筑系的学生到北平大学工学院建筑系与该校学生联欢。除联欢外，学术交流是不可少的，有一次还特意请清华大学的梁思成教授做过专业讲座。

在当时的教学中，建筑系学生没有统一教材，只能以外文原版书或教师的讲义为框架，靠老师手把手地教习来掌握建筑知识。为了学生们方便地掌握更多的建筑知识，沈理源先生在经济困难的条件下自费编译出版了《西洋建筑史》，解决了建筑史的教材问题。在建筑设计的教学中，沈理源也曾着手以讲义为蓝本编一本诸如《建筑原理》方面的教科书，这方面工作主要靠分别在“北大”和“工商”的两个助教王炜钰和陈式桐来帮忙。这部《建筑原理》不同于现在的“建筑设计原理”教材，它只是以西方古典建筑的五种柱式以及比例尺度、构图原理等为基本内容，融入现代建筑的设计原理、设计步骤等内容。它是讲综合设计概念的一部教材，并未涉及中国古典建筑。因具体工作由陈式桐、王炜钰两位助教完成，沈理源建议以她们两个人的名义来出书，说明沈先生教书育人的同时，还有意栽培青年教师，为年轻人提供发展机会。据陈式桐先生介绍，这本教材已经初具规模，可惜的是由于战乱及生计问题该教材最终也没有与读者见面，底稿也不知去向。

天津工商学院建筑系和北平大学工学院建筑系是北方两个实力很强的建筑系。教师多来自社会上很有经验的建筑师，因此能够保障学生理论与实践的结合。在北大工学院，朱兆雪、沈理源、钟森是建筑系三位影响较大的人物。朱兆雪留学比利时，偏重于钢筋混凝土；钟森较偏重于工程，如材料、结构等；沈理源则擅长建筑艺术，他喜欢分析建筑的艺术处理，如比例、尺度、细部推敲等。因此该系的建筑教育风格受三位老师的影响自然走上艺术与技术并重的道路。在天津工商学院建筑系，除了沈理源作为建筑设计教师外，还有法国著名建筑师穆勒，中国著名建筑师张镈、阎子亨等，设计实力非常强。穆勒的建筑设计水平从其作品中可以体现；张镈的特点则是手头功夫扎实，方案能力强，画图潇洒自如，一挥而就；阎子亨则在工程实践方面见长，他要求学生除了画图设计外，都要“盯现场”参加实践，还经常要求

沈理源的画法几何课——扉页

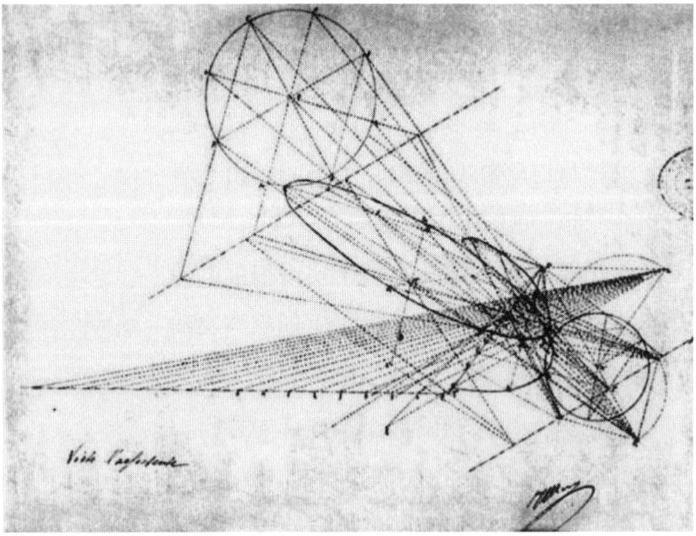

沈理源的画法几何课——作业

学生亲自扛着测量工具到现场实测，女同学也不例外。

至于沈先生改图，则有一特色，那就是“用断面指导学生作立面，里面是什么东西，外面出来什么东西，图面上交代处理得很严谨，让学生了解得也很清楚”，这一点充分反映了沈理源先生重艺术的同时也对技术有着同样的重视。沈理源的建筑素养是很深的，他常常教给学生一些规律，如三段构图法造型上的规律，如承重和非承重结构装饰线脚的不同之处；如画柱头时不同的叠涩之间要有小垫板做过渡；如所有线脚，曲直关系、宽窄关系要对比着做才有神韵；等等。沈理源先生常常教导学生“眼光要高，手也要跟得上”。他对图的要求很是认真，对学生易犯的错误了如指掌，如柱头细部、柱子比例等，他经常亲自改图、一丝不苟。至今许多学生谈起自己在工作中遇到的一些问题时，还经常感慨没有沈理源当年的严格要求就不可能有今天对西洋建筑驾轻就熟的掌握。在天津工商学院，建筑系的学生对他的盐业银行和新华银行大楼都很熟悉，因为都参观过这两座大楼，都对这两座建筑古典中蕴含的摩登精神的立面、完美的比例尺度、先进的地下银库留下了深刻印象。沈理源就是这样影响着一批批学生，使他们从理论走向实践。他经常强调建筑师眼里一定要有一把尺，建筑实物或画出的图一眼就能看出有多大，比例是多少，这样做出的东西才能比例协调，看着舒服。

建筑学生在二至三年级时要有暑假实习，一般是到生产单位画图实习，实习画图要求很细，深度往往达到施工图要求。另外，沈理源对西洋建筑史特别熟悉，他的建筑史讲义是自己编的，很下功夫也很有条理，讲课时从建筑风格到代表人物，娓娓道来如数家珍，他对每个建筑时期的思潮背景、特点、建筑师等都了如指掌，也讲得很清楚。沈理源的南方口音不时地夹杂着熟练的英文术语，给学生们留下了深刻的印象，显示出他对专业的很高素养和熟练掌握程度。在中国的建筑院校里，当时的建筑教师多是些社会上的很棒的建筑师，实践和理论都很强，沈理源就是其中一例。他教学很注重理论与实践的结合，一方面因为自己就是个实践经验丰富的建筑师，可以直接把经验告诉学生；一方面还经常组织学生参观他的银行建筑，进行仔细讲解，使学生在实物面前有较深的体会。在这些大学的建筑系里，沈理源兢兢业业，为人师表，为中国建筑界培养了一批批优秀的建筑设计人才，他的学生就是他教学成就的最好写照。

正是在这种基本功训练和建筑环境的熏陶下，北平大学工学院建筑系为我国建筑界培养出了像冯建逵、于倬云、杜仙洲、臧尔忠、祁英涛这样的知名古建专家和如王炜钰教授这样的室内设计专家，天津工商学院则培养出了像虞福京、龚德顺等这样的优秀建筑人才。

沈理源习惯于辛勤耕耘，直到晚年，他依然一个人身兼数职：贸易部基建处总工程师、北京大学教授、天津工商学院教授、华信主持人等。一直到1950年因心脏病在北京病逝前夕，他还在为新中国贸易部大楼的设计工作呕心沥血。

纵观沈理源先生的一生，他在建筑设计、建筑教学、建筑史研究等方面都做出过开创性的贡献。他较早建筑专业留学归国（1915年），他较早经营建筑师事务所（1920年以前），他的许多建筑作品为近代中国建筑增添了光辉，他对北方早期的建筑教育做出了不可磨灭的贡献，他最早关注文物建筑保护及其测绘工作（1920年测绘胡雪岩故居），他为中国建筑学生翻译了第一部世界建筑史教材……因此，我们有理由说，沈理源先生是近代中国建筑史上一位杰出的建筑先驱、建筑史学家、建筑教育家，他对中国近代建筑的发展做出了重要的贡献。

河北大学的先生们

数学

杨从仁先生

杨从仁：
正德典型　宗师风采

◇江　森

一、青年师从大家　而立独当一面

杨从仁，字善和，1915年4月生于成都。杨从仁的母亲陈清寿是一位贤妻良母，一生勤俭持家，克己待人，共养育三个儿子，其中杨从仁居长。然而，由于杨从仁的大伯膝下无子，杨从仁从小就被过继给了大伯。大伯在当时是世界书店的会计，经济虽说不上大富大贵，但幸运的是给了杨从仁少年时期一个浓厚的读书氛围。中学时期杨从仁学习勤奋，成绩优秀，毕业于成都著名的石室中学。巧合的是这座中学与河北大学的渊源不止于杨从仁先生，河北大学校名的题写者——郭沫若先生也曾就读于此。

20世纪30年代的中国，战火纷飞，内忧外患，当时的青年人当中有一批操笔杆、闹革命的文人志士。当时的工业救国思潮也对一大批年轻的有志之士产生了极大的影响。杨从仁先生当然也不例外，他于1935年考入浙江大学，并谨遵工业救国思想的教诲，选择入读电机系。一年之后，杨从仁先生慕苏步青、陈建功两位大师之名转入数学系，与陈明德、张素成成为同学。1937年，抗日战争全面爆发，高校纷纷内迁，而随学校搬回四川的杨从仁先生，则转入四川大学数学系并在此完成了大学学业。

在四川大学就读期间，魏时珍教授的变分法课让杨从仁先生结识了著名数学家库朗的弟子。勤奋好学的杨从仁先生从魏老师手中借来了库朗指导的

1937年4月浙江大学数学系全体师生合影

其博士论文。回到家中，杨从仁先生如获至宝，反复阅读，从中汲取营养。不仅如此，杨从仁先生还从魏老师那里淘来了一本《积分方程》，这本书是德国著名数学家戴维·希尔伯特的德文原著，原著的阅读虽耗费了杨从仁先生大量的精力，但与此同时也大大提升了其德语水平。

谈到外文原著的阅读，就不得不提及杨从仁先生的语言天赋。杨从仁先生精通多种语言，学识基础雄厚，涉猎多个学科领域和数学分支。例如，他的译著生涯中最重要的三部作品《高等代数》（奥库涅夫著）、《泛函分析概要》（刘斯铁尔尼克和索伯列夫著）和《几何学》（库图佐夫著）源于俄文的数学名著。此外，杨从仁先生还能自如地运用英语、法语和日语等语言。当年天津马场道有一所外文书店，距离河北大学不远，而那里几乎成了杨从仁先生在天津市的第二个家。杨从仁先生嗜书如命，一旦翻开了书页，废寝忘食就是他的真实写照。他几乎每周日都会到外文书店里去待上一整天。每次刚到书店门口，书店老板就会热情地招呼杨先生，显然老板对杨先生的身影非常熟悉。

仰望历史的天空，家国情怀熠熠生辉；跨越时间的长河，家国情怀绵绵不绝。从历史到现实，家国的书写，大我的境界，始终激励着人们勇毅前行。杨从仁先生一生从未停止过追求进步的脚步。早在20世纪40年代，他就积极参加成都教授联谊会，以更快地融入四川学术界。此联谊会的主要工作是推进学生运动，宣传进步思想，葛力、关肇直、姚志坚、陈中凡、陶大镛等名声显赫的教授在当时都名列其中，他们隔三差五就召开座谈会，激烈地探讨着当下国家之现状、政治之现况，积极地谋划着当下学生之运动、工人之革命。后来被誉为“世界著名的和平战士”的加拿大进步人士文幼章在当时积极地将自己在成都的住宅提供给联谊会，供其进行日常活动。杨从仁先生也正是在这一时期深入地了解了中国共产党与共产主义的先进性，为日后坚守祖国打下了良好的思想政治基础。

随着抗日战争的全面胜利，国内形势暂时相对稳定，作为一名风华正茂的青年知识分子，加之满腔的热情，1946年杨从仁先生毅然地加入了中国民主同盟。直至1949年成都解放，杨从仁先生在成都为民主进步思想的宣传付出了几年大好青春。

新中国成立伊始，积贫积弱的共和国百废待兴，而教育事业，尤其是高等教育的建设是国家建设中的重中之重。20世纪50年代，杨从仁先生毫无保留、坚定不移地服从国家安排，立志服务于国家发展，要在新中国的大地上做出一番事业，为共和国的建设添砖加瓦。1950年，杨从仁先生受聘于四川大学军事管制委员会，被任命为四川大学校务委员会委员，并参加了新中国成立后的高校整顿与改革工作。随后，在这一年杨从仁先生被安排远赴东北，参加祖国的高等教育建设。

东北地区是新中国建立初期最重要的工业基地，东北工业基地的建设也关乎着整个新中国的国防与安全，而开启建设则必然需要大量的人才与专家，彼时的党中央统筹全局，决定将远在西南地区的大批青年才俊调往东北，支援建设。于是在1950年9月，杨从仁先生受东北招聘团的邀请，携夫人唐淑常与一岁半的长女从成都远赴千里之外的长春，前往东北师范大学任副教授。在东北任教期间，杨从仁先生工作兢兢业业，其学术水平、能力和才华得到了展示和发挥。因此，1951年夏天，他得到了南开大学吴大任教授的推荐，从东北奔赴华北，前往天津的津沽大学任教。

1952年6月至9月，新中国政府大规模调整了全国高等学校的院系设置，把民国时期效仿英式和美式构建的高校体系，改造成效仿苏式的高校体系。同年，天津师范学院（河北大学的前身）成立，三十七岁的杨从仁先生牵头组建数学系，同时肩负着行政、教学及科研三大任务，为数学系乃至河北大学的组建立下了汗马功劳。为了让新生的数学系能够快速成长，杨从仁先生首先提出了关于课程设置的改革，他认为要培养未来的中学师资，不能仅限于开设“初等数学复习与研究”这类的课程，还要设置更为专门的、近代的和联系实际的课程，只有这样才能使学生站得高、看得远，成为未来的优秀教师，在将来的教学中深入浅出，融会贯通。在开设新课的同时，杨从仁先生还组织设立相应的教研室指导教学。为更有效地培养数学系的师资队伍，他订购了大量的外文资料，亲自到外文书店购买图书，建立资料室，这为培养青年教师和研究生发挥了重要作用。他在各教研室建立了“数学讨论班”，选读专著，每周一次，每次二至四小时。杨从仁先生亲自带领“泛函分析”讨论班，而梁永康和梁绍礼则是其他教研室讨论班的导师。多年来讨论班这种形式从未间断，逐渐形成了一种传统。随着1960年学校更名为河北大学，其办学性质也需向综合性大学进行转变，在此期间，数学系顺利地完成了任务。

为培养青年教师，1962年，杨从仁先生在数学系组织了一个规模较大的“数学分析进修班”，期限为两年半。他要求1960、1961及1962届毕业留校的青年教师必须参加，并且参加的教师需完成相当于研究生学历的课程学习。对于业务能力较强的教师，杨从仁先生都委以重任，让他们在实践中不断提高，为此，他还派出一部分优秀青年教师到外面去进修。不仅如此，当年数学系还开设了一个两年制的研究生班，对外招生，为外校培养人才。河北大学数学系在杨从仁先生的领导下经过一系列的改革创新工作，不仅教师的业务水平得到了很大提高，而且使数学系成为河北大学的理科重点系。

直到“文革”前，杨从仁先生一直担任数学系主任一职，并为新中国初期的国家建设培养了大量的数学人才。目前，从河北大学数学系毕业的学生遍及天津市、河北省乃至全国各地及世界多个国家。数理人才的培养是一个国家乃至一个民族的希望，尤其是在20世纪五六十年代，共和国初期急需加强重工业以及国防工业的建设，而这些产业的人才培养要以高等数理教育为基础，杨从仁先生一生虽没有直接参与祖国工业化进程的建设，但他却无时无刻不在推动着新中国数学理论和应用的发展与进步，同时也为无数社会主义建设的关键岗位培养了领军人才。心中有国，方能鞠躬尽瘁；胸中有业，方能死而后已。杨从仁先生选择了新中国，便一生无悔，选择了河北大学，便此生无憾。

二、逆境坚毅不屈　终辟研招之路

20世纪六七十年代，一场跨越十年的动乱席卷中国大地，全社会各行各业的发展在当时都受到了严重的冲击，而首当其冲的就是科学文化界。当时，无数科学界的巨匠与文化界的大家惨遭批斗，轻则被迫告别热爱的岗位，重则被斗至死。杨从仁先生作为河北大学的优秀教师、数学系的领军人物，在"文革"期间被迫停止工作。直到"四人帮"被粉碎以及十一届三中全会的顺利召开，在动乱之中被打倒的杨从仁先生才被恢复了数学系主任的工作。经历了近十年的折磨，杨从仁先生的意志不但没有被击垮，反而让他深刻地认识到错过的时间必须加紧追回，耽误的研究必须加紧赶上，他暗地里下定决心要把十年浩劫对教学和科研的损失弥补回来。

随着高考招生在1977年被恢复，次年我国研究生招生制度也被恢复，全国高等教育的发展迎来新的春天，河北大学同样也刚刚度过了一个举步维艰的寒冬。在动乱时期，学校的许多教师受到冲击迫害以及极不公正的待遇，加之校址由天津搬迁保定，而保定的综合实力相较于天津存在着明显的差距，种种因素致使众多德高望重的老教授选择留守天津，进而导致河北大学众多院系被合并到南开大学、天津大学等天津高校，而许多迁到保定的教师后来又调回天津。河北大学的整体实力也因此在20世纪70年代中后期被大幅削弱。可幸的是，杨从仁先生在面对这一选择时，首先想到的并不是要不要去保定，而是必须坚守河北大学，他的思想深处早已打上了"河北大学在哪儿，我就在哪儿”的烙印。作为河北大学数学系的创始人，杨从仁先生眼中的数学系就是他的孩子，他认为他有义务也有责任去培养好、经营好河北大学数学系。

杨先生在授课

1978年，杨从仁先生六十三岁，年过花甲的老教师本可以理所应当地退居二线、颐养天年，但杨从仁先生选择了与时间赛跑、与年龄抗争，他内心深处发出这样的声音：每多工作一天，就能为河北大学多尽一份心；每多研究一日，就能为中国数学多出一份力。党的第十一届三中全会以后，全国上下的科学教育事业如雨后春笋一般重新拔地而起，河北大学数学系也迎着教育科学的春风，在当年招收了三名基础数学专业的研究生。

当年为了探索新的研究方向，杨从仁先生阅读了大量的书籍文献，其中对他产生影响最深刻的著作是关肇直先生为其推荐的T.Kato的名著《线性算子扰动理论》一书。为了彻底吃透这本著作，杨从仁先生一头扎进资料室书库和期刊杂志库中，而这一扎就是大半年的时间。由于当时高考制度刚刚恢复，科研与教学工作也处于刚刚开始的阶段，学校的资料室还没有被整理出来，大量的期刊和书籍就一窝堆地存放在房间的地板上，但日积月累的层层灰尘全然没有影响杨从仁先生求知若渴的决心，他每天戴着口罩和袖套，对大量文献资料进行收集与整理。经过九个月的努力，杨从仁先生对《线性算子扰动理论》一书及相关领域有了更深刻的理解。杨从仁先生探索出了一项具备高起点、新知识与强应用的研究课题，开辟了“增生算子扰动理论及其应用”的科研方向。

杨从仁先生不仅为河北大学数学系招来了第一批研究生，更是在1984

年为河北大学数学系争取到硕士学位授予权。当时泛函分析算子理论及其应用的研究工作刚刚起步，杨从仁先生带领研究生以讨论班的方式学习了巴布的《非线性半群和Banach空间中的微分方程》和F.Bmwder的《非线性算子和非线性发展方程》等专著。经过反复深入的研讨，杨从仁先生与学生们不仅获得了学术方面的研究进展，他们之间的师生情谊也被进一步拉近。何震老师作为杨从仁先生的第一批研究生，他回忆道，20世纪八九十年代，七十多岁的杨先生还在为研究生上课，他思维敏捷、知识渊博、洞察深邃、平易近人、人格高尚；他经常为其研究生翻译德文、法文等语言的论文，修改英文论文；他很少照本宣科，而是讲自己的科研和理解；他不仅在课堂上带着我们进行学术交流与讨论，更是在课余时间经常请我们去他家做客。在谈到这段难忘的回忆时，何老师津津乐道，每每在杨从仁老师家集合后，师母唐淑常老师总是会给他们几个准备一桌丰盛的饭菜，这样的场景可能放到现在已经非常罕见，贵为副校长却能够热情邀约到家中款待学生，单凭这一点就足以看得出杨从仁先生有多么谦逊、多么平易近人。

当年杨从仁先生还与学生们讨论了冈泽登、Gustaffs等人的一系列论文，亲自做研究，先后在《数学学报》《数学年刊》等杂志上发表了多篇论文，并多次在全国泛函分析会议上做学术报告。1985年，经过各方协调和努力，杨从仁先生成功地组织了第四届全国非线性泛函分析学术会议。不仅如此，在杨从仁先生的指导下，20世纪90年代初一些研究生的研究成果已经开始在国际著名期刊发表，同时他的研究生们的学位论文也受到田方增、李文清、定光桂等专家的一致好评。该方向的研究成果在当年已获得三项河北省教委的科技进步奖，被河北省教委鉴定为具有国际水平的研究成果。杨从仁先生也因此多次被评为河北大学优秀研究生导师，并经常在学校及学术会议上做经验介绍。

三、眼里不容沙粒　心中总葆谦逊

杨从仁先生对于工作的严谨程度与认真态度，令众多身边的同事折服。

据南开大学周学光教授回忆，当年他曾与杨从仁先生一同担任天津市高考数学试卷评阅组负责人，当时的任务除了评阅试卷外，更重要的是检查和确保评卷的质量。杨从仁先生是当时阅卷人员中年龄最大的一位，但他却可以保持与其他年轻人一致的步调——每天都工作到晚上十点多才收工下班。杨从仁先生对工作认真负责，一丝不苟，经常抽查试卷，一旦发现错误，哪怕是极小的错误，也要向有关阅卷人员指出，并严肃且耐心地说道："一分的错误也可能影响考生的命运，我们可不能掉以轻心。"

这种严谨认真的工作作风不仅给身边许多同事留下了深刻的印象，他的学生们在回忆起与他相处的日子时，同样也对杨从仁先生的严谨认真赞不绝口。河北大学数学系老师侯志彬曾是杨从仁先生的学生，侯老师在回忆起跟随杨从仁先生学习的日子时，总会提及杨先生那整洁易懂的板书。"当年活页笔记本上杨老师那黄豆大小的字迹令我印象非常深刻，虽小但齐，"侯老师说，"每次有学生在课下说哪里仍有困惑的时候，杨老师不会仅仅只停留在一些口头协助上，更会毫不吝啬地把笔记本直接借给我们，帮助我们能够更快地吸收新知识。"

杨从仁先生生而为学，学而为生，他将毕生精力倾注于学术之中，倾注于学生之中。杨从仁先生的授课方式严谨科学，他不仅在课前花费大量的时间与精力去备好每一堂课，而且在课堂上也会向同学们倾其所有，从每一个零碎的知识要点到每一套宏观的理论框架，他总要竭尽全力地向同学们解释清楚每一处细节。当年他在讲台上背对学生认真做板书时的情景，令许多学子至今记忆深刻，那一篇篇整洁的板书像是借助了粉笔的力量，深深地刻在了曾经听过他讲课的学生们的心中。课堂上的杨从仁先生是严肃的，但他讲话时带有的四川口音却总会给人一种随和的感觉。曾经有学生抱怨在最开始上杨从仁先生的课时难以听懂杨先生的讲话，但随着时间的推移和深入的交流，同学们的耳朵渐渐习惯并开始享受杨先生独特的巴蜀口音。身处20世纪，上至国家领袖，下至黎民百姓，乡音几乎是所有漂泊在外的游子们的标志，杨从仁先生当然也不例外，虽然上半生奔波于中国各地，但不变的乡音饱含杨从仁先生对故土的醇厚情感。生于南国，长于南国，却在北国绚丽绽放。他无畏东西，四海为家，但归根结底，最终扎根保定，扎根河北大学。

为人处世都极其谦逊是杨从仁先生的鲜明特点。早在20世纪50年代初期，作为系主任和学校学科的带头人，他就被评为了副教授，以当时他的学识与资历，不用几年时间，也会顺理成章被评为教授，然而直到十年动乱复出之后，他才成为教授。20世纪60年代前后，身边的很多人都建议杨从仁先生积极运作评教授职称一事，但他自己却从不主动推进此事，并总跟身边的人说："我的学识还没有达到那一水平，仍需继续学习。"可事实上杨从仁先生的成绩却早已具备这样的实力。

这件事不仅反映出杨从仁先生的谦逊品性，实际上也体现出杨先生对自我要求的严苛，而这种严苛的作风贯穿于他的一生。在任河北大学副校长的时期，杨从仁先生还是学校学术委员会的主任，专门负责职称评定。高标准、严要求并不只是杨从仁先生对自己的约束，同时表现在他评判人才的态度上。当时学校里有一些教师在评定职称中就遭受过杨先生的百般"刁难"，可能他那种几乎不近人情的严苛、负责的工作作风的确会得罪一部分人，但也正因为他的高标准与严要求，才为河北大学筛选过滤出了更多有着真才实学的人才。

杨从仁先生十分珍惜人才。当年数学系速成班有一位善思好学的学生深得杨从仁先生的喜爱，但可惜的是当时在速成班学习的学生不会有大学文凭，因而没有资格留校任教。杨从仁先生惜才，不愿白白让这位满腹经纶的学生浪费自身的才华，他想方设法在不破坏规则的前提下，将其留为数学系的资料员，而后几年，资料员这个差事非但没有埋没了他的天赋与才华，反而给予了他一个自我学习与深造的机会。后来的事实同样也证明了杨从仁先生的眼光是犀利的，这位学生从最开始资料员的位置，通过一系列的努力调任到了教学助理的岗位。而今，昔日的资料员早已成长为副教授，并承袭先辈之衣钵，担任研究生的教学工作。

在嗜才如命的杨从仁先生心目中，学生的利益永远是第一位的，谁亏待了学生，谁没有把学生的切身利益放在眼里，谁就应该被批评、被谴责。

杨从仁先生担任河北大学副校长的那几年就不断地为学生争取权益。有一次在学校的大会上，他当着全场领导和老师的面，痛批当时个别处室的官僚作风，没有维护好学生切身利益，尤其提到了没有为研究生们提供合格的学习生活环境。众所周知，一所高校的科研水平之所以得以快速地发展，不仅仅要依靠教师们的科研努力，研究生们的辅助作用也是至关重要的。杨从仁先生深知这一点，非常重视研究生们的学习、生活条件，要求有关部门务必尽快落实。杨从仁先生心直口快、敢作敢当的作风受到大家的尊重。自那之后，河北大学再没有亏待过哪怕一届研究生。这件事从当时看，杨从仁先生可能没有顾及某些领导的面子，但长远上此举极大地提升了学校吸引并留住人才的能力。

君子爱“才”，取之有道。杨从仁先生在选拔人才方面，从来都是秉承实事求是的理念。从数学系主任的职位到河北大学副校长，在杨从仁先生的眼中，行政地位的提升不过就是多年潜心学术研究做出一些成绩的附属品。他从来都不在乎自己的职位有多高，也不在意自己到底是副教授还是教授，他从始至终都保持着一颗对数学求索真理的赤子之心，然而不可否认的是，随着职务的晋升，杨从仁先生手中的权力渐渐成为许多欲行捷径之人所觊觎的对象。无论是社会上的官员还是学校里的同事好友，凡是因为人事问题、提拔问题去寻求杨从仁先生照顾的，杨先生从无二话，一律严词拒绝。当年在面对一些人一而再，再而三的恳求时，他总说：“照顾？任何人都不需要我照顾！如果他是人才，我定会重用；如果他不是那块料，再怎么照顾都没有用。”他也因此遭到一些老同事的批评，有些人认为他会因为无法处理好社会关系而得罪旁人，但杨从仁先生却一生也没有尝试改变在这某些外人眼中所谓的问题，他始终坚持自我，活出本真。

四、京剧常伴其身　数理与艺双全

杨从仁先生身材高大，外貌俊朗，若是没有选择成为一名数学家，那他可能就会在艺术的道路上大放异彩。杨从仁先生自大学时期就酷爱京剧艺

杨先生登台表演

京剧大师袁世海（左五）与杨先生（右四）合影

术，年轻时就经常利用业余时间听京剧、唱京剧，无论身处祖国的南和北，杨从仁先生的朋友都了解他是一名不折不扣的京剧票友。在河北大学任教期间，作为学校京剧社的一员，杨先生曾数次登上学校的舞台并一展歌喉。彼时的他在学生眼中已然不再是三尺讲台上严肃的杨老师，而是三丈舞台上迷人的大明星。

随着杨从仁先生担任起副校长的职务，他的业余时间变得越来越少，他也逐渐从一名业余京剧表演者转变为京剧艺术的推广者。杨先生任职副校长期间，著名京剧表演艺术家袁世海、马长礼等人曾造访河北大学，并在校园内开展讲座，向师生传播京剧文化。热爱并了解京剧艺术的杨从仁先生，当仁不让地就成了校方的代表，他亲切地接待老艺术家们，并与他们热情地探讨京剧艺术，这在当时的校园内外颇受好评。20世纪河北大学在接待外宾时，也常常会向他们展示京剧这门国粹，而当时陪同外宾负责讲解的学生，常常因听不懂京剧戏词，导致难以向国际友人翻译解释。精通多国外语而又熟悉京剧的杨从仁先生会经常协助学生翻译，这既让他享受了京剧艺术，又为河北大学完成了接待任务。

20世纪50年代，在那个人均工资每月只有几十元钱的时期，作为河北大学数学系系主任的他就已经拿到了二百零八元的月收入，这在当时可不算一个小数目。然而，杨从仁先生对财富没有任何的奢求，一贯谦逊的他认为自己并没有资格得到如此多的酬劳，因而杨先生也并不安心将工资收入都花费到自己的家庭与自己的身上。那时，天津有一家名叫起士林的西餐厅，每到工资到手的那一天，杨从仁先生就召集学校的同事们到那里一坐，自费请大家吃一顿大餐，以改善伙食并促进大伙儿的感情，慰劳大家一个阶段的辛勤付出与努力。一向朴素的杨从仁先生之所以会这么做，一是因为杨从仁先生不贪财，二是因为他从内心深处就认为国家所给予他的高薪并不属于自己，而是属于集体。

虽然杨从仁先生总是毫不吝啬地对待朋友们，但平日里，他家的菜谱却非常简单。可能是由于长年累月地过度用脑，也可能是由于营养摄入不够充足，杨从仁先生平日里嗜糖如命，他总会在挑灯夜战的时候嘴里含上一块冰糖，以保证自己的工作状态。

杨从仁先生家庭教育的理念相当先进，他与孩子们的相处模式总是开放的、民主的、包容的。杨先生从不会要求孩子们按照自己的意愿去做某一件事，他总会给予孩子们最大限度的成长空间，然而可以肯定的是杨从仁先生将良好的家风毫不保留地传递给了下一代。杨从仁先生的次子从小就深刻地体会到父亲的奔波，据他回忆，在他十一岁那年，父母就把他一个人独自留在天津而奔赴保定。虽然从杨从仁先生儿子的口中听到了一丝对父亲当年将其变成留守儿童的不解和苦涩，但随着年龄的增长与岁月的积淀，他逐渐理解了父亲当初做此决定后心中的不舍与无奈，而又难以言表的苦衷。古往今来，没有哪一位英雄豪杰能够完全将家庭抛之脑后，杨从仁先生同样也非圣贤，他对于家庭与家人的爱之切也源于内心深处。

五、生前桃李满园　身后流芳千古

在杨从仁先生八十大寿前夕，学校有关部门希望给这位为河北大学的建设呕心沥血一辈子的老教授祝寿，以表达对老先生的尊敬与感激之情，但一向处事低调的杨先生一口回绝了这一提议。杨从仁先生虽然从内心体会到了学校对老一辈同志的重视，但他却不希望为此大动干戈。后来在校方的屡次劝说之下，杨先生才满心欢喜地答应了此事。杨从仁先生就是这样一位率真的人，他不喜欢的事情绝不会草草答应，而答应了的事却一定是经过深思熟虑之后内心充满喜悦并满怀期待的。然而，具有不幸的一幕竟然发生在杨先生即将迎来自己的八十岁大寿之际——他不慎摔倒在地，导致股骨头受到重创。住院期间，杨先生又因为血压问题罹患脑血栓。这一系列的身体问题最终击垮了已入耄耋之年的杨老先生，他不可以再站上三尺讲台洋洋洒洒地为同学们讲授泛函分析，他不可以再坐在家中随时等待着同学们和同人们来共同探讨线性算子，他只能躺在病床上与络绎不绝的探望者们谈谈家常、话话过去。

英雄迟暮的故事并不都是轰轰烈烈的，事实上，杨从仁先生临终那天下午也没有太多征兆。在晚年住院期间，杨从仁先生的生活是由夫人和儿子轮流值班照料的，因为医院距离杨从仁先生的家不过几百米的距离，因而平日他们母子会轮流回家吃饭。那本是一个平常的日子，杨先生的儿子刚到医院接过母亲的班，不过一会儿，杨先生就毫无征兆地离开了他们。杨先生的儿子回忆道，父亲走的时候就像是突然睡着了，走得悄无声息。后来在医生的诊断之下家属们才知道杨从仁先生最终是因全身器官衰竭而驾鹤西去。

杨从仁先生的不幸逝世受到了多方关注，他的许多学生和同事得知噩耗后纷纷送来挽联。在这些挽联中，当属知名书法家熊任望先生的挽联最为精炼。熊任望先生生前曾为河北大学中文系教授，与杨从仁先生有着非常不错的私交。熊任望先生在听到老友离开人世的消息后悲痛万分，于万千思绪中写下“代有宗师桃李满天下；身扬正气德操存典型”的挽联，以缅怀刚刚逝

杨先生与他的留校的学生们（左起：侯志彬、杨从仁、何震、朱亮）

去的老同事、老朋友、老相知。“宗师”一词恰如其分地彰显出杨从仁先生在河北大学乃至中国数学界的地位与成就；“桃李满天下”则是后世对于一位人民教师的最大认可与最佳褒奖；“身扬正气”精确地概括了杨从仁先生一生的秉性以及淡泊名利、不争不抢的人生信条。

杨从仁先生不仅赢得了同事、朋友们的良好口碑，他的学生也对其心存崇敬。得知讣告，杨从仁先生的一位学生在发来的唁电中表示：惊悉恩师杨从仁教授不幸病逝，万分悲痛。据悉，这位唁电的签发人早年追随杨从仁先生，在十年动乱时期曾是年轻教师，而如今已为教授。可能是杨从仁先生在年轻时对于学生们的要求过于严苛，也可能是有些工作方法显得简单急躁，很多年轻师生在十年动乱时期曾送给杨从仁先生一顶“魔鬼集团头子”的桂冠和“反动学术权威”的高帽，这对当时正在遭受迫害的杨从仁先生无疑是雪上加霜。然而，在数十年后的这封唁电中，“恩师”二字则将过往的师生恩怨一笔勾销，这声亲切的称谓无疑是对杨从仁先生在天之灵的最好慰藉。

百年河大，人才辈出。杨从仁先生的德行无愧于河北大学，河北大学的品格无愧于杨从仁先生。在其五十余年的学术生涯里，杨从仁先生创新性地开辟了“增生算子扰动理论及其应用”的科研方向；在其四十余年的河北大学生涯里，杨从仁呕心沥血地为国家培养了大量的数学人才。作为一名河北大学的老先生，杨从仁信奉实事求是的人生信条，为人正直，处事谦逊，一生潜心治学，毕生追寻真理，他的名字应当永远被河北大学所铭记。

河北大学的先生们

物理

马沣先生

马　沣：
物理学教授的家国情怀

◇薛国良

一、读私塾出身的学者

马沣，字芑汀，1896年出生于河北省衡水县的一户诗书之家。其父曾读书于前清的冀州书院，后在保定完县（今顺平县）任学官，主管考取秀才事。马先生七岁时随父亲到完县读书，一开始入的是私塾，走的还是科举时代读书人的路子，先念《诗经》，后念《论语》《孟子》等。虽然彼时的私塾先生只教背诵不通讲解，但对于马先生来讲，却是完成了中国传统文化的启蒙。马先生天资聪颖，其父又从严教养，自幼便浸润国学，造就了先生终生的儒雅。入私塾两年后上小学，开始学四则运算等课程。先生在严父身边学到十三岁后又转到保定莲池书院高等小学读书。辛亥革命后，马先生随父亲回到衡水。1912年，十六岁的马先生考入冀县中学读书。

1915年夏，十九岁的马先生考入北京大学第二类预科（相当于理科高中）。彼时任课教师多为南方人和外国人，由于不通英语和南方话，初进讲堂便遇到了拦路虎，马先生用了两个多月的苦功夫才逐渐能听懂讲课。三年预科（马先生自己曾说北大预科的三年是他一生中最用功的时期）后，二十二岁的马先生于1918年进入北京大学物理系学习。为了经济上的独立，马先生二十三岁那年就开始兼职在北京电灯公司办的电气工业学校讲授微积分，开始了自己第一次教学尝试。

马先生1921年毕业于北京大学物理系，获理学学士学位。到毕业时马先生才知晓在校所学的物理仅为各门功课的基础，遂产生了继续深造的想法。恰逢1921年冬天河北省招考省费的留英美学生四人，受彼时科学救国思潮的影响，马先生报考了留英的机械系，被录取后于1922年前往英国里兹大学机械系学习。

到里兹大学机械系学习后，在刻苦攻读专业知识外，马先生首先受到的是英国文化的冲击。马先生在自传中曾说，“英国教育注重严整、精确，与我长期养成的散漫、模糊的性情正好相反”。其实马先生谈到的这种差异正是中西文化的差异，正是在这种差异中的三年苦读，才造就了马先生“学贯中西”的襟抱和修养。

1925年，马先生从里兹大学毕业，获理学硕士学位。

二、位卑未敢忘忧国

1926年，马先生回到天津，经完县老乡、时任天津北洋大学校长的机械工程专家刘仙洲介绍，到河北省立工业专门学校教授热力学与机械设计等课程。当时正值军阀混战，学校每月只能发薪一两成，因用度不敷，马先生曾到吉林长春新开工的吉敦铁路局做了几天机务股长。当时铁路大权掌握在日本人手中，马先生因不通日语，不久就辞去职务，又回到河北省立工业专门学校。

1927年，河北省立工业专门学校改为河北省立工业学院，并附设高中部，马先生担任高中部主任兼副教授。1929年，马先生又被河北省立工业学院聘为机械系主任、教授。

1929年至1937年，先生先后讲授了机械学、材料力学、工程力学等课程，在教学中编写了《物理实验》和《原动力设计》讲义，同时坚持自修了相关理论课程所需的数学。马先生在河北省立工业学院践行自己“科学救国”的理念，整整持续了十年。他自己也说这十年是他人生第二次最用功的时期。

1937年，抗日战争全面爆发，日军进攻天津，日本侵略者的飞机在工业学院投下炸弹，将学院的建筑全部破坏，学院耗资三十万元新建的水利实验馆也被炸毁，校舍也损毁严重。

学院广大师生义愤填膺，为此马先生与杨十三教授（留美归国的化学博士，化学制造系教授兼斋务课主任，1939年夏牺牲在抗日战场上）、洪麟阁教授等人在法租界基泰大楼秘密聚会，置日本占领军的复课令于不顾，联络校友及其子女，以誓死抗日、报效祖国为宗旨，成立了抗日爱国团体“工字团”。他们带领学院爱国师生，在中共地下党组织的领导下，明确接受“华北人民抗日自卫委员会”的领导，组建冀东抗日联军西路军，积极支持国民党爱国将领在冀东的抗日活动，表现出了极大的爱国热情。

在此期间，马先生结识了共产党员李初梨等人，他们送给马先生关于辩证法、唯物论的图书，这也是马先生初次阅读关于政治的图书。马先生曾先后两次与洪麟阁赴冀东的丰润北部发动、组织抗日联军，后因身体不济撤回天津，担任照顾抗日人员眷属的任务。

天津沦陷后，工业学院被迫停办。1938年春，天津工商学院（河北大学前身）邀马先生入职，马先生到天津工商学院担任了物理及物理实验课程的讲授。太平洋战争爆发后，日军闯入租界，对有抗日嫌疑者进行抓捕。日本人竟然有几次闯入马先生讲课的教室里观察马先生，马先生幸而躲过此劫。

值得一提的是，战后马先生再次到河北省立工业学院工作了一段时间。那是因为抗战胜利后，河北省省府下令，指派原机械系主任马洋教授等为河北省立工业学院校产接收员，接收抗日战争期间被日本占领者侵吞的校产。1946年1月，马洋教授组织领导接收了工业学院本院及分院大部分未毁校舍及图书资料、实验设备等。1946年2月，河北省省府批准成立“河北省立工业学院复校筹备处”，任命马洋等三人为委员。同时，河北省府令聘学院秘书路荫柽为代理院长。因路荫柽在重庆暂不能就职，学院复校工作仍由马洋主持。

在此期间，马洋先生在保护河北省立工业学院财产和战后恢复教学、科学研究秩序方面做出了重要贡献。半年后代理院长路荫柽到任，复校筹备处工作结束，马沣先生任院教务主任兼机械系主任。

1946年11月，当时的中央政府教育部派专员视察天津高等教育情况，专门搜集了工业学院师生的抗战事迹向河北省教育厅呈报，其中就包括杨十三、马沣等人的事迹。

三、甘为孺子育英才

马先生于1938年到天津工商学院任教授后，虽然为了省立工业学院的战后恢复再次到省立工业学院工作，但在天津工商学院的执教任务一直未曾中断。

1951年春天，由于长期的劳累、奔波，马先生患了半身麻木及高血压病。时年五十五岁的马先生已不堪在两校间忙碌，故于1951年6月辞去了省立工业学院的工作，只在天津工商学院更名后的津沽大学任职到1952年全国院系调整。津沽大学改为天津师范学院、天津师范大学、河北大学后，马先生一直担任二级教授职务。

马沣先生在河北大学先后讲授了理论力学、普通物理学、流体力学、照明学和弹性力学等课程。

物理系建系之初，人少事繁，高级课程无人承担，马沣先生1951年后长期卧病，时时患偏枯，行动不便，却主动请缨讲授理论力学课程，同时在家中指导青年教师进修。物理系教授姜国渭曾称：读书时，他搀扶先生从学校对面过马路来系授课的情景至今历历在目，每忆及此，仍心潮不息。

马先生对其所指导青年教师的要求十分严格，据河北大学原教务处长王振东教授撰文称："我每星期去马先生家两次，这两次均需事先用英文写好阅读笔记，并用英文做好书后所附的英国著名大学的研究生考题，一并交先生审阅。"

马沣先生从教四十年，在理论物理特别是流体力学方面造诣颇深。北京大学武际可教授在《近代力学在中国的传播与发展》一文中对马先生有专段陈述，称马先生是民国时期较早从事流体力学教学与研究的学者。马先生的《理论流体力学》和《弹性力学》书稿倾注了其毕生心血，他常常带病工作，在病情极度严重情况下也未曾辍笔。其中《理论流体力学》书稿由于起点颇高而不适合做教材，彼时的教育部未同意出版，直至1981年9月才由他的学生整理付梓。

马先生在自传中谈到自己新中国成立前后思想的变化，他说："解放以后通过学习共产主义理论，渐渐冲击、改造了我的小资产阶级思想，我也希望能更好地为人民服务，为新中国的建设多出些力。但病势不见减轻，时时为之焦虑。"姜国渭教授撰文中还提道："先生患病有年，药不离口。当时教师实行全公费医疗的，但先生体谅国家经济困难，始终自费购药。在物欲盛行的今日，此正可彰显我国传统优秀学人的高尚风范。"

"文革"伊始，马先生即受到迫害，被诬为"反动学术权威"。先生秉性刚烈，义无受辱，于1966年9月1日凌晨愤而弃世。

四、野渡无人舟自横

马沣先生治学严谨，对学生和青年教师总是循循善诱，引经据典，其深厚的国学修养常常流露于教学之中，他还常把复杂的力学现象和高深的流体力学理论与中国古典诗词有机地结合，这在讲解科学概念时往往起到画龙点睛的作用。对于这一点，河北大学原教务处长王振东教授有着刻骨铭心的体会。

王振东先生于1961年初调到河北大学数学系任教后，系主任杨从仁让他为数学系1958级开设流体力学课。为此，当时河北大学副校长蒋子绳特让他去拜访物理系的二级教授马沣先生。王振东主要跟随马先生学习米尔恩·汤姆森的名著《理论流体动力学》。

王振东先生在用复变函数方法演算椭圆柱在平行来流中的受力情况时，得出了"椭圆长柱与来流垂直时为稳定平衡位置"的结论。对此结论，马沣先生当时笑着说："这就是唐诗中的'野渡无人舟自横'。"

马先生似乎不经意的流露，令王振东为之一振。从马先生家回来后，他立刻去学校图书馆找出《唐诗三百首》，非常兴奋地查到了韦应物的七绝《滁州西涧》：

独怜幽草涧边生，上有黄鹂深树鸣。
春潮带雨晚来急，野渡无人舟自横。

尽管彼时的韦应物不会知道今人的流体力学理论，更不会知晓推演所用的复变函数，但王振东认为唐人韦应物洗练的诗句凝聚了诗人对力学现象的高度洞察力，仅仅用了七个字便将此力学现象活脱脱地勾画了出来。

在北大读书时，王振东就对古诗词感兴趣，再加上马沣老师的启发、引导，在1963年河北大学举行的首届科学报告会上，他在所做的《二维流动的复变函数方法》报告中，指出中唐诗人韦应物的诗句“野渡无人舟自横”描述的正是流体力学的现象。

1972年2月，王振东去安新县的河大五七农场种水稻。在当时特殊的历史环境下，空余时间不能看业务书，但可以读唐宋诗词。王振东将《唐诗三百首》《宋词一百首》等几本古代诗词书带去了白洋淀边的农场，劳动之余细读品味，很受启发——从流体力学的角度看，悟到了有不少诗词是以流体运动现象来抒情阐理。当时他还写了一些读书笔记，这为他后来写作多篇“力学诗话”的文章打下了基础。

四十余年来，王振东先生先后著有初识、一写、二写、三写和四写“野渡无人舟自横”的名篇问世，这也使王振东先生成为我国科普界的知名人士。

高婴齐：
河北大学光学专业的奠基者

◇魏艳红

高婴齐（1903—1992），字静生，天津静海人。高先生出生在20世纪初动荡、萧条的中国，和同时期的知识分子一样，他秉承科学救国的理念，选择了物理学作为自己攻读的方向。先生早年（1931年1月至1932年1月）就读于上海震旦大学数理系，1932年转入北京辅仁大学物理系学习。1936年毕业于辅仁大学物理系，获学士学位，并留校任教。1938年至1941年，在辅仁大学物理研究所学习，同时在物理系担任专任教师。1942年至1951年，在辅仁大学物理系任讲师。1947年公费前往美国华盛顿公教大学主攻物理学。1951年获理学博士学位，学成归来。

学成回国后，先生曾经在辅仁大学、北京师范大学物理系任教，1953年起在河北大学前身天津师范学院物理系兼课，1955年正式调入。1955年至1988年任天津师范学院、天津师范大学、河北大学教授。

一、勤耕不辍 育英成才

先生早年的教书生涯起始于1941年辅仁大学物理系，彼时先生担任辅仁理学院院长严池的助教。在严池身边，高先生读书、教学十分刻苦努力，很快掌握了国内外高校光学专业的课程设置以及相关的教学方法。在北京师范

高婴齐先生

大学，高先生的教学和科研能力得到了提高和认可，受聘为教授职称，为当时北京师范大学物理系光谱学方向的科学研究奠定了良好的基础。

高先生身为教师，教书育人无疑是其第一职业要义。几十年的教书生涯，高先生可谓桃李满天下，为中国早期的科技发展培育了一代优秀人才，其中包括王光美女士。1943年王光美本科毕业后，继续在辅仁攻读宇宙射线硕士研究生，成为中国第一位女物理硕士，她的导师就是理学院院长严池。

调入河北大学物理系后，高先生以光谱学研究之专长，为物理系开设了许多难度很大的新课程，这些新课皆为物理系“启山林之作”，也为光学专业的创立奠定了良好的基础。姜国渭先生回忆说，高先生每授新课时常有许多青年教师旁听。姜国渭先生早年就读于辅仁大学时，即得高先生亲炙，先生授新课时又再次聆听教诲，时隔六十多年后他谈起此事来依然对先生由衷地赞许。

在物理系任教时，先生十分重视在专业学习、课程讲授、科学研究等方面对青年教师的培养，深受同学和同事们的爱戴。后期高先生因身体不便给本科生授课时，教研室的年轻教师主动地承担接送高先生上课的任务，高先生也深深感恩大家在生活上对自己的帮助，和同事们相处甚是融洽。

物理系也因袭先生在教学和科研方面奠定的雄厚基础，专业和学科建设工作顺利推进，改革开放后为国家培养了一大批优秀人才。他们中有很多光学专业的毕业生成为国家高校和科研院所的中坚力量和知名学者。河北大学优秀校友韩占文同学，1984年本科毕业于光学专业，2017年11月当选中国科学院院士，是著名的天体物理学家；1983年光学专业毕业的郄秀书同学，从事大气电学与雷电物理研究，系2003年度国家杰出青年科学基金获得者，现任国际大气电学委员会委员、美国地球物理学会会员、中国气象学会理事、大气物理与人工影响天气专业委员会副主任，并兼任第十届全国政协委员；胡小永同学，1995年本科、2001年硕士毕业于河北大学，北京大学物理学院教授、博士生导师、国家杰出青年科学基金获得者，2012年至2018年应邀担任美国光学学会期刊*Optics Letters*的Topical Editor以及 Nature出版集团期刊*Scientific Reports*的Editorial Board。

高先生不仅在课堂上精心讲解，在生活中也关心爱护这些学子的发展，一直为这些学子成长为国家栋梁保驾护航。他提倡学物理要专心扎实，十分注重对年轻一代严谨治学的态度的培养。1978年系里派一批青年教师去南开大学进修四大力学课程，大家在等公共汽车时与高先生相遇，年逾七十的高先生还嘱咐大家说："学一门新课有两种学法：一是初学时就把一门课扎扎实实地掌握与领会，二是初学时不甚了然，之后再多次反复地学同一门课后才掌握与领会，我认为应该肯定前者的学法。"青年教师和学子无不对高先生高风亮节的师德表示由衷的钦敬，这些受惠于恩师们提携的学子们，在得到帮扶后不忘本，秉承先生的人格和学术上的宝贵财富，在各自领域取得了巨大成就。他们在成长起来以后，不忘恩师教诲，把教书育人、提携学子的良好风尚一代代传承下去，切实实现了育人为上的薪火相传。河北大学物理学院也因此得以快速稳健地发展。

二、精湛学术造诣　奠定学科基石

高先生是河北大学光学专业主要创建人之一，在光谱分析的科学研究方面有专长。其代表作有《液体中超音波所绕行线谱线之相对亮度》等。

1960年6月天津师范大学更名为河北大学，被河北省委、省政府确定为河北省重点大学。由于高婴齐先生在光学专业方面较深的学术造诣享誉全省乃至全国，他亲自制订、完善的光学专业的教学计划和培养目标，得到了河北省政府的认可和重点支持，相关的教学仪器设备增长迅速。1962年至1965年，物理系从英国、法国、德国、日本先后购买了一批光谱仪器及其相关的测试设备，其中从英国进口的一台当时为全校价值最高的大型精密仪器设备3.4米光栅光谱仪，价值六万余元人民币（这种型号的光谱仪当年国内仅引进了三台）。先进仪器设备的引进标志着学校的实验室建设已达到全国领先水平。精良的实验设备为光学专业光谱分析方向的发展提供了良好的条件保障。该大型仪器引进后，高先生亲自将设备的说明书译成中文，并培养年轻教师尽快掌握仪器的使用方法，直至21世纪初该仪器设备仍在教学和科研中

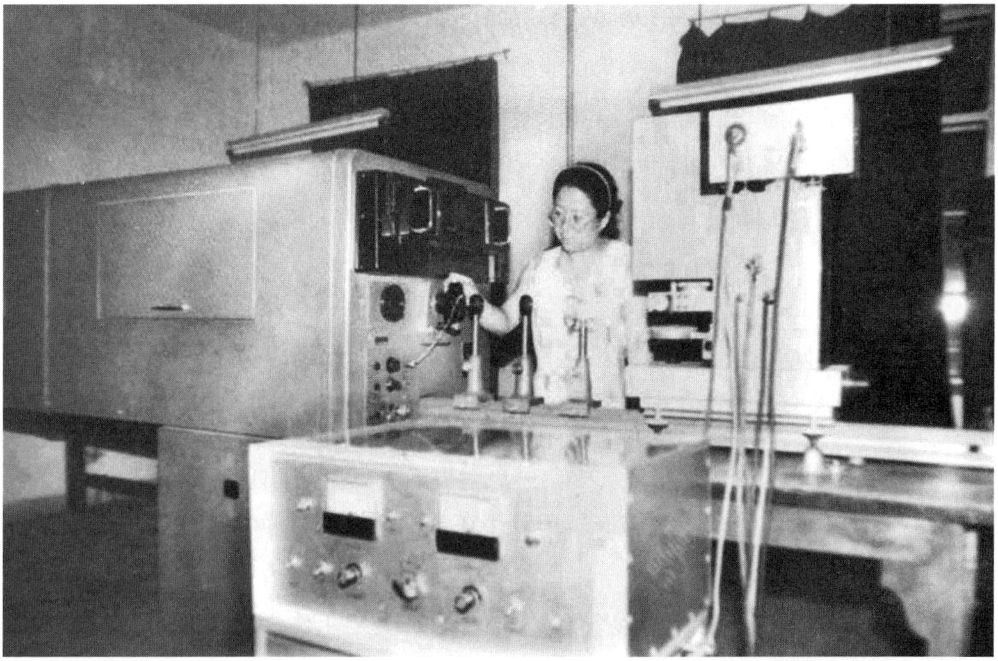

仍留存在物理学院光电信息科学与工程实验室的3.4米光栅光谱仪

高先生（前排中间穿着西服者）与毕业生合影

使用。先生创建的光谱实验室研究成果累累，至今仍为物理学院实验室的翘楚。高先生个人的实验技能很强，曾自制光谱线直读测波长器一件，将光学专业光谱学方向的实验技术由光谱传统的摄谱技术向直读技术推进了一步，当时在国内也属首创。

高先生看问题具有前瞻性，堪称高瞻远瞩。光学实验室是在一个很高的起点上开始建立的。目前物理学院的光谱实验室仪器设备先进齐全，这与高先生奠定的基础息息相关。多年来河北大学光学专业的科研水平在省内一直处于领先地位，为国家培养了大批相关专业的人才。目前物理学院光电信息科学与工程专业是由原光学专业不断发展壮大起来的，该专业获得国家特色专业、教育部专业综合改革试点及一流学科专业称号。改革开放以来，物理系审时度势，激流勇进，1981年在全国首批获得光学硕士学位授予权；1998年创立了河北大学第一个工科一级学科博士学位授权点（光学工程），产生了河北省首批燕赵学者岗及燕赵学者，傅广生作为物理系的优秀毕业生获此殊荣。物理学院这些学科发展方面的显著成就都可溯源到高先生前期在光学专业方面的教学和科研成就的积淀。

高先生致力于开展物理学方面的推广及基础性工作，为提高物理系在社会的声望做出了自己的贡献。他曾参与筹建《物理通报》杂志，也曾担任第一届河北省物理学会理事长，1957年在上海参加教育部召开的修订高等师范教育物理系的教学计划工作，等等。

先生在高校的教育管理方面也有自己独立的见解和思考，提出各系领导的选任要考虑有科学研究的、专业知识的人才，领导科学研究一定是有学术背景的人，没有学术背景的不能领导科学研究。这也是作为一个知识分子对国家教育事业的独立思考和真知灼见。

正如著名教育家、清华大学原校长梅贻琦先生所说："所谓大学者，非谓有大楼之谓也，有大师之谓也。"诚然！在河北大学的百年风雨中，正是这些先生们的到来，为学校注入了精神灵魂。这些先生们颇具风骨，他们对名利的淡泊、对苍生的关注、对科学技术的孜孜以求、对理想的捍卫，定格在岁月深处，留下的精神财富至今熠熠发光……他们是河北大学学术传统的创立者和传承者，他们的学识、人格以及所开创的传统，影响了一代代的河大人。

三、报效国家 盼望祖国昌盛

高先生一生爱国，抗日战争时期在辅仁大学曾积极参与反对日本帝国主义侵略的斗争，曾被日寇宪兵队逮捕入狱受尽折磨。

辅仁大学1925年由美国天主教修会“本笃会”于北京创办，1927年更名为辅仁大学。1929年后，本笃会难以继续资助辅仁大学，教廷改派德国“圣言会”接办。由于德、日同盟关系，辅仁大学得以在1937年北平沦陷后继续独立办学。彼时辅仁大学与北京大学、清华大学、燕京大学并称北平四大名校。抗日战争时期，北大、清华内迁，一度留守的燕大被取缔，只有辅仁大学以“孤岛”姿态继续坚守。在整个北方沦陷区中，只有辅仁是受国民政府承认的大学，一大批不肯在敌伪学校任教的有风骨的名师汇聚于此，爱国青年也纷纷慕名报考或转学而来，使其名噪一时。

在此期间，先生毅然参加了知识分子在1939年成立的抗日组织“华北文教协会”。该组织是抗日战争时期华北沦陷区内以辅仁大学师生和校友为主的地下爱国组织。当时开展的主要工作有：在课内外向学生宣传民族意识和爱国思想，教育青年刻苦读书，锻炼身体，积蓄力量，等待时机，报效祖国；传播内地电台广播的消息，搜集敌伪情报，向后方输送青年；出版《辅仁生活》周刊，联络师生感情，鼓励同学为争取抗战胜利而奋斗。

1944年3月，日本宪兵逮捕了辅大师生和校外一些华北文教界骨干，包括辅大秘书长英千里和两个学院院长及七个系的教授、讲师和助教等，高先生也在此列。先生被日本宪兵队逮捕入狱一年多，虽遭酷刑却坚贞不屈，深受同人的景仰。先生直到1945年7月15日才被假释出狱。

高先生一生爱党。新中国成立后，先生看到在党的领导下，国家很快地将很多黑暗的事物清除，同时又积极进行社会主义建设，人民的生活日益安定，并且有了保障，国家的国际地位大大提高，充分意识到没有共产党就不可能有这样欣欣向荣的景象。

由于历史的原因，以先生如此经历，在历次政治运动中备受冲击，当属“必然”。

高先生出身望族，父亲和岳父皆为前清翰林。书香门第的熏陶造就了先生儒雅、清高的气质。在知识分子思想改造运动中，先生被批判为“自命清高”；而先生对“清、高”二字，则应以“我本不浑、低”。“文革”中先生被疑为特务，从而饱受煎熬。有一次对先生连续的轮番逼供竟达三昼夜。先生事后说：“与日寇的老虎凳、辣椒水相比，此蚍蜉之技也！”

在政治浪潮的裹挟下，高先生失去了昔日在学术和教学上的光芒，各项事业暂时搁浅。如果没有这场浩劫，先生留给我们的科研和教学成果会更多更好，这也实属无奈，令人惋惜。

高先生的一生，是为国家高等教育事业执着奉献的一生，先生的学术造诣和高尚的个人情操，深深地影响着一代代的物理系师生。前辈已渐行渐远，但他们的风骨和业绩将长存人间。

吴振球：
河北大学光学、光学工程学科奠基人

◇马晓燕

一、教育工作经历

吴振球先生，1933年2月出生于历史悠久、文化底蕴浓厚的安徽省宿松县。1945年至1947年就读于二郎新耕小学三官营私塾，接受中国传统文化启蒙教育。1947年9月起在安徽宿松中学（创建于战火纷飞的1939年）读初中。1949年至1952年在皖北太湖中学完成高中学业，1950年2月光荣加入中国共青团，从此开始了他一心向党并致力于为党的教育事业奋斗的一生。其间学习成绩优秀，并获“模范团员”称号。1951年在支持抗美援朝运动中荣记大功一次。1951年至1952年曾任太湖县六届人民代表大会代表，1951年暑假还在皖北团校进行深造学习。1952年考入复旦大学物理系，是我国光学学科领军人物周同庆先生的亲授弟子，此时因工作积极、学习成绩优秀再次获得“模范团员”称号。1950年至1962年历任团小组长、支委、支书、总支委员、总支副书记，多年的学生干部经历让他拥有让人自愿追随的领导才能。1956年复旦大学物理系毕业后，先后在中国科学院化工冶金研究所和物理研究所工作，在物理研究所工作期间曾兼任该所光学研究室业务秘书，并兼任中国科技大学教师。1957年至1962年在中国科学院物理研究所任实习研究员时因工作成绩显著获“先进工作者”称号。1962年9月至1982年6月，任河北大学物理系教员、副教授、光学教研室主任、河北省物理学会第一届理事会秘书长

吴振球先生

和河北省光学学会第一届副理事长兼秘书长。吴振球先生自1962年调入河北大学物理系后即开启在河北大学令人不能忘怀的教学科研生涯。

二、光学学科奠基人

1960年至1966年，是河北大学从天津师范大学改建成综合性大学的重要时期，校领导和广大教师共同努力，在教学、科研、师资队伍建设、办学规模、教学质量以及教学实验仪器设备、图书资料方面均得到快速发展，取得令人瞩目的成就。1962年，为加强师资队伍建设，河北大学党委书记和校长亲自带团队到北京“大招贤”，从科学院、中直机关、重点大学引进一批专业素质较高的教师，其中就有从中国科学院引进的物理系吴振球和梁家昌等人。由于学校领导采取各种有力措施，在短短几年中建立起一支忠诚人民教育事业、作风过硬、专业知识扎实的师资队伍。加之物理系原有的著名专家马沣、张崇年、徐允贵、高婴齐等老先生奠定的良好基础，这一时期成为物理系发展史上一个辉煌的时期。

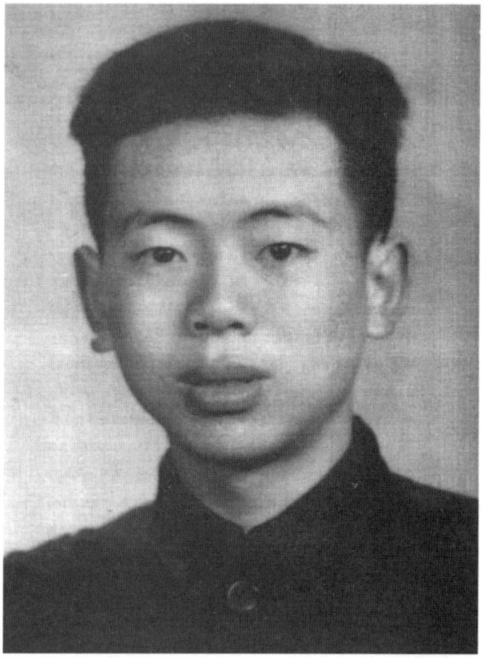
青年吴振球

吴振球先生在人才培养、科学研究和学科建设上有着令人敬佩的前瞻性，这种前瞻性来自他丰富的学术阅历，更来自他高屋建瓴的学术修养。他在河北大学学科建设上所做的多种努力至今让后辈学人久久不能忘怀。

1962年调入河北大学物理系后，吴振球先生主要负责激光研究方面的工作，曾任光学教研室主任，并带头组建了河北省物理学会（任第一届理事会秘书长）和河北省光学学会（任第一届副理事长兼秘书长）。吴振球先生为激光专业及激光研究室的建立和发展可谓鞠躬尽瘁。作为教学科研人员，可以居陋巷、吃粗饭、穿破衣，但是只要他一有时间，就一定会坚持致力于教学和科学研究。他在光学方面具有系统的理论知识，曾主讲过力学、光谱分析、原子光谱、分子光谱、激光原理、原子物理、专业实验等课程。在教学过程中，吴先生介绍传统物理学知识点时注重与最新科学研究进展的结合，受到广大学生的好评，激发了学生们的学习热情与兴趣。

吴振球先生始终认为“纸上得来终觉浅，绝知此事要躬行”，知识和实践两者缺一不可。他曾参加过激光器件研制工作，编写过《原子光谱》《分子光谱》《光谱分析》《激光原理》等讲义，主建了“光谱学”和“激光”实验室，参加并主持过多项科研项目。其中对“He中N_2的光谱分析”的研究成果已在生产线上使用，并在《物理学报》上发表了相关论文；对“1.15 μmHe-Ne激光器”和“6328 Å He-Ne激光器”的研制，达到国内先进水平，是当时中国高校第一台He-Ne激光器。“CO_2激光器”的部分研究成果也已在工厂推广。另外，他在《物理学报》《IEEE》《物理》《河北大学学报》《激光与红外》《物理通报》等刊物上发表了科研论文多篇。领导对其评价是“拥护党、拥护社会主义、学术领导能力强、科研水平高”。

党的十一届三中全会的召开，标志着我国高教事业发展进入一个全新阶段。自此物理系也得到了迅速发展。吴振球先生充分发挥自己的聪明才智，在教学科研领域做出了许多优秀的成绩，1978年荣获“先进个人”称号。

对于新中国来说，1978年是非同寻常的一年。在这一年发生的许多大事，都深深地影响了此后中国的历史进程。3月18日，在北京召开了空前盛大的“全国科学大会”，当时共有五千余人参会，标志着我国科技工作经过十年动乱后终于迎来了“科学的春天”。大会指出“四个现代化”的关键是科学技术的现代化，并着重阐述了“科学技术是生产力”这个马克思主义观点。之后，全国兴起了爱科学、尊重科学、崇尚科学的科学风气。

河北大学的吴振球先生、朱自熙先生应邀出席了此次大会，固体发光研究室的科研项目还获得了全国科学大会奖。据吴先生的学生回忆，当时在人民大会堂出席宴会时，国家领导人敬酒，旁边有名同行将吴振球先生介绍给领导说："吴先生在激光方面做了很好的工作。"领导听后立刻与之握手表示肯定。这是吴先生与我们的国家领导人有过的一次最"亲密"的接触。

1978年，国家颁布了一系列旨在尽快恢复研究生招生制度的条例及办法，也就是在这个时期奠定了我国今后研究生招生制度的基本框架。这时候就更能体现出吴振球先生的学术领导能力和高瞻远瞩的水平，他利用个人的科研影响力，创造条件并实施规划了学科的学术发展重点和发展前景，招收了物理系第一届研究生。1980年国家颁布实施《中华人民共和国学位条例》，开始进行学位制改革，明确了学位制度分学士、硕士、博士三级，标志着我国学位制度的正式建立。在当时的环境下，吴振球先生以自己超强的敏感性，意识到学位制的实施对学科发展的重要性，于1981年在国家首批研究生学位授权点申报中，带头组织申报河北大学光学硕士研究生学位授权点并获批准，是河北省高校获批的两个硕士授权点之一，为光学、光学工程学科的发展奠定了坚实基础。在此基础上，经过多年的努力，河北大学"光学工程"学科于1998年获批全国首批光学工程一级学科博士授权点，填补了当时河北大学工科博士点的空白。该学科2005年入选河北省强势特色学科，2013年入选河北省高校国家重点学科培育项目，2016年入选河北省"世界一流学科"建设项目序列。该学科还建有新能源光电器件国家地方联合工程实验室、光伏技术省部共建协同创新中心等国家级科研平台和多个省级科研平台。

1979年3月，物理系正式成立了以吴振球先生为主任的激光研究室。吴振球先生一直认为：教育，本质上就是"引导"与"激发"，只有能真正引导学生思考、激发学生主观能动性，才能真的转变为学生有用有益的东西。古人云：亲其师而信其道。学生也只有在愿意亲近、尊敬自己的老师时，才会相信、学习老师所传授的知识和道理。吴先生非常重视对学生的素质培养，他相信教好一个孩子，带动一个家庭，影响整个社会，这就是教育的魅力所在。激光研究室自成立之初就作为物理系科研工作的龙头和研究生培养基地，为河北大学培养出一大批优秀人才。吴先生的学生中具有代表性的包括：他的第一届研究生，曾任河北大学光学工程学科带头人，河北省首批

“燕赵学者”特聘教授，国务院政府特殊津贴专家，省管优秀专家，河北省物理学会理事长，中国物理学会、中国光学学会理事，河北工业大学校长，河北大学校长傅广生；长江学者、美国OFC技术（光纤技术）委员会成员、美国光学学会会士（OSA Fellow）、美国电子电气工程师学会会士（IEEE Fellow）、河北大学特聘教授、国家“973计划”分课题负责人、河北大学光信息技术创新中心主任姚晓天等。

1979年，吴振球先生参加了在北京召开的国际激光会议，他主持的研究项目“超小型氦氖激光指示器”的研究成果在大会上引起了强烈的反响，与会各国专家均给予了较高评价。此项目还荣获了北京军区科研成果三等奖。当时《河北日报》对此进行了相关报道。

因为曾在物理研究所担任过业务秘书，吴振球先生深知物理类期刊平台对于物理学方面的专家学者和物理爱好者在学习、沟通、交流方面的意义。1981年，经报请中国物理学会同意，吴振球先生将原物理研究所1951年创刊，后因“文革”导致停刊十六年的《物理通报》在河北大学复刊。当时《物理通报》《化学通报》《数学通报》都是国内出版界的翘楚，而且《物理通报》是新中国成立后最早出版的物理类期刊之一，受到了广大物理教师、学生和科技工作者的喜爱。1982年《物理通报》重新出版时，我国著名核物理学家、“两弹一星”功勋奖章获得者王淦昌院士发表了贺词：

《物理通报》经过十六年停刊之后，今天又跟读者见面了，这是值得我们从事物理科研与教学的同志们高兴的事，我在此表示热烈的祝贺，并希望广大物理工作者大力支持，办好这个刊物，发展科学，振兴中华。

物理学家、中国科学院院士、第三世界科学院院士谢希德先生也发表了“几点希望”的贺词，称“这是物理界的一大喜事”，希望刊物在新的时代以崭新的面貌出现在广大读者面前。《物理通报》发表的文章被“万方数据”〔本刊被列为物理类（遴选）核心刊物〕及“中国期刊全文数据库”（“中国知网”的组成部分）全文收录，被“中学物理教与学”（人大复印资料）、“维普资讯”等国内著名数据库重点收录或转载。

三、爱党爱国的吴先生

吴先生因常年的过度操劳，在原本身体就不太好的情况下，于1982年春天不幸查出肝癌，三个月后与世长辞。

吴振球先生一生在工作、生活上都严格按照党纲、党章要求自己，积极投身教育事业，努力推动科学技术发展。他在入党申请书里这样写道：

我想到，人自出生后，都是平平淡淡的生活，只有共产党人生活得最有意义、最伟大，因为只有共产党人才能够真正大公无私地把自己的一切智慧和力量贡献给人类事业。只有共产党才能最大限度地发挥他为社会教育的才能，也只有共产党员才能把党的最大理想在任何时候毫不动摇地努力来实现，这是因为共产党员是由“特殊材料所制成”的，这种特殊材料我理解的是因为有党纲、党章、党纪，每个党员都应按这个标准来安排自己的一切，虽然有他的“特殊性”，但这种“特殊性”并不是多得到一些，而是应比一般群众付出的更多，而获取的更少。

吴先生曾告诉他的学生，此生唯有入党心愿犹未了，而自己也只有一次生命可以敬献给自己的祖国。先生就是集这种“特殊材料”于一身的，为祖国教育奋斗并奉献一生的教学科研带头人。

吴振球先生离世时年仅四十九岁，他留给后世的工作业绩和精神财富用之不尽，他的工作热情、工作态度与爱国情怀一直激励着我们前行。

河北大学的先生们

化 学

傅承光：勇攀色谱高峰 培育满园桃李

◇郑明辉

一、辗转求学路

傅承光先生1929年10月出生于山东省济南市，祖籍四川。祖父是一位老中医，常年在家或去药店为病人诊断开药方。父亲是山东省盐务管理局的一个小职员，母亲是勤劳的家庭妇女。家中生活主要靠父亲工资和祖父行医的收入。傅先生是家中第三代的长子，四五岁就在家随祖父认字。七岁上小学，曾就读于济南市五三小学、济南市第二小学。七七事变后，又在家随祖父念“四书五经”，之后就读山东女师附小直至1942年毕业。1942年秋升入山东省济南中学读书，1945年初中毕业后又升入高中部，于1948年高中毕业。高中时期傅先生在学校比较接近的进步同学有于骥（新中国成立后参加革命，改名为于志千，20世纪50年代在北京总工会工作）、杨鲁生（华北军政大学毕业后随部队南下）、孟广谦（华北军政大学毕业后曾在外交部工作）。当时四人是同班同学，有共同的理想和兴趣爱好，一起学习数学、物理、化学、英文，一起唱歌、画画、看电影。傅先生家庭生活并不富裕，父母经常教导他“上学要好好学本领，将来挣钱养家，成为对社会有用的人”，先生谨记家人的嘱托，立志学好数理化和外文，苦练绘画，作为自己今后立足社会的本领。1948年高中毕业后，傅先生只身到青岛市找父亲。傅先生一直对化工有着浓厚的兴趣，就在青岛报考了山东大学化工系，但遗憾的是没有被化工系录取，而是被中文系录取了。傅先生虽然在中学时也喜欢文学，但他的志愿不是以文学作为终身事业。由于当时没有其他学校可上，傅先生只好勉强在中文系听课。每当他听古诗词、通史以及小说史等课时，心里就在想：我就真的这样下去吗？我不愿意，我要学习科学技术，我要学会实用的本领作为今后谋生的手段。在山大读书期间，他每天上课来，下课就回家，因此在校内同学中，傅先生也不曾认识多少人，只是在一起回家的同学中认识了张向千和甯殿鑫，正是这两位同学使傅先生接触到了进步思想。1949年，国民党从青岛撤退之前，学校中已经在传看油印的小册子以及《论人民民主专政》《论联合政府》《共产党宣言》等材料，同学中还传唱一些革命歌曲。

1949年6月，傅先生回到济南看望祖母、母亲和弟弟，由于对山东大学中文系的学习实在没有兴趣，便一直辍学在家。为了补贴家用，傅先生经人引荐于1949年冬天到济南市绥化小学教授国文、自然和美术等课程，当了半年的小学教员。1950年6月，傅先生辞职后准备报考其他大学，去学习自己喜欢的专业。8月，傅先生在准备了两个月之后，报考了山东齐鲁大学理学院化学系、山东工学院纺织系和山东农学院畜牧兽医系，均被录取。傅先生最后决定就读齐鲁大学化学系。在校期间，傅先生努力学习，大学一年级就被同学推选入了学生会，做秘书处的工作。在和辅导员宋汀以及一些要求进步的同学的接触中，傅先生逐渐对党有了进一步的认识，积极向党组织靠拢。傅先生于1952年夏天光荣地加入了共青团。在入团宣誓的那天，在台上举手庄严地宣誓做好党的助手、为共产主义事业而奋斗时，傅先生就下定了决心，今后要以实际行动来实现自己的诺言。

1952年8月由于院系大调整，傅先生就读的齐鲁大学化学系被调整到山东师大化学系，在这里，傅先生很快适应了新的学习生活并继续担任学生会执委。1953年在大学毕业的分配问题上，傅先生认为自己是向党表了决心的，作为一个新中国的青年，作为一名青年团员，在党和人民的培育下成长为一个大学毕业生，应当从党和人民的需要出发，坚决服从党组织的安排，愿到最艰苦的地方去。特别是新中国成立后家庭生活得到了保障，父亲和弟弟都有工作，傅先生再无后顾之忧。

二、献身教学和科研

1953年8月，傅先生和同班毕业生于英男、段学敏三人一起被分配到天津师范学院（河北大学前身）化学系。系里征求工作意见时，傅先生不讲个人愿望，坚决服从组织分配。系领导于是委派傅先生开设化学工艺学这门新课，先生当即接受了任务，立即投入到编写教材、油印讲义的繁忙工作中。十余天之后，先生就登上讲台为学生讲授化学工艺学。当时，他一边编写教材，一边以章为单位印刷，印出一章讲一章，三个环节一人完成，忙得没有时间休息。这是傅承光先生参加工作后经受的第一次检验和锻炼。当时听课的是王宽、张丽娟、曹希洪他们这一届，同学们反映教学效果良好。后来按照教育部的指示精神，学校将化学工艺学逐步建设成包括大型实验在内的一百四十学时的课程并逐步建立起化工实验室。当时学校还设有专修科，其化学工艺学课程也由傅先生主讲，但教材的深度和教学要求不同。

1958年，傅先生被提升为讲师，并被任命为分析化工教研室主任。他和同事们团结一道，为办好教研室而努力工作，在教学、科研中不断进行新的尝试和探索。傅先生认识到只有下定了全心全意为教育事业贡献一切的决心，才能把所学的业务知识传授给学生，才能使自己有明确的前进方向。为满足教学需要，傅先生编写出整套教材和讲稿，探索开设新的实验并编写实验指导书。在日常教学工作中，傅先生不断尝试将自然辩证法的哲学思想和实践论、矛盾论的观点渗透到所讲的科学原理中去。傅先生认识到学生应当到生产实践中去学习，于是不辞辛苦，带领学生到天津试剂一厂、二厂实习，既学习知识又参加生产劳动，学校和工厂相结合试制新产品。

1959年，傅先生关注到气相色谱这一新的分析技术，开始着手研究气相色谱仪器及分析方法学。1963年，他组织合作研究程序升温气相色谱仪。

在研制气相色谱仪的过程中，傅先生在绘图、设计方面的才能得到了充分发挥。1965年，河北大学研制的带程序升温的气相色谱仪在全国科学仪器仪表新产品展览会（北京展览馆）上展出，获得国家科委的肯定和社会的广泛好评。傅先生还参加了北京—天津色谱协作组织，被推选为天津组副组长。1964年，中国科学院大连化物所研制出一台新型SP-2全自动分析制备两用气相色谱仪，由国家科委主持召开鉴定会，傅承光先生荣任鉴定工作组组长，并在大会上代表国家宣布对仪器的鉴定意见。同时期，他还在天津市化学会的报告会上，专门介绍过气相色谱的理论和方法。

1970年，傅先生随河北大学迁到保定继续从事教学和科研工作。基于对气相色谱法的研究，傅先生编写了《气相色谱》教材，在华北地区首次开了气相色谱这门新课。来到保定后，傅先生认识到分析化学是实用的学科，不能只搞教学和科研，还应该为生产实践服务。当时，先生应驻保驻军单晶硅厂要求，进行了有机硅烷中的杂质成分分析，并帮助保定胶片厂建立了醋酸纤维素车间的岗位自动分析系统。1973年，国家卫生肿瘤防治研究办公室与河北省科委一起提出进行癌症化学病因研究，要求河北大学参加致癌物N-亚硝胺的分析方法研究。学校找到傅承光先生做这个课题，傅先生深入河北省癌症高发区进行调研，了解到广大癌症患者饱受病痛折磨，认识到癌症化学病因研究是国家和人民的迫切需要，虽然致癌物的毒性、致畸形、致突变性会让很多研究人员望而却步，但自己既然要做一个为共产主义事业献身的知识分子，就应当勇于承担这种有一定危险性的科研任务。于是，研究项目很快确定了下来，在经过紧张的准备工作之后，傅先生迅速开始了第一次实验。1975年，根据省科委、省文办、省高教局、省卫生局和学校的意见，傅先生走出学校，来到省会石家庄，参加了上级组织的“河北省肿瘤化学病因科研协作组”，并被任命为业务技术组长。协作组由省内高等院校和研究机构的分析人员组成，共十七人。上级有关部门以协作组为基础举办了河北省的气相色谱培训班，在培训气相色谱知识和实验技术的基础上，逐步开展有关致癌物分析方法的科学研究。傅先生带领协作组人员开发了“水中痕量致癌物N-亚硝胺的气相色谱分析方法”，并应用这种分析方法测定了河北省邯郸市磁县水中N–亚硝胺的含量，这项成果入选中国科学院公布的1975年我国重大科学技术成果汇编。之后傅先生又带领协作组成员改进N–亚硝胺的气相色谱分析方法，并应用改进的方法测定了多处水样中的痕量N–亚硝胺。其相关研究成果发表在《化学通报》1982年第2期上。

1976年唐山大地震后，傅先生接受河北省委下达的紧急任务，暂停致癌物的科研工作，奔赴震后的唐山采集地下水和气体等样品进行分析，与有关单位协作胜利地完成了任务，受到了省委的通报表扬。在以后的科研工作中，傅先生带领协作组又接受了省科委下达的测定石油助长剂中3，4–苯并芘的任务，经过夜以继日的攻坚，顺利完成任务并通过鉴定。在1978年召开的河北省科学大会上，省科委对协作组所取得的一系列科研成果进行了表彰。其中协作组关于石家庄地下水中有机磷农药残留的研究也获得了省科委的科技成果奖，相关论文发表在《环境化学丛刊》上。

在石家庄开办色谱培训班的工作中，傅先生舍小家为国家，常年只身在外，既肩负协作组技术负责人的重任，又亲自培训分析人员，参加听课的人数达到七十人左右，教学效果良好。从1975年至1978年底，在外将近四年的工作中，傅先生时刻严格要求自己，时刻告诫自己千万不能忘乎所以，随时注意反思、检查、指导科研工作，以求不在工作中出现失误。在外工作的四年中，无论是休息日还是寒暑假，傅先生都坚持工作，努力钻研，不断拓展知识的广度和深度，积极推动科研工作的顺利开展。当时在石家庄的居住条件很简陋，四年中有近三年的时间傅先生都是住在走廊中用破木板隔成的一间六平方米的小房子里，无冬历夏，吃住在这里，学习讨论也都在这里。又因为当时身体较弱，牙齿在几年内坏了七颗，嚼不动硬的东西，不能吃食堂，只能每天用煤油炉自己煮挂面吃，生活条件相当艰苦，但一想到能在具体工作实践中把所学的知识贡献出来，服务国家和人民，傅先生就感到无上荣光。

随着学校教学任务的不断增加，1978年底，根据省高教局领导的意见，傅承光先生一边回校上课，一边继续开展科学研究工作。为了使傅先生能够更好地在学校开展科学研究工作，省高教局批准引进美国Perkin–Elmer公司

傅先生与研究生们合影

傅先生与理化分析中心工作人员及研究生们在一起

的高效液相色谱仪。在学校领导的大力支持下，建立了环境分析研究室。省高教局也批准了环境分析研究室的机构建制。傅先生领导环境分析研究室继续开展致癌物分析方法研究，并于1979年晋升为副教授。傅先生回校后，在分析化学专业开设了两门新课：一门是液相色谱学，编写了二十万字讲义；另一门是分析化学文献选读，编写了十万字讲义。在1981年至1983年的两个学年中，上述两门课轮流讲了四遍。1981年，傅先生修改了《液相色谱学》讲义之后，编写了二十万字的《现代液相色谱学》教材。后来，在石家庄举办的全国液相色谱培训班上，傅先生讲授现代液相色谱法，参加培训的人员来自十六个省、自治区、直辖市。其中，中国科学院兰州化物所和动物所均有人员参加培训，学员反映培训效果良好，《河北日报》还曾对此进行过报道。

1982年，傅先生开始招收分析化学专业硕士研究生，确立了痕量分析方法学研究方向，并与王安周先生共同招收物理化学专业研究生。第一届分析化学专业研究生于1985年在中国科学院环化所徐晓白教授主持的答辩会上顺利通过学位论文答辩，获中国科学院硕士学位。1984年，河北大学、河北师范大学、唐山工程技术学院和河北工学院共同倡议横向联合培养研究生，公推德高望重的傅先生牵头，制订培养方案、编制教学计划，共开课十六门。1986年，国务院学位委员会批准河北大学分析化学专业硕士学位授予权。这种培养模式起到了调动各校教师发挥专长、提高教学水平的作用，获得国家教委和省教委的肯定。在研究生教学中，傅先生主讲液相色谱学。在参考最新出版的C. F. Simpson主编的*Techniques in Liquid Chromatography*（1982年）的基础上，配合其他HPLC专著，结合HPLC原始论文，傅先生编写了《现代液相色谱学》教材。此教材涵盖了HPLC的现代理论和最新出现的各种实验方法。在教学实践中，傅先生特别重视以科研带动教学，既注重教学内容的新颖性，及时反映本领域的前沿进展，又注重深入地讲授重点和难点问题，同时培养研究生独立学习和独立思考的能力。在研究生学位论文指导过程中，傅先生强调以痕量分析为主线，发展多种新型分析方法，并在科研工作中倡导艰苦奋斗、勇于实践的精神。在致癌物研究中缺少标准品，他带头突破禁区，亲自合成四种强致癌物标准品，这种精神和行动影响着我去冲破重重困难，他也合成了两种致癌物标准品，满足了科研工作的需要。

1984年，在省领导和校领导的大力支持下，傅先生筹建了河北大学理化分析研究中心并任主任。在理化分析中心建设中，从人员聘任到仪器安装调试运转，傅先生事事亲力亲为。傅先生特别重视青年教师的培养，亲自指导他们进行文献阅读和实验工作。为方便科研人员和研究生及时了解国内外科研动态，傅先生自1983年起就为理化中心订阅了三十一种分析化学外文期刊和十四种中文期刊，逐步建立起一个专供师生查阅分析化学文献的资料室。傅先生大力加强实验室建设，1985年引进了V G Analytical 公司的7070 E-HF双聚焦气相色谱质谱联用仪，在河北省率先建立起第一个气相色谱—质谱实验室。

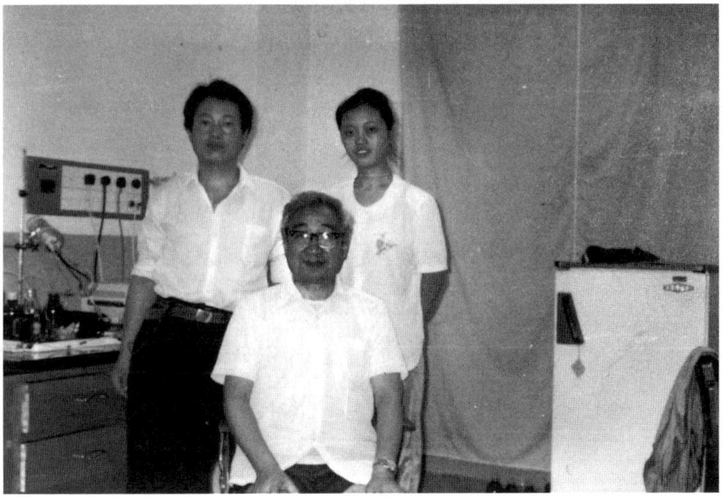

傅先生与研究生们在实验室

担任理化中心主任后，傅先生更忙了，既要做好日常行政管理工作，又要坚持搞好教学和科研，每天至少工作十小时。每年的寒暑假傅先生都有计划地利用起来，不是备课、撰写论文就是亲自动手做实验，他常说，每做一点工作，心中便觉安定一分。1986年晋升为教授后，傅先生继续带领理化中心的科研人员和研究生们开展多项纵向课题的研究工作。他先后主持了国家自然科学基金面上项目“超痕量有机致癌物的高效液相色谱——化学发光检测方法”“气相色谱电化学检测方法研究”，省重点项目“四环素及其结构类似物的超微量分析方法研究”等课题的研究工作。在进行纵向课题研究的同时，注重开展横向课题研究，积极推广科研成果的应用，为国民经济和社会发展服务。例如，受纺织工业部和保定化纤厂委托对进口合成纤维染色用色浆的成分进行剖析，受解放军总后勤部的委托采用高效凝胶色谱法测定阿胶代血浆中各组分的分子量分布，常年为保定自来水厂检测多环芳烃。

多年的辛勤耕耘结出了累累硕果，傅先生在*Journal of Chromatography*，*Talanta*，*Analytica Chimica Acta*和《科学通报》《高等学校化学学报》《化学学报》《分析化学》等国内外专业期刊发表论文一百多篇。傅先生在国际上首次提出将亚硝胺转化为荧光衍生物的方法，配合高效液相色谱—荧光法实现了提高亚硝胺检测灵敏度的目的，达到比国际通用TEA方法灵敏度高六十倍的水平，在*Journal of Chromatography*上发表后，受到世界卫生组织（WHO）、国际癌症研究中心（IARC）的重视和很多国外同行的关注：北京大学的孙亦梁教授认为，这项成果是这一领域的突破性进展；加拿大Bourns教授认为，这项成果可望成为分析亚硝胺的标准方法。应用高效液相色谱配合化学发光检测方法，使亚硝胺的检测灵敏度提高到femtomole的水平，比TEA方法的灵敏度提高几千倍，该成果1993年在*Journal of Chromatography*发表后，又受到很多国际同行的关注。傅先生多年来在亚硝胺、真菌毒素和多环芳烃这三大类致癌物的研究中取得了系列重要成果，“痕量致癌物分析方法学研究”获得1986年河北省科技进步二等奖。另外，傅先生在痕量金属及金属形态的高效液相色谱分析研究中也取得了系列重要成果；对柱前螯合反应、金属螯合物色谱分离条件、金属离子的快速连续检测、金属的形态分析诸方面进行了创新性研究，相关论文在*Talanta*，*Analytica Chimica Acta*等国际权威期刊发表后，在国内外引起很大反响。“金属螯合物的高效液相色谱研究”获1991年国家能源部科技进步二等奖。

三、桃李心声：弟子追忆傅先生

从1982年招收第一届研究生开始，傅承光先生培养了几十位研究生，真可谓桃李满园。其弟子遍布海内外，成为各领域的专家、学者、科研骨干。

弟子们经常饱含深情地回忆恩师的谆谆教诲和点滴往事。

中国科学院生态环境研究中心研究员郑明辉谈到傅先生对自己的影响时说：

2019年度国家科技进步奖评审会在紧张地进行中，我在作为“二恶英污染控制”项目负责人汇报完项目成果后，有评委提问：“采用阻滞二恶英生成的技术，源头控制二恶英产生，是从根本上解决二恶英环境污染的原创技术，这样的创新思路是如何想到的？”我回答：“我在二十多年前因为要开展二恶英的降解实验，需要二恶英的量比较大，就用了近半年时间摸索，合成了高纯度的二恶英。合成二恶英的经验使我知道合成高纯度二恶英难度很大，人为控制某些反应条件二恶英的生成反应就不能发生，这就是我们开辟二恶英阻滞技术的基础。”

在评国家奖时重点提到的二恶英的合成技术使我联想到我的硕士论文和博士论文都是从有机合成开始的，而引导我走上科研之路的傅承光先生安排我做的第一个实验也是有机合成。1989年我在河北大学完成了研究生基础课学习，傅先生和我面对面交流了硕士论文的实验设计。他告诉我准备让我开展的研究工作有两条路线，我可以结合自身情况做出选择：一条是比较顺风顺水的成熟技术，之前师兄王志开展丹酰氯柱前衍生化测定脂肪族伯胺，研究成果发表了多篇论文，在此基础上继续扩展到其他有机物的检测也能出一些文章，但这样的工作挑战性不强；还有一条路线是开发新的衍生化试剂，发展一系列测定含胺基和羟基等有机物的新方法。两年前（1987年）Tsruta合成了一种新的衍生化试剂——对酞内酰胺苯甲酰氯（PIB-Cl），据报道采用这种衍生化试剂测定赖氨酸灵敏度比丹酰氯高二十倍。但这篇文献发表后并无后续跟进的研究成果报道，原文献PIB-Cl的合成路线也缺乏实验细节，能否合成出PIB-Cl以及衍生反应条件和衍生物色谱分离条件都还未知。傅先生见我面有难色，说了一句：“不用担心，最近我不忙，我可以安排出时间，我们一起做。”我在上基础课的一年时间里就听到了很多傅先生的故事，他不仅在液相色谱和质谱分析领域在国内享有很高的声誉，而且对化工、仪器仪表也都有专长，我相信有他做后盾就没有克服不了的困难。在傅先生的指导下，我成功合成了PIB-Cl，并开发了一系列胺类和酚类化合物的测定新方法。

在开展亚硝胺的检测方法研究中，我又在傅先生的启发下，制备了两种合成难度很大的亚硝胺。在当时的条件下，一些强致癌化学品的标准品购买很困难，傅先生在发展亚硝胺的检测方法时自己合成了二甲基、二乙基、二丙基和二丁基亚硝胺。他告诉我，还有两种亚硝胺——吡咯烷亚硝胺和哌啶亚硝胺，二者致癌性高，在环境和食品样品中都有检出，如果在建立亚硝胺分析方法中加上这两种亚硝胺，方法的实用性会更好，只可惜不仅现在买不到标准品也没有合成方法的文献报道。在傅先生的鼓励下，在没有可供借鉴的成熟合成技术路线的情况下，我克服困难，合成了吡咯烷亚硝胺和哌啶亚硝胺。我现在依然清楚地记得傅先生在仔细看我合成的吡咯烷亚硝胺和哌啶亚硝胺质谱图时开心的微笑。

中科院生态环境中心郑明辉研究员等优秀毕业生回母校看望傅先生和徐宏达老师

正是这两次有机合成的研究经历，特别是傅先生把握时机，引导先做有迹可循的合成，再做没有文献借鉴的探索性合成，激发了我搞科研创新的自信心和从事科研的热情。1994年我做博士论文的题目是《二恶英的生成与降解机理研究》。之前实验室的研究人员合成了一些二恶英的纯品，但毒性最大的2，3，7，8-四氯代二苯并-对-二恶英（2，3，7，8-TCDD）依据文献报道方法无法合成纯品化合物，成为完成课题的最大挑战。我把在傅先生实验室合成吡咯烷亚硝胺和哌啶亚硝胺的经验用到了合成2，3，7，8-TCDD上，成功合成了纯度在百分之九十七以上的2，3，7，8-TCDD，使我所在的实验室成为世界上仅有的少数几个具有合成高纯度2，3，7，8-TCDD的实验室之一，而我获得国家科技进步二等奖的科研成果的技术灵感也源于此。

如果从1988年读傅先生的硕士研究生算起，我在科研道路上已经走过了三十三年，我带过的研究生已有近百人。每当回顾自己的科研经历时，我总会记起傅先生和我交谈开题时的循循善诱，虽然他说有平坦的路和崎岖的路可以挑选，但是他通过对比两条路的方法，激发了我内心的激情和创造欲，我也在他的启发和鼓励下，把科研创新当成了毕生的追求。傅先生言传身教，成为我学习的楷模。我在2017年获得中国科学院优秀导师奖。我希望以我的科研和教学成绩告慰傅先生在天之灵，以我在科研征途上的不断追求，赓续傅先生未竟的事业。

北京市疾病预防控制中心研究员丁晓静是傅先生的研究生，她这样回忆傅先生：

敬爱的傅承光先生离开我们已经十一年了，他那慈祥的笑容、和蔼的话语已深深地印刻在我的心里，他那儒雅与谦和的形象定格在了我们的合影里，他对科研的热爱和学者风范无声浸润在我日后的每一个脚印里。他的指导犹如黑暗中的一盏明灯，引导我找到了正确的目标，得到了受益终身的科研训练。每当想起在他身边求学的日子，我都觉得自己三生有幸，遇到了身体力行，并享受这种纯朴的科研快乐的傅先生，他深深地影响了我。我做了硕士生导师后，也不知不觉地成为他那样，并深刻体会到“纸上得来终觉浅，绝知此事要躬行”，实践才能出真知。

我1989年开始师从傅先生攻读理学硕士学位，1992年毕业并任教于原河北轻化工学院（今河北科技大学）。在做了六年的教师后，孩子四岁时，我深感自己知识的不足，为进一步提高自己的业务能力，想考博士。我第一时间把这个想法写信告诉了傅先生，希望能够得到他的支持与帮助。傅先生听到这个消息很高兴，并根据已经成功考取博士的师兄师姐们选择的学校或科研院所，热情地帮我参谋，并给了我很好的建议。前往北京赶考前，我特意在保定下火车，傅先生与徐老师非常热情地接待了我，并留我在他们家住宿一晚。徐老师做的家常菜令我感到无比温暖，那晚我与傅先生和徐老师聊了硕士毕业之后的生活和工作及未来的打算，他们如数家珍地跟我念叨师兄师姐以及他们子女的名字及近况，并祝我如愿考取。

在中国科学院生态环境研究中心攻读博士学位的三年求学生涯很快结束，最终迎来了毕业。我当时考虑到硕士及博士期间从未改变过专业，一直从事分析化学的研究，最终选择了工作起来比较得心应手的北京市疾病预防控制中心，从事卫生理化检验工作。我把我的选择告诉了傅先生和徐老师，他们认为，相对而言在高校工作比在其他单位时间上相对宽松一些，自由一些，念书、看文献的时间会多些。尽管最终我没有选择进高校工作，但他们都很支持我的选择，希望我能够在激烈竞争的形势下，趁着年轻勤奋工作，战胜困难，脱颖而出，终至干成一番事业，迎来更大的丰收。随后，他们给我寄来一份河北大学八十周年校庆的校报，以弥补我因刚到新单位工作、杂事较多，未能参加校庆的遗憾，这份校报我珍藏至今。那时的傅先生，说是为了活动身体，上午到实验室搞点科研，下午在家休息或者看看书，其实是割舍不下自己热爱的科研工作。

我时常把毕业后工作与生活的情况通过电话或信件向傅先生汇报。比如，我2001年刚到单位工作就发现该单位的仪器设备较好，各种光谱分析仪及色谱分析仪如气相色谱、气相色谱-质谱、液相色谱、离子色谱和毛细管电泳仪等应有尽有，但没有专用的仪器给我做研究用，因为仪器都忙于常规样品检测并出具检测报告。但我很快了解到毛细管电泳仪被一块布罩在一楼房间的一个角落里，落满了灰尘，我很纳闷：这么新的仪器（1999年购买）怎么没人用呢？同事说，当初购买该仪器是为了填补高效液相色谱不能测蛋白质及手性物质的空白，然而经实践检验，发现该仪器分析标准溶液时很好，但分析实际样品时则不能准确定量，因此，大家给该仪器下了定论，即毛细管电泳根本不能对实际样品准确定量，因而被闲置在那里。由于我急于开展一些研究工作，但又苦于没有专用的仪器来保证研究工作的连续性，因此，我决定用毛细管电泳仪开展一些研究工作。虽然我过去从未接触过毛细管电泳，但根据多年从事气相色谱、离子色谱及液相色谱研究的经验，我认为我可以利用毛细管电泳开展工作。在进行可行性调研的同时，我也征求了傅先生的意见和建议，他很支持我的这一决定，并建议我将毛细管电泳方法的结果与液相色谱方法的结果相比较，从而逐渐达到肯定毛细管电泳的目的。他的建议启发了我，更坚定了我用绿色环保的毛细管电泳技术开发一些新的分析方法的决心，况且我的单位属于应用研究单位，有大量的常规工作及实际样品如食品、保健食品、化妆品和消毒产品等，正好为方法对比提供了很好的条件。但这期间遇到的困难很多，短期内也并未见到成效。

在2008年的三聚氰胺奶粉样检测中，我用毛细管电泳测定了两个三聚氰胺盲样考核样品。同事用国标方法规定的液相色谱法及液相色谱-串联质谱法测定第一个考核样，我想我也应该趁此机会，用毛细管电泳方法进行测定，以便于与前两个方法相比较。尽管液相色谱法及液相色谱-串联质谱法的结果完全一致，而毛细管电泳法的结果相比之下偏低。既然毛细管电泳也有结果，就取三个测定结果的平均值作为我们的最终检测结果进行上报，结果出乎所有人的意料：幸亏是毛细管电泳的偏低的结果将平均值降了下来，否则离真值就更远了，如果直接报毛细管电泳的结果就更接近真值了。由于毛细管电泳法在第一次考核样的出色表现，在第二次考核样品的测定中（可能第二次考核的样品中无干扰），毛细管电泳法的结果与液相色谱法及液相色谱-串联质谱法的测定结果完全吻合。可见毛细管电泳简单、快速，结果也丝毫不逊色于液相色谱，而液相色谱法因使用离子对试剂使得平衡柱子时间长、运行时间也长，最主要的是可能有干扰导致结果偏高。我将这一结果分享给了傅先生，并告诉他三聚氰胺的比对结果初步达到了他当初提出的通过与其他方法的比对，达到肯定毛细管电泳的目的。傅先生在2009年3月份的一封回信中，首先肯定了我对工作的执着与深入的钻研，对工作的见解，对仪器性质的理解及恰当运用，都渗透着对学问、实践知识的深入和提高。接着他针对我的问题，认真地进行了总结和分析：姑且不讨论检测问题，液相色谱和毛细管电泳，哪一种分离技术使用同一种检测器，获得的结果最可能接近真值？我的估计可能是毛细管电泳。理由如下：（1）毛细管电泳中的分离部件，在毛细管中，充满电解质溶液，毛细管的两端再加上高压时，被分离物质由于迁移速度而分离。由于毛细管柱内径小（um级），管长近0.5m，故参与分离的总流体体积甚小（uL级），而且毛细管电泳的分离的推动力较单一，至于液相色谱分离柱标准体积是（4.6mmx250mm），再加上ODS键合相（粒径5um）的微孔特别多的球形固体，怎么算也是mL级，其结果毛细管电泳的分离体积小。（2）再考虑，当反相液相色谱的流动相到达信中所述，反相离子对分离方式，即需要在流动相中添加离子对试剂，达平衡时，被分离物质实现分离的过程中，受柱内第一、第二平衡所制约。因此，液相色谱的分离机理复杂。（3）再考虑，分离时相邻两组分的分离度。毛细管电泳方式分离度R大于1.5，甚至大大高于此值，故分离良好，获得峰纯度也更好。液相色谱即使使用新的ODS键合相柱，对较复杂组分的分离，有时也难达最相邻二组分的峰R=1.5。这样一来，其峰纯度充其量最好也是相邻两峰微有重叠。这是导致定量结果偏高的又一因素。傅先生那时年事已高，为了学生的问题，仍在开动脑筋，令我十分感动。

后来，他不再去实验室了，经常在家查查文献，看看书，给《河北大学学报》审审稿子，阅读并回复学生来信。他也知道我们这些毕业多年的学生们都在忙于工作，有时联系不多，但他依然忍不住想念这些学生们，当听到学生中不管哪一位在工作中取得了成绩、成果，他都由衷地高兴。当我与他提及我与师兄王志联合培养硕士生、与师妹刘军合作开展国家标准物质的定值研究工作时，他也深感欣慰，并相信我们的成绩会更加显著。同时他提及自己近半年身体还好，体质不如以前也是正常的。去年冬天至今基本不出门，都是徐老师和女儿代劳。等几天天气暖了，还是每天出去走走路，对体力恢复也有好处。

2010年5月8日，我与王志师兄正在江西参加全国生物医药色谱学术交流会，会议即将结束时，惊闻傅先生因病去世，于是我俩赶紧购买了火车票，连夜赶往保定，终于在第二天一早到了保定，送傅先生最后一程。傅先生对学术执着追求、甘于奉献、淡泊名利的品格值得我永远学习。在傅先生多年的不断鼓舞下，我在工作中丝毫不敢懈怠，不断进取，解决了日常检验工作中的一些疑难问题，如北京怀柔“4·23”急性可乐定中毒、疑似有毒雪碧样品、牛奶及中毒者血液中脱氢乙酸检测等。“基于毛细管电泳技术的保健品、乳品中蛋白分析研究”项目获2011年度中国分析测试协会科学技术奖CAIA奖三等奖（排名第一），“毛细管电泳准确定量和精准筛选的新方法研究及应用”获2017年度中国分析测试协会科学技术奖CAIA奖一等奖（排名第三）。我于2013年入选北京市卫生局“215”人才工程学科带头人，现任《分析测试技术仪器》和《分析仪器》杂志编委，《色谱》《中国消毒学杂志》《日用化学品科学》等十余种中英文杂志同行审稿人。根据十余年从事毛细管电泳应用研究的实践，我终于在2013年开始动笔，2015年底在科学出版社出版了《毛细管电泳实验技术》专著，这既是对自己十多年工作的经验总结，也是对傅先生的最好纪念。我在该书前言中这样写道：从决定做毛细管电泳应用研究的时刻起，我一直秉承我的硕士生导师傅承光先生建议的用液相色谱证明毛细管电泳定量能力的原则，从而达到肯定毛细管电泳的目的。如今这个目的达到了，但很遗憾，傅先生未能见到该书的出版，也未能见到我的丰收，尽管果实不大，但也浸透了我的汗水。

中国计量科学研究院刘军研究员回忆：

傅先生严谨认真，事业上成就非凡。作为导师，他不仅是我科研工作的启蒙者，也是生活中的引路人。

傅先生为人师表，身先士卒，每天早早地来到实验室，认真实验，细致解答问题，他的责任心与奉献精神给我做出了表率，也影响了我以后的科研之路——在工作中时时以傅老师为榜样，不计得失，勇于担当和奉献。

傅先生真心关爱学生。化学实验不可避免要接触有毒有害的试剂。在与傅先生讨论选题和实验时，傅先生说：“选题时不要选对身体危害大的实验，你们还年轻，身体最重要。” 做实验用到的试剂，傅先生也亲自过问，尽量挑选毒性小或没有毒性的试剂。

我读研时，孩子正上幼儿园，有时会带着孩子一同去傅先生家里，每次傅先生和徐师母都耐心听孩子讲故事，鼓励孩子好好学习，把孩子爱看的书送给她。即使在我毕业很多年后，傅先生还特意给孩子买了许多精美的礼物。

傅先生教给我科研的方法、科研的态度，指给我真正的科研之“道”；他生活中以诚待人，于潜移默化中体现做人的原则。傅先生的学识和人品永远都是我学习的楷模。

北京科技大学自然科学基础实验中心主任弓爱君教授回忆：

傅先生的学术造诣和大师风范给我留下了深刻的印象，傅先生对我的谆谆教诲使我受益匪浅，终生难忘！从傅先生那里我不仅学到了知识和解决问题的方法，更学到了孜孜以求、勇攀科学高峰的精神。

我的毕业论文课题是醇类化合物的检测，通过文献检索了解到醇类化合物能够与衍生试剂反应，生成具有紫外吸收或荧光特征的衍生物。这为采用高效液相色谱仪高灵敏度检测醇类化合物奠定了良好的基础。为了实现高灵敏度检测醇类化合物的目标，傅先生设计了一种衍生试剂——对酞内酰胺苯甲酰氯（简称PIB-Cl）。傅先生安排我来合成这种衍生试剂。

我根据PIB-Cl的分子结构，设计了合成路线。合成反应分两步进行：第一步，邻苯二甲醛和对氨基苯甲酸反应生成对酞内酰胺苯甲酸（PIB-H）；第二步，PIB-H在氯仿介质中酰氯化得到PIB-Cl。傅先生审阅了我设计的合成路线，认为可行。

我查阅了文献，选择乙醚为邻苯二甲醛和对氨基苯甲酸的反应介质。经过一段时间的合成实验，PIB-H的产率只有百分之一，很不理想。为了提升产率，我优化了反应温度、反应时间、反应物比例和磁力搅拌速度等反应条件，但是产率提升不明显，达不到预期目的。

我去找傅先生汇报了合成工作，请傅先生指点。傅先生听完我的汇报后，对反应过程进行了分析，认为邻苯二甲醛和对氨基苯甲酸的反应会生成水。水的存在会导致大量副反应的发生，进而导致目标产物的产率受到影响。我问傅先生：如何脱除反应过程生成的水分呢？傅先生说，可以在反应过程中加入一小粒金属钠，金属钠能够及时将反应生成的水分清除掉，但实验涉及金属钠的操作，一定要按照操作规程做实验，确保实验安全。另外，反应物、中间体和产品对光比较敏感，受到光照容易分解，建议合成的时候采取避光措施。

我按照傅先生的指点继续进行合成实验。合成的时候，在反应容器中加入了一粒绿豆大小的金属钠，并对反应设备进行了避光保护，效果很明显，成功地合成了PIB-H，产率为百分之三十五点一，达到了预期目的；用亚硫酰氯对PIB-H进行酰氯化，对产物粗品进行了纯化，获得了无色针状晶体PIB-C1，纯度为百分之九十九点五，合成总产率为百分之三十三点二；合成的PIB-C1晶体经质谱和红外光谱分析，其组成与分子式相符，PIB-C1的合成取得了成功。

我将此项工作撰写成了学术论文，傅先生对论文初稿进行了审阅，提出了多条建议。我按照傅先生的建议，对论文初稿进行了修改和补充。该项研究成果发表在学术刊物《化学试剂》上。

在成功合成了荧光衍生试剂对酞内酰胺苯甲酰氯（PIB-C1）之后，就要开展PIB-C1的应用研究了。通过PIB-C1与芳香醇的柱前衍生反应，获得具有紫外吸收和荧光特征的衍生物，从而实现芳香醇的高效液相色谱痕量检测。

要实现芳香醇的痕量检测，首先要找到衍生物的色谱峰。为了找到色谱峰，需要知道衍生物的紫外吸收波长是多少、流动相组成如何确定、衍生反应的温度、pH值、反应时间等条件是什么。由于上述关键点我都不知道，在寻找衍生物色谱峰的时候就有点懵。未知条件太多，不知道衍生物色谱峰在哪里，做了两个多月的实验，仍然找不到衍生物的色谱峰，有点盲人骑瞎马的感觉。

我将衍生实验条件、色谱分离条件、色谱图都展示给傅先生看。傅先生翻看了实验记录，对我说：“小弓，这个课题未知条件比较多，对你来说的确有些难度，我告诉你解决这样的问题该从哪里下手吧。第一步，先预测一个可能的衍生条件，一般不是最佳条件，但会生成少量的衍生物，取反应产物进行检测；第二，将色谱流动相选定为乙腈/水体系，乙腈和水体积比为1：1，不一定是最佳比例，但会有一定的分离效果；第三，先进行紫外检测，波长选254nm，这个波长不一定是最佳波长，但适用于很多有机化合物；第四，由于衍生物分子量比较大，衍生峰的位置应该在色谱图的后半部分；第五，若发现了可能的目标峰，则使用高效液相色谱仪的特殊功能，进行停留扫描，找出这个衍生物的最佳检测波长，你就能够获得信号比较大的色谱峰；第六，用小试管接取带有衍生物的流动相，做该衍生物的红外光谱图，通过谱峰的波数判断该色谱峰是不是你要寻找的衍生物色谱峰；第七，找到衍生物色谱峰后，就可以对衍生条件和色谱条件进行优化了。”

听完傅先生的指点，我心中豁然开朗，知道该如何进行我的科学研究了。按照傅先生指点的思路，我完成了衍生条件的优化、色谱分离条件的优化，建立了五种芳香醇类化合物的痕量检测方法。该项成果《PIB-C1柱前衍生HPLC检测痕量芳香醇类化合物》发表在《分析测试学报》（1993年第4期）上。

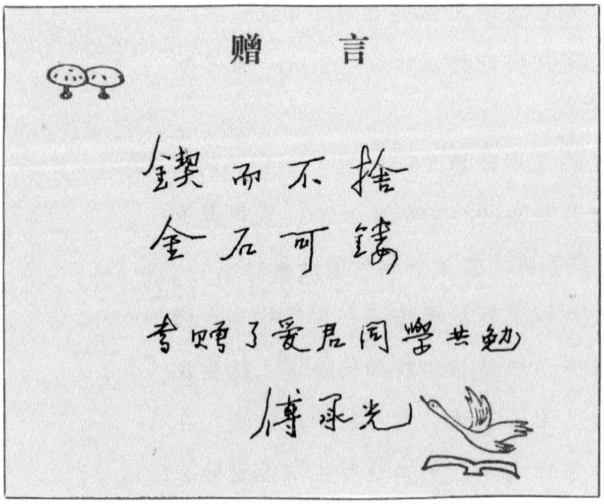

傅先生给弓爱君同学的毕业赠言

1992年6月毕业之际，傅先生和我进行了单独交谈。我向傅先生汇报了我三年的科研收获、个人爱好及家庭生活。傅先生认真地听取了我的情况，并不时地同我交流。我请教傅先生，我毕业以后要回邯郸师专工作，我该如何发展？傅先生说，你这问题可是有深度，我给你几条建议吧。第一，做好本职工作，既教书又育人；第二，处理好人际关系，与领导、同事和学生多交流多沟通；第三，要坚持开展科研工作，你工作单位的科研条件可能会较差，你要克服困难，不能把科研荒废了；第四，处理好事业与家庭的关系，要兼顾，家和万事兴。傅先生说：“小弓，我送你一句话吧。”傅先生在我的毕业纪念册上提笔留言：“锲而不舍，金石可镂！”

傅先生馈赠给我的金玉良言始终铭刻在我的心中，时刻在激励着我，使我动力十足，信心百倍。

师恩难忘，情深意长，今赋诗一首献给敬爱的恩师傅承光先生：

阳光雨露

色谱高峰国威扬，锲而不舍勇开创。

桃李芬芳满天下，春晖雨露遍四方。

河北大学的先生们

生物

卢开运先生

卢开运：来自书香门第的植物学家

◇柳峰松　韦梦祎

早期的河北大学，学者温文尔雅，学风朴实醇厚，在国内外都有一定的影响。植物学家卢开运先生便是河北大学早期的学者之一。1954年9月，河北大学生化系一分为二，分成生物系和化学系。他和遗传学家林子明先生、动物学家王所安先生是当时生物系的建系元老，在建系早期做出了巨大贡献。

卢开运先生，湖北沔阳人，生于1898年，卒年不详，出身书香门第，家境殷实。曾就读于南开中学，同学中就有后任共和国总理的周恩来。后与其弟卢开津入日本农业专门学校庆应大学留学三年，再留美，1924年毕业于美国康奈尔大学生物系。从美国归国后，1925年至1928年就职于燕京大学生物系，1930年湘雅医科大学复校之初南下担任教职，后依次任教于保定农学院、北京大学、北京大学农学院和北京中国大学，主讲植物学。卢先生擅长讲授植物分类学、植物生态学和生物技术等课，教学经验丰富，教学效果良好。1934年12月，卢开运著《高等植物分类学》，由中华书局出版，我国植物学鼻祖胡先骕（字步勇）为之校阅，并作序推荐。1928年7月，胡先骕在北平筹建静生生物所，此时卢先生为燕大生物讲师，两人于此谋面。

通过卢开运先生，胡先骕结识了其父卢弼（字慎之，藏书家）。卢弼早年留学日本早稻田大学主攻法律，毕业后回国当了一名律师，却最终成为研究《三国志》的大家。胡先骕晚年撰写《忏庵丛话》，有“卢慎之先生”条目：“余自戊辰岁北来后，获得新交中，以沔阳卢慎之先生最为老寿。初余

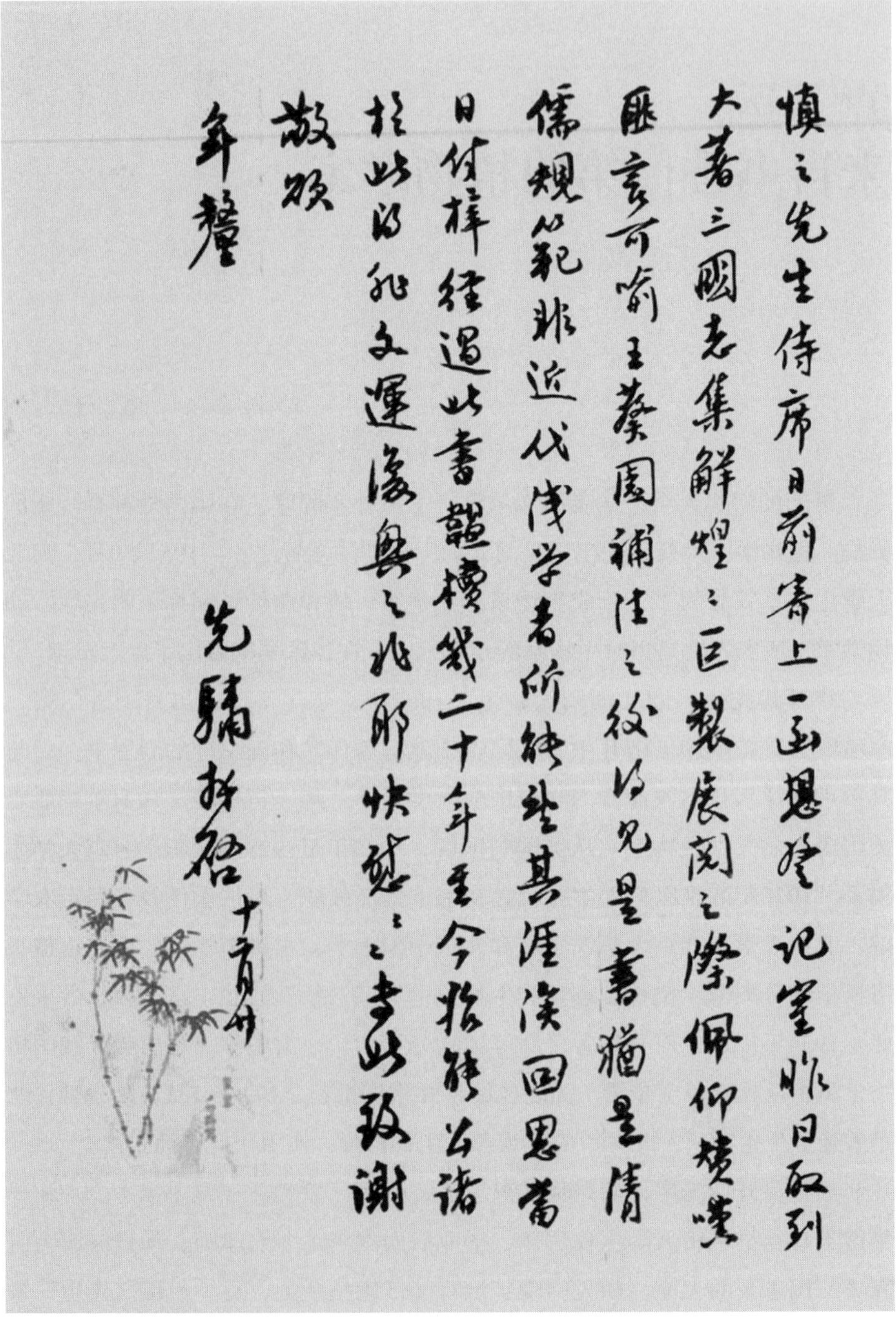
慎之先生侍席：日前寄上一函，想達記室。昨日敬到
大著《三國志集解》，煌煌巨製，展閱之際，佩仰贊嘆，
匪言可喻。王葵園補注之後，得見是書，猶是清
儒規範，非近代淺學者所能望其涯涘。回思當
日付梓經過，此書體積，二十年至今猶能出諸
於此，的非文運緣與之兆耶。快慰快慰。專此致謝，
敬頌
年釐
先驌拜啟 十月廿

胡先骕写给卢弼的信

识其子伯毅开运，时任燕京大学生物系教授，一日以其父慎始基斋校书图嘱题，为作一长古，深被赞赏，后乃谒见于津寓，遂订忘年交。”“始基斋”又作“慎始基斋”，是卢弼的书斋名，胡先骕“作一长古”咏叹老先生校书，让卢弼对这位晚辈的才情大为称赞。两人遂成至交，多有书信往来，其中一信札：“慎之先生侍席：日前寄上一函，想登记室昨日取到。大著《三国志集解》，皇皇巨制，展阅之际，佩仰赞叹，匪言可喻。”信中提到的《三国志集解》，是卢弼最知名的著述，约二百万字，将前人对《三国志》的校勘成果和批注内容，广采博收，并深入研究，提出自己的见解，是一兼收并蓄的大作，也是后世研究《三国志》、三国文化的必读之书。他的研究成果丰富多彩，所著图书主要有《三国志集解》六十五卷、《集解补》二卷、《三国志注引书目》一卷、《三国职官录》一卷、《三国志地理今释》五卷、《慎园文选》三卷（附卢慎之自订年谱）、《慎园诗选》十卷（余集一卷）、《慎园启事》二卷、《慎园笔记》二卷。卢弼一家经济无忧，潜心研究学问，多亏大他二十岁的哥哥卢靖（字木斋）的接济。卢靖是当时著名的收藏家、实业家、教育家，曾捐款北大、南开，建私立木斋中学，“两弹一星”功臣于敏就在木斋中学读过书。

卢开运先生的弟弟卢开津也是一位非常杰出的人才。比起父兄，他的一生可谓更加跌宕起伏。

兄弟二人早期的求学经历相似。1917年十五岁的卢开津从南开中学毕业，随后在家人安排下离开天津赴日本求学，进入日本九州大学学习工学。五年后，卢开津以优异成绩毕业。他的日本老师推荐他去美国俄亥俄州立大学找他的老师学习硅酸盐相率，他一直读到1928年，获得了博士学位。

获得学位的卢开津没有马上回国，他到一家美国建筑材料公司找了一份研究工作。然而，当时的美国种族歧视问题非常严重，身为黄种人的卢开津做着和同等资历的美国同事相同的工作却只能拿到一半的工资，他为此感到愤愤不平。1929年底，时任国民政府开滦县长的伯父卢靖给卢开津打电报，告诉他国家正需要他这样的人才搞建设，让他回国任开滦煤矿化学工程师。本来就对工作感到不满的卢开津，接到电报后不久就回国了。回国后，开滦煤矿给他开出的月薪是三百大洋，相当于一百个挖煤工的月工资。生活富庶殷实，住别墅，家里有汽车、司机和保姆，自小出生于富裕之家的卢开津，到了晚年记者采访他时还调侃说："我这一辈子没缺过钱花。"

卢开津全家

抗日战争期间，卢开运先生去民国政府做了职员，先后担任过北平市政府技士（从事园艺工作）和经济部钢铁委员会秘书等职。抗战胜利后返回天津，在久安信托公司工作。新中国成立后，先在河北医学院生物科任教授兼科主任，后调入河北大学生物系任教长达二十四年之久。"文革"前任教授兼植物教研室主任。1956年卢开运先生被定为三级教授。卢开运先生是一个非常幽默的人，常喜欢在课堂上穿插一些笑话，逗得同学们捧腹。他在中国大学教授课程的时候，曾经说过这样的笑话：

谓某处某类植物，曾造最高植物社会，纵或死灭，然再生时，仍能繁盛如初也。如孟小冬前是名角，虽数年后未登台，其"名角"固未易也。

谓生物有天然抵抗环境之能力，生环境多变化地之生物，其生活力必强，反之必弱也。故晚近之富人贵人，动辄有"避寒""避暑"之事，久之，吾恐之不免成白痴也。

谓单子叶与双子叶之植物发芽时生根之疾徐，相当于婴儿初生时须食乳，乳必有乳母，故而豆瓣者，盖即豆子之奶妈也。

我们由此可以看出卢先生是真的非常热爱自己的学问，并乐于与他人分享自己的知识。其主要学术成果有《植物学讲义》（1929年）、《高等植物分类学》（1935年）、《植物生态学》（1935年）、《生物技术学》（1958年）等。

新中国刚成立的时候，百废待兴，各行各业都太需要人才了。卢开运先生为新中国的建设事业添砖加瓦、发光发热，做出了杰出贡献！

1966年社会进入动荡期。社会上的大家名士都遭到了一定程度的迫害。卢开运先生以“反动学术权威”的罪名遭到抄家。“红卫兵”到他家后，看到卢慎之老人案头有线装书，有笔墨纸砚，屋内挂有字画，惊呼道：“牛鬼蛇神的根子原来在这里！”老人珍爱的这一点文物，就在他眼前被抛掷撕毁。看着自己多年的心血被毁掉，老人心中积郁、忧心忡忡、重病不起，精神上也完全崩溃了。在当时的情况下又得不到及时治疗，1967年12月31日，一代名家就无声无息地逝去了。

卢开运先生晚年的资料就很难找到了，思之不禁令人唏嘘。但这位来自书香门第的研究植物学的先生给我们留下的宝贵的精神财富影响是深远的。卢开运先生和众多学者开创的事业如今蓬勃发展，足堪前辈们慰藉，而先生们的学术思想和学术精神能够得以传承并发扬光大，是晚辈后学对先生们最好的回报。

林子明先生

林子明：高洁风骨　家国情怀

◇柳峰松　韦梦祎

林子明，原名崔毓麟，又名崔荣山、崔友邻，原籍山东即墨，1900年出生在东北安东县（今丹东市）。他家境贫寒，幼年断断续续读了几年书，从1912年起安东县的丹麦基督教教会开始资助他上学。在当地中学毕业后，他于1923年考入燕京大学生物系。1936年与李汝祺合著《果蝇残翅在高温下的发育》（英文），1937年至1938年发表《燕京学生的血型》（英文），1939年与李汝祺合著《人类生物学》，1940年编著《人类生物学实验》等。

一、艰苦卓绝的革命生涯

林子明先生学习刻苦用功、成绩出类拔萃，但他并不是埋头死读书的人。当时的中国正处在水深火热之中，外有列强欺侮，内有军阀混战，国家动荡不安，民不聊生。当时有很多热血青年渴望通过自己的努力改变中国的现状。在燕京大学读书期间，林先生受到了民族主义和民主主义思潮的影响。1925年5月，上海、青岛的日本纱厂工人因不堪残酷剥削而举行大规模罢工，遭到日本帝国主义和北洋军阀的残酷镇压。彼时的他，身为燕京大学学生运动的主要领导人之一，积极参加了五卅运动，他代表北京“沪案后援会”到京汉铁路沿线撒传单、喊口号，进行爱国主义宣传。1926年3月18日，中共北方区委、北京地委等六十多个团体、八十余所学校包括学生、工人、市民等各界群众举行“反对八国最后通牒国民大会”，抗议日本帝国主义的军舰侵入大沽口，炮击国民军及美、英、日、法、意、荷、比、西八国无理通牒中国的罪行。林先生被燕大同学推为总指挥，带队上街游行、演讲、撒传单，然而段祺瑞政府竟然对学生采取了暴力手段镇压，最后演变成震惊中外的“三一八”惨案。鲁迅的一篇《纪念刘和珍君》表现了当时社会舆论普遍对学生的同情及对政府的愤慨。此事影响过大，时任燕京大学校长司徒雷登找林先生谈话，警告他必须放弃政治活动，否则取消他公费留美的资格。他的抗议示威活动也引起了资助他上学的安东基督教会的不满，其向他发出警告，说如果继续参加学生运动就停止对他的资助。他在回信中说：“我是中国人，要爱国，决不受人干涉，我同意你们撕毁我们之间的契约，因此我大学毕业后也就不能回到你的学校工作了。”林先生的民族气节和风骨可见一斑。

就这样，林子明先生失去了出国留学的机会和教会上的资助。在之后的学年里，林子明先生向同学借过钱，从未婚妻处得到过资助，靠校方贷款，靠打工赚钱，终于完成了大学学业，于1928年从燕京大学生物系毕业。此后，他陆续担任了育英中学的教员、汇文中学的教务主任和安东三育中学校长，后又于1932年考取了燕京大学生物系的研究生，成为诺贝尔奖得主、近代实验生物学的奠基人摩尔根培养的第一位中国博士李汝祺的学生。他于1935年以优异的成绩获得了燕大理学硕士学位。师生二人于1936年在美国遗传学杂志发表文章《果蝇残翅在高温下的发育》。之后林先生留校任教，1939年在燕大升为讲师。林先生勤奋治学，在教学、科研等方面成绩卓著，学术上颇有造诣，1941年当选为燕京大学的教务委员。1942年任中国大学生物系教授。在此期间，他主要从事普通生物学、比较解剖学、人类生物学的教学和遗传学研究工作。

林子明先生不但是一位卓越的学者，更是一位赤胆忠心的爱国人士。九一八事变后，林先生的家乡被日寇占领了，七七事变后半壁山河为之变色，国仇家恨，作为教员，林先生对日本侵略者的痛恨可谓刻骨铭心。1941年12月8日，太平洋战争爆发，美国基督教会办的燕京大学被迫关闭，林先生被日本宪兵队抓捕关押了一个多月，最后被迫转到中国大学代课。彼时共产党作为敌后抗日的中坚力量，大海一样吸引了全国各行各界各地的爱国人士。在晋察冀北方分局城工委成立后，即开始积极吸收知识分子去根据地，参加敌后抗日工作，并为战略反攻积蓄力量。在敌后抗日根据地游击战争频繁、生活极为艰苦的情况下，离开生活相对安定的大城市到农村去，无疑需要很大的决心和毅力。

燕京大学有相当数量的进步教授。其中有热爱祖国、支持共产党抗日救国主张的中国教授张东荪、蓝公武、翁独健等，也有同情中国的外籍教授美夏仁德（美籍）、林迈可（英籍）等。燕京大学支部的地下党员同这些进步教授保持着联系，地下党员的抗日活动也经常得到进步教授的帮助和支持。王西徵教授就是他们中的一个。

王西徵教授，早在五卅运动时就参加了地下党，带领学生拘押了镇压学生运动的江苏省警务处长王桂林，因此遭到国民党当局的通缉。从20世纪30年代起，他和全家住在北平石驸马大街84号，在庭院的天棚下经常举办昆曲曲会，以咏唱昆曲作为掩护，从事党的地下活动。抗战前，王西徵在阮慕韩的领导下做地下工作，属中央特科。此后阮慕韩去了抗日根据地，王西徵遂与党失去联系。城工委了解到他的情况后，决定接他到根据地。1942年底，王西徵被秘密接到满城交通站，杨成武司令员设宴欢迎。王西徵教授到晋察冀边区后，在《晋察冀日报》上发表文章《望眼欲穿的北平市民》，反响强烈。此后，王西徵担任晋察冀边区政府实业庭长，张家口解放后任察哈尔省政府秘书长；全国解放后，在中央人民政府内务部任参事室主任。

王西徵教授奔赴晋察冀抗日根据地，在北平的大学教师中引起连锁反应，其中以林子明先生为甚。

林子明先生与王西徵教授是同事、邻居和好朋友。王西徵奔赴晋察冀抗日根据地，临行前与燕京大学教授陆志韦、沈廼璋、聂崇岐、崔毓麟一同话别。当时林先生深情地说："你先去，那里要是好你就来信，我也去！"1943年5月，王西徵写了一封邀请林子明去根据地的信，把信交给身在北平的联络员安捷，让她在暑期安排林先生来晋察冀根据地。安捷通过地下党员王彤找到聂崇岐教授，聂教授几经波折最后将邀请信转交给了林先生。

林先生在阜平

林先生看了王西徵的来信后眼角有些湿润，不日他便辞去工作、变卖家产，再将家人安顿去了东北，然后就毅然投奔了根据地。行程中，武装交通员见他年纪稍长，为他向当地老乡动员了一匹骡子，可是林先生却执拗起来，说什么也不肯骑，并向同行的女青年风趣地说“Lady first（女士优先）！”，一定把骡子让给她们来骑，女青年当然也不肯骑。林先生不摆架子、不搞特殊，坚持同其他青年一样，翻山越岭、过沟涉河，步行到达周庄。是年7月15日，林先生到达阜平县，受到了当地群众的热烈欢迎。

在当时的环境下，像林子明先生这样曾执教于北平名牌大学兼具极高的政治觉悟和救国救民家国情怀的高级知识分子屈指可数，他奋不顾身地投身于民族解放斗争与他高尚的人格、不屈的意志是分不开的。在抗日根据地，他看到了中华民族的希望，实现了自己报效祖国的夙愿，过起了一种与他人生前四十多年大部分时间的经历迥然不同的生活。在穷乡僻壤的河北农村里，吃穿住都十分简陋，物质生活是极其匮乏的，而人们却怀有希望和热情，精神状态非常饱满。在这里工作的林先生换下干净笔挺的教服，穿上带大襟的黑粗布棉袄、中式棉裤，地地道道的山村农民装束在他身上显得毫无违和感。他脸上洋溢出的笑容是那么平和、自然、亲切。

林子明先生到达根据地之后两个月，也就是1943年9月16日，日寇调集四万兵力对北岳区进行了为期三个月的毁灭性“扫荡”。晋察冀分局号召全体党政军民行动起来打退敌人，争取反“扫荡”的胜利。华北联大教育学院做了紧急动员，部署师生员工有组织地分散到各地山区与群众一起打游击。反“扫荡”对初来乍到的林先生来说确实是一次考验。李常青院长带一个警卫班保护林先生及另外一位从敌占区来的董晨教授。他们昼夜在大山里迂回、躲藏，与敌人周旋；饥一顿、饱一顿，露宿野地山坳，常常不能睡一个囫囵觉。林先生跟着同志们跑敌情、转山头，始终保持着乐观的情绪。在全院庆祝反“扫荡”胜利的大会上，校方根据林先生的表现特地对他加以表扬。他诚恳地表示自己受到了一次艰苦卓绝的锻炼，收获非常大。

林子明先生是一名优秀的学者，更是一名杰出的教育家。他在边区的工作任务不只是教书，他秉承的教育思想是“有教无类”。1944年9月晋察冀边区中学合并到教育学院，校方在学校驻地两间沟村举办了欢迎师生的大会，边区同学多为农村青年，某些边区青年在情感上认为华北联大的老师多是来自城市的知识分子，相比之下显得自己土里土气，不免产生自我怀疑的情绪。林先生体察到了学生的这种自卑感，在发言的时候他亲切、风趣地说：“我是一年多前从大城市里来的，和你们接触后感到你们特别可爱。你们说什么自己土里土气，在我看来坚持抗日的边区人民是有大贡献的，你们不是土里土气而是土生土长的好青年、好苗子。你们到联大好好学习几年，一定能成为人民的好干部！”一席话说得同学们心里暖融融的，精神也为之一振。大会一结束，许多同学便纷纷围上来，与林先生握手、交谈、要签名，林先生看着一个个可爱的孩子围拢在身边高兴地笑了。

林子明先生在边区先是教了当地高中班的生物课一年有余，1944年5月又转到政治班工作。也就是在那个时候，为了教员及家人的安全，组织上要求他们使用化名，原来的崔先生从此更名改姓为“林子明”，大家也亲切地称呼他“林先生”。

这里首先需要讲一下当时共产党创建政治班的时代背景。从1942年开始，城工委在邀请上层人士到晋察冀参加抗日斗争的同时，吸收了很多青年知识分子来根据地学习和工作。1943年秋在华北联合大学成立了一个专门为城市工作培养干部的“政治班”，对去根据地的青年进行较长时间的培养训练，发展党员，从中选拔适合做地下工作的同志派回北平、天津。华北联大教务长狄子才领导政治班，俞林、林子明先后任班主任，傅秀、王若君先后任党支部书记，学员总计一百多人。我党对政治班学员有极高的思想觉悟要求和高尚的人格、品格要求以及对党组织和革命事业绝对忠诚的要求。不论政治觉悟还是对党组织的忠诚，身为政治班班主任的林先生都可以说出类拔萃。

初来政治班的林子明先生因为自己生物学专业的背景，并不适合讲授社会科学的课程，当时也尚未入党，然而他通过自己对政治局势的深入见解对学生循循善诱的耐心和努力起到了其他教员不能替代的作用。他以身作则、身体力行，对学员做了大量的思想政治工作。

华北联大政治班的学生大都来自北京、上海这样敌占区的大城市。这些进步的爱国青年自觉投身斗争，抗日热情很高。但革命边区的生活条件实在是太苦了，和他们之前的生活环境可谓天壤之别。有些学员在这样艰苦的环境下产生了一些思想问题。林子明先生与这些学员有类似的经历，他也是放弃了优越的生活条件，毅然投身革命中去的。林先生思维敏锐、见解独到，对事物认识深刻。他学习和接受革命理论的速度较他人更快，也更擅长把自己纳入新的环境中。在边区的艰苦岁月里，他不断加深对党的认识。这些正是政治班里那些涉世不深、思想上还不成熟的同学所缺乏的。

林先生对这些城市小资产阶级知识分子的思想状况、心态、长处和弱点可谓是摸清吃透了。他们都是从城市来的，师生在感情上很是贴近。林先生就依靠这种“优势”，对政治班学生进行循循善诱的引导工作，不断提高他们的认识，以树立革命人生观为目的，进行有重点、有针对性的学习指导工作。政治班有一些学员在以前读过一些马列著作，对革命多有一些不切实际的幻想，尚不能联系当时复杂的国际、国内形势，对学校的教学方针也不理解，知识分子那种脱离实际、自以为是的毛病因此凸显出来。林先生鼓励这样的同学要在斗争中学习、在实践中学习。他说：“毛泽东同志讲过，理论与实践相结合，知识分子与工农相结合，这是真理，理所当然地要遵从。”他将心比心，讲自己对共产主义、对党、对革命边区的认识过程，讲作为一个知识分子应该把自己放在人民群众之中，做群众的学生。他对一心想念正规大学的同学讲高尔基的《我的大学》，讲高尔基是怎样向生活学习的，怎样在劳动人民中汲取营养的。他晓之以理，动之以情，使学生受到了很大的启发。在他的帮助下，之前坚持不下来、产生放弃念头的同学都留了下来，并对自己、对党组织、对革命开始产生了一些新认识，同学们更加信任林先生了。林先生对同学做思想工作就像家人和朋友一样推心置腹，他就是这样一位对党忠诚、对学生真诚的优秀教育工作者。

林子明先生在政治班任职期间曾发生了一件小事，引起了不大不小的风波。政治班要改选学生会干部，在支部和班委会领导下进行小组酝酿提名和选举。有学员不满意这种有准备的选举程序，认为不民主，随后在整风期间提出了这件事，并在大会上讨论改选班委会的民主问题。林子明同志在会上谈了自己的看法，讲了民主与集中的辩证关系。他说："讲民主不能不要领导，要领导就要集中。学生会是由支部领导的，学生会也离不开群众。在政治班究竟民主不民主？在外边（指敌占区）能进行这样的选举吗？"他对整风期间有些同学的自由主义提出批评，他强调要讲批评与自我批评，不要背后私下议论、传谣，既要批评别人也要自我批评。他做了大量工作，促进了全班的团结，也促进了同学与领导的沟通。当时在做深入细致思想工作方面没有人可以替代他。

林子明先生见多识广、学识渊博、思想深刻，对人和蔼可亲，边区同志多称呼他为"先生"。然而他自己却说，比其被称呼为"先生"，他更喜欢别人叫他"同志"。他说别人这么称呼他，他有一种特别亲切的感觉。他也向党组织诚挚地表达了自己最大的心愿——入党。他向学院党总支书记狄子才同志提出了自己的要求，狄子才同志向城工部部长刘仁同志做了汇报，刘仁同志认为可以考虑他的要求，可以敞开和他谈。狄子才同志与林先生进行了长谈，鼓励他并对他提出几点入党要求：让他读《党章》，学陈云同志的《怎样做一个共产党员》和刘少奇同志的《论共产党员的修养》，并指定政治班班主任、燕京大学的学生俞林同志与他联系。1945年5月31日，林先生在入党申请书上写道："我对党永远是赤诚忠心的，我决心做一个无产阶级者，为工农兵服务终身。我愿一生为共产党的主义与政策努力奋斗，虽死不辞。"递上入党申请书后，林先生又喜又忧，喜的是自己终于有机会入党了，忧的是怕自己因为某些尚没发现的缺点而不为党组织所接纳。为此他一度十分焦急，甚至掉了泪。晋察冀分局对林子明入党的事情十分重视，考察了他的全部历史，根据他对党的认识和在根据地的表现，刘仁同志与分局组织部部长赵提声（李葆华）同志经研究后决定同意他入党，由狄子才与俞林二位同志做他的入党介绍人。1945年6月16日，林子明同志被批准正式加入中国共产党。他梦寐以求的愿望终于实现了，他兴奋得夜不能寐。经过漫长的探索、无数的考验，林先生完成了从一个爱国的民主主义者到共产主义者的转变。

1945年6月，林子明先生的夫人于静贞携子女，在城工部地下交通员的护送下进入根据地。与家人团聚，林先生喜不自禁，同志们问他为什么五个孩子的名字里都有一个“为”字，林先生郑重地回答：“很多人光说不做，或者说多做少，所以要孩子们多‘为’。”一个个孩子排下来：尔为（男）、汝为（女）、君为（女）、子为（女）、遒为（男），尔、汝、君、子、遒都作“你”讲。父亲为子女起的名字，寄希望于孩子们忌空谈、尚实干。林子明同志对子女一贯严格要求，他谆谆教导孩子们：做事一定要依靠自己。他的五个孩子都养成了独立自主的习惯，都和林先生一样学习刻苦努力，生活俭朴朴素，成为各个领域的骨干与人才。他的大女儿林汝为是《四世同堂》《便衣警察》的导演，这些影视作品在20世纪80年代风靡一时。

林子明先生的夫人于静贞同志兼具我国传统女性的贤惠温柔和知识妇女的通情达理。由于她的全力支持，林先生才能义无反顾地全身心投身到革命中去。丈夫走后，她含辛茹苦、积劳成疾，艰难地支撑起一个家庭（后来得到了党在经济上的援助）。此时此地，她终于和丈夫团聚了。1946年10月，于静贞同志在身体康复后被分配到华北联大教育学院文化班任数学教员。1947年于静贞同志也光荣地加入了中国共产党。

入党之后，林子明先生过人的工作天赋和积极的工作态度很快得到了党的肯定和赞许。1945年7月，林先生被党组织任命为华北联大教育学院副院长，1945年9月任张家口市教育局局长，12月又调回华北联大（后更名华北大学）任教务长一直到平津解放。1949年初，林先生离开河北，去天津市任教育局副局长，兼任天津市中苏友好协会秘书长和总干事等职，于静贞同志也到天津一所中学就任校长。林子明同志主持教育局日常工作期间，全面贯彻落实党的文教政策、干部政策及知识分子政策，为在全市改造旧的教育制度并为建立新的教育制度做出了杰出贡献。

天有不测风云，1950年，林先生面临了一次巨大的打击，他悲痛欲绝。林先生为了发展党的教育事业提出了一些正确的意见，却在特殊的时代背景下受到了不公的待遇。他被开除了党籍并撤销了职务。事情发生后，林先生心情沉重，他痛感自己“失掉了政治生命，失掉了灵魂”。尽管他心里十分委屈，却“从未发生过与党分家的想法”。他把痛苦埋在心里，从不向人发牢骚。在停职检查后，是年7月，他被调到天津政治学校办公室工作。尽管背负着沉重的政治压力，他并未消沉，依然兢兢业业地忙碌在教育事业的第一线。

二、求真务实的创业精神

1952年10月，天津市委有关负责同志找他谈话，决定调林子明先生去天津师范大学（河北大学前身）任生物化学系教授、系主任。党的信任使他非常激动。1954年9月，生物化学系一分为二，他任生物系主任，同时兼任河北大学工会主席和民进支部主任委员等职务。1956年他被定为三级教授。作为河北大学生命科学学院的奠基人，当时的林先生虽已年过半百，但他仍倾注了自己大量的心血，全身心地投入到院系建设中来，他同卢开运先生、王所安先生三人合力铸就了今日河北大学生命科学学院的坚实基础。他坚持贯彻教育与生产相结合、理论联系实际的教学方针，在提高培养教师队伍、加强课程和教材建设、组织科学研究、领导实验室建设、配合党组织开展思想工作等方面都做出了突出的成绩。现如今生命科学学院仍可以感受到林先生给我们这些生科学子留下的遗风——产研结合、求真务实、兢兢业业、一心向党。

林子明先生的敬业精神及出色的工作表现很快得到了校领导的信任和师生的交口称赞。1954年任校工会主席，1956年任中国民主促进会天津市委副主委，1960年夏当选为天津市生物学会副理事长。1957年反右派斗争开始，河北大学一些激进的学生演讲、贴大字报攻击党，林先生旗帜鲜明地站出来予以驳斥。他担心在北大念书的女儿在政治风浪中不辨方向，写信语重心长地叮嘱她："要注意，给党提意见就像给母亲提意见一样。"短短几句话，可以看出林先生并没有因为受到不公正的处分而积怨在心，正如他自己所说的"从未发生过与党分家的想法"，他把党比作母亲，仍然一往情深地热爱她。这就是林先生，一个对党一片赤诚，没有党籍的"共产党员"。

坚定站在党的一边的林先生于1957年6月向党组织提出重新入党的要求。在申请书中他写道：

我被开除党籍到现在已经七年有半了，在这些岁月中党已经把我从一个受资产阶级教育和培养的知识分子，改造成为工人阶级的知识分子，我自己体会到在本质上已经起了变化，我的心灵已经附托在无产阶级的实体之上了。今后的问题是如何吸吮党的乳汁，努力长大成人。听党的话，把党的工作做得更多些、更好些，避免使党因为我的缘故受到损失。我年岁不大，才五十七岁，至少还可能有二十五年的工作机会，有党领导我，我决不畏缩，我无私人的庸俗打算，党对我的安排就是我的最好打算，党叫我干什么，叫我到哪里去都行。这些语言是可以从我过去的行动中得到可实现的信任。我要求党批准我重新入党。

这由衷的肺腑之言，折射出林子明同志那颗忠于党、忠于共产主义事业的赤子之心。事实证明，他正是一个心口如一、言行一致的人，是一个视党的利益高于一切，脱离了低级趣味的人。学院党委十分重视林先生重新入党的申请，鉴于他的表现，经多次讨论研究，同意他重新入党。但由于当时的政治气候，最后没有得到上级党委的批准。当"文革"风暴袭来时，厄运又一次降临到林先生的头上，除了"旧账"他还被加上"反动学术权威"的帽子及许多莫须有的罪名。他被抄家、批斗、游街、监督劳动，身心受到严重的摧残。1969年底，林子明夫妇被迫离开天津，来到山西他们的女儿君为处。君为在洪洞县教中学。林子明夫妇二人到了山西无人问津，生活没有保障。没有希望的生活、艰苦的生活条件终于压垮了他的身体，林先生突发脑溢血，夫人于静贞也旧病复发病倒在床上。君为无力照顾重病在身的二老，在长春工作的大哥尔为决定接父亲去长春，兄妹二人用担架把父亲抬上火车，路过天津时，河北大学已迁至保定，林先生与自己曾经奋斗了半生的学校没有做最后一眼诀别。时过境迁，不禁令人唏嘘。1971年2月，林先生凄然病逝；同年9月，与他相濡以沫、患难与共的夫人于静贞同志也在山西与世长辞。

粉碎“四人帮”后，林子明先生与众多蒙受不白之冤的人一样得到平反昭雪。1980年6月30日，中共天津市委决定撤销1950年对他的处分，并恢复他的党籍。犹记得1959年8月，林先生在写给党组织的思想汇报中曾说过：“我把重新入党的事作为长期打算了。甚至有时我会这样想，如果生前改造不好，我总算努力了，到最后的一句话一定要说‘请求党审查我的历史，追认我是共产党员’。”不承想一语成谶，变成了林先生最后的遗愿……

林子明先生的一生是如此跌宕起伏，可谓是经历了人生的大起大落！他出身贫苦，却通过发愤学习改变了自己的人生轨迹，入读国内顶级大学，师从名家；他本可以专心搞研究、做学问，却心系国家，积极投身于救亡图存的爱国运动中；他本可以在大城市过较富裕的生活，却义无反顾地奔向贫苦的河北边区，积极参加到抗日救国的运动中来；他在受到不公待遇之后并没有消沉、颓废，反而像一颗螺丝钉一样，将自己的全部才华和热情都投入到新中国的建设中来，为河北大学生命科学学院的建立做出了不可磨灭的贡献；他在蒙受委屈、身处逆境时，对共产主义的信念始终不渝、忠贞不贰，对党的那份厚重的爱经历岁月变迁从没变过分毫。

他是知识分子的榜样，是河大人的榜样！

回顾林先生的学术研究，你可以发现他从来就没有脱离现实。他把自己一生对国家和民族的深切感情和责任心，化作了丰厚严谨的学术成果。林先生擅长遗传学，对摩尔根遗传学有相当的研究。来河大生物系以后，他曾教授米丘林生物学、达尔文主义、教学法和遗传学等课，教学经验丰富，教学效果良好，而且具有很高的英语水平，能口译和笔译。作为系主任，他对教学和助教培养工作认真负责，对生物系的早期发展做出了重要的贡献。

林子明先生学术风采永在，家国情怀永在，高洁风骨永在。

王所安先生

王所安：
河北大学生物系的开创者

◇刘存歧

王所安先生1919年农历十一月十二出生于山东省高密县，1942年毕业于青岛市崇德中学，1946年毕业于中国大学理学院生物系。1947年1月就职于天津市卫生局卫生材料厂，任雇员，转年任材料科组主任；1949年1月天津解放后继续留任；1950年调天津四中任生物学教师；1951年调任北京师范大学助教，担任工农速成中学师资的生物课培训辅导工作；1952年春调回天津任天津工农速成中学教导主任，同年6月调任天津教师学院生物教师，同年8月调往天津师范学院（河北大学前身）参与生物系筹建工作；1953年秋转任生物系教师，主要担任动物学教学和动物学教研室建设工作，先后任讲师、副教授和教授。1991年至2003年间，主要从事指导硕士研究生及科学研究工作。按规定大学教师六十岁退休，但由于工作需要，王先生一直在生物系工作到2003年5月，八十四岁才退休。王先生共培养了八名硕士生，他们多数考上博士甚至进行博士后研究和工作。

一、生物系的开创者

1952年全国高校院系调整，在原津沽大学基础上成立了天津师范学院。1952年8月天津市从不同岗位上调来林子明、卢开运、王所安三位先生进行生物系的筹建工作。三人借用化学系的一间办公室、一张桌子、三条板凳开始筹建生物系。他们从课程设置、教师调入、设备购置到实验仪器制作开始一点点地准备，甚至到旧货摊上买实验用具，到荒废的墓地寻找人体骨骼，制作人体骨架标本，花费了大量心血。1953年9月生物系正式成立，并且招收了第一届学生。

二、河北动物学会的开创者

河北省动物学会是河北省动物科学工作者的科技群众团体，1980年由王所安先生和河北师范大学王恩多先生等人发起并开始筹建，经省科协批准，于1981年5月4日成立。学会靠挂在河北大学生物系。王所安先生任第一届至第五届理事长，带领、团结和组织河北省动物学界广大科技工作者积极开展各种形式的科技活动，为增强河北省的自主创新能力，提高全民科学素质，

河北省动物学会成立大会留影

促进经济社会又好又快发展做出了贡献。王所安先生同时兼任河北省动物保护协会副理事长、中国动物学会常务理事，被聘为世界资源保护联盟物种保护委员会中国两栖爬行动物保护专家组成员。先生组织发起编著的《河北动物志》获得河北省科技进步奖，其本人多次获得河北省科协先进科技工作者称号，1979年获中国科协先进工作者奖项和称号。

三、河北大学动物学科教学和科研带头人

自1953年9月河北大学生物系成立以来，王所安先生先任动物学课教师，后任动物教研室主任。在执教近五十年的过程中（“文革”期间除外），王先生学习和运用教育学、心理学和教学法的理论，刻苦钻研、严谨治学，取得了显著效果，多次在校内做教学经验交流。根据1952学年至1957学年的讲义整理成的《脊椎动物学》教材，于1960年由人民教育出版社出版发行，被评选为全国高校通用教材并于1961年再版。该书被誉为新中国成立后第一本由国人自己编写的科学性和逻辑性较强的教材。1986年根据动物学教学形势的发展，先生又开始探索新的教材内容和教材方式，编著了《动物结构与类群——脊椎动物学部分》（天津科学技术出版社），在本科和研究生教学中使用。先生温文儒雅，朴实醇厚，教学严谨，一丝不苟，深受师生们的喜爱。1984年起王先生开始指导硕士研究生，强调理论要联系实际，实事求是，这些学生均成为各单位的学术带头人或业务骨干。在先生的领导和组织下，1997年河北大学获批生命科学学院第一个硕士点。该硕士点是北方第一个水生生物学硕士点。

王先生的科学研究工作主要分为三个阶段。

王先生编写的教材

先生先期的研究对象是两栖动物，发表《河北省两栖动物地理区划》《河北省无尾两栖类的种类》《河北省几种无尾两栖动物的肌浆蛋白和同工酶分析》《泽蛙在河北省的新纪录》《无斑雨蛙在河北省御道口的发现》等学术论文，摸清了河北省两栖类的种类和分布。

先生中期主要进行鱼类调查和保护工作，进行了河北省水系的鱼类调查，发表了《白洋淀污染对鱼类资源的影响》《滦河水系鱼类的种类和分布特点》《永定河水系的环境特性和渔业资源》《华北细鳞鱼的分布》《细鳞鱼的人工增殖》等学术论文。1983年先生建议将细鳞鱼列入国家保护动物名录（二级保护动物），他开展的细鳞鱼卵子发生和胚胎发育等研究成果为细鳞鱼的人工繁殖提供了重要的理论基础和技术支撑。“细鳞鱼的特征与分布，生化分类及生理生态研究”获得河北省科学进步三等奖。王先生还根据20世纪80年代以来对河北沿海和内陆水域（含北京、天津）鱼类资源调查所采标本并参考历史文献，编写出版了《河北省动物志——鱼类》（河北科学

王先生带领师生在壶流河进行鱼类调查

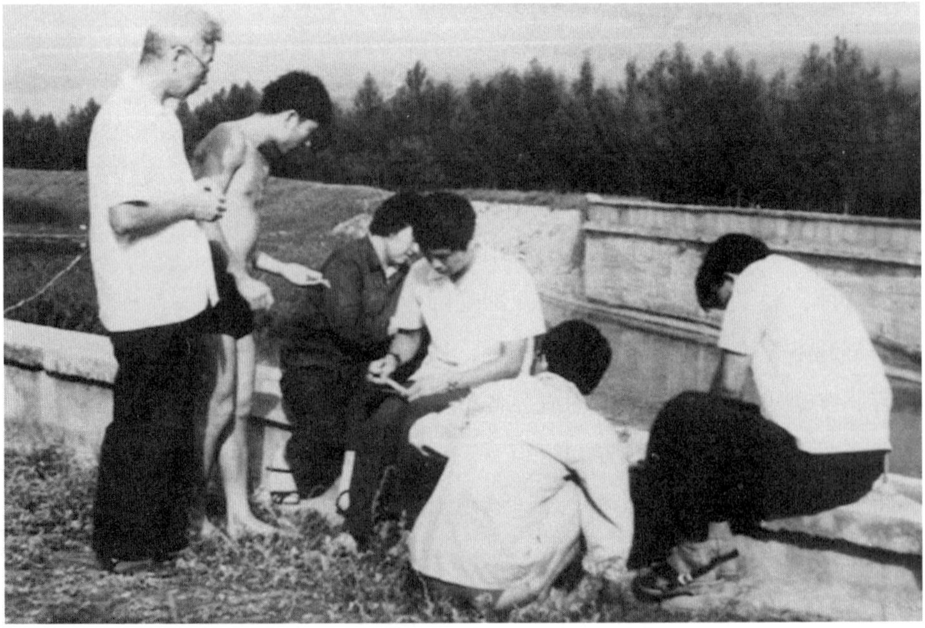

技术出版社，2000年）。该书是迄今为止有关河北鱼类最为全面的资料，是京津冀鱼类研究的重要参考书。

王先生编写的《河北省动物志——鱼类》

20世纪90年代，根据河北省水产养殖业需求，王先生开展了中国对虾人工养殖和对虾苗种培育研究工作。先生先后完成河北省科委“中国对虾高产养殖生态因子研究”“诱导中国对虾雌性化研究”和国家科委“八五”攻关项目“中国对虾遗传工程的研究”等课题，解决了生产中的关键问题，带来了巨大的经济效益。两项成果均获得河北省科技进步二等奖。这个时期，王先生获得“河北省高校先进科技工作者”称号。

四、情系河大　始终如一

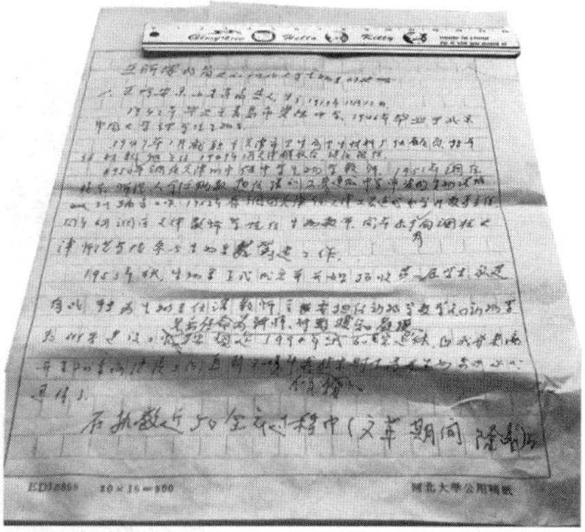
王先生手稿

王先生见证了河北大学生物系（后称生命科学学院）从婴幼儿期、青少年期到现在拔地而起的青壮年期的发展历程。王所安先生对河北大学、生命科学学院情感深厚，一生都为河北大学殚精竭虑，他希望后人不忘初心，将“为新中国繁荣富强培养栋梁之材”的情怀一代代传承下去。先生退休后，仍念念不忘河北大学的发展，多次提出合理化建议。2018年，先生已近百岁高龄，疾病缠身，但为了梳理河北大学生物系的发展历史，他在病榻上用颤抖的手写下了生物系发展的脉络。在先生百岁诞辰座谈会上，他饱含深情地说：“她（生物系）的建设发展与我息息相关，她就是我，我就是她，生死相依；她就是我的命、我的魂！”河北大学党委号召全体师生学习王所安先生的这种高尚品德和学术作风。2019年1月，王先生被授予“第三届最美河大人”称号。王所安先生永远是河北大学师生学习的榜样。

宋大祥先生

宋大祥：河北大学第一位院士

◇张　锋

宋大祥（1935—2008），浙江绍兴人。无脊椎动物学家。1999年当选为中国科学院院士。1953年毕业于江苏师范学院（原东吴大学）生物系。曾任中国科学院动物研究所副所长、中国动物学会理事长、国际动物学命名委员会委员、国际动物学指导委员会委员、国家自然科学名词委员会委员。早期研究甲壳动物桡足类、枝角类及环节动物蛭类的区系分类和生物学，最早提出中华绒螯蟹生殖洄游受阻是其减产的主要原因，首次揭示了医蛭的生殖全过程。20世纪70年代开始从事蛛形动物的系统学研究，对一些属、种的分类地位进行了全面的修订，建立了大量的新分类单元。通过对蜘蛛筛器、栉器、纺器、听毛、染色体、精子的发生和包装的研究，发现国际上将无筛器视为次生性状而对蜘蛛目分类系统的某些改变存在错误，肯定了某些有筛器类蜘蛛的分类地位，提出了“不应忽视筛器这一性状在确定蜘蛛系统发育关系时的重要性”等新见解。其代表性学术专著*The Spiders of China*被国际同行誉为“对现代蛛形学最好和最重要的贡献”，是“中国蜘蛛研究的首席”。2000年开始就节肢动物高级阶元的系统分类与分子系统学展开深入研究，在重建蛛形动物、多足动物、甲壳动物、六足动物等代表类群的系统发生关系方面取得了重要的进展。

一、河北省本土培养的第一位院士

宋大祥院士——确切地讲是宋大祥教授，是1998年下半年到河北大学工作的。当时正赶上院士申报，尽管作为国内著名的动物学家，宋先生入选的成功率很高，但他在是否申报方面还有些犹豫。原因是他刚进入一个新环境，事务繁多，没有人能帮助他整理申报材料。学校了解到这一情况后，及时和学院沟通。学院委派时任党委副书记黄增瑞老师和团委书记单耀军老师协助宋先生整理申报材料。当时作为宋先生研究生的我更是义不容辞，我们三人经常通宵达旦。在整理材料的过程中，我们常常对宋先生学术成果之多、学术影响之大赞叹不已。我们当时把宋先生的学术著作摞到一起，足有

宋先生在指导博士研究生

一人高，我感到十分震撼：什么叫学术大家？什么叫著作等身？我想，这就是了！看到我们埋头整理材料，宋先生经常提醒我们适当休息，似乎他对我们整理的内容并不在意，而更在意我们的身体。实际上，他才是真正的“拼命三郎”。当时，由于宋先生学术会议很多，需要经常外出，在学院的时间很少，但每次他一到办公室，就会迅速进入工作状态。宋先生进入工作状态的标志就是穿上实验室工作的服装——白大褂。为了便于替换，他办公室一角的衣架上永远挂着两件白大褂，他进入办公室的第一件事就是换上白大褂，这是他上研究生时就养成的习惯，这个习惯一直伴随了他的一生。

翌年十月，振奋人心的消息传遍了河北大学——宋大祥先生当选中国科学院院士！这真是河北大学，也是河北省历史上值得铭记的时刻！当时全校人人奔走相告，大家都以河北大学产生院士感到十分自豪——何况这是河北省本土培养的第一位院士！这个消息不仅提高了河北大学在全国的声誉，更让河北大学的每一个人都充满了自信，铆足了干劲！我们学院更是为宋院士的当选高兴！学院特意腾出二楼的三间房作为宋先生的办公室。我们以前只能听到院士在主席台上演讲，看到院士的文章，现在我们可以经常接触到院士本人，想想就十分激动。宋先生本人当选院士后并没有什么变化，无论是答复学术问题还是回复电子邮件，甚至往二楼的新办公室搬运仪器设备，他都亲力亲为。现在回想起来，与当选院士之前唯一不同的是，他变得更加谦虚更加和蔼了。

二、将一生献给教学科研事业

作为院士，宋先生考虑更多的是学科、学院和学校的发展。他经常利用自身的影响力向国内同行推荐河北大学。他建议学院开设“院士论坛”，开展系列学术讲座活动，此后，数位院士开始出现在河北大学的学术讲坛：尹文英、沈蕴芬、刘瑞玉、张亚平、张广学等。这些动物学界泰斗级专家的出现给河北大学的学子带来了耳目一新的感受。其中，影响最大的一次当属宋院士经过数次邀请才请到的大专家——北京大学校长许智宏院士。当时，由于听报告的人太多，报告地点不得已临时从学校主楼报告厅转移到多功能

宋先生在做学术报告

馆。宋院士的这些付出，也带动了河北大学生命科学学院动物学科的发展，短短几年就形成了动物学硕士点、博士点、博士后流动站和国家重点培育学科的系统培养模式，当然还包括省级重点实验室、省级重点学科等。宋先生还于2006年获批了河北大学历史上第一个国家自然科学基金重点项目“泛甲壳动物系统发生的研究”。

宋大祥先生对科研工作认真负责，勤奋刻苦，学风正派，尊重长辈，关怀学生。在“七五”期间，他主持了中国科学院重大科研项目“西南地区动物资源调查和评价”。该项目有五个研究所一百多人参加，由于团结协作，成果突出，项目组受到了中国科学院的表彰。宋先生对于自己的生活要求十分简单，除了工作时间到办公室工作外，下班后和节假日也经常能见到他在办公室忙碌的身影。有时工作太晚，办公楼大门被锁上了，他只好给同事或家人打电话“求救”，找人开门。有时为赶时间，便让学生到食堂买来饭菜，抓紧时间吃完后又投入工作。在去外地参加学术活动时，他总是选择乘坐夕发朝至的火车，用他自己的话说“在火车上睡一觉，早晨醒来就能开始工作了”。

但对于学生，他则充满了关爱。当学生准备撰写论文时，他总是反复考虑学生的论文选题，为学生开展工作创造条件。从特征图的绘制到系统发育关系的探讨，从野外采集的工作准备到标本的系统整理，从论文标点符号的规范到英文摘要的写作，他都要一一过问，言传身教。学生出差时，他亲自送来火腿肠等“干粮”让学生带上备用；学生参加单位的献血活动后，他又带来营养滋补品慰问。当学生在工作中遇到困难时，他耐心开导，帮助解决问题；当学生取得阶段性成果时，他又表示由衷的祝贺。从宋先生的身上，学生们不但学习到丰富的专业知识、敏锐的观察技巧、超强的鉴别能力，而且深刻地感受到他的科学精神和人格魅力。

宋先生和美国Levi教授进行学术交流

对于国内外同行对他的赞誉，宋大祥先生却看得很平淡，他说，中国人应该成为中国蜘蛛研究的权威，这是我们研究者的责任。

宋先生与俄罗斯来访同行Marusik.Y.M在工作

宋大祥先生具有强烈的爱国心，并付之于自己的工作中。关于中国蜘蛛研究的第一篇论文是法国学者Simon在1880年发表的“Arachnides recueillis aux environs de Pékin”（北京蜘蛛）。1980年宋大祥到法国做访问学者时，在法国自然博物馆看到了这批中国蜘蛛标本。中国这么大的国家，应该有自己的蜘蛛专家，这激发了他研究蜘蛛的热情。“东亚蜘蛛学会”的改名让他深刻认识到：让国外学者改变观点和态度是极难的，除非你在学术上超越他们，以无可挑剔的研究成果来说服他们。只有大家在各自的领域做出突破性的研究工作，汇总在一起才能体现我国科研水平，最终才能提高我国的国际地位。1997年香港回归祖国，为了欢庆这举世瞩目的时刻，宋大祥先生在繁忙的科研工作中挤出时间完成了多篇有关香港蜘蛛的分类研究论文，在该年以“Hongkong”（香港）命名蜘蛛1新属10新种。面对着祖国的强大和昌盛，他献上了一位科研工作者在香港回归之际最诚挚的问候。

2000年8月28日至9月2日，第十八届国际动物学大会在希腊举行，中国动物学会组成了以宋大祥为团长的七人代表团出席会议，并肩负着申办下一届国际动物学大会的重任。除中国外，还有法国和以色列提出申办。经过我国代表团全体成员的努力，我方的申办报告终于赢得了与会代表的充分认可，在投票表决中以绝对优势获得了2004年第十九届国际动物学大会在北京召开的承办权。宋先生也当选为国际动物学委员会七名委员之一。

2006年，由于长期超负荷的工作，宋大祥先生积劳成疾，不幸患上了胃癌。在生命的最后一段日子里，他表现出勇敢面对病魔的乐观态度。他在和身边人的交谈中，也只是偶尔叹息说自己可能看不上北京奥运会了，为不能再次亲眼见证祖国的强大而感到遗憾。然而当面对自己的亲人时，他第一次留下了难过的眼泪，并感叹道：我想多活几年，不是为了享受、为了荣誉或者为了别的什么，实在是有太多的工作还没来得及做。

三、桃李不言，下自成蹊

关于宋大祥先生的故事还有很多，下面是宋先生的几位学生对宋先生的追忆，我们可以从不同侧面感受宋先生的人格魅力和大家风范。

吴琛是宋先生在河北大学的第一位弟子，曾经和宋先生朝夕相处，她对宋先生的感受比常人更加深刻：

1999年，河北大学生命科学学院第一次开设动物学专业硕士点，也就是在那一年，宋先生开始到河北大学工作并招收了第一届硕士研究生，我非常荣幸地成为宋院士在河大的第一位弟子。虽很荣幸，但深感压力巨大，希望自己能够在学术大师的高水平指导下做出些成绩，也不辜负这“第一”的机会。从此，我与宋院士朝夕相处的日子开始了。

第一次到见宋院士，他身上散发着一种儒雅的气息，他是南方人，说起话来和蔼可亲，感觉非常亲切。跟随宋院士学习后，我发现他做事永远报以严谨认真的态度，严谨对他来讲已然成为一种习惯。

那时宋院士在进行《中国蜘蛛》的编写工作，当时科研条件艰苦，电脑设备十分简陋，没有制图软件，很多蜘蛛图片都是宋院士亲自手绘完成，图片的图注和标注工作就落到了我和其他几位学生的身上。本以为这是一件简单的工作，但是远没有想象中的那么容易。每次有一点点差错，宋院士都会让我们返工，这些经过宋院士定稿的版本中那些图片和标注的精细程度近乎完美，堪比电脑制作。

宋院士做事总是亲力亲为。在研究生期间，我在宋院士的指导下开始从事蜘蛛分类方面的课题研究。让我最印象深刻的是，我一开始被分配的任务是饲养虎纹捕鸟蛛，它是一种剧毒的蜘蛛，体积有女生的手掌那样大，这对我来讲真是一种很大的挑战。第一次接触如此凶猛的蜘蛛，我难免有些畏惧。而且这种蜘蛛需要吃活的昆虫为生，于是宋院士和组里的老师晚上带我们一起出去抓蟋蟀。看着宋院士与我们一起在草丛中捕捉蟋蟀的背影，我受到感染和鼓舞，慢慢从恐惧变得热爱这门学科、这项工作。渐渐地，我开始发现研究蜘蛛很有意思，尤其是当我们在野外能够采集到一个奇特的新种类时，那种兴奋喜悦的感觉一般人是体验不到的。

宋院士是一位非常珍惜时间人。可以这样讲，他做工作可以达到忘我的状态。他平时没有休息时间，即使节假日也在工作，工作是他最大的乐趣，他非常喜欢和享受工作的过程。我们实验室跟他的办公室在一栋楼，我们在四楼做实验，他在二楼办公。每天晚上我离开实验室的时候，除非他出差，基本都能看到他的办公室还亮着灯。还记得每年大年初二，宋院士都是早早就来上班。春节期间学院的大门早晨还锁着，值班人员也没想到竟有一位院士在大家还沉浸在春节假期的时候早早来工作。后来院里面专门为宋院士配了一把大门的钥匙。他拿到钥匙很是高兴，因为这样他可以随时来工作。对于时间管理，我对宋院士也是非常佩服，他珍惜每一分每一秒，会对时间精细安排，这些优秀品质影响着我，以至于我现在在工作过程当中，也会精确把握时间，合理分配时间。这是一种传承，我现在带研究生也是这样要求他们的。

除了日常在实验室的指导，宋院士也会带我们出去开学术会议，让我们增加学习交流的机会及增长见识。让我印象深刻的是研二那年参加在湖北武汉召开的全国蛛形学大会并做口头报告。那时候刚入门不久，作为硕士研究生第一次参加学术会议还要当着全国本领域的专家做学术报告非常紧张。我很担心自己讲不好。还记得那天宋院士是会议的主持人，他看出了我的紧张，临上台前宋院士鼓励我不要紧张，要充满信心地把自己的工作展示给各位专家。我走到台上，看到了坐在台下的宋院士，心里平静了许多。接着我非常顺利地做了《从12SrRNA基因第三结构域序列分析探讨蜘蛛若干重要类群的亲缘关系》的报告。那是我第一次站在全国蛛形学专家及同行面前做报告，是对我心理成长的一次突破。那个报告是在宋院士的指导下，我们在国内外第一次利用分子系统学方法对若干重要蜘蛛类群进行的分类。后来这部分研究工作整理成文，发表于《蛛形学报》。非常荣幸的是，这篇文章在2005年获得由中国科学技术协会评选的第二届中国科协期刊优秀学术论文奖。从那以后，我便不再惧怕上台，也为我今后的教师职业生涯奠定了基础。

宋院士对我们的日常生活也是关心有加。记得那时我是生科院的研究生党支部书记，负责组织研究生的课余活动。有一次举办研究生新年联欢会，我邀请宋院士参加，他欣然接受，与全体研究生度过了一次难忘的新年庆祝活动。还有一次我们举办活动经费不够，我随口与宋院士提了一下，第二天中午饭后，我发现我的桌子上放着一个信封，里面有现金及一个字条，那个笔迹我再熟悉不过。宋院士在纸条上写着："祝你们的活动举办顺利！"在平常的生活和工作之余，我的导师不仅给了我很多工作上的指导和帮助，还给了我很多生活中的温暖和关心。他时刻像一个平易近人的长者，对我们的关怀细致入微。

宋院士为了节省时间，在饮食上也一切从简从快。他经常吃一些罐头等速食类食物，可能正是因为长期的饮食不规律加之繁重的工作，2006年宋院士被诊断出胃癌。那年我正在军事医学科学院读博士，得知他住院的消息，我马上放下了手中的工作去301医院探望他。他看见我来了，便露出欣慰的神色，招呼我坐下，询问我的近况及博士毕业论文进展情况，就像六七年前我还是他的研究生那样关心我。那时他已经知道自己的病况，却丝毫没有畏惧，还笑着跟我说：“没关系的，现在医学这么发达，不必担心。”2008年，宋院士离开了我们。回想起与宋院士的点点滴滴，心中难免酸楚，他影响我的不只是学术方面，更是教会了我对科研的一种严谨态度。那天我看着他的照片想了很久很久，从他和善的笑容中想起了那三年与先生朝夕相处的日子。

如今的我也已经在教师的岗位上工作了多年，与宋院士许许多多的“第一次”，让我在青年时期的研究生涯中多了许多丰富多彩的经历。学术是枯燥的，宋院士是温暖的，富有人情的。春风化雨，细润无声。现在的我唯有把工作做好，努力前进，不畏艰难，才能不辜负宋院士的殷切希望，才是对导师最好的回报。

张志升初识宋先生是在1996年。他有幸在中科院动物所（当时在中关村）工作了一个月，所在的实验室与宋先生办公室在同一层楼，每天上下班都要从宋先生的门口经过。他回忆道：

那个时候，我根本不懂什么叫作科研，只是听闻那个楼上很多办公室工作的学者都是全国或世界著名的动物学家或昆虫学家，虽然近在身边，但我只敢远远地注视着，生怕打扰到他们的工作。通常工作时间里，楼道里除去偶尔的脚步声，非常安静，大家都在各自的房间里忙碌着。

宋先生的房间在那一层楼靠近中间的位置，有时候经过，看到房门是开着的，从门外望去，映入眼帘的首先是一摞摞或一排排的书和资料，书架上、桌子上、地上，很多很多！还有就是一些瓶瓶罐罐，不知道那些是什么（后来才知道那些是标本）。而我眼中看到的宋先生也只是一个侧影，一位伏在案头专心工作的长者。

中午的时候，宋先生经常不回家，吃饭后在办公室继续工作，或者和隔壁的先生一起聊一会儿天，或下棋（不记得宋先生是下棋还是观棋了，因为我只是远远地看着）。

给我的感觉，作为知名科学家，宋先生工作非常投入，而工作之余亦平易近人，与人为善。

也许是命运的安排，四年后的2000年，我通过考研回到了母校——河北大学，得知宋先生居然来河大工作了！而且宋先生已经当选中国科学院院士！更不可思议的是，我居然成为宋先生的弟子！回想考研之初，我只是坚定地要报考动物学方向，对蜘蛛的了解几乎为零。我倍感荣幸的同时也倍感压力，生怕给宋先生丢脸。

第一次见宋先生，是在生科院一楼东侧的办公室。那是在曹玉萍老师的引导下进入办公室的，朱明生老师在外屋，宋先生在里屋，他只是简单打了个招呼就继续工作了。这个时候我才真正看清宋先生的面孔，多么和蔼的一位长者，衣着整洁，面色红润，眉目间有一股正气。在我眼中，那便是学者的风范，当时就在想——宋先生就应该是我的榜样吧！

记得在研究生复试时，宋先生问我："你为什么要考研究生？"因为紧张，我一时语塞，停顿了一下，回答道："我从小就喜欢动物，能够从事动物学方面的研究，可以说是我的一个梦想，我希望通过我的研究，能够为国家在动物学领域做一点贡献。"说完，我一直感觉不是很满意（因为我实在说不出什么再具体的原因），心情也更加紧张。一旁的任国栋老师问："你知道蜘蛛和昆虫有什么区别吗？"我脑子里完全是空白，一下子愣在那里。宋先生也许看出来了我的尴尬，笑着说："任先生又在为难人了！"这一笑缓解了气氛，我缓过神来，回答道："对不起，我真的不知道有什么区别。"任老师也笑了，帮我解释："蜘蛛有八条腿，昆虫有六条腿呀！"我连忙道谢并解释说："谢谢老师，我以前没关注过，如果有幸上研究生的话，我一定首先搞清楚这个问题。"

2000年8月，我利用回老家的机会采了一些蜘蛛标本，9月开学后带到实验室，尝试自己鉴定一下，结果有一个标本身体小、腿极长，无比奇怪，我从蜘蛛的参考资料里实在找不到它，于是跑到宋先生办公室去请教。宋先生告诉我，这是盲蛛，属于蛛形纲盲蛛目。那个时刻，我突然意识到，我不能只看蜘蛛的资料，还要了解与蜘蛛相关的其他类群，像宋先生一样，做一个学识渊博的人。

因为我在读研究生之前有过工作经历，对电脑比较熟悉，所以在上研究生期间，经常因为帮宋先生处理电脑问题而出入宋先生的办公室。宋先生早上七点多就到了办公室，每天要做的第一件事就是学习英语。办公室有一台录音机，宋先生会边听边读，还时不时写写。我每次看到此景，便心生感慨：宋先生已经是六十五六岁的人了，还在每天坚持学习英语，我有何理由不努力呢？

宋先生在中国的动物学领域做了大量工作，不仅仅是蛛形学，在甲壳类、蚂蟥等动物方面也曾做出过重要贡献，但他从来不在我们面前谈及这些，而是鼓励我们努力做好自己的研究，有机会的话一定去国外知名蛛形学实验室去学习、交流和访问，博采众长。

对待科学研究，宋先生始终严谨、认真、一丝不苟。他会因为一句话、一个英语单词，或者某个专业问题反复思考、认真推敲，或查阅资料，直到最终落实。也是在宋先生的办公室，我看到了全套的《新概念英语》、英英和英汉大词典、人名和地名翻译大词典、拉丁语汉语大词典、中国地名录等一系列英语学习和专业用工具书。《古生物命名拉丁语》这本书，就是宋先生向我推荐的。

《中国动物志》书影

我的第一篇英语论文，也是在宋先生的反复修改后才完成的。至今我还记得，宋先生修改论文非常仔细，连每个空格、标点符号都不放过，在修改后的位置，通常还会标注一下原因。

宋先生做事计划性很强。每天的不同时间段，做什么事，都是有规划的而且计划好的事，就一定要按计划完成，从不拖延。在我读研那几年里，宋先生除了指导学生之外，先后完成了《中国动物志》的编撰、《河北蜘蛛志》的编写、《动物学名词》的审定、“六足动物系统演化项目”的运行、《国际动物命名法规》（中文版）的审定等重要工作，每一项工作都得以高质量完成。此外，宋先生还经常参加国内外重要学术会议、走访国内高校和科研院所并做学术报告，每项工作都井井有条。

还有一次，让我印象极为深刻。宋先生邀请了国内一位著名动物学专家来河北大学做学术报告，由于某些原因，这位专家迟到了，宋先生当着全体师生的面，毫不客气地批评了这位专家，并因为耽误了大家的时间而当面道歉。

宋先生在住院期间，只要身体尚可，还念念不忘工作。《河北动物志·甲壳卷》一书六百多页，经历了三次大的修改，是宋先生在病榻上完成的，虽然先生最后实在没有逐字逐句推敲的体力，但在把关之余，仍会为用哪个图版效果更好之类的细节对助手耳提面命。直到2007年停止化疗，宋先生在病榻上最后一次组织了“泛甲壳动物系统发生的研究”的项目汇报。

“我想多活几年，不是为了享受、为了荣誉或者为了别的什么，实在是有太多的工作还没来得及做。”宋先生在生命的最后时刻，依然心系工作，为国家、为学科发展尽心尽力。

宋先生已经离开我们十三年了。

每当和年岁稍长的动物学同行讲起宋先生，大家都无不称赞，也为宋先生的过早离开感到惋惜，经常听到的评价就是“为人正直、学识渊博、贡献极大、影响深远”。

转眼我来到重庆工作已经十四年了，宋先生的精神无时无刻不在影响着我，帮助和提携我一步步成长起来。我没有忘记宋先生的嘱托：出版了中国第一本蜘蛛科普书《常见蜘蛛野外识别手册》，去美国自然历史博物馆访学，师从世界著名蛛形学家Norman I. Platnick教授，组织承办了世界蛛形学领域在中国大陆的第一次国际会议，出版了蛛形学领域第一本蜘蛛大型图鉴，还出版了《中国动物志·漏斗蛛科和暗蛛科》。

宋先生对科研工作的态度、不懈努力的精神以及他深远的学术影响，将一直激励着我努力前行！宋先生永远活在我心中！

他的学生马惠钦这样回忆老师：

2006年，我博士入学已经将近两年，可是在发表论文方面尚未达到毕业要求，不仅我自己很着急，就连宋先生也很是替我着急，督促我加快撰写文章的进度，尽快完成文章并投稿。由于自己的英语水平有限，石蜈蚣分类对我来说又是一个完全陌生的领域，直到6月底，我写的第一篇英文文章初稿才完成，然后马上送给两位国外专家修改。恰逢宋先生回到河北大学，他在百忙之中还在惦记着我的论文撰写情况。当宋先生得知我的论文初稿已经完成，正在等待国外专家的修改建议时，就让我把论文初稿打印出来，到他办公室当面给我修改。当时已经是下午四点多啦，直到七点多论文才修改完毕，当时我就想请宋先生一起吃顿饭，宋先生说："现在你最重要的任务是尽快把文章修改好寄送出去，你先回去按照我修改的把电子稿修改好，等着国外专家的回复，有了回复你就把我修改的稿子和国外专家的修改建议一起给我，我再统一修改润色一下再投稿。吃饭不急，回头有时间叫上大家一起吃，你先自己吃点修改稿子去吧。"说完，宋先生就回家啦。第二天一早，我打开邮箱一看，一个外国专家的修改建议发过来啦，我就直接将宋先生修改好的稿子和反馈建议一起发给了宋先生，下午就收到了宋先生修改好的稿子。第三天早晨我又收到了另一个专家的修改建议，又把修改建议转发给了宋先生，又是在下午收到了宋先生修改好的稿子，他在电子邮件中让我尽快发送给杂志，同时，叮嘱我抓紧时间，尽快完成博士学位论文。这样，我的第一篇英文文章顺利发表，恰好赶上在毕业生学位资格审核前拿到了SCI收录证明，我才得以顺利毕业。假如没有先生的帮助与督促，我估计至少要延迟半年才能毕业。

宋先生是2006年9月在北京检查出罹患胃癌晚期的，我知道宋先生患病已是2007年初，当时一直都想抽时间找机会去看望先生。直到2007年5月初，才有机会和张志升师兄到北京301医院探望。当时，宋先生的精神状态非常好，恰好也是刚做了体检并知道了结果，我自己也很高兴，说是各项检测指标都很正常，甚至比正常人的指标都正常。去北京看望宋先生后，得知宋先生的体检结果很好，我自己心里也很高兴，非常庆幸自己的恩师能够痊愈。于是，在毕业前我又连续写了几篇英文文章，全部发给宋先生修改，宋先生也都是及时提出修改建议，并立即将建议反馈给我。通过几篇英文文章的撰写和修改，大大提高了我的英文文章撰写水平，也大大增强了我坚持做石蜈蚣目分类研究的信心，决心在宋先生指出的分类道路上努力研究，不负先生期望，做出成绩回报先生的厚爱。直到先生病重再次住院，我才明白其实后来的英文文章都是先生在病榻上坚持修改的，每每想起此情此景，都禁不住潸然泪下。每当自己在倦怠疲惫时，我都会想起先生病重依然在病榻上为我修改论文的情景，心中顿时又充满无限的动力，激励自己一定要坚持下去。正是先生的殷切希望和鼓励，我才能够一路走来，在石蜈蚣目分类研究方面取得了一些成绩，拿到了两个国家自然科学基金项目和一个省自然科学基金项目。

宋先生在指导硕士研究生

张俊霞与宋大祥院士第一次见面应该是在1997年，当时她还是河北师范大学生命科学学院的一名大三学生，而宋先生当时被聘到河北师范大学工作。作为一名本科生，她很幸运能提前进入研究室感受科研环境和氛围。当时由宋大祥院士主编的*The Spiders of China*一书正在紧张撰写阶段，她很荣幸能够参与到这项工作中，在宋先生的带领下为这本著作的完成贡献了自己绵薄之力。在此期间她深深感受到先生严谨的治学态度和诲人不倦的师者风范，学习到很多从事科学研究工作的方法和思路，为以后从事科研工作奠定了坚实的基础。

后来，宋先生因工作需要调到河北大学，她很幸运地一起来到河大继续跟随先生学习和工作，直到2005年赴加拿大攻读博士学位。回忆与宋先生相处的时光，一件件往事历历在目，在此仅选取几件与大家分享：

因为宋先生在学术界的成就和影响力，刚刚认识的时候我不太敢与他沟通和交流，总是怕自己说错话做错事。但接触一段时间以后发现，宋先生待人非常和蔼可亲，对刚入行的学生更是悉心指导。当我有问题向先生请教的时候，他总是挤出时间详细讲解；我文章的稿子请宋先生审阅，他逐字逐句地斟酌、修改，并认真给我讲解为什么要这样修改，有时一篇稿子会反复帮我修改两三稿。记得有一次我生病，第二天来到实验室后，发现桌子上放着几个鸡蛋，正纳闷的时候宋先生走过来，关切地问："小张，听说你身体不舒服，什么问题？现在感觉怎么样了？我在家煮了几个鸡蛋，给你补充一些营养。"我心里非常感动，要知道当时宋先生因工作繁忙每天早出晚归，自己都没有时间做饭，而是每天让学生从食堂给他带饭！

全国科学技术名词审定委员会颁发给宋先生的突出贡献奖

2003年，我应邀前往新加坡国立大学进行学术交流。那是我第一次出国，从未踏出过国门的我心里十分忐忑，对前途的未知充满了担忧。宋先生察觉了我的情绪，便特意找时间跟我聊天，给我讲解乘坐国际航班的流程以及注意事项，包括怎么办理登机手续、在哪里托运行李、过安检怎么办、怎么查找登机口、下飞机后在哪里取行李、出机场后怎么打车，等等，非常详细，他还跟我分享了他第一次出国的经历，并坦言大家第一次出国很多事情都不知道，但出过一次就都清楚了，一回生二回熟。这给当时的我带来很大安慰，也打消了我心里的很多顾虑。后来那次学术交流非常成功，我不但学习了国外实验室的研究方法，还合作完成了一篇文章。

早年从事科学研究的参考文献均为纸质版，还没有现在已经非常普遍的电子版。记得刚到河北大学，宋先生亲自带领我们整理研究室所有的参考文献，对其进行分类。现在，实验室的柜子里还保存着很多文献资料的文件盒，每当看到上面宋先生手写的标签，先生当时忙碌的身影和音容便浮现在眼前。这些整理的资料为实验室后来十几年从事相关领域研究奠定了坚实的文献基础。

宋先生的英语水平很高，我一直都非常羡慕，常常心里暗自感慨：什么时候我的英语水平才能达到宋先生那样？后来才知道，宋先生上学的时候并不学英语，不像我们从初中开始已经系统学习英语达十年之久，他的英语完全是靠自学！宋先生跟我们说，学习英语没有诀窍，就是多听、多读、多练。宋先生习惯早早地来到办公室，每天坚持早上到办公室后收听英语广播，这个习惯一直坚持了几十年！他这种持之以恒的精神一直激励着我。现在自己当了老师，在指导学生的过程中我常常以宋先生为例，激励学生们在学习和科研的道路上脚踏实地、坚持不懈。

2008年在加拿大读书的我惊闻宋先生因病去世的消息，万分悲痛。先生的音容笑貌、与先生相处的一件件往事常常浮现在脑海。先生严谨的科学态度、勤奋的工作作风和持之以恒的求学精神是我们学习的榜样，一直激励我们努力前行。

河北大学的先生们

电子

郭宝兰先生

郭宝兰：
砥砺科研　慧眼识文

◇田学东

郭宝兰，女，河北丰润人，1938年10月生，1964年毕业于南开大学物理系电子物理专业，同年到河北大学物理系无线电教研室任教。1979年考取出国进修生，于1980年4月至1982年3月在日本静冈大学工学部情报工学科做访问学者两年，由此开始了汉字识别的研究之路；1991年3月至10月，在日本北海道大学工学部情报工学科任客座研究员。在日本留学期间，郭宝兰先生首创了汉字识别的包含配选法，发明的汉字识别包含配选算法获日本专利。

1982年从日本回国后，郭宝兰先生主要从事中文信息处理、汉字识别等方面的研究工作，并在河北大学电子与信息工程系首开了计算机算法语言实验，承担过多门课程的教学工作。在各级领导的支持下，郭宝兰先生创建了汉字信息处理研究室，带领研究室成员多次承担河北省重点科研项目，均圆满通过鉴定并达到国际先进水平。其中，“以包含度为判决准则的印刷体汉字识别”和“实用印刷汉字识别系统”分别获得1988年和1991年河北省科技进步一等奖，“D-OCR典籍繁体汉字识别系统”获1995年河北省科技进步三等奖。郭宝兰先生还在《中国科学》《通信学报》《中文信息学报》《自动化学报》等学术刊物及有关的国际学术会议上发表论文四十余篇，数次被邀请参加国家863工程有关项目的专家论证会，承担中国科学院软件研究所、清华大学等单位的博士学位论文评审工作。

郭先生在工作

郭宝兰先生完成了多位本科生与硕士研究生毕业（学位）论文的指导工作，1993年作为主要成员参与申报获批河北省第一个“计算机应用技术”硕士学位授权点。1994年，“计算机及应用”获河北省第一批重点学科。

郭宝兰先生曾任中国中文信息学会理事、中国中文信息学会基础理论专业委员会专委、河北省人工智能学会副理事长、河北省计算机学会微机专业委员会顾问等职。先后被评为全国先进女职工、全国教育系统“巾帼建功”标兵、河北省有突出贡献的中青年专家、全国三八红旗手、保定市劳动模范等，并多次被评为河北省高校先进科技工作者。1991年获政府特殊津贴，1995年3月被评为省管优秀专家。后积劳成疾，于2009年过世，享年七十一岁。

一、对印刷体汉字识别技术的执着研究

20世纪80年代，个人计算机在我国还处于初始应用阶段，运算速度慢、存储容量小、价格昂贵，硬件总体性能较低；操作系统还是以DOS为主的问

答式英文操作系统，应用软件极少。在这种情况下，能够使用计算机就是一件较为专业的事，将其应用到各个领域更是难上加难。其中，首先面临的困难就是如何将汉字融入计算机，使其具有处理汉字的能力，使人们能够方便地将汉字输入计算机并能够显示和打印出来。因此，汉字信息处理受到越来越多的关注。

在这一时期，我国在汉字输入、输出计算机方面投入了大量研究与开发力量，汉卡、中文打字机以及各种汉字音、形输入法等应运而生，逐渐打通了计算机中汉字输入、处理、输出的通道，为计算机在我国各行各业的推广应用做出了巨大贡献。其后，各种各样的计算机应用系统如雨后春笋迅速普及。计算机的推广与应用进一步促进了计算机软、硬件的发展，形成了一个良性循环。

随着计算机应用中的基础问题一项一项得以解决，人们从中看到了计算机在各行各业、各个领域潜在的巨大应用价值，各种更高的要求纷至沓来。其中，汉字的高效自动录入就是一项亟待解决的技术难题。由于当时计算机排版技术还没有得到广泛应用，书籍资料几乎无一例外地采用铅字印刷方式产生，其中的文字处于非数字化的状态；将其中的汉字录入计算机就成为利用计算机处理汉字信息的首要问题。而汉字不同于拼音文字，字量大，字形结构复杂，手工录入劳动强度高，且人易疲劳，导致录入效率很低，难以满足实际需求。这种情况使当时很多打算利用计算机作为辅助研究工具的汉语言文字研究人员在面对烦琐的汉字录入工作时望而却步，严重阻碍了计算机技术的应用。因此，如何在当时的设备条件下，完成由汉字字形向汉字代码的高速转化，实现汉字的计算机自动识别，使人们从烦琐低效的手工录入汉字劳动中解脱出来，成为当时亟待解决的一项重要课题。

郭宝兰先生在赴日本静冈大学工学部情报工学科学习期间，在导师松本欣二的指导下，基于大量前期调研，对汉字字形进行了细致的分析。经过近半年的研究和实验，郭宝兰先生对汉字识别的策略和方法有了深入的认识，指出汉字数量多、字形复杂，只有采用层次化的策略，先分类，后识别，以减少识别对象的数目，才能提高识别效率；另外指出人们对汉字的辨识，更主要的是依据汉字笔画之间的相对关系而非绝对位置这一规律。基于上述分析，郭先生提出了汉字识别的包含配选法，即采用汉字偏旁、部首的不同类型，对汉字进行分类的文字识别方法——通过将偏旁、部首标准图像与经过预处理的待识别汉字图像进行“与”操作，计算待识别汉字图像对于标准图像的包含度，来实现对待识别汉字图像的分类，并针对汉字字形笔画形态和位置变化，采取相应的提高鲁棒性的措施。郭宝兰先生在利用该方法所进行的实验中，对六千个常用汉字中的五千六百五十九个汉字的印刷体字形图像按偏旁、部首分为一百九十八类，机分稳定进入一类的准确率达到了百分之九十七点二九，若将机分稳定进入二类中某一类的一百二十一个汉字计入正确分类数，则准确率达到了百分之九十九点四三。这一方法的提出，为以后的一系列汉字识别系统的研究与开发奠定了基础。

从日本回国后，郭宝兰先生带领汉字信息处理研究室的年轻教师们，展开了对印刷体汉字识别技术的全方位研究。

在早期的研究工作中，硬件资源与性能的限制给大家带来了很大的困难。当时，扫描仪还比较稀缺且价格昂贵，只能采用光学镜头来采集汉字字形图像。光学镜头难以像扫描仪那样一次性拍摄文献版面的完整页面图像，而且会由于设备自身以及人工操作的原因，产生额外的曝光、聚焦、噪声、歪斜等问题，以这种方式获取汉字图像的难度以及所需要进行的后续处理如去噪、校正以及最终进行识别的难度都远高于利用扫描仪获取图像的方式，需要在汉字图像的预处理、规范化、特征提取、特征匹配和识别后处理等环节，采取相应的措施，才能得到较高的汉字识别率。

为了解决这些问题，郭先生带领研究室研发团队展开科研攻关。她常常面对厚厚一沓纸上打印出来的汉字图像特征数据废寝忘食地计算、分析，确定分类特征；转而到计算机上不分昼夜地亲手编写、修改程序代码，训练分类字典。那时的编程语言还较多地采用汇编语言和C语言，编程和调试工作量都很大。

项目的研发工作得到了领导和各级科研主管部门的大力支持，使实验室硬件设备的种类和性能有了明显的丰富与提升。经过大家的不懈努力，最终攻克了一个个难题，研发了印刷体汉字识别系统，并取得了较高的识别率。此后，又先后完成了汉字识别方面的省级科研项目八项，这些项目在结题鉴定时均达到了国际先进水平。

郭先生在指导研究生

在北京的一次展览会上，郭先生团队研发的印刷体汉字识别系统引起了人们的关注。它每秒钟识别一二十个汉字，速度远远高于手工录入，让人们感受到汉字识别技术的神奇。展览会后，一些海外知名公司和大学教授专程来河北大学考察商谈长期合作事宜。由此可见这项技术在当时的影响力。

至此，河北大学汉字信息处理研究室在印刷体汉字识别技术方面的研究走向了较为成熟的阶段，为以后的实际应用做好了理论和技术上的储备。

二、识以至用：《续资治通鉴长编》全文检索系统

20世纪90年代，计算机开始在各行各业得到应用。但由于当时计算机软

硬件发展水平的限制，在实现具体的计算机应用系统时，可供直接采用的理论、算法和可继承的程序模块极少，计算机应用系统开发的技术难度和工作量都很大。

此时期，中文信息处理技术的发展方兴未艾，适应各种应用场合需要的汉字编码字符集、汉字输入法以及字处理软件层出不穷，为人们开发各种应用系统提供了极大的便利。与此同时，古籍文献资源的数字化与整理也迅速发展起来。由于古籍汉字与简体汉字相比，具有字形结构更复杂、字形变化更丰富、字形数量更庞大的特点，给古籍的计算机自动录入与处理带来了更多的困难。信息技术在各行各业的成功应用，使人们对古籍数字化与整理，以及后续利用提供了方向，只有实现古籍数字化，才能让我国宝贵的文化遗产在世界信息网中供全人类共享。《续资治通鉴长编》全文检索系统就是在这种情况下确定选题并开始研发的。《续资治通鉴长编》是研究宋代历史的宝贵史料，将其录入计算机，并采用现代化的信息检索和多媒体技术，构建《续资治通鉴长编》全文检索系统，图文并茂、全方位地将它们展现在读者面前，无疑会对相关领域的研究与应用起到良好的促进作用。

在前期汉字识别技术的丰富积累之上，郭先生带领大家投入到《续资治通鉴长编》全文检索系统的研发工作中。要实现对《续资治通鉴长编》的全文检索，首先需要将多达三十余本的《续资治通鉴长编》中的文字输入计算机。很显然，由于字量很大，采用手工输入的方式是不可行的，必须借助汉字识别技术进行高速录入。然而，《续资治通鉴长编》的版式内容为竖版繁体汉字。无疑，从技术角度来看，当时的汉字识别软件都是按照横排版的简体汉字印刷版面设计的，很难适应这种古籍汉字书籍版面的情况。加之古籍汉字字形远比简体汉字复杂，存在较多的生僻字、异体字等，而且受到当时的编码字符集收字范围的限制，汉字识别系统常常会遇到未训练字形或编码字符集以外的字形，导致识别系统出现问题。因此，对于典籍繁体汉字的识别，需要在字形图像预处理、规范化、特征选择与提取、识别和后处理等环节采取针对性措施，以适应繁体汉字的特点。

在大家都感觉困难的时候，郭先生却没有被困难吓倒。她仔细翻阅着这些书籍，斩钉截铁地对大家说：“我们一定能开发出专门针对典籍繁体汉字的识别软件，实现古籍汉字的高速、自动录入，实现古籍文献的检索，为古籍文献研究提供信息化的工具。”

郭先生带领大家对识别系统各个环节展开了针对性研发，从古籍版面分析、汉字切分到汉字特征提取与分类识别和后处理，构建了适应古籍版面和古籍汉字特点、兼具学习与识别功能的“典籍繁体汉字识别系统”，并在系统基本构造完成后，利用繁体汉字字形样张对识别字典进行了大量训练，使系统达到了较高的识别率，满足了典籍繁体汉字的录入需要。

“D-OCR典籍繁体汉字识别系统”的研发基本完成以后，在当年的暑假，研究室全体人员利用该系统进行了《续资治通鉴长编》的自动输入工作。郭先生考虑到较大的扫描和识别工作量，除研究室全体人员以外，还聘请了十余名本科学生参与了《续资治通鉴长编》的自动录入工作。识别系统的应用大大提高了录入效率，一个多月的时间，《续资治通鉴长编》约七百二十万字的扫描与识别输入工作就基本完成了。

《续资治通鉴长编》的自动录入完成以后，接下来就是烦琐、漫长的文本校对工作了。和人工录入一样，自动录入也不可避免地存在识别错误，需要人工对照原文逐一校对，更正存在的识别错误。由于当时计算机操作系统中的字符集收字范围有限，而古籍文献中繁体汉字的数量和范围很大，无论是在系统识别还是人工校对时，都会遇到一些无法在编码字符集内找到匹配汉字的情况。此时，首先需要找到相应的编码字符集以内的汉字，再进行对应的修改。这个映射转换工作需要语言文字等多方面的丰富知识与经验，这对于缺少汉语言文字学知识背景的理工专业的人来说，是有相当大难度的。但是，大家迎难而上，边学边做。在这段时间里，实验室的桌子上总是摆满了各种字典，因为大家在校对过程中需要不时地去查阅字典，还时常在一起讨论识别系统中的某个字应该对应哪个汉字，必要的时候还要去请教相关专家。可以想象，这个校对的工作量是很大的。当时研究室曾经统计过，每人一天校对的最多页数也不过八页左

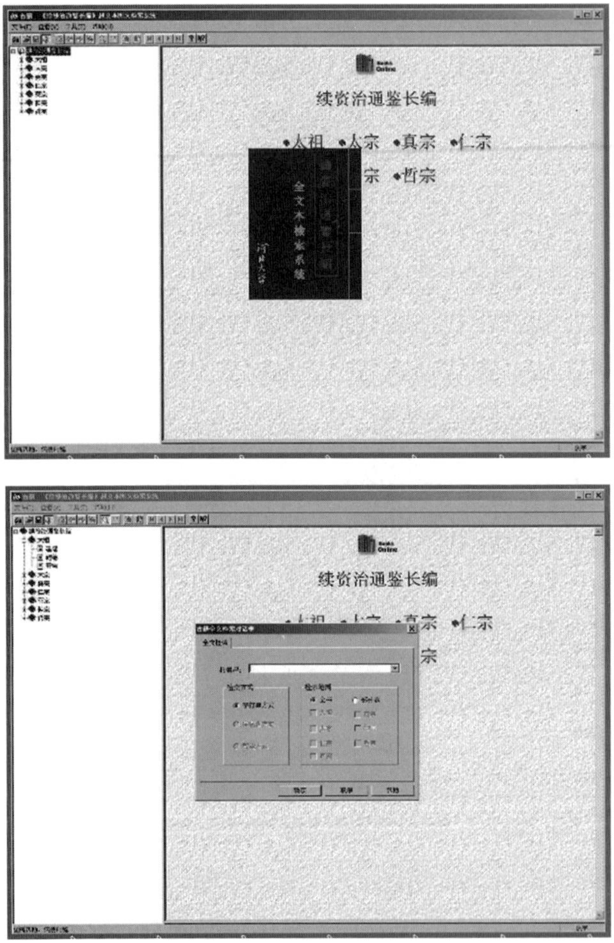

《续资治通鉴长编》全文检索系统

右。《续资治通鉴长编》共约七百二十万字，系统识别后的人工校对工作用了一年左右的时间才基本完成。

记得当时每周还是六天工作制，枯燥的校对工作从早到晚，大家都很努力，也很辛苦。郭先生等老教师看在眼里，疼在心上。虽然工作很紧张，但老师们对大家的身心健康非常关心，不时会提醒大家注意劳逸结合，不要过于疲劳。记得那时每到工间操的时候，老师们都会催促大家停下手头的工作去休息，并经常让大家围坐在一起，共同享用他们自费购买的水果和各种小零食。大家聊聊天，喝点水，讨论一些工作、生活中的话题，其乐融融，享受科研带来的乐趣。现在回忆起来，大家心里也是热乎乎的。

经过一年多的努力，七百二十万字的《续资治通鉴长编》全部录入、校对完毕。以此为基础，郭先生又带领大家进行了《续资治通鉴长编》全文检索系统的程序研发工作。该系统采用现代化的信息检索和多媒体技术，图文并茂、全方位地将《续资治通鉴长编》展现在读者面前，实现了对《续资治通鉴长编》全文的字串检索、“与”关系表达式检索、“或”关系表达式检索等功能。该系统被河北大学宋史研究所采用，得到了宋史专家漆侠先生等历史研究工作者的肯定与好评。

三、文图并茂：《本草纲目》全文检索系统

《本草纲目》全文检索系统是郭宝兰先生倾注大量心血完成的又一科研力作，也是繁体汉字识别技术的又一成功应用案例。《本草纲目》是明代李时珍以毕生的精力，考察药用植物、动物和矿物等形成的一部医药学巨著，全书五十二卷一百九十多万字，收录药物一千八百九十二种，药方一万多个，插图一千一百多幅。《本草纲目》全文检索系统利用汉字识别技术对原书进行数字化处理，共计录入文本一百九十万字，并采用剪贴、透色、拼接等多项图像处理技术，将数百年前李时珍所绘制的一千多幅药物图，与当代拍摄的、自主版权的近千幅彩色图像对照，同时显示在一个窗口中，并将它们直接链接于该药物文字论述的相应部位；当使用者需要查阅某一药物时，可以通过点击链接直接看到显示的图像，这样既可以看到古人的手绘图形，又可以看到真实的彩色实物图像，能够大大地方便用户对各种中草药材进行比较和鉴别，形成了浏览与检索并存、图像与文字并茂、配有悠扬古乐的电子介质上的古医药学巨著。此外，该系统还提供了基于ISO10646和造字字符集的古籍全文检索和索引检索工具，以简单、方便、实用的操作，快速为用户提供完备、准确的检索结果。为了便于用户进行信息检索，提高系统的查全率，还建立了相关知识库。《本草纲目》全文检索系统研发完成后，受到了广泛关注，不仅在国内被多次采用，而且在海外也得到了应用，为我国古籍电子化和中医药事业的发展做出了贡献。

《本草纲目》全文检索系统的研发过程，除了同样会遇到的古籍汉字录入一般性问题以外，中草药物标本图像的采集成了又一道难题。

《本草纲目》中，有一千多幅手工绘制的中草药物图形，为了更生动、逼真地反映这些草药原料的原始形态，郭先生决定在《本草纲目》全文检索系统中为每一幅中草药材图形配上图片，使用户在浏览中草药材时既能看到古人的手绘图形，又能看到真实的彩色实物图片，以增强系统的实用性。为了达到这一目的，郭先生亲自带领项目组成员到草药种植地亲手采集中草药

原料的植物图片。由于当时人们普遍使用的还是胶片相机，如果采用这种相机拍摄草药图片，后期还需要采用某种方式将其转换为数码图片，才有可能输入到计算机中进行处理；转换的过程会带来图像数据的损失，还会产生诸多噪声，而且当时彩色胶卷和冲印费用较高，会导致开发成本的增加。郭先生果断决策，采用当时还没有得到广泛应用的数码相机来采集中草药材实物图片。为此，项目组专门到北京采购了当时性能较为先进的数码相机、补光灯、充电电池和充电器等设备和配件，为中草药材图片的采集工作做好了准备。

在采集中草药材图片的那段日子里，郭先生每天带着项目组里的年轻人早出晚归，往返于学校所在地保定市城区和南部的安国县（今安国市）之间。据资料记载，安国县是中国最大的中药材集散地和中药文化发祥地之一，被誉为“药都”“天下第一药市”，享誉海内外。这为项目组采集中草药材图片提供了得天独厚的条件。项目组白天深入到草药种植园，拍摄各种草药的数码照片，晚上回到实验室后再将其导入计算机，查看每一张照片的拍摄效果，商讨下一步的采集方案，强调注意事项。由于项目组成员的中草药知识有限，在中草药材图片拍摄过程中，还特意全程聘请了当地经验丰富的草药材种植员工，帮助辨别、确认中草药材植物的品种，保证了拍摄质量，提高了拍摄效率。

郭先生在研究《本草纲目》全文检索系统

《本草纲目》中所列中草药材涵盖了植物、动物及其他多种物质，为了尽可能多地采集《本草纲目》中所列出的诸多中草药原材料品种，项目组又进一步扩大了采集范围。在此阶段，项目组成员的足迹遍布全国各地可能采集到中草药材图片的地方。经过大家集思广益、四处奔波，最终基本完成了中草药材图片的采集工作。此后，又专门聘请了中医药专家，对所有的中医药材图片进行了专门的鉴定，以确保图片内容的准确性。

《本草纲目》全文检索系统

高效的汉字识别技术与先进的中草药材图像采集手段为构造图文并茂的《本草纲目》全文检索系统奠定了基础。其后，郭先生带领项目组成员集思广益、勇于创新，在系统中融入当时先进的多媒体技术，将原著中药材图形与栩栩如生的数码图片对照显示，原著文字与全文本检索相结合，开发了在当时还不多见的放大镜等辅助工具，形成了浏览与检索并存、图像与文字并茂、配有悠扬古乐的电子介质上的古医药学巨著。

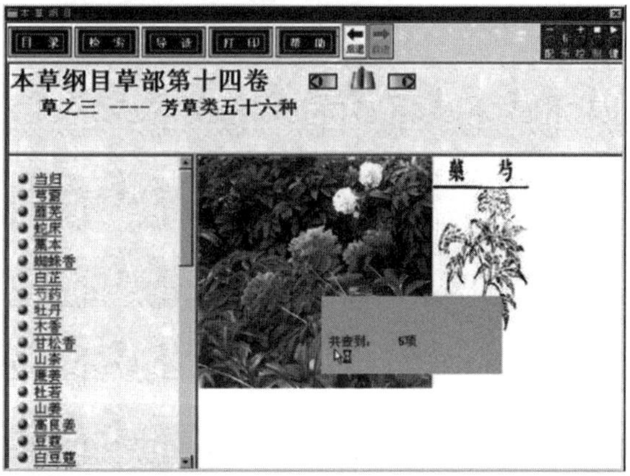

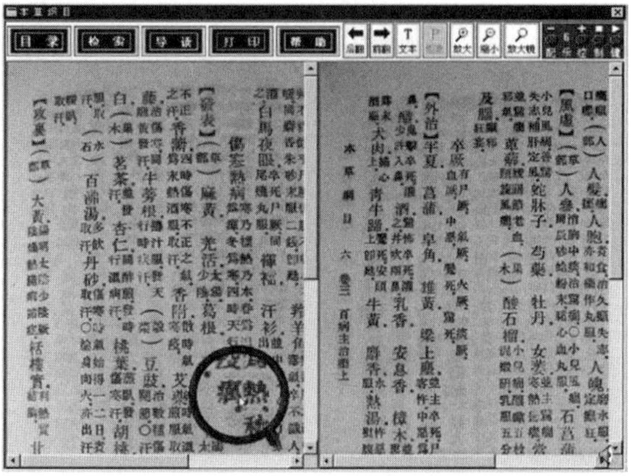
《本草纲目》全文检索系统截图

《本草纲目》全文检索系统由中国电子音像出版社出版发行，一经问世，就受到了广泛好评，首批系统很快销售一空，成为中医药专家学者和普通用户了解《本草纲目》内容的窗口。

四、成果丰硕 重视人才

郭宝兰先生凭借坚忍不拔的科研精神和求实创新的科研态度迎来了丰硕的科研成果。

郭先生所承担的课题有“以包含度为判决准则的印刷体汉字识别法”“实用印刷汉字识别系统”“典籍繁体汉字识别系统”“虚拟古籍数据结构的研究”等。这些课题均通过省级鉴定，达到国际先进水平。同时，这些成果分别获得不同的奖励。

郭先生的部分获奖证书

此外，《本草纲目》全文检索系统在1995年河北省第九届技术交易会暨第六届发明展览会上荣获金奖。

郭先生发表的论文有《中国印刷体汉字の大分类》（[日]《信学技报》1981年PRL81-10）、《二重包含整合法によゐ手书きヘテティ文字の认识》〔（[日]《信学论（D）》，1982年J65-D.8（第二作者）〕、《可回溯点跟踪包含配选法印刷汉字识别》（《中国科学（A辑）》，1989年第5期）、“Printed Chinese Character Recognition Using Point Tracking Inclusive Matching Method with Backtracking Strategy”〔*Science in China*（Series A）1989年第8期〕、《汉字识别的“包含配选法”及其应用》（《通信学报》，1983年第4期）、《汉字识别的点跟踪包含配选法》（《中文信息学报》，1987年第3期）、《汉字识别中正确识别率与识别速度的探讨》（《通信

郭先生获得的奖章

学报》，1986年第5期）、《交替运用两种信源模型的汉字识别法》（《自动化学报》，1994第1期）、《一个实用的古籍印刷汉字识别系统》（《中文信息学报》，1996年第3期）、《古籍自动录入及电子版本的形成》（《情报学报》，1997第A1期）、《C1000光导摄像机与 HP-9000小型机的接口研究》（《信息与控制》，1986年第6期）、《处理ETL-8手写体汉字数据库的实验研究》（《河北大学学报（自然科学版）》，1984年第1期）、《汉字识别中三种分类方法的比较》（《河北大学学报（自然科学版）》，1983年第1期）、《汉字的机器自动读入装置与汉字识别》（《河北大学学报（自然科学版）》，1985年第1期）、《C_{1000}光导摄像机与IF—800微型机接口电路的研制》（《河北大学学报（自然科学版）》，1986年第3期）。

郭宝兰先生在砥砺科研的同时，非常重视人才培养，积极参与学科建设工作。先生作为主要成员申报并获批了计算机及应用硕士学位授权点和河北大学计算机应用省重点学科，指导了四十多名本科生与近二十名硕士生的毕业论文。

郭先生时时刻刻注重对年轻教师科研能力的培养。她总是以身作则，给年轻教师和研究生们树立实事求是、遵循客观规律的榜样。每到申报科研项目的时候，她都会鼓励大家积极参与，并在选题和申请书撰写上给予切实的指导，和大家一起讨论选题的研究背景和国内外研究现状，提炼科学问题，确定研究方案，研讨课题的创新点。为了开阔大家的眼界，郭先生鼓励大家关注国内外相关研究的动态，积极参加国际、国内各种学术会议，在学术会议上投稿、做学术交流报告。她还多次亲自带领大家参加学术会议，不失时机地给大家创造与专家进行学术交流的机会。郭先生有着很强的学术魅力，能够很快、很顺畅地与同行专家、学者建立起学术交流渠道，为科研工作提供了很大的帮助。每到年轻教师主持的项目进入验收鉴定阶段，郭先生总是不辞辛苦，亲临现场出谋划策，指导大家查漏补缺，确保项目的圆满完成。郭先生是大家的良师益友，大家在工作中遇到难以解决的问题或拿不定主意的事，都愿意请先生把关、指导。

郭宝兰先生不仅在科研工作上对年轻教师严格要求、循循善诱，对大家各个成长环节也是不辞辛苦，热心指导。哪位老师该深造了，哪位老师该晋升职称了，哪位老师的教学方法需要改进了，她都会给予无微不至的关心与指导。

郭先生在退休后仍时时处处关心着大家，每当研究室有项目结题验收会、研究生答辩会等，她时常会亲临现场指导工作，和大家交流科研体会。每当此时，郭先生渊博的知识和敏锐的学术洞察力，都会使大家受益匪浅。

在郭先生的领导下，研究室形成了良好的科研凝聚力、学术氛围和团队协作精神；在郭先生的悉心培养下，大家的科研能力得到了有效提升。自2000年以来，研究室成员先后主持完成了国家自然科学基金项目两项，河北省自然科学基金项目四项，河北省科技攻关项目一项，河北省高等学校科学技术研究重点项目三项、一般项目一项、青年项目一项，河北大学科研项目四项；参与中华字库工程十五包课题四的研发工作；所取得的科研成果获河北省科技进步三等奖三项、河北省高校科技成果一等奖一项；发表学术论文六十余篇，其中含多篇SCI、EI、CSSCI检索论文和中文核心期刊论文；获批国家发明专利两项。目前，正在主持的科研项目包括河北省自然科学基金项目二项，河北省高等学校科学技术研究重点项目一项。

本科教学是高校教师的主要职责，多年来，河北大学汉字信息处理研究室（现已更名为河北大学智能图文信息处理研究所）的九名教师，其中博士五人、硕士四人，教授三人、副教授二人，在所在的河北大学网络空间安全与计算机学院承担了大量人才培养工作。教学方面，所承担的本科课程包括高等数学、概率统计、线性代数、运筹学、离散数学、数学模型、电路分析基础、电子线路基础、微机原理与汇编语言、编译原理、C++程序设计、面向对象程序设计、数字图像处理、软件工程、操作系统、数据库原理、计算机网络等，涵盖了专业培养方案中的多数课程，是学院教学工作的主力军。此外，团队成员指导的本科生毕业论文（设计）多次获得校级本科生优秀毕业论文（设计）多次指导学生参加全国大学生数学建模竞赛并获得国家级二等奖和省级一、二等奖，多次指导学生完成国家级大学生创新创业训练项目。

在研究生培养方面，研究所一直承担着河北大学计算机科学与技术专业和计算机技术专业硕士的培养工作。目前，有硕士导师五人，主讲模式识别、文字识别工程、自然语言处理等研究生课程，已指导硕士论文一百余篇，现有在读硕士研究生二十余人。

此外，研究所还承担了“语言学及应用语言学”专业的研究生培养工作。这方面的硕士导师共有二人，主讲中文信息处理、计算语言学等研究生课程，已指导该专业硕士学位论文二十余篇。

郭宝兰先生带领研究室成员奋斗在教学科研工作第一线的过程当中，言传身教，身体力行，为我们提供了无价的思想和学术资源。郭先生虽然远走了，但她的音容笑貌依然留在我们的心中。她是我们做人的榜样和工作、生活的楷模，将永远激励着我们在今后的工作和生活当中，奋发图强，不断前进。

后　记

2021年10月18日，是河北大学百年校庆的日子，河北大学出版社希望出版一本图书为庆典锦上添花。冥思苦想，书名定为《河北大学的先生们》。

说这话时已是今年五六月间，找同人探讨，都说选题好。于是，论证、策划、汇报、启动……

叫完“好”之后，才觉得说早了，也说少了。因为后面还跟着一个“难”字——不当家不知柴米贵，短短三四个月的时间，想出版一本描写多位先生的精品图书超出常规。有人说，要是一年前就好了；也有人说，这项工作应该十年前启动。众说纷纭，莫衷一是。前面有虎，后路已断，如之奈何？进退两难间，想到一句名言：种一棵树最好的时间是十年前，其次是现在。顾不上是谁的名言了，反正是名言，先冲上去再说。人选难、经费难，找作者难、找资料难，统一体例难、统一风格难……一路难下了，却慢慢找到了做这件事的价值——惟其难哉，才是价值，才有意义。试想：如果不难，早有人做了，岂能留到现在；现在不做，以后更难，说不定就永远石沉大海了。想到这些，打起精神，信心倍增。策划团队、创作团队、设计团队、编辑团队，既各司其职又紧密协作，创作一篇、编辑一篇、设计一篇，同步进行，穿插交替，拧成一股绳。盘旋着，紧张着，踯躅着，蜿蜒着……

最难的是选人。河北大学的先生们人员众多，不胜枚举，选哪些才能代表先生们的整体水平呢。何况人都是有感情的，仁者见仁，智者见智，每个人心中都有一杆秤，这也应该理解。思来想去，以列入河北大学校史馆的先生为选择对象，制定了几条原则：富有家国情怀，具有高尚人格；学识非常突出，具有典型意义；科研与创新能力非常强，对国家和学校做出过突出贡献；具有丰富的育人故事，感染力强；有新中国成立后在河北大学工作的经历；文理兼收；已故先生。条件仍嫌宏观，担心有人提出异议，担心有人在乎排名，但想到先生们甘当人梯、不计得失的情怀和风范，于是又发现了自己“皮袍下面藏着的‘小’”，于是坚定信念，负重前行……

要付梓了，仍然有很多遗憾：有些先生的选题因材料较少、创作时间较短最终未能成稿，有些稿件尚需要进一步丰富和完善，有些图片质量尚不够好……当然，更多的是感动、感恩：团队从先生们身上学到了坚忍不拔、勇往直前的精神，看到了他们身上闪耀的爱国爱校的灵魂深处的光芒；感恩学校领导的大力支持，感恩学院领导的密切协作，尤其感恩作者们的艰苦创作，这里面有长江学者、博士生导师、教授，也有先生们的弟子们、家人们，他们在书写前辈的事迹，也在传承前辈的精神，他们身上都带有先生们的基因，他们也是先生。

对所有的批评说感谢，对所有的包容说感恩。如果觉得起点不错，未来的日子让我们携手前行。

天空中没有翅膀的痕迹，但鸟儿已经飞过。能与先生们深情地相视而笑，世界很美，人生值得。

编　者

2021年10月18日